Kriegsbilder

aus dem Araberaufstand

in

Deutsch-Ostafrika.

MELCHIOR
Historischer Verlag

Das außergewöhnliche Werk

Kriegsbilder
aus dem Araberaufstand
in
Deutsch-Ostafrika

erscheint im Rahmen ausgewählter Literatur
als exklusive Reprint-Ausgabe in der
Historischen Bibliothek des Melchior Verlages.

Die Historische Bibliothek enthält wichtige
sowie interessante Bücher zur Geschichte
und lässt anhand dieser eindrucksvollen Zeitzeugen
bedeutende Ereignisse, Begebenheiten und Personen
aus längst vergangener Zeit wieder lebendig erscheinen.

Nachdruck der Originalausgabe von 1891
nach einem Exemplar aus Privatbesitz.

M

Reprint

Wolfenbüttel
2012
ISBN: 978-3-942562-95-9
www.melchior-verlag.de

Kriegsbilder

aus dem Araberaufstand

in

Deutsch-Ostafrika.

Major H. von Wißmann.

Kriegsbilder

aus dem Araberaufstand

in

Deutsch-Ostafrika

von

H. F. von Behr,
Offizier in der Schutztruppe für Deutsch-Ostafrika.

Mit einem Vorwort von Major H. von Wißmann,
21 Abbildungen und einer Karte.

Leipzig:
F. A. Brockhaus.

1891.

Vorwort.

Herr von Behr, der Verfasser der „Kriegsbilder aus dem Araberaufstand in Deutsch-Ostafrika“, war während der Kämpfe zur völligen Wiedernahme der nördlichen Hälfte unserer Küste Offizier in meiner Truppe. Seine mit Geschick bearbeiteten Erinnerungen entwerfen ein klares Bild von den Verhältnissen in Ostafrika und den Kämpfen der Schutztruppe. Die Kriegsbilder sind frisch und allgemein verständlich geschrieben und werden dem Leser das Salz zu dem in officiellen Berichten nüchtern Gebotenen sein. Das Buch wird mancher unklaren Ansicht, welche noch über unsere Colonien verbreitet sind, entgegentreten und gleichzeitig die Schwierigkeiten beleuchten, welche sich der Kriegführung, auch auf andern Gebieten, bei einem in den Tropen geführten Feldzuge entgegenstellen. Bis ich mich selber einer officiellen Bearbeitung dieses ersten Kriegsunternehmens in den deutschen Colonien widmen kann, begrüße ich dieses Werk eines meiner Offiziere, welches durch die Lebhaftigkeit seiner Schilderungen das Interesse an unserer Aufgabe fördern und das Verständniß mehren wird, als einen beachtenswerthen Beitrag zur Geschichte unserer deutschen Colonien.

Möge das Buch eine günstige Aufnahme finden!

Berlin, 27. October 1890.

Major von Wißmann,
Reichscommissar.

Inhaltsverzeichniß.

Abbildungen im Text.

Separatbilder.

Einleitung.

Im Frühjahr 1884 war die Colonialbewegung, welche sich damals in ganz Deutschland geltend machte, von einigen weitsichtigen Männern in praktische Bahnen gelenkt worden. Die erste Versammlung, welche sich mit dem Gedanken selbständiger Colonisation beschäftigte, tagte am 28. März in Berlin und führte zur Gründung der Gesellschaft für deutsche Colonisation. Der Gedanke, welcher die Mitglieder dieser Gesellschaft beseelte, war die Auffindung und Erwerbung eines Colonialdistricts, welcher ein Absatzgebiet für den deutschen Handel und ein Productionsgebiet für die zahlreichen Bedürfnisse an tropischen Erzeugnissen der deutschen Nation werden sollte. Die Seele dieser Bestrebungen war Dr. Karl Peters, welcher auch zuerst die Aufmerksamkeit der betheiligten Kreise auf das von Stanley durchquerte Ostafrika lenkte. Einige Monate später sehen wir den kühnen Leiter des Unternehmens mit wenigen Begleitern und geringen Geldmitteln auf der Ausfahrt, um seinem Vaterlande eine Colonie zu erwerben.

Das Reiseziel war Sansibar an der Ostküste Afrikas. Von hier aus brach die Expedition nach dem Innern Afrikas auf, schloß dort mit den Sultanen von Useguha, Nguru, Usagara und Ukami Verträge ab, welche alle Hoheitsrechte über diese Gebiete auf die Vertreter der Gesellschaft für deutsche Colonisation übertrugen. Damit war der erste und entscheidende Schritt gethan. Deutschland besaß eine Colonie, welche an Größe dem vierten Theile des Deutschen Reiches gleichkam. Und wenn auch diese Länder vorläufig Privatbesitz einer Gesellschaft waren, so konnte doch die Allgemeinheit an diesem wichtigen Schritte nicht uninteressirt bleiben.

Die Ostküste des großen afrikanischen Continents hat schon früh mit den Culturvölkern des Alterthums in Berührung gestanden. Auf den alten ägyptischen Grabmälern sehen wir bildliche Darstellungen, welche sich aller Wahrscheinlichkeit nach auf dieses Gebiet beziehen. Phönizier und Juden unternahmen um das Jahr 1000 v. Chr. Handelsexpeditionen nach dem Ophirlande, welches wol ebenfalls an der Ostküste Afrikas zu suchen ist, und brachten reiche Erzeugnisse aus diesen Ländern in ihre Heimat zurück. Nach der Ausbreitung des Islams ergriffen die Araber, welche schon früh Eroberungszüge längs der Küste des Indischen Oceans unternommen hatten, dauernd Besitz von der Ostküste Afrikas und gründeten eine Anzahl kleiner Sultanate, von denen die bedeutendsten Mombas und Quiloa waren.

Nach der Entdeckung des Seeweges nach Ostindien durch Vasco da Gama setzten sich auch die Portugiesen zeitweilig in diesen Gebieten fest, um Zwischenstationen für ihren ostindischen Handel zu haben. Aber nach dem Niedergange der Seemacht der Portugiesen und nach der Auflösung des großen Colonialreiches gingen auch diese Besitzungen in Ostafrika wieder an die Araber verloren. Im Jahre 1698 eroberten die Imame von Maskat die ganze Küste von Mombas bis zum Rowuma. Der arabische Einfluß breitete sich nun schnell über die ganze Küste aus. Die schwächlichen und unkriegerischen Negerstämme wurden unterjocht und ausgesogen und verfielen der Sklaverei. Von den Küstenplätzen aus wurden förmliche Jagdzüge unternommen, auf welchen die Schwarzen scharenweise eingefangen und auf den Märkten von Mombas und Quiloa verhandelt wurden. Ostafrika versah das ganze Osmanische Reich mit der lebenden schwarzen Waare. Mit der Entvölkerung der Küstengebiete gingen auch die ersten Anfänge einer Cultur wieder verloren. Große Landstrecken, welche früher dicht bewohnt und bebaut waren, lagen jetzt öde und verwüstet da. Die noch übrigbleibende Bevölkerung lebte im Busch versteckt, ängstlich jede Annäherung an die Araber vermeidend. Da nun die Küstengebiete nicht mehr ausreichten, um die große Nachfrage des Orients nach Negersklaven zu decken, so drangen die arabischen Sklavenhändler immer weiter vor in das Innere Afrikas, bis an die Seen und darüber hinaus. Hier im Herzen Afrikas bildeten sich starke arabische Colonien, wie Tabora, Njangwe und Udjidji, wo reiche Araber sich ganz niederließen und gestützt auf den größten Terrorismus eine bedeutende Machtstellung einnahmen.

Diese Ausdehnung des arabischen Einflusses, welche gleichzeitig von Norden und Osten langsam, aber stetig vor sich ging, hätte unzweifelhaft den ganzen Continent in nicht allzulanger Zeit überschwemmt, wenn nicht die kaukasische Rasse in den letzten Jahrzehnten mit eingetreten wäre in den großen Interessenkampf, welcher sich hier an den Grenzen der Civilisation abspielte und die noch unberührten Negerstämme vor der verheerenden Seuche des Araberthums bewahrt hätte. An der Ostküste Afrikas ist ein langsames Zurückgehen des arabischen Einflusses schon seit etwa funfzig Jahren zu constatiren. In den ersten Decennien dieses Jahrhunderts setzten sich indische Kaufleute in Sansibar und später in allen größern Hafenplätzen Ostafrikas fest und brachten zuerst europäische Zeuge, Eisendraht, Glasperlen und allerhand Spielzeug an die Küste und tauschten dafür afrikanische Erzeugnisse ein. Seit dieser Zeit datiren überhaupt erst die Handelsbeziehungen, wie wir sie heute an der ganzen Ostküste Afrikas finden. Die sehr schlauen und in allen Handelsgeschäften gewiegten Inder verstanden es, binnen kurzer Zeit sich durch ihre ausgebreiteten Handelsbeziehungen eine einflußreiche Stellung im Lande zu sichern. Das herrschende Element, die Araber, welche außer dem Sklavenhandel und einigem Grundbesitz keine Hülfsquelle im Lande besaßen, mußten dieser Concurrenz sehr bald unterliegen und geriethen dann immer mehr in eine finanzielle Abhängigkeit von den indischen Großkaufleuten.

Heute sehen wir mit Ausnahme von Pangani, welches eine Separatstellung einnimmt, alle Handelsinteressen auf der großen Karavanenstraße und in den Hafenplätzen in Händen der Inder. Pira-Dautji, der allmächtige Minister des Sultans Seyid-Bargasch, war ein Inder; ein indischer Großkaufmann Sewa-Haschi hatte vom Sultan die Zölle an der ganzen Küste gepachtet. So waren factisch nicht mehr die Araber, sondern die Inder durch die Macht ihres Geldes die Herren des Landes.

Durch diese weitverzweigten indischen Interessen an der Ostküste Afrikas war auch der Einfluß der Engländer im Sultanat sehr erstarkt. Eine zwanzigjährige, überaus geschickte und auf gründliche Kenntniß der Verhältnisse basirte Leitung der politischen Geschäfte durch den englischen Generalconsul Sir John Kirk hatte den englischen Einfluß weit in das Innere Afrikas vorgeschoben. Ein ganzes Netz englischer Missionsstationen war über das Land ausgebreitet und arbeitete für die Zwecke britischer Politik. Es war durchaus kein Geheimniß mehr, daß England nur einen günstigen Zeitpunkt abwarte, um ganz Ostafrika bis an die Seen dem englischen Colonialreich einzuverleiben.

So lagen die Verhältnisse in Afrika, als Dr. Karl Peters mit wenigen Begleitern und geringen Geldmitteln Usagara für die „Ostafrikanische Gesellschaft" erwarb und Se. Majestät Kaiser Wilhelm I. dieses Gebiet unter den Schutz des Deutschen Reiches stellte. Daß die Engländer dem jungen deutschen Unternehmen nach dem Scheitern ihrer eigenen Eroberungspläne nicht allzu freundschaftlich gesinnt waren, ist zu natürlich und konnte durchaus keinen mit den Verhältnissen Vertrauten befremden. Hatten wir ihnen doch die reife Frucht langjähriger Arbeit durch einen kühnen Handstreich entrissen. Nachdem jedoch die deutschen und englischen Interessen in Ostafrika abgegrenzt waren, schwand diese Misstimmung mehr und mehr und machte einer wohlwollenden Theilnahme für die Bestrebungen der jungen deutschen Colonialmacht Platz. Die freundschaftliche Unterstützung, welche uns bei der Anwerbung der Schutztruppe in Aegypten und bei unserm langen Aufenthalt in Aden durch die englische Regierung zutheil wurde, spricht zu deutlich für diese Thatsache. Nachdem die Ostafrikanische Gesellschaft sich auf Grund der ersten Erwerbung neu constituirt hatte, wurden in rascher Reihenfolge die zunächstliegenden Landschaften erworben. Eine Anzahl Expeditionen drangen weiter in das Innere vor, schlossen mit den Häuptlingen Verträge und hißten die Gesellschaftsflagge. So wurde der Kilima-Ndjaro, Mombas, die Benadir-Küste und Somaliland erworben. Und bald war nominell das ganze, weite Gebiet vom Cap Guardafui bis zu den Besitzungen der Portugiesen, mit Ausschluß eines Küstenstreifens, über welchen der Sultan von Sansibar ein Besitzrecht behauptete, im Besitz der Ostafrikanischen Gesellschaft. Zwar wurde auf der Londoner Conferenz am 1. November 1886 die deutsche Interessensphäre auf das Land zwischen Wanga und dem Rowuma beschränkt, aber schon mit diesem Gebiete, welches zweimal so groß wie Deutschland war, übernahm die Gesellschaft eine ungeheuere Aufgabe, welche zu ihren Machtmitteln und zu ihrer Finanzkraft in keinem Verhältniß stand, und hierin ist vornehmlich der Grund für die spätern Verwickelungen zu suchen.

Nachdem die politischen Verhältnisse geregelt waren, trat an die Ostafrikanische Gesellschaft die Aufgabe heran, in den ihr gehörigen Gebietstheilen eine Regierung und Verwaltung einzurichten, das Land auf seine Productionsfähigkeit zu untersuchen, die schon vorhandenen Handelsbeziehungen auf der großen Karavanenstraße nach Möglichkeit zu schützen und zu erweitern und vor allem, dem Zweck der Gesellschaft entsprechend, das Land finanziell nutzbar zu machen. Um das Besitzrecht in den erworbenen Ländern auch factisch auszuüben, wurden zunächst in Useguha, Nguru, Usagara und Ukami eine Anzahl Stationen angelegt, deren Chefs mit der Regierungsgewalt in den ihnen unterstellten Gebieten betraut waren. Diese Stationen waren mit Waffen und Munition reichlich versehen und zugleich mit einer kleinen Truppe eingeborener Soldaten besetzt, um den Anordnungen des jeweiligen Vertreters der Gesellschaft einen genügenden Nachdruck verleihen zu können. Da von der Einführung staatlicher Institutionen unter der Negerbevölkerung vorerst überhaupt keine Rede sein konnte, so genügte diese Art von Verwaltung vollkommen, um die Autorität der Gesellschaft aufrecht zu erhalten. Ernstliche Verwickelungen waren daher bei einer verständigen Verwaltung der Stationen kaum zu erwarten.

Zugleich mit der Anlage dieser Stationen wurden an den verschiedensten Stellen des Landes Versuche mit dem Anbau tropischer Culturgewächse vorgenommen, welche fast durchweg ein befriedigendes Resultat ergaben und später reichen Gewinn erhoffen ließen. Wenn auch diese Aussichten für die Zukunft des Landes günstig waren, so lag der Schwerpunkt der Gesellschaft doch mehr in der Cultivirung der Handelsbeziehungen, welche auf den großen Karavanenstraßen nach dem Innern bereits vorhanden waren und nur weiter entwickelt zu werden brauchten, um schon in den ersten Jahren einen reichen Gewinn abzuwerfen. Bei diesen Bestrebungen machte es sich empfindlich geltend, daß das deutsche Gebiet durch die Besitzungen des Sultans an der Küste vollständig vom Meere abgeschnitten war und infolge dessen jede directe Communication mit der Außenwelt entbehrte. Zwar war in der Londoner Conferenz festgesetzt, daß die Gesellschaft in Dar=es=Salaam und Pangani gegen eine dem Sultan von Sansibar zu gewährende Entschädigung die Zollverwaltung übernehmen sollte. Doch war mit dieser Bestimmung keinem von beiden Theilen geholfen. Eine doppelte Zollverwaltung an der Küste war an und für sich eine Calamität. Dem Sultan erwuchs hierdurch eine gefährliche Concurrenz, und für die Gesellschaft war eine Zollerhebung, ohne zugleich Herren des Landes zu sein, undurchführbar. So war die Idee, mit dem Sultan in Verhandlung über die Abtretung der gesammten Verwaltung an der Küste, einschließlich der Zollverwaltung, zu treten, von vornherein gegeben.

Dr. Peters, der damalige Vertreter der Ostafrikanischen Gesellschaft in Sansibar, schloß dann am 30. Juli 1887 mit dem Sultan von Sansibar einen Vertrag ab, welcher der Gesellschaft die gesammte Verwaltung an der Küste zwischen Wanga und dem Rowuma zunächst auf funfzig Jahre übertrug. Dieser Vertrag brachte der Gesellschaft allerdings die für ihre wirthschaftliche Entwickelung so nothwendige Ausdehnung bis ans Meer, barg aber gleichzeitig den Keim für die spätern Verwickelungen in sich. Denn bei der Occupation der Küstenplätze handelte es sich nicht mehr darum, die Herrschaft über gefügige und unkriegerische Negerstämme auszuüben, sondern eine widerspenstige Bevölkerung zum Gehorsam zu zwingen. Daß die Araber und Inder den deutschen Bestrebungen nicht sehr freundschaftlich gesinnt waren, darüber konnte überhaupt kein Zweifel herrschen. Die Araber fühlten sich durch die Abtretung der Küste an eine fremde Macht in ihrem Stolze verletzt, und die Inder, welche bisher die Zollverwaltung in Händen gehabt hatten, fürchteten für ihre Handelsinteressen. So stand die Bevölkerung der Gesellschaft bei der Uebernahme der Verwaltung schon direct feindlich gegenüber. Hätte die Gesellschaft nun über genügende Machtmittel verfügt, um allen ihren Anordnungen den nöthigen Nachdruck zu verleihen und die Widerspenstigen zur Bestrafung zu ziehen, so wären die unruhigen Elemente entschieden eingeschüchtert worden und die ganze revolutionäre Bewegung gegen die deutsche Verwaltung wäre unterblieben. Nun reichte aber das Personal kaum aus, um überhaupt die Regierung und Zollverwaltung an der ganzen hundert deutsche Meilen langen Küste zu übernehmen. Von einer Besetzung der hauptsächlichsten Küstenpunkte, wie es die Verhältnisse geboten hätten, konnte mithin keine Rede sein. Der Sultan von Sansibar, welcher vertragsmäßig verpflichtet war, die Gesellschaft mit seiner Truppenmacht an der Küste zu beschützen, war hierzu gar nicht fähig, wie die Ereignisse in Pangani später bewiesen haben, und durchaus auch nicht willens, sich für die Ostafrikanische Gesellschaft in Ungelegenheiten zu stürzen. Der Sultan, eigentlich nichts weiter als ein Großkaufmann, der in der Abtretung der Küste keinen politischen Act, sondern nur ein sehr vortheilhaftes Geldgeschäft erblickte, wäre auch ebenso bereit gewesen, die Verwaltung seines ganzen Sultanats an die Gesellschaft abzutreten, wenn ihm ein vortheilhaftes Angebot gemacht worden wäre. Nun kamen die Beamten in die Küstenstädte, gestützt auf eine Macht von zehn, allerhöchstens funfzehn schwarzen Soldaten, und verlangten die Uebergabe der Regierung, hißten ihre Flagge und behaupteten, jetzt die Herren an der Küste zu sein. Ist es da den Arabern so übelzunehmen, wenn sie sich nicht gleich willig fügten und sich gegen die Verordnungen des neuen Gouvernements auflehnten?

So begannen denn die Unruhen an allen Küstenpunkten sofort bei der Uebernahme der Verwaltung. In Pangani widersetzte sich der dortige Wali, Statthalter des Sultans, der Aufhissung der Gesellschaftsflagge. Das Erscheinen Sr. M. Kreuzer „Möwe" konnte nur vorübergehend die Anerkennung des Bezirkschefs von Zelewski als Gouverneur des Ortes erzwingen. Nachdem unser Kriegsschiff die Rhede verlassen hatte, vermehrte sich die Unruhe, und die Gesellschaftsbeamten wurden in ihren Häusern belagert. An der Spitze der deutschfeindlichen Bewegung stand der Araber Buschiri-ben-Salim und der Komorenser Sayd Abedia, welche zugleich die Häupter einer mächtigen Partei in Pangani waren und gegen jede fremde Einmischung in die Angelegenheiten des Pangani-Bezirks Front machten. Diesen unruhigen Elementen stand eine Friedenspartei gegenüber, an deren Spitze der reiche und vornehme Araber Sayd Hamedi und der spätere Wali Soliman-ben-Nasyr standen. Zu dieser Partei gehörten vorzugsweise die reichen, begüterten Familien, welche sich durch den Aufstand in ihren Erwerbsinteressen geschädigt sahen und daher die Deutschen unterstützten. Nur dieser Zwietracht in der arabischen Bevölkerung ist es zu danken, daß das Leben der dortigen Beamten erhalten blieb. Der Sultan Seyid-

Chalifa, von dem deutschen Generalconsul und dem Vertreter der Deutsch-Ostafrikanischen Gesellschaft energisch auf seine Verpflichtungen, die Gesellschaft bei der Uebernahme der Regierung mit seiner ganzen Truppenmacht zu schützen, aufmerksam gemacht, entsandte den General Mathews mit den regulären Truppen nach Pangani. Diese Truppen erwiesen sich aber als demoralisirt und gänzlich unfähig, sodaß der General unverrichteter Sache nach Sansibar zurückkehren mußte. In einem Moment allgemeiner Aufregung war es ihm jedoch gelungen, die Beamten zu befreien und auf ein bereit gehaltenes Schiff zu bringen.

Jetzt erhielt die Kriegspartei in Pangani die Oberhand. Buschiri stellte sich an die Spitze der Bewegung, organisirte die Aufrührer und zwang die Beamten der Plantage Lewa im Hinterlande von Pangani zum Abzuge, setzte sich dann mit seinem Schwiegervater, dem Sultan Simbodja von Masinde, in Verbindung und überfiel die Karavane des Dr. Hans Meyer, welche sich auf dem Wege nach dem Kilima-Ndjaro in Masinde aufhielt. In Tanga kam es zu dem ersten Gefecht zwischen den Aufständischen und einem Landungscorps der „Möwe“. Die Araber wurden zurückgeworfen und die Beamten, da sie nicht im Stande waren ihre Position der rebellischen Bevölkerung gegenüber zu behaupten, einige Tage später von Sr. M. Schiff „Leipzig“ abgeholt. In Lindi und Mikindani, den beiden südlichsten Küstenorten, mußten die Vertreter der Gesellschaft, Freiherr von Bülow und Freiherr von Eberstein, ebenfalls der Uebermacht weichen und ihre Stationen aufgeben. In Kilwa, dem wichtigsten Punkte im Süden der deutschen Besitzungen, herrschte anscheinend zuerst vollkommenes Einverständniß zwischen den Arabern und dem Bezirkschef Herrn Krieger. In seinem letzten Briefe an seinen Bruder, welcher am 18. September 1888, also drei Tage vor der Katastrophe, geschrieben ist, berichtet Krieger, daß seine Lage zwar keineswegs sicher sei, daß er aber doch hoffe, es würde sich allmählich ein besseres Verhältniß zwischen den Deutschen und Arabern anbahnen. Da der Sultansgouverneur Scheich Hamis ihn nach besten Kräften unterstütze. Als die „Möwe“ drei Tage später auf der Rhede erschien, um die Beamten nach Sansibar abzuholen, wurde Krieger, der eine Palme erstiegen hatte, um dem Kriegsschiff ein Signal zu geben, von einem Araberhaufen erschossen. Der zweite Beamte, Hessel, war nun nicht mehr im Stande, das Stationshaus gegen die anstürmenden Araberhaufen zu vertheidigen, und soll sich, wie sein Diener, der nach Sansibar entkam, später berichtete, im letzten Moment selbst das Leben genommen haben. Der Süden war somit wieder an die Araber verloren gegangen.

Im Norden behaupteten sich nur noch Bagamoyo unter der heldenmüthigen Vertheidigung des Freiherrn von Gravenreuth, und Dar-es-Salaam, welches vom Stationschef Leue unter den schwierigsten Umständen gehalten wurde. Unter dem Feuer des Feindes warben die beiden Herren eine kleine Truppe unter der einheimischen Bevölkerung an, befestigten die Stationshäuser und ermöglichten es durch Unerschrockenheit, Wachsamkeit und rastlose Arbeit, die beiden Orte gegen die wol hundertfache Uebermacht zu vertheidigen. Vor den Mauern dieser beiden Forts concentrirte sich nun die ganze arabische Macht unter Führung von Buschiri und Soliman-ben-Sef, durch fortwährende Angriffe die Stationen in steter Aufregung haltend. Der Kampf war jetzt allgemein geworden. Religiöser Fanatismus hatte auch die ruhigen Elemente fortgerissen, und nicht allein aus den Küstenorten, sondern auch aus Sansibar und dem arabischen Mutterlande strömten Araberhaufen in das Lager der Aufständischen. Die rein politischen Gründe waren längst in den Hintergrund gedrängt. Das sieche und verrottete Araberthum hatte sich noch einmal aufgerafft, um sich der Civilisation entgegenzustellen. Halbmond und Kreuz, die tausendjährigen Feinde, maßen ihre Kräfte noch einmal zum Entscheidungskampf um den Besitz des schwarzen Erdtheils. Es war ein Rassekampf, wie er erbitterter nicht gedacht werden kann, ein Kampf bis aufs Messer.

Der Sultan von Sansibar hatte zwar, dem politischen Drucke nachgebend, einen schwachen Versuch gemacht, den Aufstand zu dämpfen; aber dieser Volksbewegung gegenüber erwies sich seine Macht als gänzlich wirkungslos. Die Ostafrikanische Gesellschaft war aus eigener Machtvollkommenheit nicht im Stande, der Bewegung Herr zu werden. So wäre denn das mit Kühnheit und Thatkraft unternommene Werk an dem Widerstande des Araberthums gescheitert, und Deutschland hätte wol für immer darauf verzichten müssen, an der großen Aufgabe der Civilisation Afrikas mitzuwirken, wenn das deutsche Volk nicht einmüthig für die Interessen seiner bedrängten Landsleute eingetreten wäre und den Kampf mit der ganzen, den Germanen eigenen Energie aufgenommen hätte. In der Reichstagssitzung vom 30. Januar 1888 genehmigte die Volksvertretung die Mittel zur Formirung einer Schutztruppe für das deutsche Gebiet von Ostafrika. An die Spitze des Unternehmens trat Hauptmann Wißmann, der kühne Afrikaforscher, der zweimal den Continent durchquert hatte. Um ihn scharte sich eine Anzahl von Offizieren und Unteroffizieren in begeisterter Freude und stolz auf das Vertrauen, welches das deutsche Volk in sie gesetzt hatte.

Erstes Kapitel.

Reise nach Sansibar, Aufenthalt in Aden.

Am 1. März 1889 traf von Hauptmann Wißmann aus Kairo eine Depesche ein, welche Lieutenant Böhlau, Lieutenant End und mich dorthin berief, um bei der Anwerbung der Truppen und beim Verschiffen derselben den Reichscommissar zu unterstützen. Dieser Befehl schnitt alles Zögern und die unendlichen Vorbereitungen in Berlin jäh ab. Die Formalitäten, die unserm Austritt aus dem Heere vorangingen, und die Ausrüstung und Instandsetzung der für die Expedition angekauften Schiffe hatte sich schon wochenlang hingezogen, und während von unsern Kameraden draußen im fernen Afrika immer ungünstigere Berichte einliefen, waren wir, die wir ihnen Hülfe und Ersatz bringen sollten, in Berlin zu einem unthätigen Leben verdammt; selbst die übergroße Theilnahme, welche dem Unternehmen von berufener und unberufener Seite entgegengebracht wurde, war auf die Dauer wirklich lästig, sodaß wir herzlich froh waren, allen diesen Förmlichkeiten durch unsere schnelle Abreise entgehen zu können. Uns blieben nach Ankunft des Telegramms noch acht Stunden bis zur Abfahrt des Münchener Schnellzuges, welcher uns als die nächste und schnellste Beförderung nach Brindisi angegeben war, von wo uns ein Indienfahrer von der Peninsular and Oriental Steamship Navigation Company, gewöhnlich zur Abkürzung P. and O. genannt, an die Gestade Aegyptens bringen sollte. In der größten Eile wurden noch die nöthigsten Sachen zusammengepackt, die Lieferung der bestellten Ausrüstungsgegenstände mit den betreffenden Kaufleuten vereinbart und von Aeltern und Verwandten Abschied genommen. Dann trafen wir in der fröhlichsten Stimmung auf dem Bahnhofe zusammen, wo sich bereits ein engerer Bekanntenkreis versammelt hatte, welcher uns noch ein letztes Lebewohl sagen wollte. Für Lieutenant End, der noch in seiner fernen bairischen Garnison zurückgehalten wurde und so schnell nicht hatte herbeigeschafft werden können, war Lieutenant Sulzer, dessen Name später durch das glückliche Gefecht um Buschiri's Lager bekannt geworden ist, zur Abfahrt commandirt.

Begleitet von einem letzten freundlichen Abschiedswort und mit Hüteschwenken rollten wir um 8 Uhr langsam aus dem Bahnhof in das weite Schneefeld hinaus, einem fernen Lande und einer unbestimmten Zukunft entgegen, jedoch in dem freudigen Bewußtsein, mit der Mission betraut zu sein, unsere Kenntnisse und, wenn es sein sollte, Gesundheit und Leben für die Interessen des Vaterlandes in einem fernen Welttheil einsetzen zu dürfen. Bei prächtigstem Wetter und in der heitersten Stimmung durchfuhren wir in Windeseile die deutschen Gaue, das bairische Oberland und die Tiroler Berge, deren schneebedeckte Häupter uns einen letzten Gruß zuzuwinken schienen. Bald stiegen wir hinab in die sonnigen Gefilde Italiens, wo bereits der einziehende Frühling Schnee und Eis verdrängt hatte. Unser Weg führte uns längs der Ostküste Italiens. Als ständige Reisegefährten begleiteten uns linkerhand das Adriatische Meer und rechts die schneebedeckten Gipfel des Apennin.

So fuhren wir auch den zweiten Tag, Italien der Länge nach durcheilend, mit rasender Geschwindigkeit unserm Ziele entgegen. Aber bald begann sich die Ermüdung, welche die Unbequemlichkeiten einer so schnellen Reise mit sich bringen, geltend zu machen, und kaum beobachteten wir noch am zweiten Tage die lieblichen Landschaftsbilder, welche einer Laterna magica gleich in Windeseile an uns vorüberzogen. Nach 48stündiger ununterbrochener Fahrt, während welcher wir kaum die Zeit gehabt hatten, die nöthigsten Mahlzeiten einzunehmen, trafen wir am 3. März abends in Brindisi ein und begaben uns sofort an Bord des „Hydaspes", welcher schon ganz früh am nächsten Morgen den Hafen verlassen sollte, um seinen Curs nach Alexandrien zu nehmen. An Bord trafen wir Herrn Dr. Peters, welcher mit einem seiner Offiziere, Herrn Borchard, ebenfalls auf der Reise nach Sansibar war. Da wir schon in Berlin die Bekanntschaft des Herrn Dr. Peters gemacht hatten, und in der letzten Zeit so viel von seiner Expedition zur Unterstützung Emin Pascha's gehört hatten, so waren wir hocherfreut, eine so interessante und liebenswürdige Reisegesellschaft gefunden zu haben.

Die Seereise verlief ohne weitere Störung. Wir waren alle ziemlich seefest, sodaß uns auch durch einen Sturm, den wir in der Höhe von Kreta durchzumachen hatten, unsere heitere Laune nicht verdorben wurde. Am 6. März liefen wir in Alexandrien ein, wo bereits tropische Temperatur herrschte, wie wir damals meinten, denn infolge der schnellen Reise und des plötzlichen Klimawechsels waren wir gegen den Wärmeunterschied außerordentlich empfindlich. Die Einfahrt in den Hafen gewährt den ankommenden Reisenden eine wunderbar schöne Aussicht auf die Stadt, welche aus dem Meere aufzusteigen scheint. In anmuthigem Farbenspiel heben sich die weißen Häusermassen aus dem tiefblauen Meere, welches unmittelbar die äußerste Häuserreihe zu bespülen scheint. Unzählige Kuppeln und Minarets gewähren dem Auge in dem Häusergewirr angenehme Ruhepunkte und nehmen dem Bilde durch ihre schlanke elegante Bauart die Einförmigkeit, welche die Perspective großer Städte sonst zu haben pflegt. Ueber dem ganzen Bilde wölbt sich der Himmel in wunderbarer Klarheit und läßt alle Contouren der Häuser, Thürme und Thürmchen aufs schärfste hervortreten. Die Mittagssonne wirft einen flimmernden Glanz auf diese weißen Häusermassen, sodaß man von dem Anblick fast geblendet wird.

Wer zum ersten mal eine Tropenstadt in so günstigen Verhältnissen mit den wunderbaren Lichtreflexen sieht, der wird fast überwältigt von dem Anblick dieser fremdartigen Erscheinung. Kaum daß man sich überzeugen kann, daß diese wunderbar abgetönten blauen Farben demselben Himmel angehören, welcher sich in Norddeutschland stets in ein so unliebenswürdiges Grau hüllt; daß diese blendendweißen Massen eine wirkliche Stadt und keine Fata-Morgana ist, welche vor den entzückten Augen des Reisenden im Moment der Annäherung in den Schoß des Meeres zurücksinkt. Aber immer deutlicher treten die einzelnen Formen der Häuser hervor; links hebt sich der Leuchtthurm von Pharos und rechter Hand die riesigen Citadellen aus den Fluten empor. Der Dampfer windet sich in langsamer Fahrt durch die weit ins Meer gebauten Molen hindurch und wirft hart am Quai Anker. Auf dem weiten Landungsplatz, vor dem die Schiffe ankern, bewegt sich eine bunte Menschenmenge, allen Ländern und Nationen angehörend, in geschäftiger Eile hin und her. Lüsterne Blicke mustern das Reisepersonal an Deck des Dampfers und jeder scheint seine Kräfte für den jetzt beginnenden Kampf um das Gepäck zu sammeln. Denn kaum ist die Landungsbrücke ausgeworfen, so stürzt auch schon ein Schwarm der unheimlichsten Gestalten an Deck, unter lautem Geschrei in unverständlichen Mundarten sich des Gepäcks bemächtigend. Mit Windeseile verschwinden die schwersten Koffer, kein Widerstand hilft hier, und man kann froh sein, wenn man nach athemlosem Lauf sein Eigenthum in einem Hotelwagen wiederfindet, welcher sich dann auch sofort in Bewegung setzt. Leider war unser Aufenthalt in Alexandrien nur sehr kurz bemessen und gestattete uns kaum, oberflächlich die Sehenswürdigkeiten, wozu besonders die Schlösser des Khedive gehören, in Augenschein zu nehmen. Im übrigen verliert die Stadt sehr bei näherer Betrachtung, da der lebhafte internationale Handel ihren orientalischen Charakter fast ganz verwischt hat. In dem europäischen Stadtviertel, welches sich durch Bauart und Geschäftsleben nur wenig von europäischen Städten unterscheidet, sind noch überall Spuren des Bombardements im

Jahre 1882 zu bemerken. Selbst in den bewohntesten Straßen liegen zwischen hohen palastähnlichen Häusern Trümmerhaufen und rufen jedem Fremdling, der die Stadt besucht, die traurigen Ereignisse der Occupation durch die Engländer ins Gedächtniß.

Schon am Nachmittag führte uns der Dampfwagen weiter nach Kairo, wo wir uns am Abend des 7. März beim Hauptmann Wißmann meldeten. Die Anwerbungsgeschäfte waren hier bereits in vollem Gange. Ein Trupp war unter Führung des Lieutenants Theremin schon nach Suez abgegangen und sollte mit dem nächsten Dampfer nach Aden befördert werden. Dieser schnelle und glückliche Fortgang der Geschäfte in Aegypten war kaum vorauszusehen gewesen und hauptsächlich den persönlichen Bemühungen des Oberst Schäffer, eines ägyptischen Offiziers luxemburgischer Nationalität, welcher dem Hauptmann Wißmann von seinem frühern Aufenthalte in Aegypten bekannt war, zuzuschreiben.

Werfen wir aber jetzt noch einen Blick zurück, um uns die erste Erwägung zu vergegenwärtigen, welche zur Wahl der Sudanesen als Grundpfeiler für die anzuwerbende Schutztruppe führte. Während der Reichstagsverhandlungen über die ostafrikanische Vorlage war die Anwerbung und Organisation der Truppen noch eine offene Frage geblieben, und obgleich diesbezügliche Vorschläge vom Reichscommissar im Auswärtigen Amt gemacht waren, schien es doch nicht opportun, den entworfenen Plan jetzt schon zu publiciren und einer öffentlichen Discussion preiszugeben. Auf seinen frühern Reisen hatte Hauptmann Wißmann die Sudanesen in Kairo kennen und ihre militärischen Eigenschaften schätzen gelernt. In Berlin discutirte man über die passendste Zusammensetzung der Truppen hin und her und brachte diese und jene Völkerschaft in Vorschlag; die abenteuerlichsten Pläne, welche, ehe sie geboren waren, schon den Keim des Lächerlichen in sich trugen, wurden mit einer Wärme vertheidigt, als ob jeder dieser braven Staatsbürger, der sich der armen verlassenen Colonie mit der ganzen

Autorität seines selbstbewußten Ichs annahm, dazu berufen wäre, mit der Schärfe des Schwertes die dem Deutschen Reiche angethane Unbill zu rächen. Während nun diese eifrigen Debatten die Aufmerksamkeit der Menge auf verschiedene Einzelheiten ablenkten, war der Reichscommissar in aller Stille Ende Februar nach Kairo abgereist und überraschte die Welt nach wenigen Wochen schon mit einem fait accompli, einer fertigen Truppe, welche nur noch der Ausbildung bedurfte, um gegen den Feind geführt werden zu können. Dieses Factum konnte man sich nicht erklären. Für die meisten fehlte hier der Zusammenhang. Schien es doch gerade, als ob die Truppen in Kairo nur auf die Ankunft des Reichscommissars gewartet hätten, um sofort für ihren neuen Beruf angeworben, eingekleidet und ausgebildet zu werden. Und die stolzen Worte des Pompejus, daß er nur mit dem Fuße auf den Erdboden zu stampfen brauche, um eine Armee aus demselben wachsen zu lassen, schienen hier positiv in Erfüllung zu gehen, denn kurze Zeit nach Bewilligung der Gelder war die Armee bereits schlagfertig.

Die nähern Umstände, welche sich allerdings der Beurtheilung der mit den ägyptischen Verhältnissen Unbekannten entziehen mußten, waren folgende. Nach dem unglücklichen Kriege im Sudan und nach der vollständigen Occupation dieser schönen centralafrikanischen Provinz durch die Truppen des Mahdi, waren die Sudanesen-Regimenter von ihrer Heimat in den obern Nilgebieten abgeschnitten und an der Rückkehr verhindert. Die ägyptische Regierung hatte auch hier wie in vielen andern Punkten mehr ihren persönlichen Vortheil im Auge als die Pflichten der Dankbarkeit und Menschlichkeit, und hatte sich die unbequemen Hungerleider, für die sie nun keine Verwendung mehr hatte, kurzweg vom Halse geschafft. Vielen von diesen Leuten war, wie sie mir später oft erzählt haben, der sauer verdiente rückständige Sold monatelang noch vorenthalten worden. Recht und Gesetz haben eben dort nur ein kurzes Gedächtniß und leben nur zu oft mit dem Wort Bakschisch oder Trinkgeld in einträchtlicher Verbrüderung. Diese unglücklichen Leute, welche nun von allen Mitteln entblößt mit Weib und Kind in den Vorstädten Kairos, Alexandriens und anderer größerer Ortschaften lebten und dort das nichtsthuende Proletariat vermehrten und sich auf erlaubte und unerlaubte Weise ihren dürftigen Lebensunterhalt erwarben, waren auch hier noch der ägyptischen Regierung ein Dorn im Auge, und so war denn die ägyptische Behörde froh, als der Reichscommissar ihr diese Bürde abnahm, und legte ihm, da die deutsche Reichsregierung im geheimen eine Verständigung erzielt hatte, bei der Anwerbung der Sudanesen keine Hindernisse in den Weg. Diese Bereitwilligkeit in der Unterstützung der deutschen Expedition haben wir vor allem dem englischen Gouvernement zu danken, welches uns ja in unsern jungen colonialen Unternehmungen in jeder Weise hülfreiche Hand geleistet hat. In Verbindung mit dem Oberst Schäffer hatte der Reichscommissar sofort nach seiner Ankunft durch Agenten die Werbetrommel schlagen lassen, und bald füllten sich die Bureaux und die Vorzimmer des Obersten mit den schwarzen zerlumpten Gestalten, welche, von Natur schon durch abschreckende Häßlichkeit sich auszeichnend, durch Hunger und Elend noch mehr heruntergekommen waren und in ihrer äußern Vernachlässigung, mit den abgerissenen Kleidern, kein sehr militärisches Aussehen hatten. Jeder der die Leute hier in ihren schmutzigen langen Hemden und in den zerrissenen weißen Unterhosen stehen sah, mußte sich höchlichst über diese Wahl des Reichscommissars wundern. Die meisten hätten wol ungläubig den Kopf geschüttelt, wenn ihnen gesagt worden wäre, daß diese Leute als Stamm in die neu angeworbene Schutztruppe eingestellt werden sollten, und daß sie später weit mehr leisten würden, als irgendeine europäische Truppe unter denselben Verhältnissen zu leisten im Stande ist. Aber es gehört schon eine jahrelange afrikanische Erfahrung, wie sie dem Hauptmann Wißmann zur Seite stand, und ein sicherer Blick dazu, um trotz der abstoßenden Außenseite ein gutes militärisches Material in diesen Leuten zu erkennen.

Die früher im ägyptischen Dienste verwendeten Sudanesen gehören den äußersten Aequatorialprovinzen dieses Reiches an, ein buntes Gemisch verschiedener äthiopischer Stämme, welche aber in Gestalt und in der Bildung der Gesichtszüge nur geringe Abweichungen zeigen. Bei jedem einzelnen die Nationalität nachzuweisen ist kaum möglich, da viele schon in früher Jugend aus den heimischen Verhältnissen gerissen wurden und nur noch schwache oder gar keine Erinnerungen an den Ort ihrer Geburt bewahrt haben. Im allgemeinen kann man sie zu den Völkerfamilien der Schilluk und Dinka rechnen, welche auf beiden Seiten des obern Nils die weiten Strecken zwischen Abessinien und Darfur bewohnen. An der äußersten Grenze der Bantu-Stämme heimisch, können dieselben doch nicht mehr zu dieser großen südafrikanischen Völkerfamilie gerechnet werden, da auch nicht ein einziger Anhaltspunkt in Sprache, Sitten und Gebräuchen einen Vergleich mit den weiter südlich wohnenden Stämmen zuläßt. In ihren Gesichtszügen zeigen sie den richtigen Negertypus, vorstehende Backenknochen, eine breite Nase mit weiten Oeffnungen und aufgeworfene Lippen, doch fehlt ihren Gesichtszügen das Weiche, Kindliche, das bei den meisten südafrikanischen Volksstämmen mehr oder weniger auffallend bemerkbar ist. Scharfe, eckige Contouren verleihen den Gesichtszügen ein ungemein abstoßendes Aussehen. Der flache, nach hinten zu sich erweiternde Schädel ist mit schwarzem, wolligem Negerhaar bedeckt, das von ihnen kurz abgeschoren wird. Von Gestalt sind sie durchschnittlich groß und hager, mit ungewöhnlich langen Gliedmaßen und kurzem Rumpf; die magern sehnigen Arme mit den großen plumpen Händen reichen fast bis zu den Knien und geben der ganzen Figur etwas Affenartiges. Die ganze Gestalt ist eine auffallende Zusammenstellung unschöner Formen und scheint von der Natur fast als eine Caricatur eines menschlichen Körpers geschaffen zu sein.

Die Hautfarbe zeigt durchweg fast ein bläuliches Schwarz, den tiefsten Farbenton, den man sich denken kann, doch sind durch verschiedene Mischungen mit arabischem Blut bei Einzelnen Abweichungen in Hautfarbe und Gesichtsbildung zu erkennen. Bei vielen findet man auch Tätowirungen auf der Brust, den Backen und der Oberfläche der Hand; dieselben Abzeichen habe ich auch bei den Weibern beobachtet. Meistens sind dies jedoch nur Striche oder Punkte, welche mit scharfen Instrumenten eingeritzt werden und Stammesabzeichen bedeuten sollen, aber bei den Kindern nur noch höchst selten gefunden werden.

Nominell sind sämmtliche Sudanesen Mohammedaner, welche Religionsform durch die Araber nach dem Sudan verpflanzt worden ist; doch findet man eine strenge Befolgung der Religionsvorschriften nur sehr selten, meistens nur bei den Offizieren, welche auch lesen und schreiben können und überhaupt für Neger auf einer ziemlich hohen Bildungsstufe stehen. Die große Masse hat überhaupt keine Vorstellung von Religion und begnügt sich damit, den Namen Allah bei jeder passenden und unpassenden Gelegenheit anzuführen. Ebenso wie ihre einheimischen Religionsbegriffe haben sie auch durch den jahrhundertelangen Verkehr mit den Arabern ihre ursprünglichen Sitten und Gewohnheiten, ihre Stammeseigenthümlichkeiten und selbst ihre Sprache vergessen. Sie kennen nur noch die arabische Sprache, leben und kleiden sich auch ganz wie die Araber. Bei näherer Betrachtung findet man aber, daß diese Civilisation sehr oberflächlich ist und daß sie im Grunde ihre Negernatur nicht verleugnen. Nach Tradition und Neigung kennen diese Leute keinen andern Beruf als den Soldatenstand, man kann sie daher mit vollem Rechte Söldnertruppe nennen und mit den mittelalterlichen Landsknechten vergleichen, nur daß sie bisher einem Herrn gedient haben, aber mit vollständiger Freiheit, nach Ablauf einer contractlich festgesetzten Zeit den Dienst aufzugeben oder bei der Truppe zu bleiben. Da sie aber zum größten Theil keine Heimat mehr hatten, als Handwerker zu ungeschickt und als gewöhnliche Arbeiter nicht tauglich waren, so sind sie stets zum alten Handwerk zurückgekehrt, obwol sie in den ägyptischen Kriegen immer als erstes Treffen verwandt, fast bei jedem Gefecht decimirt und außerdem schlecht gehalten und besoldet wurden.

Bei der Anwerbung konnten wir keine besondere Auswahl treffen, sondern wir mußten nehmen, was sich uns anbot, da die ägyptische Regierung drängte und auch für uns als erstes Gesetz möglichste Schnelligkeit galt. So fanden sich unter den Angeworbenen manche kränkliche, auch einzelne schon recht alte Leute, welche bereits ein Menschenalter hindurch unter dem Halbmond in Arabien und Kleinasien gefochten hatten. Wenn diese Leute nicht ein zu schwaches Gedächtniß hätten, so würden sie gewiß manches Interessante aus diesen Kriegen zu erzählen wissen. Die Einzelheiten sind ihnen aber entfallen und nur bedeutende Namen wie Arabi und Ismael Pascha sind ihnen im Gedächtniß geblieben. Welche Gefechte sie mitgemacht haben, wissen sie nicht mehr, auch über die Zeit haben sie ganz verworrene Begriffe; daß sie aber hier überall ihre Pflicht gethan haben, sieht man aus den Decorationen mit den englischen und ägyptischen Sudan-Medaillen, welche sie in den Kämpfen erworben haben und mit Stolz tragen.

Der erste Zug mit den angeworbenen Leuten, ihren Weibern und Kindern, war bereits unter Führung des Lieutenants Theremin nach Suez vorausgegangen. Für den zweiten Transport, welcher ebenfalls schon zum Abgang fertig war, wurde Lieutenant Sulzer commandirt und die Abfahrt schon für den nächsten Tag abends 8 Uhr festgesetzt. Hauptmann Wißmann, wir Offiziere und mehrere Herren der deutschen Colonie hatten sich am Bahnhof eingefunden, um den Abgang des Zuges mit anzusehen. Sonst war die Abfahrt geheimgehalten, um lästige Zuschauer fernzuhalten. Auf einem abseits gelegenen Perron sollte die Verladung vor sich gehen, und schon zwei Stunden vorher hatten sich hier truppweise Männer, Weiber und Kinder eingefunden. Ein betäubender Lärm drang dem Besucher schon von weitem entgegen, denn die Weiber führten hier das Regiment und bewachten die zahlreichen Gepäckstücke, welche die Männer unermüdlich heranschleppten. Und woraus bestanden diese Reichthümer, die sich zu wahren Bergen auf beiden Seiten des Perrons anhäuften? wird der Leser erstaunt fragen, der diesen Luxus mit der sonstigen Dürftigkeit der Leute nicht in Einklang zu bringen vermag. Doch schon eine oberflächliche Besichtigung der Kisten und Ballen würde ihm eine Antwort darauf geben. Leere Flaschen, Strohmatten, Körbe, Kürbisflaschen, etwas weniges Kochgeschirr und einige Zeugfetzen, welche kaum noch den Namen von Kleidungsstücken verdienen — diese Besitzthümer, welche für jede Familie etwa den Werth einer Rupie ausmachten, und bei deren Anblick man sich kaum eines Lächelns erwehren konnte, wurden mit der größten Sorgfalt bewacht und gehütet und sind dann auch nach vielen Fährlichkeiten beim Aus- und Einladen in die Schiffe und Leichter und wieder vom Land in andere Schiffe trotz aller Verwünschungen des weißen Personals, das die Verschiffung zu leiten hatte, glücklich nach einer viele hundert Seemeilen weiten Reise nach Ostafrika gelangt. Aber hier in seinem Besitzthum ist der Sudanese empfindlich oder vielmehr seine Gattin, welcher die Besorgung aller häuslichen Angelegenheiten obliegt, und jeder Sudanese würde sich trotz der lockendsten Anerbietungen unbedingt geweigert haben, ohne sein Hab und Gut die Reise nach dem Süden zu machen. Immer noch erscheinen Nachzügler, trotzdem die angesetzte Zeit schon lange verstrichen war, und es erwies sich als eine außerordentlich praktische Maßregel, daß die Leute schon zwei Stunden vorher bestellt waren, denn sonst wäre wohl die Verladung vor Nacht nicht beendet gewesen.

Aber auch der bestellte Extrazug ließ nach berühmtem Vorbilde eine halbe Stunde auf sich warten, und als er endlich mit den großen offenen Viehwagen langsam an den Perron rollte, da entstand ein wildes Durcheinander, dem die ägyptischen Soldaten, welche uns Oberst Schäffer liebenswürdigerweise zur Verfügung gestellt hatte, kaum zu steuern im Stande waren. Alles drängte zu den Wagen, um einen möglichst bequemen Platz zu erobern und um das werthvolle Gepäck möglichst sicher unterzubringen. Im Hintergrunde spielten sich rührende Abschiedsscenen ab zwischen den Scheidenden und den zahlreichen Stammesgenossen, welche in ihrer Begleitung erschienen waren. Aber trotz des Lärmens und des Durcheinanderlaufens ging das Verladen doch weit schneller von statten, als wir zuerst angenommen hatten. Binnen einer halben Stunde war alles untergebracht, und gegen 9 Uhr abends dampfte auch diese zweite Abtheilung nach Suez ab.

Während die Anwerbungen dieser beiden ersten Trupps durchaus keine Schwierigkeiten gemacht hatten, waren jetzt die Anmeldungen doch schon spärlicher geworden, sodaß wir zur Completirung der beiden letzten Compagnien doch noch ca. 14 Tage gebrauchten. Endlich war auch hier der letzte Mann eingeschrieben, die Listen konnten geschlossen werden und die Truppe war jetzt in der Stärke von 600 Mann complet. Allerdings hatten sich hier doch auch einzelne zweifelhafte Gesellen eingeschlichen, welche sich später bei manchen Gelegenheiten noch sehr bemerkbar machten; auch waren hier schon viele Mischlinge und einzelne Fellachen mitgenommen. Da wir aber nicht die Zeit hatten, nach Oberägypten zu ziehen, wo wir in einzelnen Ortschaften noch viele Compagnien hätten anwerben können, so mußten wir uns mit dem Material, was wir in Kairo fanden, begnügen.

Die eingetroffenen Nachrichten aus Sansibar lauteten nicht günstig. Buschiri hatte wiederum am 3. März einen Sturm auf die Station und auf das Haus der Wanjamwesi unternommen, wobei es hauptsächlich auf das Elfenbein abgesehen war, welches die Karavanen mit aus dem Innern gebracht hatten und wegen der allgemeinen Geschäftsstockung noch nicht verkaufen konnten. Der Angriff war zwar mit Hülfe der Marine abgeschlagen, doch war eine baldige Hülfe dringend erwünscht, da zugleich sehr beunruhigende Gerüchte von einer bedeutenden Verstärkung der Rebellen im Umlauf waren.

Da misliche Umstände nie allein zu kommen pflegen, so enthielten die Meldungen von Herrn von Gravenreuth, dem Vertreter des Reichscommissars in Deutschland, ebenfalls sehr ungünstige Nachrichten. Die Schiffe der Expedition, welche noch in Kiel lagen, konnten den Hafen nicht verlassen, weil der Sund infolge des ungewöhnlich harten Winters noch zugefroren war; auch waren von den Lieferanten der Expeditionsausrüstung die Lieferungstermine zum großen Theil nicht innegehalten, sodaß die Expedition noch nicht abfahren konnte. Hieraus erwuchs uns der Nachtheil, daß die angeworbenen Truppen, nicht wie erst in Aussicht genommen war, von den eigenen Schiffen befördert werden konnten, sondern daß von Aden aus ein Dampfer gechartert werden mußte, wodurch der Expedition eine unvorhergesehene erhebliche Ausgabe erwuchs. Hauptmann Wißmann hatte, um möglichst bald an Ort und Stelle in Sansibar sein zu können, seine Abreise aus Kairo so beschleunigt wie nur irgend möglich, sodaß alle Geschäfte bei dem Abgang der letzten Colonne abgewickelt waren, und der Reichscommissar mit den Herren seiner Begleitung am nächstfolgenden Tage nach Abgang des letzten Transports, welcher unter meine Führung gestellt war, nach Suez abfahren konnte.

Am 18. März verließen wir das gastliche Kairo, wo wir schöne und interessante Tage verlebt und von den dort lebenden deutschen Herren so freundlich und ehrenvoll aufgenommen waren, und langten nach einer kalten und stürmischen Nacht, in welcher die steinigen und wüsten Strecken zwischen dem Nil und dem Rothen Meere durcheilt wurden, am 19. morgens in Suez an. Unsere Hoffnung, nach der langen Nachtfahrt hier auf dem Bahnhofe irgendein erwärmendes Getränk einnehmen zu können, wurde bitter getäuscht, denn alle Begriffe, welche man in Europa mit einer Eisenbahnstation verbindet, fehlten hier vollkommen. Eine hohe Breterbude, welche nothdürftig gegen den Regen schützte, ein kleiner als Telegraphenbureau und Wohnung für den einzigen, unglaublich verkommen aussehenden Stationsbeamten dienender Raum, einzelne leere Tonnen und Kisten, die eventuell dem müden Wanderer als Ruheplatz dienen konnten, das waren die einzigen primitiven Einrichtungen dieses afrikanischen Bahnhofs, zu dessen Rechtfertigung allerdings gesagt werden muß, daß selten ein Fremder seine Gastfreundschaft in Anspruch nimmt.

Allmählich erwachten nun auch unsere schwarzen Schutzbefohlenen, die, wie Murmelthiere zusammengerollt, in den Viehwagen lagen. Es war wirklich komisch mit anzusehen, in welche unentwirrbare Knäuel sich die Schwarzen zusammengekauert hatten, um durch die gegenseitige animalische Wärme Schutz vor der empfindlichen Kälte zu suchen, und wie sie sich nun, verschlafen und in ihrer mangelhaften Kleidung vor Frost zitternd, aus diesen unbequemen Stellungen herauswickelten. Zuerst malte sich großes Erstaunen auf allen Gesichtern, sich hier in einem Eisenbahnwagen und dicht am Meere zu befinden, das sie zum größten Theil noch nie gesehen hatten. Aber nach wenigen Minuten — denn der Neger gebraucht immer einige Zeit, um sein geringes Hirn wieder zur Denkkraft anzuspannen — kehrte ihr Bewußtsein zurück und mit demselben dann auch sofort das von dem Neger unzertrennliche Bedürfniß nach Speise und Trank. Einige wenige, welche vorsichtig gewesen waren, holten aus den tiefsten Gründen eines riesigen Koffers einige sehr unappetitlich aussehende weiße Kuchen, welche die Sudanesenweiber zu bereiten pflegen, und verzehrten dieselben mit großem Wohlbehagen. Die übrigen, welche diese Vorsorge nicht getroffen hatten, wandten sich an mich und drückten ihr Bedürfniß, da wir uns ja nicht verständigen konnten, in Pantomimen aus, welche in drastischer Weise einen leeren Magen bezeichneten. Leider konnte ich ihre berechtigten Wünsche nicht sofort erfüllen, da ich nicht wußte, ob der für uns bestellte Proviant schon angekommen war, und mußte sie auf später vertrösten, womit sie sich auch vollkommen zufrieden gaben. Um ihnen aber von vornherein einen Begriff von Ordnung beizubringen, ließ ich mir die schwarzen Offiziere kommen und machte ihnen durch den Dolmetscher verständlich, daß irgendwelche Wünsche nur von einem einzigen oder durch die eingeborenen Offiziere an mich zu richten seien. Dann ließ ich sämmtliche Leute aus den Wagen steigen, um noch einmal Musterung über dieselben abzuhalten, da bei der Abfahrt aus Kairo eine bestimmte Kopfzahl nicht festzustellen gewesen war. Die Zählung ergab 250 Männer, 150 Weiber und 10 Kinder. Zwei Leute, so wurde mir gemeldet, seien während der Fahrt, etwa auf halbem Wege, aus dem Wagen gesprungen, um nach Kairo zurückzukehren, da sie sich vor der Meerfahrt gefürchtet hätten. Den armen Teufeln konnte ich nun allerdings nicht mehr helfen; wahrscheinlich waren sie aber ohne erhebliche Verletzungen davongekommen, da wir sehr langsam gefahren waren, und konnten, den Schienen folgend, Kairo wieder erreichen. Am Quai begrüßte uns der deutsche Consul aus Suez, Herr Maier, welcher in freundlichster Weise alle Vorbereitungen für unsere sofortige Abreise getroffen hatte und selbst den weiten Weg von der Stadt bis an den Hafen, der zu Esel zurückgelegt werden muß, nicht gescheut hatte, um sich uns in so früher Morgenstunde zu widmen. Unser Dampfer, ein englisches Kohlenschiff, lag hart am Quai, kaum 20 Schritt vom Bahnhof entfernt. Der Proviant für die Leute war schon verladen, und so ließ ich denn sofort eine Kiste Hartbrot an die Leute vertheilen, wodurch ihr erster Wunsch auf allerseits befriedigende Weise erfüllt wurde.

Während nun das Verladen der Koffer und Kisten aus den Waggons vor sich ging, begab ich mich mit dem Consul und einem unserer Beamten, der vom Hauptmann Wißmann nach Suez vorausgeschickt war, an Bord des Schiffes, um hier die getroffenen Anstalten zur Unterbringung der Leute in Augenschein zu nehmen. Wie jeder sich leicht vorstellen kann, bietet ein Dampfer, der einzig und allein den Zweck verfolgt, Kohlen zu laden und zu verschiffen, für Passagiere keine großen Annehmlichkeiten. Von irgendwelchem Comfort, der die Reisenden auf Passagierschiffen so angenehm berührt und eine längere Seereise erträglich erscheinen läßt, war hier nichts zu sehen. Ja, selbst von der Sauberkeit, welche auf andern Schiffen so peinlich gewahrt wird, verspürte man wenig. Die Schiffsbesatzung schien auch die weitern Reinigungsversuche als erfolglos aufgegeben zu haben, denn eine dicke schwarze Schicht von zähem Kohlenstaub bedeckte das ganze Schiff und machte sich an unsern Händen und Kleidern nach kurzem Aufenthalt recht deutlich bemerkbar. Nachdem wir der Vorsicht halber nochmals eine Revision über den mitgenommenen Proviant abgehalten hatten, um auch bei ungünstiger Witterung nicht in Verlegenheit zu gerathen, konnten wir auch an uns selber denken und uns das wohlverdiente Frühstück, welches der freundliche englische Kapitän uns in seiner Kajüte anbot, schmecken lassen; dasselbe war ganz auf einen englischen Seemannsmagen zugeschnitten und bestand aus Porter und Ale, einigen Conserven, Früchten und einem prächtigen englischen Pudding, einem Meisterstück des Schiffskochs, den derselbe uns mit triumphirender Miene vorsetzte. Gleich nachher sollte die Einschiffung der Leute vor sich gehen. Aber noch sollte uns keine dauernde Ruhe beschieden sein, denn kaum hatten wir unsern ersten Appetit gestillt, als der älteste der schwarzen Offiziere mit dem Dolmetscher eintrat und mir meldete, daß ein Theil der Leute behauptete, zu wenig Geld erhalten zu haben und infolge dessen nicht weiter fahren wolle. Noch bevor wir auf Deck kamen, hörten wir dann auch schon auf der Landungsbrücke das Lärmen und Zanken der Leute, woran sich Männer und Weiber zugleich betheiligten. Vor allem wurde jetzt erst Ruhe geschaffen, wobei die schwarzen Offiziere uns sofort kräftig unterstützten, und was auch bald von dem gewünschten Erfolg begleitet war. Dann wurden die Unzufriedenen vorgerufen, welche nach langem Hin- und Herreden sich darüber beschwerten, daß ein Theil der

Soldaten bei der Anwerbung ein Pfund*, sie aber nur 5 Piaster erhalten hätten. Andere benutzten diese Gelegenheit allgemeiner Verwirrung, um die Erlaubniß zu erhalten, nach der Stadt gehen zu können, da sie alle möglichen wichtigen Sachen, wie sie behaupteten, vergessen hätten. An die Gewährung dieser Erlaubniß war natürlich nicht zu denken, da Suez beinahe eine Meile vom Hafen entfernt liegt und wir gar nicht wissen konnten, ob sie sich dort nicht betrinken oder sonst unliebsam aufführen würden, ganz abgesehen von der sehr naheliegenden Befürchtung, daß ein Theil mit dem erhaltenen Gelde verschwinden würde. Ueber die Beschwerden, den ungleich ausgezahlten Vorschuß betreffend, kamen wir nicht so leicht hinweg, da die eingeborenen Offiziere dies bestätigten und wir den Leuten nicht unrecht geben konnten. Es war dies ein Versehen unserer Agenten, was aus den einzelnen Listen leicht festzustellen war und dann bei der nächsten Gehaltszahlung ausgeglichen werden konnte. Die Leute glaubten aber, in der Erinnerung an ägyptische Zustände, daß wir ihnen das Geld vorenthielten und daß wir sie übervortheilen wollten. Dieses Mistrauen konnte ihnen keineswegs übelgenommen werden, da sie uns absolut nicht kannten und nie etwas von Deutschland gehört hatten, bisher aber stets gewöhnt waren, an ihren Competenzen beschnitten und betrogen zu werden.

Nun wäre ja diesem Uebelstande leicht abzuhelfen gewesen, wenn wir genügend baares Geld an Bord gehabt hätten. Hieran fehlte es aber. Es konnte zwar leicht auf dem deutschen Consulat Geld erhoben werden, aber dies hätte uns zu lange aufgehalten und unsere Abreise um einen Tag verschoben, da die Wasserverhältnisse nicht gestatten, jederzeit abzureisen. Mit bloßen Versprechungen war bei den Leuten gar nichts durchzusetzen, und so halfen wir uns denn durch eine List. Durch den Dolmetscher ließen wir ihnen sagen, daß hier voraussichtlich

* 1 £ (Pound) = 20,25 Mark. 1 Piaster ägyptische Münze = 1 Mark.

ein Versehen vorläge und ihnen der rückständige Vorschuß ausgezahlt werden sollte; zuerst müßten sie aber ihr Gepäck an Bord bringen. Das Schiff lag, wie schon gesagt, unmittelbar am Quai, und so war in kurzer Zeit alles verladen. Nun wurden nach vorheriger Verabredung mit dem Kapitän die Anker aufgeholt und wir dampften 200 Schritt weiter in den Hafen hinein. Damit waren alle weitern Discussionen abgeschnitten und die Leute, welche jetzt mit dem Einräumen und Verstauen ihrer Sachen vollauf zu thun hatten, beruhigten sich auch bald.

Bald darauf kam Herr Hauptmann Wißmann mit dem fahrplanmäßigen Zuge, besichtigte das Schiff und musterte noch einmal die Leute, welche er ebenfalls auf dem Bahnhofe nur flüchtig gesehen hatte, und begab sich dann an Bord des französischen Dampfers, um über Aden direct nach Sansibar zu fahren, während unser Ziel vorerst Aden war, wo bereits Lieutenant Theremin mit der andern Truppe uns erwartete.

So gut es gehen wollte, richteten wir uns auf dem Schiffe ein, aber 410 Menschen auf einem immerhin kleinen Dampfer unterzubringen, war gewiß keine Kleinigkeit. Das Zwischendeck reichte lange nicht aus, um alle Schwarzen aufzunehmen; so trennten wir Männer und Weiber und brachten erstere, soweit es angängig war, auf Deck unter, den Weibern und Kindern wurde das Zwischendeck angewiesen und jedem der schwarzen Offiziere eine bestimmte Anzahl zur Aufsicht zugetheilt. Der Raum war aber durch das viele Gepäck bereits so eng geworden, daß man nur mit den größten Schwierigkeiten, indem man von einem Koffer zum andern sprang, vom Vorderdeck nach dem Hinterdeck gelangen konnte, wodurch natürlich die Aufsicht außerordentlich erschwert und eine gründliche Reinigung fast unmöglich gemacht wurde. Zwischen diesen Gepäckhaufen lagen die Leute zusammengekauert oder auf Matten hingestreckt. Für die Offiziere war ein etwas größerer Platz frei gelassen, aber auch nur gerade so groß, um das Schlafen auf ebenem Boden zu gestatten. Die übrigen Leute benutzten meistens ihre

Kisten zu gleicher Zeit als Sitz- und Schlafstätte. In Betreff des Raumes sind die Schwarzen unglaublich anspruchslos. Eine drei Fuß lange und ebenso breite Kiste ist in ihren Augen ein äußerst bequemes Nachtlager. Die Stimmung der ganzen Truppe war, als wir den Hafen verließen, ausgezeichnet. Das soeben noch bitter empfundene Unrecht des ungleich ausgezahlten Vorschusses war längst vergessen, wozu nicht am wenigsten eine an Bord vorgefundene Mahlzeit aus Reis und Hartbrot beigetragen hatte. Jetzt saßen sie mit ihren kleinen Cigarretten, welche im ganzen Orient vom Sklaven bis zum Pascha hinauf so beliebt sind, plaudernd zusammen oder hielten ihre Siesta. Im Zwischendeck dagegen herrschte immer noch ein wildes Durcheinander, hier führten die Weiber das Scepter und sorgten mit den plärrenden Kindern für stete Unruhe; Geschrei und Schwatzen ließen uns in der nebenanliegenden Kajüte kaum einen Augenblick zur Ruhe kommen, sodaß wir uns oft durch ein kräftiges Schimpfwort Luft machten; freilich half dies auch nicht viel, da sie diesen Ausbruch unserer üblen Laune nicht verstanden und infolge dessen auch nicht beachteten. Der Aufenthalt in diesem winzigen Raum war aber ohne diese Zuthat schon eine Tortur.

Die Hitze wurde hier im Laufe des Tages geradezu unerträglich; das Thermometer stieg, als wir in das Rothe Meer einfuhren, bis auf 30 Grad Réaumur, sodaß wir während des ganzen Tages, trotzdem wir uns kaum von der Stelle bewegten, wie im Schweiß gebadet waren. Dieser Zustand war um so empfindlicher, als er Tag und Nacht andauerte und infolge dessen an einen ruhigen Schlaf gar nicht zu denken war. Der Aufenthalt an Deck war unmöglich, da man nicht drei Schritte gehen konnte, ohne auf einen Fuß oder einen Arm zu treten, und zum Hinsetzen oder Aufspannen der Hängematte positiv kein Raum vorhanden war. Der Kapitän und die Schiffsoffiziere hatten sich auf die Commandobrücke zurückgezogen und überließen uns hier unserm Schicksal; gern wären wir ihnen gefolgt, aber auch dort war eben nur so viel Raum, um dem

Kapitän freie Bewegung zu gestatten. So mußten wir uns denn eben einrichten, so gut es ging. Diese Aussichten boten sich uns beim Beginn der Fahrt; wenn dieselben auch nicht sehr tröstlich waren, so ließen sie sich schließlich doch ertragen.

Bald sollten wir aber darüber belehrt werden, daß der Aufenthalt auf einem Schiffe unter Umständen auch zu einem reinen Fegfeuer werden kann. Denn sobald das Schiff in die offene See hinaussteuerte und infolge des hohen Seegangs zu schaukeln und zu stampfen anfing, hielt die Seekrankheit ihren Einzug und verwandelte das ganze Schiff in ein schwimmendes Lazareth, dessen Einzelheiten jeder Beschreibung spotten. Wenn man schon auf Passagierschiffen durch die Zustände, welche mit dieser Krankheit verbunden sind, stets aufs unangenehmste berührt wird, so betrifft dies doch immer nur einzelne Fälle; hier aber war binnen kurzer Zeit die ganze 410 Köpfe starke Truppe in eine stöhnende, wimmernde Masse verwandelt, die sich in einem engen Raum zwischen den Kisten und Ballen umherwälzte. Von einer Disciplin konnte überhaupt keine Rede sein, aber selbst jede Autorität, die der Weiße sonst unbedingt über den Neger ausübt, schwand in diesem allgemeinen Krankheitszustand. Rath- und machtlos standen wir dem gegenüber. Der größte Theil war fest überzeugt, er würde jetzt sterben, wir hätten sie ins Elend geführt. Hier und dort wurden auch Verwünschungen gegen uns laut, welche wir aber zum Glück nicht verstanden. Der Dolmetscher war ebenfalls unzurechnungsfähig, die Leute verstanden uns nicht, waren auch allen Vernunftsgründen vollständig unzugänglich und überließen sich kraft- und willenlos ihrem Zustande, ohne sich vom Fleck zu rühren. Da die meisten an starkem Erbrechen litten, so war die Luft sehr bald vollständig verpestet, und wir konnten nur durch die größte persönliche Strenge und kräftige Züchtigungen, welche wir eigenhändig an Ort und Stelle vornahmen, der unglaublichen Unreinlichkeit steuern. Der Kapitän war ebenfalls höchst übelgelaunt und behauptete, wir hätten ihm sein Schiff auf Jahre hinaus ruinirt. Nun war ihm zwar die Misstimmung über diese Verhältnisse keineswegs übelzunehmen, sie vermehrte jedoch immer noch unsern Aerger und Verdruß. Mursal Effendi, der älteste und verständigste von den schwarzen Offizieren, welcher schon in der ägyptischen Armee den Rang eines Hauptmanns bekleidet hatte, war für uns während dieser Tage von großem Nutzen und that sein Möglichstes, um die Leute zur Vernunft zu bringen, meistens aber auch ganz ohne Erfolg. Jeden Morgen und jeden Abend machten wir Inspectionsreisen auf dem Schiff, wo denn sofort unter unsern Augen alle nöthigen Maßregeln getroffen wurden. An Stellen, wo die Unsauberkeit zu groß war, ließen wir rücksichtslos mit dem großen Wasserschlauch dazwischenspritzen, da zu befürchten stand, daß bei diesen Zuständen eine ansteckende Krankheit ausbrechen konnte.

Zum Glück waren wir Europäer ziemlich seefest; aber der Aufenthalt in den untern Räumen machte auch uns vollständig unwohl. Hier wurde auch eine ständige Wache aufgestellt, für welche wir die vernünftigsten Leute mit Mursal Effendi aussuchten, und welche in den untern Räumen und besonders bei den Closets, wo wirklich ganz unglaubliche Zustände herrschten, auf Reinlichkeit und Ordnung zu sehen hatten. Aber noch hatten wir das Schlimmste nicht überstanden, denn am 20. März begann gegen Abend eine scharfe Brise einzusetzen, und der sehr starke Seegang während der Nacht verursachte ein vermehrtes Schaukeln und Rollen des Schiffes. Einzelne Wellen schlugen auch über Bord und spülten das Wasser durch die weiten Oeffnungen ins Zwischendeck, hier alles unter Wasser setzend. Nun trat zu allen andern Leiden noch die Angst hinzu und besonders bei den Weibern erneute Ausbrüche von Seekrankheit. Bei jeder neuen Welle, die einem Sturzbad gleich sich in den Raum ergoß, erscholl das Jammergeschrei der Weiber und Kinder. Denn unten im Raum erschien ihnen das Brausen des Sturmes und der Wellen viel fürchterlicher, als es in Wirklichkeit war, und sie glaubten bestimmt, daß das Schiff jetzt untergehen würde und sie alle verloren wären. Als ich in Begleitung Mursal Effendi's mit einer Laterne hinunterging, um sie zu beruhigen, bot sich mir wirklich ein entsetzlicher Anblick. Es war vollständig finster, da man des herabfließenden Wassers wegen kein Licht anbringen konnte, ohne daß es sofort verlöscht wäre. Auf der Erde standen überall Wasserlachen und in einer Ecke zusammengedrängt hockten die Weiber und Kinder mit vollständig durchnäßten Kleidern und angstverzerrten Zügen, bei jedem Schwanken des Schiffes sich ängstlich aneinander klammernd. Ich versuchte ihnen durch den Dolmetscher begreiflich zu machen, daß absolut keine Gefahr für ihr Leben vorhanden wäre; aber nur bei einigen wirkte dies beruhigend, denn sie versuchten wenigstens ihre Kinder, die fortwährend schrien, zur Ruhe zu bringen und zwischen trockenen Matten zu betten. Die andern waren aber für keinerlei Vernunftgründe zugänglich, heulten und jammerten weiter und riefen nach ihren Männern. So mußten wir sie denn ihrem Schicksal überlassen, da wir ja so wie so nicht viel für sie thun konnten, so gern wir es auch gewollt hätten. Die armen Wesen, die früher niemals das Meer gesehen hatten, thaten uns wirklich leid, und es war wohl begreiflich, wie diese unbekannten Naturerscheinungen sie bei ihrem Unverstand in Angst und Schrecken setzen konnten.

So ließ ich ihnen wenigstens die Laterne, da ihnen das Licht doch eine gewisse Beruhigung gewährte. Die Männer an Deck waren im Verhältniß ruhiger, trotzdem sie noch mehr durch das Wasser zu leiden hatten und von den überspülenden Wellen vollständig durchnäßt waren. An Schlaf war natürlich nicht zu denken, da das Geschrei und die Unruhe die ganze Nacht währte und uns nicht zur Ruhe kommen ließ. So sahen wir denn sehnsüchtig dem kommenden Morgen entgegen, da diese Nacht auch an unsere Nerven starke Anforderungen stellte. Als endlich die Sonne am Horizont erschien, athmeten wir alle erleichtert auf; auch die Schwarzen machten viel heiterere Gesichter, als sie unter dem wohlthuenden Einfluß der Sonnenstrahlen ihre durchnäßten Kleider trocknen konnten. Der Sturm hatte schon lange nachgelassen, und die noch immer hochgehende See beruhigte sich auch allmählich und verwandelte sich gegen Mittag in eine spiegelklare Fläche. Diese Ruhe in der Natur theilte sich auch bald unsern Leuten mit. Alle Schrecknisse der vergangenen Nacht waren vergessen; auch die Seekrankheit hatte infolge der verminderten Bewegung des Schiffes nachgelassen. Ueberall waren wieder heitere, sorglose Gesichter zu sehen. Die meisten holten den versäumten Schlaf der vergangenen Nacht jetzt nach, sodaß eine feierliche Stille auf dem ganzen Schiffe herrschte.

Um 10 Uhr kam die französische Post in Sicht, die einen Tag später aus Suez abgefahren war und den Reichscommissar, die begleitenden Offiziere und den Stabsarzt Dr. Schmelzkopf, welcher am letzten Tage in Kairo zu uns gestoßen war, an Bord hatte. Um 12 Uhr hatte sie uns bereits überholt, da wir nur 6 Knoten in der Stunde, die Post aber fast das Doppelte lief. Freundliche Grüße wurden herüber- und hinübergewinkt, da das Schiff so nahe an uns vorbeifuhr, daß wir die einzelnen Personen unterscheiden und auch mit einem guten Glase deutlich erkennen konnten. Bald waren sie uns aber aus dem Gesichtskreise entschwunden und wir keuchten langsam hinterher.

Am 25. hatten wir gehofft, Aden zu erreichen. Aber die steten Gegenwinde hatten uns noch an Geschwindigkeit einbüßen lassen, sodaß wir acht volle Tage brauchten, um die Strecke von Suez nach Aden zurückzulegen. Endlich tauchten am 27. abends in der Ferne die gigantischen Formen der Felsen von Aden auf, welche den Hafen von drei Seiten einfassen und ihn durch diese geschützte Lage zu einem der besten und gesichertsten der Welt machen, durch die zahlreich vorgelagerten Klippen aber auch die Schiffahrt für Nichtkundige sehr erschweren. Langsam liefen wir zwischen den hohen, nackten Felsen hindurch, welche die schmale, gewundene Einfahrt an beiden Seiten begleiten und den Blick auf den innern Hafen von der See aus vollständig versperren; vorbei an einer

Batterie mächtiger Kanonen, die an der Südseite den Hafeneingang sperren und mit den weit vorgestreckten Hälsen das vorüberfahrende Schiff drohend anblicken. Nach der letzten scharfen Wendung nach Süden lag der schöne, große Hafen mit den zahlreichen Schiffen aller Gattungen und Nationen vor uns. Wir senkten zum Gruß die Flagge, und wie auf Commando wurde auf allen Schiffen dieser Gruß erwidert, ein Höflichkeitsaustausch, der auf der ganzen Welt mit den ankommenden und abfahrenden Schiffen gewechselt wird. Bald darauf kam das Regierungsboot mit den Beamten vom Gesundheitsamt längsseit. Nachdem alle unsere Leute auf dem Hinterdeck angetreten waren, wurde eine eingehende Inspicirung des Schiffes vorgenommen, welche befriedigend ausfiel, aber so viel Zeit in Anspruch nahm, daß bereits vollkommene Dunkelheit herrschte, bevor wir mit dem Ausschiffen der Leute beginnen konnten. Lieutenant Böhlau, einer unserer Offiziere, welcher vom Reichscommissar zur Unterstützung des Lieutenants Theremin in Aden zurückgelassen war, hatte zwei Leichter zum Ausschiffen der Leute längsseit gebracht und wartete ungeduldig auf die Abfahrt des allzugenauen Regierungsbeamten. Nicht mit Unrecht fürchteten wir, daß bei den sehr mangelhaften Vorrichtungen und der vollständigen Finsterniß beim Ausschiffen der Leute Schwierigkeiten entstehen würden. Bevor wir mit dem Einladen begannen, sandten wir daher in jedes der beiden Boote einen unserer schwarzen Offiziere, welche für die gleichmäßige Verstauung der Sachen Sorge tragen sollten. Wir selber übernahmen die Leitung des Ausladens. Um den Raum nicht noch mehr zu verengen, ließen wir die Weiber und Kinder im Zwischendeck. Auch von den Männern mußte der größte Theil auf dem Hinterdeck bleiben, bis das Gepäck untergebracht war. Obgleich infolge dieser Vorkehrungen die Arbeiten verhältnißmäßig ruhig von statten gingen, hätten wir fast zwei unserer Leute verloren. Durch das unvernünftige Drängen nach der Treppe und das rücksichtslose Hinabwerfen der Gepäckstücke waren zwei Sudanesen auf dem schmalen Fallreep ausgeglitten und ins Wasser gefallen. Erst durch ihr ängstliches Hülferufen wurden wir aufmerksam und konnten ihnen noch schnell Schwimmgürtel nachwerfen. Trotzdem ist ihre Rettung wie ein Wunder anzusehen, da die Hülfeleistung durch vollständige Dunkelheit sehr erschwert wurde. Gegen 10 Uhr waren wir klar zum Abfahren.

Nach einer letzten Revision auf dem Schiffe verabschiedeten wir uns von dem Kapitän, der jetzt ein weit freundlicheres Gesicht machte, als er sein Schiff von dieser Bande befreit sah. Fast ironisch wünschten wir uns eine glückliche Reise. Jedenfalls beneideten wir uns gegenseitig nicht um unser künftiges Geschick, er mich nicht um meine Offizierstellung bei dieser Truppe, die er unter so ungünstigen Umständen kennen gelernt hatte, und ich ihn nicht um sein schmutziges Kohlenschiff, an welches sich für mich so unangenehme Erinnerungen knüpften. Ich war denn auch wirklich herzlich froh, als das Fallreep hochgezogen wurde und ich den Befehl zum Abfahren geben konnte. Wir landeten möglichst nahe an der Stelle, wo der übrige Theil unserer Truppe ein Lager aufgeschlagen hatte, und um nicht in so später Stunde noch einmal die Mühe des Ausladens zu haben, ließen wir das Gepäck mit einer Bedeckung in den Leichtern zurück und führten nur die Leute nach dem Lager, wo die vier andern Compagnien sich bereits häuslich eingerichtet hatten. Von unsern Herren, die am Landungsplatz auf uns gewartet hatten, erfuhren wir nach der ersten Begrüßung, daß die Verhältnisse hier in Aden für uns ziemlich ungünstig und der Gesundheitszustand in der Truppe sogar äußerst besorgnißerregend wäre. Schon während der Fahrt von Suez nach Aden waren auf dem Schiff des Lieutenants Theremin die Pocken ausgebrochen. Zwei Kinder waren bereits auf dem Schiff gestorben. Glücklicherweise hatten die Gesundheitsbeamten nichts Auffälliges bemerkt und die zwar unerlaubte, aber in unserer Lage wohl verzeihliche Verheimlichung der Krankheitsfälle war, ohne Verdacht zu erregen, gelungen. Wir wären sonst wahrscheinlich wochenlang in Quarantäne gelegt worden, und dieser Anfang der Expedition hätte entschieden einen höchst ungünstigen Eindruck hervorgerufen. Zwar wurden auch jetzt noch die vorkommenden Krankheitsfälle vor den Engländern streng geheimgehalten; da aber die Epidemie immer weiter um sich griff und bereits 16 Leute an den Pocken gestorben waren, so war ein ferneres Verheimlichen kaum denkbar und die Abreise war wahrscheinlich noch auf Wochen hinaus verschoben.

Diese Aussichten waren allerdings außerordentlich niederdrückend. Zwar war der Stabsarzt Dr. Schmelzkopf von dem Commandanten hier zurückgelassen und hatte sofort bei allen gesunden Leuten Impfungen vorgenommen; ob dieselben jedoch noch die gehoffte Wirkung haben würden, war doch sehr zweifelhaft. Jedenfalls konnte bei dem hohen Procentsatz an Kranken, gegen 50, vorläufig an die Weiterreise nach Sansibar nicht gedacht werden. Auch in Betreff der Beförderungsmittel verfolgte uns das Misgeschick. Denn trotz aller Bemühungen unsers Consuls, welcher nach allen größern Häfen telegraphirt hatte, war vorläufig keine Aussicht vorhanden, ein Transportschiff nach Sansibar zu chartern. Auch an die Beförderung mit unsern eigenen Schiffen war vorläufig nicht zu denken, da nach den letzten eingelaufenen Telegrammen die Ausrüstung und Fertigstellung der Expedition in Berlin etwa noch vier Wochen in Anspruch nehmen würde.

So standen die Verhältnisse am 28. März bei unserer Ankunft in Aden. Alle Hoffnungen, schnell an das Endziel unserer Reise zu gelangen und unsern bedrängten Landsleuten in Ostafrika Hülfe zu bringen, waren wieder in weite Ferne gerückt. Trübe Wolken zogen sich über dem jungen Unternehmen zusammen. Daß dieselben bald zerstreut werden würden, war unter den damaligen Verhältnissen kaum anzunehmen, und unthätig mußten wir dem Gange der Ereignisse folgen.

Am nächsten Morgen begaben wir uns früh in das Feldlager, welches unsere Leute etwa eine Viertelstunde von Steamerpoint bezogen hatten. Ein buntbewegtes Bild bot sich hier dem Beschauer. Im Hintergrunde unsers kleinen Lagers, welches in einem nackten, steinigen Thalkessel lag, erhoben sich die massigen, wildzerklüfteten Felsen von Hadhramaud; zur rechten Hand zogen sich die mächtigen Festungswerke hin, deren in Stein gehauene Mauern und Bastionen Zeugniß ablegen von der Macht und Größe der einstigen Ostindischen Compagnie, der sie ihren Ursprung verdanken.

Nach Norden zu wird dieses Thal von dem Hafenbassin bespült, sodaß unser Lager mit seinem bunten Leben und Treiben in dieser imposanten Umgebung fast wie ein Spielzeug aussah, das von Riesenhänden dort zum Zeitvertreib aufgebaut war. Nach Zeltgemeinschaften und Familien getrennt, saßen hier die schwarzen Insassen in süßem Nichtsthun oder mit Schwatzen und Rauchen beschäftigt. In einiger Entfernung vom Lager hatten sich die Weiber aus Steinen kleine Herde gebaut, wo sie die spärliche Mahlzeit für ihre Familie kochten. Halbnackte Kinder vergnügten sich dazwischen mit allerhand Spielen.

Ueberall war Frohsinn und Heiterkeit verbreitet, nirgends war die geringste Spur einer gedrückten Stimmung vorhanden. Mit keinem Gedanken schienen die Gesunden der zahlreichen Opfer der tückischen Krankheit zu gedenken, die, nur einige hundert Schritte von ihnen entfernt, sich mit dumpfem Stöhnen auf ihrem Schmerzenslager wälzten. Betrat man diese entlegenen Zelte, wo die Pockenkranken, zumeist Kinder und ganz junge Leute, untergebracht waren, so mußte man sich über die stumme Ergebung, oder besser gesagt Stumpfheit, wundern, mit welcher die Schwarzen ihre Leiden ertrugen. Ueber und über mit den schmerzlichsten Geschwüren bedeckt, lagen die unglücklichen Opfer auf der Matte, ohne einen Ton von sich zu geben, ohne auch nur ein Auge auf den fremden Besucher zu werfen. Theilnahmlos sahen sie ihren Kameraden, der seinen Schmerzen erlegen war, auf der Tragbahre fortschaffen und mit derselben Gleichgültigkeit einen andern den Platz an ihrer Seite wieder ausfüllen.

Was für die Unglücklichen geschehen konnte, war bei den geringen ärztlichen Kräften wenig genug und bei dem tückischen Charakter der Krankheit auch meist erfolglos. Das Hauptaugenmerk des Arztes mußte sich auf die Gesunden richten, um dieselben vor dem Verderben zu bewahren, und mit fast übermenschlicher Anstrengung erfüllte unser verehrter Stabsarzt, der später selbst ein Opfer seiner Hingebung für andere werden sollte, seinen schweren Beruf. Nach wenigen Tagen der anstrengendsten Arbeit waren sämmtliche Bewohner des Lagers geimpft, und so gelang es seinen rastlosen Bemühungen, der Seuche Herr zu werden, die dann allmählich erlosch.

Um die Aufsicht zu erleichtern, war jeder Compagnie ein durch breite Straßen abgegrenzter Lagerplatz zugewiesen. Diese Reviere waren wiederum in einzelne Corporalschaften eingetheilt und den ältesten schwarzen Sergeanten zur Beaufsichtigung anvertraut. Dieselben waren für alle Vorkommnisse innerhalb ihres Bereiches verantwortlich und hatten für Reinlichkeit in den Quartieren Sorge zu tragen. Die Aufsicht im ganzen Lager führten die beiden ägyptischen Offiziere, welche mit dem ersten Transport gekommen waren. Von ihnen wurden auch alle die kleinen Streitigkeiten geschlichtet, die bei dem engen Zusammenwohnen der Leute und besonders bei der Anwesenheit so vieler Weiber unvermeidlich sind. Zu ihrer Unterstützung fungirten die 20 angeworbenen Türken als Lagerpolizei, welche sich in dieser Eigenschaft vorzüglich bewährten. Diese Leute waren überall. Wenn man durch das Lager ging, konnte man sicher sein, auf Schritt und Tritt hinter einer Zeltwand oder aus irgendeinem versteckten Winkel die Hakennase und die verschmitzt blinzelnden Augen der Türken hervorlugen zu sehen.

Ich habe niemals ausgesprochenere Galgenphysiognomien gesehen als diese Türkengesichter. Zu einem ehrlichen Gewerbe waren sie entschieden nicht prädestinirt; denn schwerlich hätte ihnen einer auf ihr Gesicht hin auch nur einen Cent geliehen. Hier waren sie uns aber von außerordentlichem Nutzen. Denn wir erfuhren alles, auch das geringfügigste Vorkommniß aus dem Lager, und das war für uns von großer Wichtigkeit, da wir die Truppen noch nicht kannten und in der ersten Zeit fast allein auf die Dolmetscher angewiesen waren, die sich in vielen Fällen als recht zweifelhafte Gesellen zeigten. Dafür waren die Türken

Türkische Polizeisoldaten.

auch die bestgehaßtesten Leute bei der ganzen Truppe, und die Inquisition des Mittelalters kann nicht mehr verabscheut worden sein als unsere Polizei.

Die militärische Ausbildung der drei ersten Compagnien hatte schon vor unserer Ankunft begonnen, war aber in Anbetracht des sehr schlechten Gesundheitszustandes der Truppe und der großen Hitze in Aden, welche allen Uebungen im Freien sehr enge Grenzen setzte, auf das Allernothwendigste beschränkt worden. Einen sehr militärischen Eindruck machten die Uebungen nun freilich auch nicht und haben gewiß manchem englischen Offizier, der beim Vorübergehen erstaunt diesem Schauspiel zuschaute, ein Lächeln abgepreßt. Doch waren die Herren stets so taktvoll, uns niemals dies merken zu lassen. Und wenn wir im Lager, wie dies häufig zu geschehen pflegte, von einzelnen von ihnen besucht wurden, so sahen sie geflissentlich über alle diese kleinen Schwächen unserer jungen Colonialtruppe hinweg, über welche gewiß mancher Deutsche in ein helles Gelächter ausgebrochen wäre. Die erste Schwierigkeit, welche uns beim Beginn des Exercirens jeden Morgen begegnete, war der Nachweis der fehlenden Leute. Trotzdem der tägliche Rapport schriftlich vom Feldwebel oder Ba-schanisch eingereicht wurde, so fehlten doch nicht selten über zwanzig Mann ohne Entschuldigung. Dies mag wol bei der ägyptischen Armee nicht auffällig gewesen sein, bei uns durften solche Unregelmäßigkeiten jedoch nicht durchgehen. So begann denn unsere Thätigkeit vor Anfang des Exercirens mit dem Nachsuchen nach den fehlenden Mannschaften, wobei uns wiederum die angeworbene türkische Polizeitruppe vorzügliche Dienste leistete. Dieselben waren so instruirt, daß sie uns schon bei unserm Erscheinen auf dem Platze erwarteten und uns dann auf Schritt und Tritt folgten, solange wir im Lager zu thun hatten. Mit diesen wurde dann eine förmliche Jagd auf die unsichern Dienstpflichtigen abgehalten. Das ganze Lager wurde durchstöbert, kein Zelt undurchsucht gelassen. Da erschien denn einer nach dem andern, von den Türken herbeigeschleppt, Familienväter, die behaupteten, ihre kranken Frauen pflegen zu müssen, andere hatten nothwendig jetzt ihr Zelt rein zu machen oder für ihre Frauen Wasser zu holen und Kinder zu warten. Der größte Theil wurde aber durch die rauhe Hand des Schicksals, hier in Gestalt unserer Polizei, aus süßem Nichtsthun aufgerüttelt und zu ihrer Pflicht zurückgeführt. Nachdem nun alle diese Gründe oder Scheingründe nach langem Parlamentiren — denn jedes Wort mußte erst von dem Dolmetscher ins Französische übersetzt werden — gebührend geprüft waren, wurden die wirklich Kranken wieder entlassen und die Namen der übrigen notirt und ihnen im Wiederholungsfalle eine harte Bestrafung angedroht. Schließlich, als die Leute sahen, daß eine unerbittlich strenge Controle geführt wurde und ihnen in keinem Falle ein eigenmächtiges Fernbleiben vom Dienste durchging, unterblieben diese Unregelmäßigkeiten fast ganz, und allmählich gewöhnten sich denn die Leute an Pünktlichkeit.

Waren die Mannschaften vollzählig, so traten sie mit dicken Stöcken, welche die mangelnden Gewehre ersetzen mußten, vor den Zelten zum Exerciren an, und zwar kam jeder in seinem Civilcostüm, das er mitgebracht hatte, da die in Kairo bestellten Uniformen nur zum kleinsten Theil fertig waren und mit Rücksicht auf die englische Garnison hier in Aden auch nicht angelegt werden konnten. Hierbei konnte man die merkwürdigsten Kleiderzusammenstellungen beobachten. Weiße Hosen, gestreifte Jacken, Winterüberzieher, alles bunt durcheinander. Gleich vorn mein rechter Flügelmann, ein riesiger Schilluk-Neger, erschien in einem langen flatternden Hemde, das bis auf die Erde reichte und wol einstmals weiß gewesen sein mochte, jetzt aber in den dunkelsten Farben schimmerte. Dieses sehr praktische Gewand, welches jede weitere Kleidung unnöthig machte, war schon auf weite Distanzen sichtbar, und ich habe später, wenn ich morgens ins Lager kam, an dieser flatternden Fahne schon von weitem meine Compagnie erkannt. Andere staken wieder in großcarrirten Nankingbeinkleidern oder weißen türkischen Pluderhosen und vervollständigten ihre Toilette durch weiße oder bunte, von Europäern schon längst im Stiche gelassene Plätthemden. Schuhzeug fehlte fast ganz. Einzelne vorhandene Fragmente europäischer Stiefel können wol kaum hierzu gerechnet werden. Die größte Gleichmäßigkeit herrschte noch in der Kopfbedeckung. Die meisten trugen den ägyptischen Fes oder einen Turban aus weißem Zeug. Doch sah man auch hier und da einzelne europäische Hüte. Selbst ein alter grauer Cylinder, der vielleicht früher das Haupt eines würdigen Lords geschmückt hatte, jetzt aber in sehr ramponirter Form auf dem Negerschädel einen äußerst lächerlichen Anblick gewährte, fehlte nicht unter den verschiedenen Kopfbedeckungen. Wenn man sich diese verschiedenen Costüme verwaschen, zerrissen, schmutzstarrend denkt, so hat man ungefähr ein Bild von dem Bekleidungszustand der Compagnien vor der Uniformirung. Aber der Kern war gut, wenn auch die Schale abgenutzt war. Das merkten wir schon in den ersten Tagen, nachdem wir im Lager und beim Exerciren in nähere Berührung mit den Leuten getreten waren.

Da die Sudanesen ja zum größten Theile bereits in ägyptischen Regimentern gedient hatten, wo die Leute, mit etwas veränderter Form, nach deutschem Muster ausgebildet werden, so wurde nach der Instruction des Reichscommissars hieran vorderhand nichts geändert und auch die in Aegypten üblichen Commandos beibehalten. Vor allem wurde als für unsere Verhältnisse am wichtigsten die Gefechtsformation und die hiermit verbundene Feuerdisciplin täglich mit den Leuten geübt. Hierbei bewährte sich die bei uns in dem letzten Jahre eingeführte Schützenpfeife ausgezeichnet, besonders da dieselbe vorläufig das einzige directe Communicationsmittel zwischen uns und der Truppe bildete. War das Exerciren, welches täglich etwa vier Stunden dauerte, beendet, so traten neue Aufgaben an uns heran. Die fortwährenden Verwechselungen durch die vielfach sehr ähnlich klingenden Namen der Sudanesen machten eine schriftliche Controle für die täglichen Rapporte und Krankenlisten unbedingt nothwendig. So begannen wir denn schon in den ersten Tagen mit der Bearbeitung von Compagniebüchern, die als Grundlage für die Eintheilung der ganzen Truppe dienen sollten. Die zur Aufstellung dieser Liste nothwendigen Recherchen stellten jedoch an unsere Zeit und das Maß unserer Geduld übermäßige Anforderungen und machten meist eine vollständige geographische Unterrichtsstunde nothwendig. Bei manchen war das Gedächtniß so schwach, daß sie sich ihres Geburtsortes nicht mehr entsinnen konnten und dann nach vielfachem Hinundherfragen, welches nur durch Vermittelung der Dolmetscher geschehen konnte und dadurch noch bedeutend erschwert wurde, resignirt erklärten, das wäre schon zu lange her. Viele gaben auch irgendeine Stadt, wo sie sich längere Zeit aufgehalten oder die sich durch besondere Ereignisse ihrem Gedächtniß eingeprägt hatte, als Geburtsort an. So kehrten z. B. die Orte Wadi-Halfa und Chartum als Geburtsorte so häufig wieder, daß, wenn die Angaben richtig gewesen wären, wol die Hälfte der Truppe dort geboren sein mußte. Auf die Altersangabe, die bei der Aufstellung der Listen auch weniger in Betracht kam, mußten wir gänzlich verzichten. Einige schwache Versuche ergaben die merkwürdigsten Ziffern, meist Resultate eigener Schätzung, die ganz willkürlich zwischen drei und hundert Jahren schwankten; ein Beweis, daß dem Neger der Begriff der Zeit vollständig fehlt. Das Durchschnittsalter variirt nach oberflächlicher Schätzung zwischen 25 und 40 Jahren, und diese Grenze wurde eher nach oben als nach unten überschritten, sodaß wir nur wenige ganz junge Leute in der Truppe hatten. Diese vorgeschobene Altersgrenze steht in directem Gegensatz zu dem jugendlichen Alter der später angeworbenen Sulus, von denen nur wenige das 20. Lebensjahr überschritten hatten. Schon dieser Umstand allein steigerte den Werth der Sudanesen in Vergleich mit den Sulus, da dem gereiften Mann unbedingt eine größere Zähigkeit innewohnt als dem noch im Entwickelungsstadium befindlichen Jüngling.

In Ermangelung des nöthigen Unterpersonals lagen uns auch die Verproviantirung der Truppe und die vielfach hiermit verbundenen schriftlichen Geschäfte und die Rechnungslegung ob Hierbei stellten sich so manche Schwierigkeiten ein, die bei Kaufleuten wahrscheinlich eine rasche und mühelose Erledigung gefunden hätten, uns aber durch mangelnde Uebung und die Unkenntniß der Landessprache viel Kopfzerbrechen verursachten. Die zahlreichen Bedürfnisse eines so großen Lagers brachten uns mit Leuten aller Nationalitäten in geschäftlichen Verkehr und erforderten meist die Vermittelung unserer Dolmetscher. Bei diesen Verhandlungen, die sich bei dem schwerfälligen und mistrauischen Charakter der Orientalen oft stundenlang hinzogen, waren unsererseits die größte Aufmerksamkeit und Vorsicht geboten, da jeder Handelsmann, ob weiß, gelb oder schwarz, aus unserer Lage Nutzen zu ziehen und unsere Unkenntniß mit den Verhältnissen zum eigenen Vortheil möglichst auszubeuten suchte. Selbst an Versuchen, unsere Dolmetscher zu gewinnen und zu einem systematischen Betruge zu überreden, fehlte es nicht und es bedurfte wol bei den meist recht zweifelhaften Subjecten, die wir nothgedrungen als Dolmetscher hatten annehmen müssen, für solche Vorschläge keiner großen Ueberredungsgabe. So war denn doppelte Vorsicht geboten und ständig mußten wir auf der Hut sein, um nicht übervortheilt zu werden. Alle einlaufenden Rechnungen und Quittungen hüllten sich geflissentlich in ein mystisches Dunkel, sodaß man jede beliebige Zahl aus diesen Schriftstücken herauslesen konnte, sich aber gewöhnlich dann zu seinem Nachtheile irrte oder endloser Auseinandersetzungen gewärtig sein konnte. Die ganze in Aden übliche Geschäftspraxis ist eben auf den Fremdenverkehr zugeschnitten, wobei wahrscheinlich großartige Geschäfte gemacht werden. Englische, französische, amerikanische und indische Münzen cursiren hier nebeneinander und bieten durch die verschiedenen schwankenden Werthe und Curse den Indern, die hier das Haupthandelselement bilden, für solche Manipulationen eine bequeme Handhabe zum Betruge.

Dies habe ich leider auch an mir selber erfahren müssen und zwar von einer Seite, wo ich von vornherein zum größten Vertrauen berechtigt war. Schon in den ersten Tagen meiner Anwesenheit in Aden wurde mir als Cavalerieoffizier die Aufgabe zutheil, 25 Pferde anzukaufen; mir war als Vertrauensperson für diesen Zweck Dualla, der bekannte Karavanenführer Stanley's, genannt worden. Durch dessen Vermittelung gelang es mir auch, binnen wenigen Tagen eine genügende Anzahl recht brauchbarer Somalipferde aufzukaufen. Dieselben waren zwar nach unsern Begriffen sehr klein, denn das Durchschnittsmaß war noch unter fünf Fuß, schienen aber außerordentlich dauerhaft und leistungsfähig zu sein und haben sich später auch recht gut bewährt. Der Preis schwankte zwischen 500 und 800 Mark, war also verhältnißmäßig gering und dem Werthe des Objects entschieden angemessen. Auch würde ich Herrn Dualla eine kleine, selbsterhobene Spese hierbei nicht übelgenommen haben, da der Werth des Pferdes imaginär ist und ein solches Geschäft unter Umständen für beide Theile vortheilhaft sein kann. Nun wollten diese 25 Pferde, die aus den Steppen von Hadhramaud zusammengebracht waren, auch während der übrigen Zeit unsers Aufenthalts in Aden ernährt sein, und dies stieß in der steinigen, wasserarmen Gegend auf große Schwierigkeiten. Körnerfutter verschmähten sie als eine ihnen ungewohnte Nahrung, und in der ganzen Umgegend war weit und breit kein Grashalm aufzufinden. Alle Erkundigungen, die ich bei unserm Consul oder andern Herren einzog, führten zu keinem Resultat, da die Herren aus ihren Comptoirstuben nicht herauskamen und selbst über die nächste Umgebung nicht orientirt sind. So mußten wir uns in dieser Calamität wieder an Dualla wenden, der auch bereitwillig seine Hülfe zusagte und schon am nächsten Tage drei Kameelsladungen Heu aus dem Innern brachte, aber hierfür einen so unverhältnißmäßig hohen Preis forderte, daß die Ration für die Pferde fast ebenso viel kostete wie der Proviant für die ganze übrige Truppe. Trotzdem wir alle fest überzeugt waren, daß wir bei diesem Handel schmählich betrogen wurden, was uns später auch von englischen Offizieren bestätigt worden ist, so waren wir doch dieser Gaunerei gegenüber vollständig machtlos, da wir bei der Unkenntniß mit allen Verhältnissen ganz auf Dualla's Vermittelung angewiesen waren, und er es so schlau einzurichten wußte, daß wir stets nur so viel Futter vorräthig hatten, um die Pferde nicht verhungern zu lassen, und dann wieder seine Hülfe in Anspruch nehmen mußten.

Das Lagerleben und besonders das enge Zusammenwohnen der einzelnen Familien war für den Gesundheitszustand der Truppe äußerst nachtheilig und machte sich, je länger der Aufenthalt in Aden dauerte, um so empfindlicher fühlbar. Kaum war die Pockenepidemie durch die wirksamen Gegenmaßregeln des Stabsarzt Dr. Schmelzkopf eingedämmt und auf ihren ursprünglichen Herd beschränkt, so traten andere Krankheitserscheinungen bedenklicher Natur bei den Leuten zu Tage, welche durch ihre Ansteckungsfähigkeit eine große Gefahr für die Truppe in sich schlossen. Trotz der sehr guten Verpflegung, welche den Leuten verabreicht wurde, stellten sich einzelne schwere Dysenteriefälle mit tödlichem Ausgange ein. Der Verlauf der Krankheit war bei manchen Leuten ein so rapider, daß die hiervon Befallenen oft schon nach 24 Stunden unter fürchterlichen Qualen starben. Am meisten Opfer forderte aber das sogenannte Adener Fieber, dessen Ursachen noch wenig bekannt und wissenschaftlich wol nur oberflächlich untersucht sind. Anscheinend kommt dasselbe auch nur in Aden vor, wo die Luft, ganz entgegengesetzt zu andern vom Fieber heimgesuchten Orten, heiß und trocken, also für die Entwickelung des Malariabacillus verhältnißmäßig ungünstig ist. Ob überhaupt eine Inficirung des Körpers durch schädliche Stoffe die Krankheit verursacht, ist bisher nicht festgestellt worden. Die Krankheit beginnt, analog wie bei der Malaria, mit allgemeiner Mattigkeit und starkem Kopfschmerz. Die Bluttemperatur steigt plötzlich sehr hoch und der hiermit verbundene Kräfteverfall führt dann in sehr häufigen Fällen den Tod herbei. Diese Krankheitserscheinungen sind sowol von den in Aden lebenden englischen Aerzten als auch von dem verstorbenen Stabsarzt Dr. Schmelzkopf constatirt worden. Im ganzen verloren wir in Aden während der vier Wochen unsers Aufenthalts vom 17. März bis zum 16. resp. 20. April 23 Männer und ungefähr ebenso viel Weiber und Kinder von einer

Kopfzahl von ungefähr tausend Sudanesen. Diese für einen Monat unverhältnißmäßig hohe Zahl von Todesfällen läßt sich theilweise auch auf den sehr heruntergekommenen Zustand eines großen Theils unserer Leute zurückführen, welcher auch bei leichten Krankheitsfällen besonders ältere und kränkliche Leute an Entkräftung sterben ließ. Die ungeheuere Hitze, welche durch die Ausstrahlungen der hohen, nackten Felswände noch vermehrt wird und Aden zu dem verrufensten Orte in allen Tropengegenden macht, wirkte auch auf uns Europäer, die wir fast ohne Uebergang aus dem deutschen Winter kamen, außerordentlich erschlaffend. Das Exerciren, die Verpflegung unserer Truppen und die Ueberwachung der vom Arzte angeordneten Vorsichtsmaßregeln hielt uns fast den ganzen Tag im Lager und zwang uns zu ununterbrochenem Aufenthalt in der glühenden Sonnenhitze. Diesen Anforderungen, welche die Verhältnisse an uns stellten, war unser Gesundheitszustand auf die Dauer nicht gewachsen, sodaß wir in den letzten Wochen ebenfalls unter Fieberanfällen zu leiden hatten und bei der geringen Aussicht für die baldige Fortsetzung unserer Reise oft recht niedergeschlagen waren.

Aus meinem Tagebuch entnehme ich vom 10. April folgende Stelle, welche unsere damalige Stimmung ausdrückte: „Kein Schiff und ewiges Warten ist unser Los. Wie ungeduldig muß Wißmann unser harren. Das Lagerleben ist auf die Dauer nicht mehr aufrecht zu erhalten, eine furchtbare Fieberepidemie herrscht unter unsern Leuten kurz nachdem die Pocken anscheinend zum Stillstand gekommen sind. Wir haben bereits 30 Todte zu verzeichnen und auf unserer Krankenliste stehen 80 Mann, also über 10 Procent. Außerdem fängt das Gouvernement an Schwierigkeiten zu machen, da ein Pockenfall in der Stadt vorgekommen ist, und will uns auf die Quarantäne-Insel bringen. Auf allen Seiten Schwierigkeiten, nirgends ein Ausweg.“

Leider sollten wir aber auch hier schon einen schmerzlichen

Verlust erleiden. Einer unserer Kameraden, der Chemiker Ziehm, welcher noch in Aegypten sich unserer Expedition angeschlossen hatte und mit unermüdlichem Eifer den Arzt in seiner schweren und verantwortlichen Thätigkeit unterstützte, fiel als erster der deutschen Offiziere und Beamten dem Klima zum Opfer. Am 18. April wurde er während seines täglichen Marsches nach dem Lager von einem Hitzschlag befallen und starb schon nach wenigen Stunden, ohne die Besinnung wiedererlangt zu haben.

Endlich gelang es den Bemühungen des deutschen Consuls in Aden, Herrn Wudly, ein Schiff zu finden, welches den Transport der Leute nach Sansibar übernehmen wollte. Es war ein kleiner englischer Transportdampfer aus Suakin, die „Somali", mit Sonnensegel und luftigem Zwischendeck tropenmäßig eingerichtet, also für unsere Zwecke außerordentlich günstig. Leider faßte er jedoch nur 400 Tons und machte daher die Beförderung der ganzen Truppe auf einmal unmöglich. 400 Mann war das Aeußerste, was das Schiff zu tragen im Stande war. So mußte denn die Truppe getheilt werden. Für den ersten Transport wurden vier Compagnien à 100 Mann zusammengestellt und zwar wurden hierfür nur die jüngern Leute ausgewählt. Der Rest der Soldaten, alle Weiber und Kinder und sämmtliches Gepäck sollte mit dem Expeditionsschiff befördert werden, welches nunmehr auch telegraphisch annoncirt war und in sechs Tagen in Aden eintreffen mußte. Mit dem Transport überhaupt zu warten, bis unser eigenes Schiff einlief, was unter obwaltenden Umständen wol am natürlichsten gewesen wäre, war wegen des gemeldeten Raummangels unmöglich. Es blieb uns daher keine andere Wahl als die Theilung der Truppe. Alle Vorbereitungen waren bereits getroffen, um am 19. die Truppen zu verladen. Am Tage vorher hatte noch eine Generalmusterung sämmtlicher Leute stattgefunden, um aus den zur Abfahrt bestimmten Compagnien alle kranken und schwächlichen Leute auszuscheiden und die Liste der so zusammengestellten Compagnien herzustellen. Dann mußte sämmtliches, zur Mitfahrt bestimmtes Gepäck Revue passiren, und da die Zahl der Kisten und Koffer, welche die Reise nach Sansibar mitmachen sollten, in einem zu argen Misverhältniß zu dem beschränkten Raum unsers kleinen Dampfers standen, so wurde den Soldaten mitgetheilt, daß sie mindestens die Hälfte hiervon zurücklassen müßten, wofür sie von uns eine Entschädigung erhalten sollten. Jeder war nun beschäftigt, eine engere Auswahl unter seinen Reichthümern zu treffen, und bald thürmten sich gegen hundert Kisten und Holzkoffer, welche vielleicht ebenso viel Kubikmeter Inhalt repräsentirten, als entbehrliches Gepäck vor dem Lager auf und fanden, nachdem den Leuten hierfür einige Rupies Entschädigung gezahlt waren, in dem holzarmen Aden als Brennholz zu unserer größten Befriedigung ihr Ende. Unsere Abfahrt wurde aber durch ein unvorhergesehenes Ereigniß noch im letzten Augenblick um eine Nacht verschoben.

Die Maßregel, daß mit dem ersten Transportschiff die Soldaten allein ohne ihre Weiber befördert werden sollten, hatte schon am Tage vorher im Lager einige Unruhe hervorgerufen, da die Leute glaubten, wir wollten sie von ihren Weibern trennen und diese dann nach Aegypten zurückschicken. Alle Gegenvorstellungen, daß ihnen das Mitnehmen von Weibern contractlich zugesichert wäre, daß der Transport der ganzen Truppe auf einem Schiffe unmöglich sei, und was der Vernunftgründe noch mehr waren, prallten an ihrem unüberwindlichen Mistrauen ab, das zwar nicht offen an den Tag trat, aber doch deutlich aus der Stimmung im Lager zu erkennen war. Einige schlechte Subjecte, meist Aegypter, von denen einige bei uns als Offiziere und Unteroffiziere angestellt waren, beuteten die herrschende Unzufriedenheit in ihrer Weise aus und verbreiteten absichtlich falsche Gerüchte im Lager, um dann durch eine geschickt gespielte Vermittelungsrolle sich eine einflußreiche Stellung als Zwischenglied zwischen uns und der Truppe zu sichern.

Die Schwierigkeit der Sprache und der indirecte Verkehr durch die Dolmetscher erschwerte eine Verständigung mit den Leuten ungemein, sodaß die Stimmung im Lager in den letzten Tagen keine sehr günstige war. Trotzdem gelang es uns, die Leute so weit zu beruhigen, daß die Einschiffung auf den 16. nachmittags festgesetzt werden konnte, ohne daß wir eine Störung befürchten mußten. Am Landungsplatz stellten sich doch wieder Schwierigkeiten ein. Die Langsamkeit, mit welcher alle unsere Anforderungen ausgeführt wurden, und der passive Widerstand, den die Leute der Einschiffung entgegensetzten, verursachten einen solchen Zeitverlust, daß wir genöthigt waren, um Aufsehen zu vermeiden, noch mit der Abfahrt zu warten. Den Weg der gütlichen Vereinbarung zu verlassen und Gewaltmaßregeln anzuwenden, schien uns unter den obwaltenden Umständen nicht gerathen. Andererseits mußten wir aber zur Wahrung unserer Autorität die Ausführung der einmal gegebenen Befehle unter allen Umständen durchsetzen. Hätten wir die Leute an dem Abend, nachdem sich die Einschiffung so verzögert hatte, daß sie bei der eintretenden Dunkelheit unmöglich geworden war, ins Lager zurückgeführt, so wäre dies gleichbedeutend mit einer moralischen Niederlage gewesen und hätte die Aufrechterhaltung der Disciplin sehr erschwert. So campirten wir denn mit sämmtlichen Leuten auf dem Landungsplatze, ruhig abwartend, bis sich die Erregung der Leute gelegt habe. In der Nacht wachten wir abwechselnd und ließen die Türken, welche allen unsern Anordnungen unbedingt gehorchten, zwischen dem alten Lager und dem Landungsplatze patrouilliren, um die Weiber, welche mit lautem Geheul hinter der Truppe hergelaufen waren, fernzuhalten. Wenn nun auch unsere Lage, in einer englischen Festung mit einer undisciplinirten Truppe auf dem Quai übernachten zu müssen, keine beneidenswerthe genannt werden kann, so waren die Unannehmlichkeiten für die Leute, die sich nicht gegen die Kälte schützen konnten und außerdem durch eintretendes Regenwetter vollständig durchnäßt wurden, weit fühlbarer. Diese heilsame Abkühlung wirkte denn auch sehr beruhigend auf die Stimmung in der Truppe, und nachdem wir am andern Morgen mit den scheinbar vernünftigsten, besonders mit den ältern schwarzen Offizieren eingehend gesprochen und sie vor directem Ungehorsam gewarnt hatten, gewann das besonnenere Element die Oberhand und die meisten schifften sich gutwillig in die Leichter ein. Mit der Minderheit, die noch immer eine gewisse Unlust zeigte, wurde sehr kurzer Proceß gemacht. Die Hauptschreier wurden herausgegriffen und sofort in Ketten gelegt, den Rest trieben die türkischen Wachen in die Boote, wobei nach dem Sprichwort: „Den Letzten beißen die Hunde", natürlich nicht allzusanft verfahren wurde. Um 8 Uhr vormittags war alles klar zur Abfahrt und wir dampften freudigen Herzens nach Süden. Lieutenant Böhlau blieb in Aden zurück, um bis zum Eintreffen der „Martha" die Aufsicht über die Leute zu übernehmen.

In der letzten Nacht an Bord unsers kleinen Adener Dampfers, welcher uns, in treuer Pflichterfüllung gegen den Südwestmonsun anstampfend, endlich nach langwieriger Fahrt unserm Reiseziele entgegenbrachte, wurden wir in unangenehmer Weise daran erinnert, daß wir uns mitten in der Zone periodischer Regen befanden, in welcher feuchte Ueberraschungen nicht zu den Seltenheiten gehören. Wir hatten der großen Hitze halber unsere Lagerstätten alle auf Deck aufgeschlagen und waren eben mit dem angenehmen Gefühl entschlummert, morgen schon die afrikanische Küste, unser künftiges Feld der Thätigkeit betreten zu können, als wir durch ein donnerähnliches Geräusch und eine unangenehme Feuchtigkeit aufgeweckt wurden. Ein richtiger Tropenregen prasselte auf uns hernieder. In kurzer Zeit schwamm das ganze Verdeck. Unsere Betten und Decken befanden sich in einem trostlosen Zustande. Die Sonnensegel hatten sich durch die Wucht des herabfallenden Regens nach unten gesenkt und ergossen bei jeder Schwankung des Schiffes die oben angesammelten trüben Fluten rücksichtslos auf unsere aufgestapelten Koffer und Kisten. Ein wüstes Knäuel von schwarzen Dienern drängte sich um das Gepäck, jeder nach den Effecten seines Herrn suchend, um dieselben, wenn möglich, noch vor dem Regen zu schützen. Meist war diese Fürsorge jedoch überflüssig, da der Regen bereits seinen Tribut gefordert hatte. Mit Ausnahme unserer sehr guten Blechkoffer war alles durchweicht. In den Wäsche- und Waffenkisten hatte sich das Wasser buchstäblich zollhoch gesammelt und rieselte beim Aufheben als munteres Bächlein aus denselben hervor.

In den Conservenkisten entdeckten wir bei dieser Gelegenheit einige Schwabenfamilien, die sich dort häuslich niedergelassen hatten und nun sehr indignirt über die Störung ihres Stilllebens bei den Fleischtöpfen Aegyptens eilig entflohen. Da auf den durchweichten Lagerstätten an Schlaf nicht mehr zu denken war, so verbrachten wir den Rest der Nacht bei einem leichten Glase Grog. Bei Aufgang der Sonne tauchte fern im Osten die Küste der Insel Sansibar auf. Zahlreiche Plantagen und Palmenwaldungen geben ihr das Aussehen eines großen Gartens, welcher jetzt in der Regenzeit in wundervoll frischen Farben prangte. Einzelne blendendweiße, in Villenform gebaute Häuser schimmerten durch das Grün der Bäume und bildeten einen angenehmen Ruhepunkt für das Auge. Die ganze Insel ist das Urbild einer schönen, farbenreichen Tropenlandschaft, welche gleichsam als Lockspeise vor den Eingang des dunkeln Welttheils gesetzt ist. Jetzt sahen wir auch fern im Westen die Berge von Useguha, welche sich immer deutlicher vom Horizont abhoben und an Gestalt zunahmen, je mehr wir uns dem Lande näherten. Unsere Blicke hingen gespannt an diesen dunklen Massen und dem sich in der klaren Luft deutlich markirenden Küstenstreifen. Denn hier entschleierte sich vor unsern Blicken die größte und zukunftreichste deutsche Colonie, welche in der kurzen Zeit ihres Bestehens schon so heftige Stürme erlebt und seit Monaten das öffentliche Interesse in Deutschland in so hohem Grade in Anspruch genommen hatte. In allen Beschreibungen, welche ich vom Festlande gelesen hatte, war die Küste als höchst unfruchtbar geschildert, und so waren meine

Erwartungen in Betreff der Naturschönheiten der Gegend nicht sehr hoch gespannt. Dieselbe Ansicht war auch bei meinen Reisegefährten vertreten, und wir warteten, je näher wir den dunkeln Massen des Continents kamen, desto gespannter auf das Erscheinen einer großen Sandfläche mit hohen, nackten Dünen, auf welchen einzelne verkrüppelte Palmen ihr nutzloses Dasein vertrauerten. Aber die mit Spannung erwartete Sandfläche blieb aus, statt dessen hob sich mehr und mehr von dem dunkeln Hintergrunde ein breiter, grüner Streifen ab, in welchem, durch das Glas erkennbar, die Stadt Bagamoyo auftauchte. Von der Rhede aus bietet die Stadt einen sehr freundlichen Anblick. Mitten zwischen Palmen und dichtem Buschwerk gelegen, heben sich die kleinen weißen Steinhäuser sehr vortheilhaft von dem dunkeln Hintergrunde ab. Auch merkte man auf der Rhede nur wenig von der Zerstörung der Stadt. Einzelne eingeschossene Fensterscheiben allein verriethen den traurigen Hintergrund des schönen Landschaftsbildes.

Zweites Kapitel.

Die Erstürmung von Buschiri's Lager bei Bagamoyo.

Der Chef des Blokadegeschwaders, Contreadmiral Deinhard, hatte in Anbetracht der durch die Entsendung eines Reichscommissars veränderten Verhältnisse im Blokadegebiet mit Buschiri einen Waffenstillstand geschlossen, demzufolge die Feindseligkeiten bis zur Ankunft des Hauptmanns Wißmann eingestellt wurden. Die zu gleicher Zeit angeknüpften Verhandlungen zur Erlangung eines friedlichen Ausgleichs wurden vom Reichscommissar abgebrochen, da es für die Entwickelung der Verhältnisse im Küstengebiet nicht opportun erschien, mit einem Rebellenführer, der bisher jede nur denkbare Feindseligkeit gegen deutsche Unterthanen verübt hatte und die weitgehendsten Zugeständnisse der Deutsch-Ostafrikanischen Gesellschaft, welche ihm beim Beginn des Aufstandes gemacht wurden, mit Hohn und Spott zurückgewiesen hatte, in Friedensverhandlungen zu treten.

Aus demselben Grunde verwarf Hauptmann Wißmann auch die von Buschiri selbst gestellten Friedensbedingungen, welche auf dem bisherigen Erfolge fußend ein solches Maß von Arroganz enthielten, daß sie für Deutschland beleidigend gewesen wären, wenn sie nicht bei den jetzt vollständig veränderten Verhältnissen von vornherein den Stempel der Lächerlichkeit an sich getragen hätten; dagegen nahm Hauptmann Wißmann den Waffenstillstand bis auf weiteres an, um in Ruhe alle Vorbereitungen zu einem Offensivvorstoß treffen zu können. Aber schon einige Tage darauf brach Buschiri durch einen Act empörendster Roheit selbst die Vereinbarung. Einen schwarzen Fundi — Maurer — der von Buschiri's Leuten im Vorterrain aufgegriffen wurde, ließ er, nachdem er ihn ausgefragt und erfahren hatte, daß er bei den Festungsarbeiten auf der Station beschäftigt sei, beide Hände abschlagen und schickte ihn dann zum Hohn mit einem Gruß nach Bagamoyo zurück. So verstümmelt legte der unglückliche Neger die 6 km vom Lager bis zur Station zurück und kam dort vollständig erschöpft und blutüberströmt an; seine Rettung wäre unmöglich gewesen, wenn er nicht durch Einstemmen der beiden Armstumpfe in die Seiten den Blutverlust gehemmt hätte. Auch an Feindseligkeiten gegen die uns treuergebenen Wanjamwesi ließ Buschiri es nicht fehlen.

Am 28. April überfiel Buschiri fast unter den Mauern der Station das Dorf Kaule, plünderte und zerstörte dasselbe vollständig und vertrieb die Einwohner, welche sich in die Station flüchteten und dort Schutz fanden. So war der Reichscommissar nach Ankunft der Truppe am 29. April jeder Verpflichtung, den Waffenstillstand noch weiter aufrecht zu halten, enthoben und konnte, nachdem am 4. Mai die „Martha" mit den weißen Offizieren und Unteroffizieren, und am 6. Mai die Sulus aus Mozambique, auf welche der Reichscommissar kaum noch gerechnet hatte, in Bagamoyo eingetroffen waren, die Vorbereitungen zum Ueberfall des Rebellenlagers treffen. Die Nachrichten über die arabischen Streitkräfte Buschiri's waren immer noch ziemlich ungenau; die Angaben schwankten zwischen 1000 und 3000 Mann, und nur aus den frühern Angriffen war eine ungefähre Schätzung möglich; die Stärke der ihn begleitenden Negertruppe entzog sich vollkommen der Beurtheilung, da dieselbe aus Nahrungsmangel weite Streifzüge in das Wasaramoland unternahm und so ihre Zahl im Lager stets wechselte.

Das Hauptlager Buschiri's befand sich im Westen auf einer kleinen Anhöhe in einer weiten Grasebene, etwa $1\frac{1}{2}$ Meile von der Station entfernt hinter dem breiten Palmengürtel, welcher

Bagamoyo auf allen Seiten umgibt. Nach der ziemlich bedeutenden Ausdehnung seiner Umwallung zu urtheilen, konnte es bequem 3—4000 Mann beherbergen und war nach afrikanischen Begriffen außerordentlich stark befestigt. $2^1/_2$ m hohe Palissaden aus Palmenstämmen bildeten eine starke Schutzwehr, welche selbst gegen Mausergeschosse eine wirksame Deckung bot und für einen Sturm ein fast unüberwindliches Hinderniß war. Die Existenz noch zweier Lager im Süden und Norden von Bagamoyo, welche früher von Kundschaftern gemeldet war, erschien nach sorgfältig eingezogenen Erkundigungen doch als zweifelhaft und mögen dieselben wol nur vorübergehend existirt haben.

Am 7. unternahm der Reichscommissar persönlich einen Recognoscirungsritt, um sich über die Marschrichtung und die Terrainverhältnisse zu orientiren. Das Ergebniß stimmte mit den schon früher eingegangenen Nachrichten überein und ließ die Terrainverhältnisse für einen Angriff ziemlich günstig erscheinen. Der Palmenwald, welcher sich bis auf 1000 m vom Lager ausdehnte, gestattete sowol eine gedeckte Annäherung als auch eine verhältnißmäßig leichte Entwickelung der Truppe. Das Vorterrain bot eine freie Uebersicht nach dem Lager und ein gutes Schußfeld; auch für die Artillerie waren günstige Positionen vorhanden.

In den Straßen von Bagamoyo und in der Station herrschte in den letzten Tagen vor dem Angriff das lebhafteste Treiben. Die noch vor kurzem so stille Stadt, welche mit ihren in Trümmer gefallenen Häusern und mit Unkraut überwucherten Straßen einen traurigen Anblick gewährte, war jetzt in ein großes Heerlager verwandelt. Ueberall sah man die aus allen Theilen Afrikas hier zusammengewürfelten schwarzen Soldaten in ihren orginellen Costümen vor den Häusern hocken, oder in kleinern oder größern Trupps durch die Straßen ziehen. Der Stationshof war von morgens bis abends mit schwarzen Soldaten gefüllt, die hier Waffen, Munition oder Proviant in Empfang nahmen; auf dem Vorhof exercirten die Sulus, denen hier noch in den letzten Tagen nothdürftig ein Begriff europäischer Kampfesweise beigebracht wurde. Die Sudanesen wurden, soweit Uniformen vorhanden waren, eingekleidet und durch die Dolmetscher für das bevorstehende Gefecht instruirt; denn sie sollten bei dem Angriff den Mittelpunkt und unsere Hauptstütze bilden und den andern Truppen, die doch mehr oder minder unzuverlässig und gänzlich ungeübt waren, als Halt dienen. Die Compagnieführer und die Unteroffiziere hatten in diesen Tagen ebenfalls keine kleinen Aufgaben zu erfüllen, um den verschiedenen Anforderungen, welche die Unterbringung, Verpflegung und Eintheilung der Truppen ihnen auflegte, gerecht zu werden. Gänzlich ungewohnt mit dem Umgang Schwarzer thürmten sich hier fast unüberwindliche Schwierigkeiten auf, welche zu den merkwürdigsten Confusionen führten und die Vorgesetzten fast in Verzweiflung brachten. Was sollte nicht alles in der kurzen Spanne Zeit bis zu dem ersten Gefecht geleistet werden! Kurze Exercitien mit den ausgegebenen Waffen hatten in den Augen der eben erst aus der preußischen Militärschule kommenden Vorgesetzten durchaus nicht den gewünschten Erfolg, und bei manchen mischten sich in die stolze Siegesgewißheit bei dem Anblick dieser vollständig uncivilisirten Kriegsvölker bange Zweifel an dem Erfolg des ersten und entscheidenden Gefechtes. Ueberall fehlte noch die afrikanische Ruhe, welche sich so wohlthuend bei einem längern Aufenthalt in dem heißen Erdtheil auf das erregte Gemüth senkt.

Die tausenderlei Anfragen und Mittheilungen, welche von allen Seiten an die Offiziere herantraten und unter hundert Fällen neunundneunzigmal gewiß einen ganz nichtigen Grund hatten und später bei näherer Kenntniß der Leute mit der wichtigsten Miene angehört und dem arabischen Bukra auf den nächsten Tag verwiesen, oder mit dem sprichwörtlich gewordenen Inschalla, d. h. wenn Allah will, beantwortet wurden, waren in den ersten Tagen noch im Stande, die weißen Vorgesetzten in Verzweiflung zu bringen. Von allen Seiten hörte man die Rufe nach den Dolmetschern erschallen, oder sah Ordonnanzen im Trabe durch die Straßen eilen, um dieselben zu rufen. Und die wenigen Personen, welche das wichtige Amt eines Dolmetschers versahen, waren ganz im Gegensatz zu später, wo sie kaum mehr gebraucht wurden, die gequältesten Leute in der Schutztruppe und konnten am späten Abend, wenn sie nicht dann noch gestört wurden, auf ein mühevolles Tagewerk zurückblicken. So herrschte in der Stadt, die bisher wie eine längstverlassene Ruine dagelegen hatte und deren Straßen in den Wochen und Monaten des Aufstandes nur von dem Gekläff wilder Hunde und während der Nacht von dem heisern Lachen nach Leichen suchender Hyänen widerhallten, jetzt überall das regste Leben.

Aber auch in der Station, wo der Herr Commandant, denn diesen Titel hatte der Hauptmann Wißmann als Befehlshaber der Schutztruppe angenommen, sein Hauptquartier aufgeschlagen hatte und wo die Chefs, die nicht speciell mit der Truppe zu thun hatten, wohnten, herrschte reges Treiben und fieberhafte Thätigkeit. Jeder von den Herren dort hatte sein bestimmtes Ressort, in welchem eine ungeheuere Arbeitslast zu bewältigen war. Die großen Vorräthe an Munition, Proviant und die Stationseinrichtungen mußten vertheilt, untergebracht und in Stand gesetzt werden. Die gesammte Artillerie, welche aus einer stattlichen Anzahl von Geschützen jeden Kalibers und der verschiedensten Construction bestand, war Herrn Chef Krenzler zugetheilt, dem die mühevolle Arbeit oblag, in der kurzen Zeit mit Hülfe weniger Unteroffiziere noch die nöthigen Bedienungsmannschaften für die beim Gefecht zu verwendenden Geschütze auszubilden. Da sich bei den schwierigen Verhältnissen eine einheitliche, wenn auch oberflächliche Ausbildung der gesammten Truppen als dringend nothwendig herausgestellt hatte, so hatte der Herr Commandant nach Eintreffen der Sulus sämmtliche disponiblen Truppen zu einem Expeditionscorps vereinigt und Herrn Chef von Zelewski mit der Ausbildung desselben betraut; unter dessen Leitung wurden täglich die nothwendigsten Uebungen vorgenommen, um die Truppen im Gefecht einigermaßen in der Hand zu haben. Noch viel mehr wie die Offiziere und Unteroffiziere war der Führer der ganzen Truppe, der Reichscommissar, in den ersten Tagen durch die verschiedensten Obliegenheiten in Anspruch genommen. Alle Anordnungen für die Eintheilung der Truppen und die Befestigungsarbeiten in der Station wurden von ihm persönlich getroffen. Fast stündlich liefen Meldungen oder Anfragen ein, welche eine schnelle Erledigung erheischten; Kundschafter brachten neue Nachrichten, welche genau auf ihre Wahrheit geprüft werden mußten; unablässig liefen Klagen von Eingeborenen oder Angehörigen der Wanjamwesi über neue Gewaltthätigkeiten Buschiri's ein; so war in der Barasa (eine in arabischen Häusern befindliche Vorhalle mit steinernen Bänken) ständig eine Anzahl Personen, welche dringende Anliegen an den Reichscommissar hatten oder den Bana kuba (Großherrn), wie der oberste Führer genannt wird, zu sprechen wünschten. Inzwischen wurden die Verhandlungen mit dem Chef des Blokadegeschwaders, die Theilnahme der Marine an der Erstürmung des Lagers betreffend, weiter geführt und gelangten zu der Uebereinkunft, daß die Marine die Besetzung der Station mit 90 Mann übernehmen und mit einem Landungscorps unter Führung des Corvettenkapitäns Hirschberg die Schutztruppe bei der Eroberung des Lagers unterstützen sollte. Die Führung der gesammten Truppe übernahm der Reichscommissar als Befehlshaber an der Küste. Zusammenkunft war für alle Truppen am 8. Mai um 7 Uhr früh auf dem freien Platz vor dem Stationsgebäude angesetzt.

Schon um 6 Uhr waren sämmtliche schwarze Truppen in Compagniefront auf dem Platze aufgestellt; die Offiziere und Unteroffiziere standen vor der Front ihrer Compagnien oder Züge. Mit ernsten Mienen, wie sie der Situation am Morgen eines so entscheidenden Gefechtes entsprachen, harrte jeder des Befehls zum Abmarsch. Die Sudanesen bewahrten die Ruhe altgedienter Soldaten, kaum daß sich in Blick und Mienen des einen oder des andern ein besonders erwartungsvoller Ausdruck gezeigt hätte. In der Sulu-Compagnie, wo die europäische Auffassung eines Gefechts noch nicht tief genug Wurzel gefaßt hatte, wurden von einzelnen vor der Front Kriegstänze aufgeführt, die einen Zweikampf darstellten und mit dem pantomimisch dargestellten Abschlachten des Gegners endeten. Hinter der Front sammelten sich die Scharen der Wanjamwesi, ein buntes Gemisch von nackten und halbnackten Gestalten, welche ohne besondere Ordnung hinter der Truppe aufgestellt waren. Etwa die Hälfte von ihnen war mit Vorderladergewehren bewaffnet, die übrigen hatten Pfeil und Bogen und kurze Wurflanzen.

Um 6 Uhr 30 Minuten wurden die Chefs zu einer kurzen Besprechung zum Commandanten befohlen, um noch einmal den Angriffsplan durchzusprechen und jedem der Führer seine bestimmte Aufgabe zuzutheilen. Kurz vor 7 Uhr landeten die Marinetruppen. Ein Detachement von 90 Mann übernahm die Besetzung der Station; eine zweite Abtheilung von 30 Mann von S. M. S. „Leipzig" besetzte die Häuser, in welchen die Somali der Emin Pascha-Expedition untergebracht waren.

Dr. Peters hatte die Truppe auf einen Monat dem Commando des Reichscommissars unterstellt, welcher den Lieutenant von Medem mit der Führung derselben beauftragt hatte. Die Somali hatten die beiden größten Häuser der Stadt besetzt, durch eine Laufbrücke verbunden und durch Steinschutzwehren gegen äußere Angriffe gesichert.

Eine feste Stacheldrahtumzäunung schloß die Straße nach beiden Seiten hin ab, sodaß dieses Somali-Lager wie eine kleine Festung mitten in der Stadt lag und sich verschiedentlich wirksam gegen die Angriffe kleinerer feindlicher Abtheilungen vertheidigt hat.

Die Gesammtstärke, der zur Verfügung des Reichscommissars stehenden Truppe war folgende:

5 Sudanesen-Compagnien	550	Mann	geführt von 20 Offizieren und Unter-offizieren
Somali-Bootsleute der Schutztruppe	40	„	
Askaris der Station	60	„	
1 Compagnie Sulus	100	„	
Ein geschlossener Trupp von	40	Europäern	
Marine-Detachement mit	210	Matrosen, 10 Offizieren, 2 Aerzten	
	1000	M. reguläre Truppen.	

Um 7 Uhr 10 Minuten wurde der Vormarsch angetreten. Die Stations-Askaris unter Führung des Chefs Freiherrn von Eberstein bildeten die Spitze; dann folgte ein Drittel der Wißmann-Truppen, die Artillerie unter Führung des Herrn Chef Krenzler, bestehend aus zwei 4,7 cm- und einer 6 cm-Schnellfeuerkanone; darauf folgte die Marineabtheilung, geführt von dem Corvettenkapitän Hirschberg von S. M. S. „Schwalbe"; hieran schlossen sich die letzten zwei Drittel der Wißmann-Truppen und zuletzt in unregelmäßigen Trupps die Wanjamwesi. Die Offiziere der Wißmann-Truppen führten ihre Compagnien zu Pferde. Der Marsch wurde über das unlängst von Buschiri zerstörte Dorf Kaule genommen, dann wurde ein breiter Palmengürtel, welcher sich bis weit nach Süden erstreckt, von der Truppe passirt.

Beim Austritt aus dem Palmenwalde, welcher den marschirenden Truppen noch einigermaßen Schatten gewährt hatte, dehnte sich eine weite baumlose Grasebene aus, in welcher ein breiter Sumpf zu passiren war. Die Artillerie hatte hier mit großen Schwierigkeiten zu kämpfen, da die Kanonen durch das brackige Wasser gezogen werden mußten. Glühendheiß brannte die Sonne in diesem Thalkessel und wirkte auf die noch wenig an afrikanische Anstrengungen gewöhnte Truppe überaus erschlaffend. Die Disciplin der noch so jungen schwarzen Truppen war trotz der mannichfaltigen Schwierigkeiten musterhaft, sodaß selbst bei dem Passiren der zahlreichen Sumpflöcher kaum eine Stockung in der langen Marschcolonne, welche auf dem schmalen Wege in Reihen zu einem marschirte, sich bemerkbar machte.

Nach Passiren dieser Thalsohle stieg das Terrain wieder etwas an. Vor der Truppe lag jetzt, nur noch durch einen lichten Palmenwald und eine Grasebene getrennt, auf einer kleinen Anhöhe das Lager Buschiri's. Durch seine erhöhte Stellung weithin sichtbar, machte dasselbe in dieser öden Steppenlandschaft einen imposanten Eindruck. Vom Feinde war noch nichts zu sehen. Etwa 1000 Schritt vor dem Lager schwärmte der Vortrupp von etwa 50 Stationsaskaris unter Führung des Freiherrn von Eberstein aus und ging langsam auf das Lager vor, während sich die andern Truppen auf beiden Seiten entwickelten. Die Artillerie hatte auf 500 m vom Lager Stellung genommen und sich schußfertig gemacht. Chef Dr. Schmidt schwenkte mit einem Seitendetachement, bestehend aus zwei Sudanesen-Compagnien und der weißen Schutztruppe, nach der linken Flanke ab und hatte den Auftrag, von Süden her den Angriff auf das Lager zu entwickeln. Das Gros, geführt vom Premierlieutenant Freiherrn von Gravenreuth, war jetzt zur Entwickelung gelangt und schob sich zwischen die linke Flügelabtheilung und den Vortrupp. Chef von Zelewski hatte schon vorher den Befehl erhalten, mit einer Sudanesen-Compagnie, einer Sulu-Compagnie und 30 Somali aus der Marschcolonne auszuscheiden und das Lager von Nordosten zu umgehen, sich hier mit Dr. Schmidt zu vereinigen und so den Ring um das Lager zu schließen. Die Marinetruppe unter Führung des Corvettenkapitäns Hirschberg hatte sich rechts herausgezogen und neben dem Gros und der Artillerie entwickelt. Dieselbe stand somit in der Front und deckte die Artillerie, hinter welcher sie Aufstellung genommen hatte.

In dieser Formation rückten die Truppen in der ganzen Linie, ohne zu schießen, vor. Beim ersten Sprung, welcher die Truppe etwa bis auf 500 m an das Lager heranbrachte, eröffneten die Araber, durch die Palissaden geschützt, ein lebhaftes Feuer, welches auf Befehl noch nicht erwidert wurde; erst als die ganze Linie bis auf ca. 300 m an das Lager herangekommen war, wurde vom Commandanten, welcher in der ersten Schützenlinie mit seinem Stabe Stellung genommen hatte und von hier aus den Vormarsch leitete, das Zeichen zum Beginn des Feuergefechts gegeben. Das Zeichen erfolgte durch einen Schuß des Reichscommissars, welcher den Reitesel Buschiri's, der sich außerhalb der Umwallung zeigte, niederstreckte. Die Verwundung des weißen Reitesels Buschiri's, welcher den ältern Afrikanern wohlbekannt war, ließ die Hoffnung aufkommen, daß der Bandenführer, dessen Schwerfälligkeit und Corpulenz bekannt ist, lebendig gefangen würde. Das Feuergefecht begann nun auf der ganzen Linie und wurde von beiden Seiten mit großer Heftigkeit während einiger Minuten fortgeführt. Unsere Artillerie hatte auf 250 m Stellung genommen und versuchte mit Granaten in die Umfassung Bresche zu legen. Auch auf der feindlichen Seite trat jetzt ein schweres Geschütz in Thätigkeit, welches mit compacten Eisenstücken unsere Stellung beschoß. Die Offiziere waren sämmtlich schon vor Beginn des Gefechts von den Pferden gestiegen und führten ihre Truppen, mit dem Säbel und dem Revolver in der Hand, sprungweise gegen das Lager vor. Die Flügelabtheilungen Schmidt und von Zelewski hatten sich in den Flanken so weit entwickelt, um in das Gefecht eingreifen und dem vorrückenden Gros folgen zu können.

Jetzt war der Höhepunkt des Gefechts gekommen. Der Donner der Geschütze und das Geknatter von einigen tausend Gewehren, welche auf einen verhältnißmäßig kleinen Raum zusammengedrängt waren, verursachten einen betäubenden Lärm; das ganze Lager war förmlich in Rauchwolken eingehüllt, sodaß die einzelnen Truppentheile sich kaum zu erkennen vermochten. Der Commandant stand in der ersten Reihe der Schützenlinie, in der Hand die bekannte Reitpeitsche, welche ihn fast nie verläßt; dicht neben ihm fielen mehrere Askaris; Hauptmann Richelmann und Stabsarzt Dr. Schmelzkopf wurden an seiner Seite verwundet. Die Artillerie, welche in der vordersten Reihe stand, hatte bereits eine breite Bresche in die Palissadenumfassung geschossen und mit einigen wohlgezielten Schüssen das 6 cm-Geschütz Buschiri's zum Schweigen gebracht. Dicht neben diesem Geschütz wurden nach der Erstürmung des Lagers sechs durch Granatsplitter getödtete Araber aufgefunden.

Die Truppe hielt sich musterhaft, nirgends zögerte auch nur ein einziger Mann, auf den Zuruf der Offiziere gegen die Befestigungen vorzugehen. Die Sudanesen schossen mit der Ruhe altgedienter Soldaten, die Sulus, welche noch kein rechtes Vertrauen zu den ihnen unbekannten Schußwaffen hatten, waren kaum zurückzuhalten; wilde Raubgier blitzte in ihren Augen, und mit dem Gewehr in der einen und dem Seitengewehr in der andern Hand drängten sie ungestüm vor, um Mann gegen Mann das Gefecht zu entscheiden. Die Wanjamwesi, welche, infolge der dichten Schützenkette am Vordringen gehindert, nicht in das wirkliche Gefecht eingreifen konnten, schossen aufs gerathewohl ihre Gewehre ab und stimmten ein furchtbares Kriegsgeheul an, welches selbst den betäubenden Lärm des Gewehr- und Geschützfeuers übertönte.

Nachdem das Schützenfeuer so während einiger Minuten gewirkt hatte und die Truppen bis auf etwa 100 m an das Lager herangekommen waren, gab der Commandant das Zeichen zum Aufpflanzen des Seitengewehrs und zum Sturm. Bei dem betäubenden Lärm verstanden ihn nur die zunächststehenden Truppen des Herrn von Gravenreuth; die dritte Sudanesen-Compagnie war zuerst an den Palissaden und der Compagniechef Lieutenant Sulzer der erste im Lager. Mit lautem Hurrah stürzten sich nun die Matrosen unter Corvettenkapitän Hirschberg und die Askaris unter Herrn von Eberstein auf die Befestigung. Dem Beispiel der vordern Truppen folgend, verstummte jetzt auf der ganzen Linie das Feuer und von allen Seiten stürmten die Compagnien, die Offiziere weit voran, die Palissadenbefestigungen. Während die Matrosen mit großer

Anstrengung die Palissaden umgeworfen hatten, war ein Theil der Askaris und die Sudanesen-Compagnie durch das Thor eingedrungen; alles, was sich noch im Lager befand, wurde niedergemacht. Die Hütten, aus denen noch immer einzelne Schüsse fielen, wurden mit dem Bajonett erbrochen. Die Araber, welche sich theilweise noch in die äußersten Winkel verkrochen hatten; wurden von den erbitterten Soldaten und besonders von den Sulus niedergestoßen, kaum daß die Offiziere im Stande waren, die Gefangenen vor der Wuth der Schwarzen zu schützen.

Den beiden Flankenabtheilungen, welche den Auftrag hatten, das Lager von Norden und Süden einzuschließen, war es bei dem so schnell entwickelten und mit solcher Energie durchgeführten Feuergefecht nicht möglich gewesen, den Ring vollständig zu schließen; so war denn ein erheblicher Theil der Besatzung schon vor dem ersten Schützenanlauf aus dem Lager entkommen und nach Norden auf die Kinganiberge zu ausgebrochen.

Zwischen dieser Abtheilung und dem Detachement des Herrn von Zelewski entwickelte sich noch ein kurzes, aber heftiges Feuergefecht, welches mit der vollständigen Auflösung des Trupps in wilde Flucht endigte. Gleichzeitig flüchtete auch eine Abtheilung von etwa 150 Mann nach Süden, welche von der Compagnie des Herrn Dr. Schmidt noch etwa 1000 m weit verfolgt wurde und nicht unerhebliche Verluste erlitt. Eine weitere Verfolgung dieser beiden flüchtigen Abtheilungen schien bei der allgemeinen Ermüdung der Truppen erfolglos und wurde auch durch das hohe Gras und zahlreiches niedriges Buschwerk sehr erschwert. Buschiri soll, wie wir später durch Gefangene erfuhren, schon mit der ersten Abtheilung aus dem Lager geflohen sein und in nächster Nähe versteckt im Grase gelegen haben, da seine Corpulenz ihn an einer schnellen Flucht hinderte. Das Feld war jetzt vollständig gesäubert, weit und breit war kein Araber mehr zu sehen, nur aus weiter Entfernung hörte man noch einzelne Schüsse der fliehenden Feinde, welche glauben mochten, daß sie immer noch von unsern Truppen verfolgt würden, und deshalb blindlings nach rückwärts schossen. Der kühne Handstreich war also vollkommen gelungen und mit einem Schlage waren die noch vor kurzem so übermüthigen Araber aus der Rolle der Belagerer und Herren der Situation in die eines flüchtigen zersprengten Rebellentrupps geworfen worden.

Dieser kühne und erfolgreiche Angriff hatte das Selbstbewußtsein und das Vertrauen unserer jungen schwarzen Truppe zu ihren Führern außerordentlich gehoben. Ueberall herrschte lärmende Fröhlichkeit, und mit Jauchzen und Siegesrufen wurde das Lager, welches den Truppen zur Plünderung überlassen war, ausgeraubt. Proviant fand sich fast gar nicht im Lager, Munition nur in sehr geringen Quantitäten, sodaß sich hier das Verbot der Lebensmittel- und Pulvereinfuhr sehr wirksam bethätigte; dagegen wurde eine große Anzahl Gebrauchsgegenstände, wie Geschirr, Matten, Kleidungsstücke und Waffen aller Art in den Palmblatthütten vorgefunden. Zwei glatte Geschütze alter Construction, zwei arabische Fahnen, mehrere Mausergewehre und zahlreiche Vorderladergewehre, den verschiedensten Zeitepochen angehörend, von der großen Wallbüchse mit Zielgabel bis zur doppelläufigen Jagdflinte, lagen hier umher und wurden theils von den Soldaten mitgenommen, theils verbrannt; Belutschenschwerter, arabische Messer und Speere lagen auf dem ganzen Platz zerstreut und wurden als Siegestrophäen und Erinnerungszeichen an das siegreiche Gefecht von unsern Unteroffizieren und Matrosen mitgenommen. Wie später dem Commandanten gemeldet wurde, hatten sich in einer Hütte drei Kisten mit 6000 Rupien noch in derselben Verpackung, wie sie vom englischen Generalconsulat als Lösegeld für die gefangenen Missionare an Buschiri ausgezahlt waren, vorgefunden. Die Soldaten hatten sich aber stillschweigend bereits in den Raub getheilt, sodaß eine Rückforderung der Summe unmöglich war, ohne gegen einzelne ungerecht zu sein; auch war diese Belohnung den Soldaten für ihre Tapferkeit und Ausdauer wol zu gönnen.

Die Zahl der gefallenen Rebellen, welche in dem Lager und dicht bei demselben aufgefunden wurden, bezifferte sich auf 80; doch wurde von vornherein eine höhere Zahl angenommen, da die Araber auch in den schwierigsten Umständen an dem Gebrauch festhalten, ihre Todten und Verwundeten mitzuschleppen. Später wurde aus sicherer Quelle die Zahl der Gefallenen auf 106 festgestellt. Wenn man ferner berücksichtigt, daß eine große Zahl der Verwundeten in den Abtheilungen, die nach Norden und Süden ausgewichen sind, ohne jede Pflege und ärztliche Hülfe ihren Wunden sicher erlegen sind, so ist die Annahme wol berechtigt, daß von der Besatzung des Lagers 15—20 Procent gefallen sind und vielleicht die gleiche Anzahl leicht verwundet wurde. Unter den Gefallenen fanden sich auch einige Führer und mehrere sehr angesehene Araber aus Bagamoyo und Pangani, unter andern auch einer der treuesten Anhänger Buschiri's, welcher ihn schon früher auf seinen Kriegszügen begleitet hatte; die meisten der Gefallenen waren Hadhramaud-Leute von der Südküste Arabiens. Neger wurden nur drei gefunden. Gefangen genommen wurden 2 Araber, 8 Sklaven und 20 Weiber, welche theilweise noch aus den brennenden Hütten herausgezogen wurden.

Aber auch wir hatten nicht unbedeutende Verluste zu beklagen. Lieutenant Schelle von S. M. S. „Schwalbe" fiel, als er allen Matrosen voran mit kühnem Muth die Palissaden erkletterte, durch einen Schuß in den Unterleib, welcher ihn auf der Stelle tödtete. Ferner fiel der Matrose Foell von S. M. S. „Leipzig" durch einen Schuß ins Gehirn. Von der Schutztruppe ist der Tod des Feldwebels Peter zu beklagen, welcher einem Hitzschlag erlag, ferner sind 6 schwarze Soldaten gefallen. Verwundet wurden von der Schutztruppe Stabsarzt Dr. Schmelzkopf durch einen Streifschuß an der linken Seite des Unterleibes, Hauptmann Richelmann durch einen Schuß in den linken Unterschenkel. Proviantmeister Illich erhielt einen Schuß in den Rücken. Dem Matrosen Klebba wurde der

Arm zerschmettert, sodaß derselbe amputirt werden mußte, Obermatrose Hinkelmann erhielt einen Prellschuß. Drei Sudanesen wurden leicht verwundet.

Nachdem die Truppen wieder versammelt und die Ordnung wiederhergestellt war, wurde der Befehl zur Zerstörung des Lagers gegeben. Die starken Palmstämme, welche die Einfassung des ca. 300 m langen und 200 m breiten Lagers gebildet hatten und zwei bis drei Fuß in die Erde eingegraben waren, wurden ausgehoben und auf einen Punkt zusammengetragen, um dann verbrannt zu werden; die leichten Hütten im Innern der Umzäunung wurden niedergerissen und das Material ebenfalls den Flammen übergeben. Nachdem diese Zerstörungsarbeit, die bei der großen Festigkeit der Palissadeneinfassung viel Zeit und Mühe beanspruchte, beendet war, wurden die Schützengräben, die innerhalb der Umfassung und längs der schützenden Baumstämme angelegt waren und die Vertheidiger sowol durch einen Erdwall von vorn, als auch durch kunstvoll angelegte Bedachungen aus Zweigen und Erde von oben Deckung gewährten, zugeschüttet und dem Erdboden gleichgemacht, sodaß ein Wiederaufbau des Lagers nach Möglichkeit verhindert wurde. Die ganze Befestigung machte für afrikanische Verhältnisse einen außerordentlich soliden Eindruck und war entschieden mit großer Umsicht und Geschick angelegt, sodaß sie selbst den vollkommenen europäischen Waffen wirksamen Widerstand leistete. An allen vier Seiten der Befestigung waren kleine Thore angebracht, die mit starken Bohlenthüren verschlossen werden konnten und außerdem noch durch eine zweite Palissadirung geschützt waren. Am Südausgang stand das große 6 cm-Geschütz, dessen gänzlich zertrümmerte Laffette das Mitschleppen des schweren Geschützes unmöglich machte; es wurde deshalb vernagelt und mit Gras und Erde bedeckt, um später zu den andern Siegestrophäen nach der Station übergeführt zu werden; das kleinere Geschütz wurde nach Bagamoyo mitgenommen.

Nachdem die Truppen sich ausgeruht und einigermaßen von

den Anstrengungen des Tages erholt hatten, wurde der Rückmarsch befohlen. An die Truppe mußten jetzt gesteigerte Anforderungen gestellt werden; die glühende Sonnenhitze, welche in der schattenlosen Ebene sich um so fühlbarer machte, je mehr sich die Sonne dem Zenith näherte, und der Mangel jeglicher Erfrischungen war besonders für die Europäer, die, des Tropenklimas noch ungewohnt, sehr unter dem Durst und der Hitze zu leiden hatten, außerordentlich empfindlich. Eine allgemeine Ermattung hatte sich der ganzen Truppe bemächtigt, viele Weiße, welche durch die Anstrengungen des Tages und die ungewöhnliche Hitze vollständig aufgerieben waren, mußten mit den Verwundeten getragen werden. Die schwarzen Soldaten waren theilweise mit Beutestücken beladen und blieben infolge dessen zurück, sodaß die langsam sich in Bewegung setzende Marschcolonne sehr verlängert und die Ordnung beeinträchtigt wurde.

Der Rückmarsch, wie er sich so in langer Colonne durch das weite Grasfeld hinzog, machte infolge dessen keinen sehr militärischen Eindruck. Aber welche junge Truppe würde wol unter denselben Anforderungen nach dem ersten siegreichen Gefecht die militärische Form in jeder Hinsicht bewahrt haben? Die Sulus waren die einzigen, denen man nicht die geringste Ermüdung anmerkte; mit allerlei Beutestücken phantastisch ausgeschmückt, marschirten sie in der Mitte der Marschcolonne und verbreiteten durch den Gesang ihrer melodiereichen Schlachtgesänge einiges Leben unter den ermüdeten Truppen. Gegen 4 Uhr traf die Expedition wieder in Bagamoyo ein und wurde von der Bevölkerung der Stadt mit lautem Jubel begrüßt, war doch nun die stets drohende Gefahr der Nähe Buschiri's mit einem Schlage beseitigt, und die wenigen der Station treu gebliebenen Bewohner, deren Hütten am Meeresstrande möglichst nahe der Station lagen, waren nun von der steten Angst, gefangen und als Sklaven fortgeschleppt zu werden, ein für allemal befreit.

So herrschte denn laute Fröhlichkeit, welche sich in Tanzen

und schrillem Geschrei äußerte, als die Truppen sich allmählich vor der Station sammelten. Die Compagnien wurden wieder rangirt, die Verwundeten in das provisorische Lazareth übergeführt und an die sämmtlichen Truppen Erfrischungen ausgetheilt. Nachdem so den ersten Bedürfnissen Rechnung getragen war, theilte sich die allgemeine Heiterkeit auch der Truppe mit. Die Wanjamwesi und Sulus führten Kriegstänze auf, begleitet von den Beifallsbezeigungen und dem Gesang der Zuschauer. Die Marine hatte ihre Wachen eingezogen und sich marschfertig gemacht, und unter den Klängen des schönen Liedes „Deutschland, Deutschland über alles" schifften sich die braven Truppen, denen kein geringer Antheil an dem Gefecht zuzuschreiben ist und mit denen wir um so lieber den Lorbeerkranz des errungenen Sieges theilen, je mehr wir Gelegenheit hatten, auch in ernsten Momenten die treue aufopfernde Kameradschaft unserer Landsleute und Kampfgenossen schätzen zu lernen.

Nach Verabredung mit dem Reichscommissar hatte Contreadmiral Deinhard am Morgen des Gefechtstages fünf Dampfpinassen den Kingani aufwärts geschickt, welche an der Fähre bei Windi und Mtoni sämmtliche Fährboote zerstören und die etwa hierher flüchtenden Araber abfangen sollten. Da der Kingani von Südwesten nach Nordosten fließt und die Gegend um Bagamoyo vom Hinterlande abschneidet, so war man fast gewiß, daß die Flüchtlinge ihren Weg über eine von den beiden genannten Fähren nehmen oder die Furt bei Dunda benutzen würden; letztere war jedoch wegen des seichten Wassers nicht zu blokiren. Es zeigten sich bei Windi und Mtoni jedoch nur sehr wenige Araber, auf welche geschossen wurde und die sofort die Flucht ergriffen, als sie sahen, daß europäische Boote im Flusse lagen. Die größte Mehrzahl mußte infolge dessen die Dunda-Furt benutzt haben und war hier nicht mehr zu erreichen.

Eine zweite Abtheilung Flüchtiger, welcher sich Buschiri später angeschlossen hatte, war nach Süden ausgewichen. Frühere Nachrichten, welche von einem zweiten Lager in Mbegani sprachen, ließen die Möglichkeit auftauchen, daß Buschiri mit dem Rest seiner Anhänger sich hier festsetzen würde. Um die Existenz dieses Lagers festzustellen und zuverlässige Nachrichten über den Verbleib der Flüchtlinge einzuziehen, wurde am 9. früh eine Patrouille aus 3 berittenen Offizieren, 4 berittenen Unteroffizieren und 10 Stations-Askaris unter Führung des Chefs Freiherrn von Gravenreuth am Südstrande auf Mbegani vorgeschickt. Diese Expedition brachte die Meldung zurück, daß nach Aussage der Eingeborenen eine größere Abtheilung Araber und Neger sich über Kaule nach Süden gewendet hätte, vermuthlich, um sich nach Dar-es-Salaam durchzuschlagen und mit Soliman ben Sef zu vereinigen.

Die Nachrichten von einem Lager bei Mbegani bestätigten sich nicht; dagegen wurde schon nach einigen Tagen aus Dar-es-Salaam vom dortigen Stationschef gemeldet, daß ein Trupp von 35 Arabern und 15 Schwarzen von Norden gekommen wäre und sich mit dem dortigen Rebellenführer vereinigt hätte. In einem Dorfe südlich von Buschiri's Lager stieß die Patrouille auf 50 bewaffnete Leute, welche alsbald die Flucht ergriffen und verfolgt wurden. Am 10. Mai verabredete der Reichscommissar mit dem Admiral Deinhard eine gemeinsame Expedition nach dem Süden, um in Ausnutzung des Sieges auch die weitere Umgegend von Bagamoyo von feindlichen Abtheilungen zu säubern. Hauptmann Wißmann marschirte mit dem gesammten Expeditionscorps am 10. vormittags über Kaule gegen Dar-es-Salaam vor. Die Marine begleitete die Abtheilung in bemannten Booten. In der Umgegend von Bagamoyo fand die Expedition fast alle Dörfer verlassen, die meisten sogar ausgeraubt und zerstört; vom Feinde war nichts mehr zu sehen.

Auch die Einwohner der wenigen noch bewohnten Dörfer, welche eine so große bewaffnete Truppe wie die des Reichscommissars noch niemals gesehen hatten und durch die fortwährenden Plünderungen und Greuel während der letzten Monate überaus eingeschüchtert waren, flohen aus ihren Dörfern in den Busch, sobald sich auch nur einer unserer Soldaten in der Nähe sehen ließ. So sandte der Commandant denn einige unbewaffnete Suaheli-Neger voraus, welche in den Dörfern verkünden sollten, daß Buschiri geschlagen und der Krieg beendet sei, und welche die Leute auffordern sollten, vor den Wasungu nicht zu fliehen, da dieselben ihnen freundlich gesinnt wären und sie gegen die Araber schützen wollten; die Dörfer, welche es nicht mit Buschiri hielten, sollten der Truppe eine Deputation entgegenschicken; dann würde der Bana kuba (der große Herr) mit ihnen Frieden schließen und ihnen Geschenke geben.

Diese Nachricht wirkte einigermaßen beruhigend auf die unglücklichen Bewohner der Wasaramo-Dörfer, welche seit Monaten, weder ihres Eigenthums noch ihres Lebens sicher, in beständiger Furcht vor den beutegierigen Scharen Buschiri's gelebt hatten. Nach zahlreichen Schauris (Berathung der männlichen Mitglieder der Bevölkerung über wichtige, die Allgemeinheit betreffende Fragen) und Friedensversicherungen unsererseits erschienen endlich einige Deputationen, noch immer vor Furcht zitternd und mit dem Ausdruck des größten Mistrauens in Haltung und Mienen. Einige von ihnen wandten sich sogar schleunigst wieder zur Flucht beim ungewohnten Anblick so vieler bewaffneter Soldaten. Nachdem nun aber die Deputationen vom Commandanten mit der größten Freundlichkeit empfangen und reich beschenkt entlassen waren, gelang es doch, die Leute von unserer friedlichen Absicht zu überzeugen und sie zu einem regelmäßigen Verkehr auf der Station zu bewegen.

Nachdem der eine Theil der flüchtigen Araber und wol hauptsächlich die Angesehensten, welche jetzt, wo das Schicksal zu ihren Ungunsten entschieden hatte, sich möglichst unbemerkt aus der Affaire zu ziehen suchten, von den Orten Bueni und Kondutschi per Dau die Küste verlassen hatten, hatte Buschiri mit dem Rest der aus Arabern und Negern bestehenden Truppe sich nach Westen geschlagen und sich 45—60 km von Bagamoyo wieder in einem Lager verschanzt. Seine Lage war jetzt keine beneidenswerthe mehr, da ihm jeder Zuzug und alle Hülfsmittel von der Küste abgeschnitten waren, und seine Truppe bis auf wenige Araber, welche meistens nichts mehr zu verlieren hatten oder so stark compromittirt waren, daß ein friedlicher Ausgleich unmöglich war, und auf einen Haufen von Gesindel, welches in der Hoffnung auf Raub und Plünderung sich ihm freiwillig angeschlossen hatte, zusammengeschmolzen war. Die nächste Umgebung von Bagamoyo war jedenfalls vollständig von den Rebellen gesäubert, sodaß die Truppe jetzt ruhig für weitere Unternehmungen durch militärische Exercitien vorbereitet werden konnte.

Drittes Kapitel.

Truppen. Sudanesen und Sulus.

Sobald die „Martha", die unsere gesammte Expeditionsausrüstung und die in Kairo angefertigten Uniformen an Bord hatte, in Bagamoyo angelaufen war, wurde die Einkleidung der schwarzen Truppe vorgenommen. Die Lappen und Läppchen, die weiten Pluderhosen und langen Hemden, welche manchmal in Betreff der Sauberkeit manches zu wünschen übrigließen, verschwanden von der Bildfläche und machten dem einfachen, aber kleidsamen Soldatenrock Platz. Am 6. Mai konnte die Compagnie zuerst in ihrem neuen militärischen Schmuck zum Exerciren antreten. Zwar hatte es nicht geringe Mühe gekostet, aus dem Berg von Montirungsstücken für jeden eine passende Jacke und Hose herauszufinden und die Schwarzen in der Verwendung der verschiedenen Gegenstände zu unterweisen. Und wenn auch mancher, der bis auf kleine Toilettenverbesserungen bisher mit dem ihm von der Natur gütigst verliehenen Gewande fürliebgenommen hatte, sich in den neuen Soldatenrock noch nicht hineinfinden konnte und durch möglichst steife, hölzerne Bewegungen sich dem ungewohnten Zwange anzupassen suchte, so war doch das Aussehen der Truppe nach der Uniformirung ein ganz anderes geworden. Die Gesichter schienen uns unter dem gerollten Turban nicht mehr so abschreckend häßlich. Die schwarze Hautfarbe stach sogar recht vortheilhaft von dem hellen Stoff der Uniformen ab, und die langen schlanken Gestalten erschienen in diesem Augenblick sogar recht stattlich. Mit Genugthuung musterte jeder Compagniechef seine so verwandelte Compagnie, selbst erfreut, jetzt doch wirkliche Soldaten zu befehligen. Wie der Neger überhaupt eitel ist und sich nichts Schöneres denken kann, als wenigstens äußerlich den Europäern möglichst ähnlich zu sehen, so herrschte auch jetzt in der Truppe eine allgemeine Freude. Jeder war bestrebt, seinen Kameraden in dem Gebrauch der neuen Uniform zu unterweisen, ihn auf besondere Feinheiten aufmerksam zu machen.

Die größte Verwunderung erregte die neue Uniform jedoch bei den Sulus. Dieser Kleiderluxus, in den man sämmtliche Körpertheile einhüllte, erschien ihnen zu komisch. Hatte doch die Natur ihnen eine so schöne kastanienbraune Hautfarbe gegeben; warum dieselbe nun nicht mehr gut genug sein sollte, wollte ihnen durchaus nicht einleuchten. Die Bekleidungsversuche, welche mit den ungewohnten Gegenständen angestellt wurden, waren äußerst komisch. Jacken und Hosen wurden von einzelnen verkehrt angezogen oder auch ganz vertauscht, welche Versehen bei den Kameraden, die schon mehr in die Mysterien europäischer Kleidung eingedrungen waren, einen Sturm von Heiterkeit hervorriefen. So verging denn ein ganzer Vormittag, bis die Compagnie zum ersten mal vollständig uniformirt war. Nachdem nun jedem noch einmal die Pflichten, welche mit dem Tragen der Uniform verbunden, besonders aber Sauberkeit gehörig eingeschärft waren, wurde ihm eine Garnitur eingehändigt.

Die Sudanesen haben ein ausgesprochenes Gefühl für Ordnung und im gewissen Sinne auch für Reinlichkeit; dies documentirt sich besonders in ihrer Kleidung. Der größte Theil — Ausnahmen gibt es natürlich überall — ist bestrebt, dieselbe möglich reinlich und in gutem Zustand zu erhalten. Sie waschen dieselbe unaufgefordert und bessern sie mit großem Geschick aus. Niemals wird ein Sudanese zum Arbeitsdienst seine Uniform anziehen; hier begnügt er sich mit seinen baumwollenen Unterkleidern. Dieser Sinn für ein wohlgefälliges Aeußere und der Wunsch, durch eine schöne

Uniform, wie sie sie ja früher schon in Aegypten getragen haben, als Soldat kenntlich zu sein und sich von den andern Negern zu unterscheiden, hatte sich bereits durch verschiedene Anfragen und Bitten der schwarzen Offiziere und Unteroffiziere um eine anständige Kleidung kundgegeben. Sie empfanden es sehr wohl, daß die Truppe, wenn sie da mit ihren zerlumpten Kleidern einhermarschirte, einen wenig militärischen, ja lächerlichen Anblick bot. So war denn ihre Freude, im Vergleich zu dem kindischen Erstaunen der Sulus, eher ein Gefühl der Genugthuung, welches ein alter Soldat empfindet, wenn er nach langer Zeit der Elends endlich wieder des Kaisers Rock anziehen kann. Nun war ihnen ja weder die Uniform überhaupt noch der Schnitt derselben, der genau nach dem ägyptischen Muster angefertigt war, unbekannt, sodaß sie selbst mit Verständniß die passenden Kleidungsstücke auswählten und die Einkleidung hierdurch erleichtert wurde.

Am nächsten Morgen besichtigte der Herr Commandant die Truppe in ihren neuen Uniformen. Für die Sudanesen war die Uniform beibehalten, wie sie in den Eingeborenen-Regimentern der ägyptischen Armee getragen wird. Jacke und Hose ist aus einem hellgelben Stoff, Kaki genannt. Form und Schnitt decken sich fast mit unsern Drillichanzügen, doch ist die Jacke etwas knapper gearbeitet und hat vorn eine gelbe Knopfreihe. Die Hose reicht nur bis zur Hälfte der Waden. Vom Knie abwärts wird das Bein mit einer blauen wollenen Binde umwickelt, die ähnlich wie eine Gamasche sitzt und sich beim Marschiren, besonders zwischen stachlichten Gräsern, als außerordentlich praktisch erweist. Als Kopfbedeckung war nach reiflicher Ueberlegung und nach verschiedenen Versuchen die im Orient übliche Form, Fes und Turban, beibehalten worden. Erstens ist der Turban ein guter Schutz gegen die tropische Sonne und läßt sich auseinandernehmen und waschen, was für alle Uniform, sowol für die schwarze als auch für die weiße Truppe und Offiziere erste und wichtigste Bedingung ist; zweitens ist derselbe für schwarze Truppen unzweifelhaft hübscher als irgendeine Hut- oder Helmform. Die Form dieser orientalischen Kopfbedeckung ist sehr verschieden; meistens wird das Tuch, welches von Arabern in bunten Farben getragen wird, in kunstvollen Windungen um den Kopf geschlungen, sodaß es den Hinterkopf freiläßt und wie ein Kranz den Kopf umgibt; der Hinterkopf wird durch eine kleine weiße Mütze oder auch durch ein Fes bedeckt. Das Tuch besteht aus einem ca. 3 m langen und 2 m breiten Gazestreifen und wird zu 12 cm Breite zusammengefaltet und über eine besondere Holzform gewickelt. Das dünne Gewebe, wie es in Aegypten zu diesem Zwecke angefertigt wird, mußte in Kairo bestellt werden, da in Deutschland solche Arten von Kopfbedeckungen ja nicht üblich sind. Dasselbe hat eine hellgraue Farbe. Am meisten Schwierigkeiten verursachte das Schuhzeug, welches in Deutschland bestellt und durchgehends zu klein war. Von einer Fußbekleidung bei den Sulus nahmen wir von vornherein Abstand, da dieselben Monate gebraucht hätten, um sich an den ungewohnten Zwang zu gewöhnen. Außerdem lag ein zwingender Grund gar nicht vor, da die Eingeborenen viel sicherer und bequemer ohne Fußbekleidung gehen. Bei den Sudanesen ist dies nicht in dem Maße der Fall, dieselben haben keine so harte Haut und leiden häufig an Fußwunden. So wurde denn die Sudanesen-Compagnie, soweit es möglich war, mit den vorhandenen Schuhen ausgerüstet. Nach einigen Tagen des Gebrauchs mußte jedoch eine ganze Anzahl wieder abgenommen werden, da dieselben vorn zu schmal waren und ihnen große Unbequemlichkeit verursachten.

Bei fast allen Negervölkern ist der Fuß anders entwickelt als bei uns, wo durch den jahrhundertelangen Gebrauch von Schuhzeug der Fuß eine längere und schmälere Form angenommen hat. Bei den Negern ist der Fuß kurz, meist sehr dick und vorn breit ausgehend; so ist z. B. nicht die große Zehe die äußerste Spitze des Fußes, sondern meist die mittlere. Die Zehen sind außerdem weit auseinandergespreizt, sodaß eine gewisse Aehnlichkeit mit den Füßen der Vielhufer nicht zu verkennen ist; daß ein so gebauter Fuß oft beim besten Willen nicht in einen europäischen Stiefel hineinzuzwängen ist, läßt sich wol denken. Wenn es auch nach deutsch-militärischen Ansichten sich nicht vereinigen läßt, wenn einzelne Leute der Compagnie barfuß, andere mit Stiefeln bekleidet sind, so muß man sich doch in Afrika hiervon emancipiren, da ein Ersatz einfach nicht zu beschaffen ist.

Als Armatur hatte jeder Soldat ein Mauser-Gewehr M 71, an einer Lederkoppel ein kurzes Seitengewehr neuesten Modells und eine, bei Expeditionen zwei Patronentaschen. Wenn man von kleinen Unregelmäßigkeiten, wie Annähen fehlender Knöpfe oder schwierigern Reparaturen, die bei dem Mangel eines Schneiders oft ungeschickt ausgeführt wurden, absieht, so war die Sudanesen-Compagnie stets musterhaft sauber und sorgfältig angezogen. Man sah, daß das Bedürfniß, sauber zum Dienst zu kommen, den Leuten in Fleisch und Blut übergegangen war. Dieses Gefühl steht in merkwürdigem Gegensatz zu ihrem außerdienstlichen Schlendrian und ihrem liederlich schmutzigen Hauswesen. Gleich nach dem Dienst wurde die Uniform ausgezogen und erst vor Beginn des Dienstes wieder angezogen. Und hier übten die schwarzen Offiziere eine selbständige Controle und schickten auch ohne Befehl des Compagnie-Chefs jeden, der beim Dienst eine schmutzige Uniform angehabt hatte, nachher zur Wäsche; baten auch wol in Wiederholungsfällen um eine Bestrafung. Dafür waren sie selber aber auch stets in musterhaftem Anzuge, den sie als Offizier immer trugen. Ich habe es nie für möglich gehalten, daß ein Neger so viel Sinn und Verständniß für die Instandhaltung und für tadellosen Sitz seiner Uniform haben kann. Jede Falte im Rock wird sorgsam geglättet, der Turban wurde fast jeden Tag neu aufgebunden. Die Fußbinde wird mit der größten Sorgfalt gewickelt. Auch der Säbel — die Offiziere tragen statt des Seitengewehrs Säbel — ist aufs sorgfältigste geputzt und immer eingeölt. Flecke auf der hellen, doch sehr leicht schmutzenden Uniform entsinne ich mich kaum jemals gesehen zu haben.

Diese Sauberkeit bei den Negern ist eine seltene und daher um so mehr zu schätzende Tugend. Die Sulus sind in dieser Beziehung noch ganz Naturvolk. Die Behandlung der ihnen anvertrauten Uniform geschieht nach denselben Grundsätzen wie der Gebrauch derselben. Sie tragen sie eben, weil es befohlen ist, und weil sie glauben, daß dies so zum Soldatenhandwerk gehört. Persönlich erscheint ihnen dieselbe vollständig überflüssig, und so behandeln sie sie auch. Noch seltener wie bei den Sudanesen eine schmutzige, wird man bei den Sulus eine halbwegs reine Uniform finden. Mit dem Augenblick, wo sie die Uniform nach dem Waschen anziehen, erglänzt dieselbe auch in einem grauen fettigen Schimmer. Daß ein Rock oder Hose auch von Zeit zu Zeit ausgebessert werden muß, das übersteigt vollständig ihr Fassungsvermögen; so fehlen denn auch nicht selten ganze Stücke aus der Uniform, und besonders an Stellen, die eine stärkere Abnutzung bedingen. So erschien bei einem angesetzten Bataillons-Exerciren einer der Sulus nur mit einem Hosenbein; derselbe stand im zweiten Gliede, und so war diese mangelhafte Toilette nicht bemerkt worden. Beim Abschwenken kam aber unglücklicherweise der Zug gerade nach vorn, sodaß der Delinquent von allen gesehen werden mußte, was natürlich eine allgemeine Heiterkeit hervorrief. Wie ihn nun der Compagniechef Herr von Medem durch den Dolmetscher fragen ließ, wo er denn das andere Hosenbein gelassen hätte, holte er dasselbe fein säuberlich zusammengelegt aus der Tasche und zeigte auf eine Kokospalme, dort oben wäre es abgerissen. Auf solche Experimente waren nun allerdings die Uniformen nicht eingerichtet. Mir ist oft bei diesen Bekleidungskämpfen der Vers von Wilhelm Busch eingefallen:

Kleider sind dort wenig Sitte,
Höchstens trägt man einen Hut
Und ein Schurzfell um die Mitte;
Man ist schwarz und damit gut.

Die Compagniechefs und die weißen Unteroffiziere hatten aber ihre liebe Noth mit den Sulus; so leicht wie sie sonst zu regieren waren, einen so unüberwindlichen passiven Widerstand setzten sie allen Bemühungen, sie zur Sauberkeit zu erziehen, entgegen. Schließlich ist aber von einem vollständig uncivilisirten Volksstamm ein so schnelles Gewöhnen an europäische Sitten nicht zu verlangen, und es wird hier selbstverständlich auch die nöthige Nachsicht geübt.

In der Form und Farbe weicht die Sulu-Uniform etwas von der Sudanesen-Uniform ab. Die ersten ihnen gelieferten Montirungsstücke bestanden aus einem ganz leichten, waschbaren, blauen Wollstoff, welcher sich aber als unpraktisch und wenig haltbar erwies. So wurde denn für die fernern Anschaffungen ebenfalls Kaki gewählt. Die gesammte Ausstattung des Mannes ist im wesentlichen dadurch vereinfacht, daß die Beinbinden und Turbane bei den Sulus fortfallen. Beide Bekleidungsstücke, welche schon ein gewisses Verständniß für die Kleidung voraussetzen, würden hier wol nur Veranlassung zu größerer Unordnung gewesen sein. Als Kopfbedeckung haben die Sulus den einfachen roten Fes, an welchem die erste Sulu-Compagnie eine schwarze, die zweite eine weiße Troddel trägt. Die Hosen reichen nur bis zum Knie und der Unterschenkel ist vom Knie abwärts bloß. Die Uniformjacke hat am Halse einen ovalen Ausschnitt, der mit einer schwarz-weiß-rothen Borte umgeben ist. Die Aermel sind nur handbreit, sodaß die Arme vollkommen frei sind. Die Bewaffnung ist dieselbe wie bei den Sudanesen. Dieselbe Uniform tragen auch die Somali-Bootsleute, welche in Dar-es-Salaam stationirt waren; wegen der häufigen Fieberanfälle mußten sie aber leider schon in den beiden ersten Monaten bis auf zehn zurückgeschickt werden.

Die Uniform der Suaheli-Askaris, welche von der Gesellschaft übernommen waren, wurde abgeändert. Dieselben trugen früher am Halsausschnitt, an den Aermeln und an den Seiten der Hose rothe aufgenähte Streifen, welche sehr häßlich und unmilitärisch aussahen und sehr unpraktisch sind, da sie beim Waschen stets auslaufen und der ganzen Uniform einen rothen Schimmer verleihen. Diese Streifen fielen bei der Neuanschaffung fort, und aus der frühern Kniehose wurde eine lange Hose; die Jacke hatte dieselbe Form wie die der Sudanesen; als Kopfbedeckung blieb der Fes. In letzter Zeit sind Versuche mit Beduinentüchern gemacht worden. Die Beduinen, Bewohner der Sahara, tragen keine besondere Kopfbedeckung, sondern ziehen einen Zipfel ihres langen weißen Gewandes über den Kopf und befestigen ihn mit einer bunten Schnur. Dieses weiße Tuch bildet einen sehr angenehmen Gegensatz zu der dunkeln Hautfarbe des Gesichts; es ist dies wol die einfachste Art, das Haupt zu bedecken. Für eine Sudanesen-Compagnie sind nun zur Probe viereckige, weiße Tücher beschafft, welche über den Fes gezogen werden und durch eine breite, schwarz-weiß-rothe Schnur festgehalten werden. Die Vortheile dieser Kopfbedeckung im Vergleich zu den Turbanen liegen in der geringen Mühe, deren sie zur Reinigung bedarf. Im übrigen sind die Versuche betreffs der Uniform noch nicht abgeschlossen und werden wol, nachdem man genügende Erfahrungen gesammelt hat, noch hier und da Aenderungen vorgenommen werden. Das wichtigste Erforderniß bei jeder Tropenkleidung ist aber Reinlichkeit, und so werden die leichten, waschbaren Stoffe, welche in allen Tropenarmeen üblich sind, auch wol ihren Platz behaupten.

Die Gradabzeichen sind bei allen Truppentheilen die gleichen. Alle Chargen bis zum schwarzen Offizier tragen auf dem rechten Arm ein bis vier blaue Litzen, welche einen rechten Winkel bilden, dessen offene Seite nach oben steht. Die Offiziere tragen diese Borten in Gold. Die einzelnen Grade vertheilen sich folgendermaßen: die unterste Charge, Umbaschi, entspricht ungefähr unserm Unteroffizier, und trägt einen blauen Streifen; zwei Streifen tragen die Schauisch, drei die Bolukamin und Sol; diese Grade sind von der ägyptischen Armee übernommen. Jede Compagnie hat einen Boluk-amin, welcher als Compagnieschreiber fungirt, alle schriftlichen Sachen der Compagnie besorgt und die Verpflichtung hat, die Correspondenz der Leute, welche natürlich weder schreiben noch lesen können, zu besorgen. Die Functionen der Sol lassen sich schwer nach unsern deutschen Begriffen definiren; dieselben sind höhere Unteroffiziere, welche zur Unterstützung der Offiziere dienen und mit dem Ba-schauisch, dem Feldwebel, der Compagnie ungefähr in gleichem Range stehen; sehr oft hat die Compagnie sogar zwei, welche dann mit den Boluk-amin um die Wette faulenzen. Bei der ägyptischen Armee wird hierin wol keine strenge Controle geübt, denn diese beiden Chargen haben eigentlich überhaupt keine Functionen und waren auch zuerst der Ansicht, nicht mitexerciren zu brauchen. Da dieselben aber mit diesem Range und und mit einem höhern Gehalte engagirt waren, so konnten diese Chargen nicht ohne weiteres gestrichen werden. Die Brauchbaren unter ihnen wurden als Feldwebel eingestellt, die andern mußten als Sergeanten Dienst thun, sind aber dann meist nach kurzer Zeit nach Aegypten zurückgeschickt worden, sodaß diese Chargen nicht weiter in Betracht kommen. Die Eingeborenen-Offiziere tragen goldene Abzeichen, über denen ein gestickter preußischer Adler angebracht ist, außerdem sind sie mit einem Säbel bewaffnet und haben auf den Achselklappen nach ihrem Range ein, zwei, auch drei Sterne.

Die Uniform der Europäer hat verschiedene Aenderungen erfahren und definitiv ist noch keine Uniform eingeführt. Da die Verhältnisse vollständig neu waren und man auf keine Erfahrungen in dieser Hinsicht zurückgreifen konnte, so sind die ersten mitgenommenen Uniformen nur als Versuche anzusehen. Offiziere und Unteroffiziere hatten bei der ersten Ausrüstung weiße baumwollene Anzüge und leichte wollene, aus blauem Serge, mitgenommen; erstere bewährten sich gut. Die blauen Anzüge sind als Kleidung bei Expeditionen und beim Exerciren unpraktisch, da dieselben sehr viel wärmer sind als weiße und sich außerdem schlecht in der Wäsche halten. Die Offiziere hatten außerdem versuchsweise noch zwei Flanellanzüge mitgebracht; aber schon nach der ersten Wäsche, welche in Afrika ja nicht mit der nöthigen Sorgfalt ausgeführt werden kann, erwiesen sich dieselben als vollkommen unbrauchbar. So ist denn der leichte baumwollene Anzug der einzige, der sich gehalten hat und als Uniform beibehalten wird. Der Schnitt des Rockes, welcher neuerdings eingeführt wurde, ist ein Mittelding zwischen Uniform und Civil, sieht aber durch die goldenen Knöpfe und die gelben Litzen, welche als Gradabzeichen statt der frühern sehr häßlichen schwarz-weiß-rothen Borte auf den Aermeln getragen werden, sehr ansprechend aus. Als Offizierabzeichen werden Achselstücke und am Schleppsäbel das Cavalerieporteépée getragen, bei feierlichen Gelegenheiten die Marineschärpe mit der Kaiserkrone statt des Ankers. Als Kopfbedeckung dient der englische Tropenhelm mit Schuppenkette und Cocarde. Diese Dienstuniform ist für die Tropen sehr hübsch und äußerst praktisch. Für solche Fälle aber, in welchen der Offizier gesellschaftlich repräsentiren muß, ist dieser weiße Baumwollenrock doch zu léger und wenig salonfähig. So ist denn dem Commandanten jetzt ein Modell vorgelegt, welches nach dem Schnitt unsern Husarenjacken sehr ähnlich sieht, aber keine Schnüre hat. Ein Goldpassepoil läuft um den Rocksaum und längs der Knopfreihe; der Klappkragen ist ebenfalls mit einer goldenen Borte eingefaßt; die Gradabzeichen werden, wie bei der weißen Uniform, auf dem Aermelaufschlag getragen. Diese Probeuniform, welche allgemein sehr gefällt, wird aller Wahrscheinlichkeit nach als Paradeuniform für alle Weißen eingeführt werden. Die Unteroffiziere haben gelbe Litzen, wo die Offiziere goldene tragen. Ob dieselbe dann auch von der kaiserlichen Regierung bei dem projectirten Anschluß der Schutztruppe an die Armee beibehalten wird, darüber ist vorläufig noch nichts bestimmt.

Das Exerciren.

Die Sudanesen waren schon in Aden in Compagnien zu je 100 Mann eingetheilt und in diesem Verbande einexercirt; diese Eintheilung blieb auch in Bagamoyo bestehen, und die Offiziere, welche die Compagnien bisher geführt hatten, wurden thunlichst bei denselben belassen, um nicht durch einen neuen Wechsel die Schwierigkeiten der Ausbildung noch zu vermehren. Das gesammte Bataillon, welches nach Eintreffen der beiden letzten Compagnien zusammengestellt wurde, hatte eine Gesammtstärke von 560 Mann. Eine Compagnie in der Stärke von 90 Mann war als Besatzungstruppe nach Dar-es-Salaam geschickt. Hierzu traten noch zwei Sulu-Compagnien zu je 100 Mann, sodaß für die erste Action dem Reichscommissar eine Truppe von 700 schwarzen Soldaten und 50 Europäern zur Verfügung stand. Zur Besatzung der Station waren die Stations-Askaris von vornherein aus dem Verbande ausgeschieden und dem Stationschef überwiesen.

Bei Expeditionen trat ein Theil der Askaris zum Bataillon, eine Sudanesen-Compagnie wurde dann zur Besetzung der Station und der Stadt commandirt. Das Commando über die so zusammengesetzte Truppe erhielt der Chef Premierlieutenant von Zelewski; die erste Compagnie führte Lieutenant Radaz, die zweite Lieutenant von Perbandt, die dritte Lieutenant Sulzer, die vierte Lieutenant Böhlau, die fünfte Lieutenant Johannes, die erste Sulu-Compagnie Lieutenant Ramsay, die zweite Premierlieutenant von Medem. Die dritte und vierte sowie die sechste Compagnie in Dar-es-Salaam hatten schon in Aden und während der Ueberfahrt unter dem Befehl der betreffenden Herren gestanden. Das Ausbildungsmaterial, welches jedem Offizier zugetheilt wurde, bestand aus zwei weißen Unteroffizieren, aus zwei schwarzen Offizieren, einem schwarzen Feldwebel, aus ein bis zwei Sol, einem Boluk-amin, aus acht bis zehn schwarzen Sergeanten und Unteroffizieren.

Zur Verständigung der Weißen mit den Truppen war jeder Compagnie ein Dolmetscher ohne militärischen Rang zugetheilt. Nach der Eintheilung und Einrangirung der Unteroffiziere auf die einzelnen Compagnien und nachdem die Truppen, so gut es gehen wollte, in Bagamoyo untergebracht waren, begann schon in den ersten Tagen die systematische Ausbildung der Truppe in allen für den afrikanischen Krieg nothwendigen Dienstzweigen. Auf einem großen freien Platz vor dem Stationsgebäude sammelte sich das Bataillon unter Leitung des Herrn von Zelewski um 6½ Uhr früh zum Exerciren. Die Aufgaben, welche den Compagniechefs, dem Bataillonscommandeur und der weißen Unteroffizieren in der Ausbildung der Truppe zufielen, waren gewiß keine kleinen und verlangten neben der äußersten Anspannung aller Kräfte einen hohen Grad von Geduld und Selbstüberwindung. Die vorgenommenen Uebungen beschränkten sich hauptsächlich auf die einfachsten Grundsätze des Gefechtsexercirens, das Vorgehen in Schützenlinien, den Sturm mit gefälltem Bajonett und Sammeln der Compagnie auf ein gegebenes Zeichen. Hierdurch war es möglich, daß nach einer vierzehntägigen Ausbildung die Truppen bei der Eroberung von Buschiri's Lager schon einigermaßen in der Hand der Führer waren und ein durchschlagender Erfolg erzielt werden konnte.

Nach diesem Gefecht und nachdem die Truppen sich bereits bewährt hatten, wurde die Ausbildung systematisch wie die unserer Rekruten betrieben. Die Compagnien wurden auf dem Exercirplatz in zwei Gliedern aufgestellt und in zwei Züge und vier Halbzüge eingetheilt. Jeder der beiden weißen Unteroffiziere erhielt zur Ausbildung einen Zug. Der Compagniechef leitete die ganzen Uebungen und zog dann in der zweiten Hälfte des Exercirens die ganzen Compagnien zum Einüben der Marschformationen und zum Gefechtsexerciren zusammen. Die Methode, welche hierbei in Anwendung kam, stützte sich mehr auf eine mechanische Einübung als auf das Verständniß der Leute. So wäre es z. B. vollständig zwecklos gewesen, den Leuten eine Uebung zu erklären, da bei der mangelhaften Sprachkenntniß eine lange Auseinandersetzung wahrscheinlich nur zum Theil verstanden, und bei dem geringen Fassungsvermögen jedenfalls ohne Nutzanwendung geblieben wäre. Um den Leuten nun die einzelnen Uebungen begreiflich zu machen, wurde ihnen von den weißen Unteroffizieren jede einzelne Bewegung so lange vorgemacht, bis sie dieselbe nachmachen konnten, und jeder Griff so oft bei jedem einzelnen Mann corrigirt, bis er ihn fehlerlos ausführte.

Nach und nach waren auch an Stelle der türkischen Commandos, welche wir noch in Aden und vor dem ersten Gefecht beibehalten hatten, um die Leute nicht zu verwirren, deutsche Commandos getreten. Dieser Uebergang vollzog sich natürlich nicht ohne harte Kämpfe und entlockte dem Ausbildungspersonal manch derben Fluch; denn das Links und Rechts wollte durchaus nicht in die harten Köpfe hinein; nicht selten waren nach einigen Commandos die Compagnien in ein unentwirrbares Knäuel verwandelt. Oefters kam es auch vor, daß ein alter Sergeant, der jahrelang Rekruten ausgebildet hatte, sich vergaß und seine Lection mit einer längern deutschen Rede begann, worin er den Werth der Griffe pries, und furchtbare Drohungen an die Nichtbefolgung seiner Befehle knüpfte; aber sich plötzlich daran erinnernd, daß er nicht seine braven Pommern, sondern höchst ungebildete Schwarze vor sich hatte, brach er seine Rede kurz ab: „Ach so, ihr versteht ja nicht einmal deutsch.“ Allerdings war auf den schwarzen Gesichtern auch nicht das geringste Verständniß für seine mahnenden Worte zu lesen. Durch den täglichen Verkehr bildete sich allmählich ein Jargon aus Arabisch, Kisuaheli, Französisch und Deutsch. Auf diese Weise verstanden wir uns ganz leidlich und konnten die Dolmetscher sehr bald entbehren. Ich entsinne mich kaum eines Falles, wo ernstliche Misverständnisse durch die Unkenntniß der Sprache vorgekommen wären. Arabisch hat, soviel ich weiß, keiner von den Herren gelernt, da diese Sprache außerordentlich schwer und jedem Europäer durch den Misklang der vielen Kehllaute höchst unsympathisch ist; dagegen sprachen einzelne von den Sudanesen bereits nach einem halben Jahre etwas deutsch und eine ganze Anzahl Kisuaheli, wodurch der Verkehr wieder sehr erleichtert wurde, da fast alle Europäer wenigstens etwas vom Kisuaheli gelernt hatten.

Diese kleinen Schwierigkeiten, welche die Unkenntniß der Sprache und der Mangel an Verständniß für manche ihrer Eigenthümlichkeiten mit sich brachten, stehen in gar keinem Verhältniß zu den vielen guten Eigenschaften, welche die Sudanesen in militärischer Beziehung haben. Sie sind eine Söldnertruppe im wahren Sinne des Wortes. Schon durch mehrere Generationen von Aegyptern und Türken zum Kriegsdienst herangezogen und auf den verschiedensten Kriegsschauplätzen als geschlossene Truppe verwandt, haben sie die Sitten und Gebräuche ihres Landes aufgegeben und gegen die Halbcultur der Araber eingetauscht. Sie kennen keinen andern Beruf als den Soldatenstand, den sie vom Vater übernommen haben und auf den Sohn vererben. Man könnte sie eigentlich eine Kriegerkaste nennen, wenn sie nicht jedes Zusammenhanges entbehrten und infolge ihres geringen moralischen Haltes sofort verwahrlosen, sobald die feste Hand fehlt, welche sie zusammenhält. Von frühester Jugend an die Leitung ihnen geistig weit überlegener Führer gewöhnt, haben sie jede Selbständigkeit verloren und beugen sich willig unter den Zwang eines strengen militärischen Regiments. So übernahmen wir sie von der ägyptischen Regierung, oder besser, wir suchten sie auf den Straßen und in den Vorstädten Kairos zusammen, wo die ägyptische Regierung sie hingebracht hatte, ohne ihnen die Mittel und Wege zur Rückkehr in die Heimat zu gewähren, oft ohne ihren sauer verdienten Gehaltsansprüchen gerecht zu werden. Das Recht ist in Aegypten ein dehnbarer Begriff, und nun gar einem Schwarzen gegenüber. Von manchen alten Veteranen in unserer Truppe habe ich gehört, daß schwarze Soldaten, die zwanzig, ja dreißig Jahre lang im Sudan gestanden und in Hunderten von Gefechten mit ihren Leibern die Grenzen gedeckt hatten, hochmüthig vom Pascha abgewiesen worden seien, als sie kriegsunbrauchbar geworden waren und nun nicht mehr fähig, sich selbst zu ernähren, um Unterstützung und Brot baten, während das ägyptische Gouvernement Schätze auf Schätze aus diesen reichen Provinzen sog. „Der Mohr hat seine Schuldigkeit gethan, der Mohr kann gehen.“ Und so sind sie denn gegangen aus einer Hand in die andere, bis sie in irgendeinem schmutzigen Winkel ihre Existenz beendet haben. Das ist die praktische Seite der mohammedanischen Religion, welche als ersten Grundsatz die Lehre vom Fatalismus aufstellt. Daß diese Leute, welche die rücksichtsloseste Behandlung gewohnt waren, es als eine Wohlthat empfanden, daß sie jetzt in geordneten Verhältnissen lebten, ihren Sold erhielten und in jeder Weise wie Soldaten und nach menschenwürdigen Grundsätzen behandelt wurden, ist erklärlich. Ihre Leistungen entsprechen auch vollständig den gehegten Erwartungen und übertreffen sie selbst. Willig ertragen sie bei Expeditionen Hunger und Durst und überwinden selbst große Strapazen mit Leichtigkeit. Im Dienst und bei allen Uebungen gaben sie sich die größte Mühe und erreichten so binnen kurzem, trotz ihres sehr schwachen Verständnisses, eine ziemliche Fertigkeit.

Nach Verlauf eines halben Jahres hätte man die Sudanesen-Compagnie neben eine mäßig ausgebildete Landwehrtruppe stellen können, ohne einen besondern Abstand zu merken. Die glänzendsten Eigenschaften, die der Sudanese besitzt, sind seine Zuverlässigkeit und Anhänglichkeit an seine weißen Vorgesetzten. Beide Eigenschaften sind für uns in manchen kritischen Lagen von unberechenbarem Vortheil gewesen. Wachvergehen sind in dem ganzen Jahre kaum vorgekommen, trotzdem die Anforderungen, welche wir an sie stellen mußten, manchmal das gewöhnliche Maß bei weitem überstiegen. Nach zwölfstündigen

Märschen, bei welchen die Truppe durch die glühende Sonnenhitze sehr mitgenommen wurde, standen sie in der Nacht mit derselben Aufmerksamkeit Posten wie in der Garnison. Ein Befehl, der ihnen gegeben wurde, vorausgesetzt daß sie ihn verstanden, wurde auch unter den schwierigsten Umständen ausgeführt. Wo ein Soldat hingestellt wurde, da blieb er auch stehen, bis er einen Gegenbefehl erhielt.

So passirte in den ersten Tagen, als die Truppe aus Aden kam, eine Geschichte, welche ich selber für eine Fabel halten würde, wenn ich nicht Augenzeuge der Auflösung des Räthsels gewesen wäre, und welche erzählt zu werden verdient, weil sie die Zuverlässigkeit der Leute am hellsten beleuchtet. Da auf dem Schiffe, welches die Truppen nach Bagamoyo gebracht hatte, noch einige Weiber und Kinder pockenverdächtig waren, so wurden dieselben in Bagamoyo sofort abgesondert und in einem Steinhause außerhalb der Stadt untergebracht. Eine von den Compagnien hatte den Befehl, einen Posten mit seiner Ablösung, also drei Mann, vor das Haus zu stellen. Nun waren die Truppenverbände in der ersten Zeit durchaus noch nicht in sich geordnet. Kein Compagniechef kannte seine Leute; die in Aden aufgestellten Listen stimmten nicht mehr, da viele bereits gestorben waren oder krank im Hospital lagen; so kam es denn, daß das Commando vollständig vergessen wurde. Als nun die Kranken nach einer dreiwöchentlichen Quarantäne entlassen wurden, erschien auch die Wache von drei Mann wieder und meldete sich bei der Compagnie zurück. Der Compagniechef war höchlichst erstaunt, plötzlich drei fremde Leute vor sich zu sehen, die behaupteten, zu seiner Compagnie zu gehören. Es wurde in den Compagniebüchern, die inzwischen fertig gestellt waren, nachgesehen, nirgends waren ihre Namen zu finden. Endlich wurde durch den Dolmetscher der Thatbestand aufgeklärt. Der täglich revidirende Arzt hatte den Leuten keine besondere Aufmerksamkeit geschenkt und nach Genesung der Kranken auch den Posten entlassen. Als sie gefragt wurden, warum denn nicht einer von ihnen zurückgekommen wäre, um zu melden, daß sie dort vergessen wären, und von wem sie denn ihre Nahrung erhalten hätten, machten sie sehr erstaunte Gesichter und sagten, es wäre ja befohlen gewesen, daß sie vor dem Hause Posten stehen sollten, und da wären sie auch stehen geblieben; das Essen hätten ihnen ihre Weiber täglich zugetragen.

So wie sie hier unbedingt, ohne zu überlegen, dem Befehl des weißen Offiziers gehorchten, so fest hielten sie auch in allen gefährlichen Lagen zu ihrem Führer. In keinem Gefecht wichen sie auch nur einen Schritt von der Seite ihres weißen Offiziers. Mit unbedingter Anerkennung seiner Ueberlegenheit sich seiner Führung vertrauend, folgten sie bei nächtlichen Angriffen, oder bei der Umstellung eines Dorfes in der Dunkelheit allen seinen Bewegungen mit gespanntester Aufmerksamkeit. Dies war bei jeder Action und besonders bei nächtlichen Ueberfällen für den Führer von großer Wichtigkeit, denn so konnte er seine ganze Aufmerksamkeit nach vorn richten und brauchte sich um die Truppe gar nicht zu kümmern. Es ist ein außerordentlich angenehmes, sicheres Gefühl, wenn man sich so unbedingt auch in der finstersten Nacht auf seine Truppe verlassen kann. Auch auf dem Marsche war die Stimmung stets eine zufriedene und stillvergnügte, denn laute Schlachtgesänge, wie sie die Sulus aus ihren heimischen Gefilden mitgebracht hatten und mit großer Zähigkeit auf dem Marsche vortrugen, oder ein fortwährendes Sprechen und Lachen, wie die Suaheli-Askaris es lieben, sind bei den Sudanesen wenig im Gebrauch. Ihr Charakter ist ruhig, wenig zu ausgelassener Lustbarkeit neigend, aber stetiger und anspruchsloser. Außer Dienst geben sie sich vollständig der Ruhe hin und lassen sich von ihren Weibern nach orientalischer Sitte bedienen. Merkwürdigerweise sind sie dabei auch fleißige und ausdauernde Arbeiter, ganz im Gegensatz zu der Suaheli-Bevölkerung, die weit mehr Geschick zu jeder Arbeit zeigt, aber auch viel fauler ist und ohne einzelne Ruhepausen, welche sich oft auf ganze Tage ausdehnen, und ohne fortwährendes Sprechen und Lachen überhaupt keine Arbeit verrichtet. So sind auch alle provisorischen Befestigungen fast ausschließlich durch Sudanesen ausgeführt und theilweise ganz ohne Aufsicht von Weißen allein unter der Leitung ihrer schwarzen Offiziere. Ohne vorherige Anleitung ist dies allerdings nicht möglich; wenn ihnen aber die Handgriffe so oft vorgemacht sind, daß sie dieselben begriffen haben, so kann man sie getrost sich selber überlassen. Sie überanstrengen sich dabei allerdings nicht, das wird man aber bei einem Orientalen niemals finden, liefern aber eine brauchbare gründliche Arbeit, was man von andern Negern überhaupt nicht erwartet.

Einige fehlerhafte Eigenschaften, welche sich im Laufe der Zeit bemerkbar machten, seien hier noch erwähnt. Neben angeborener Kaltblütigkeit war ihnen durch jahrelange Kriegführung eine gewisse Verachtung oder Unterschätzung der Gefahr eigen, welche sie manchmal sogar zur Unbesonnenheit hinriß. Hierzu kam noch eine fast kindliche Unbeholfenheit in allen Fällen, wo sie einen Auftrag selbständig ohne Hülfe des Europäers ausführen sollten. Diese Eigenschaften und ihr mangelhafter Orts- und Orientirungssinn machten sie zu selbständiger Verwendung ganz untauglich. Dies fiel aber weniger ins Gewicht, da zum Patrouillendienst und allen selbständigen Aufträgen die Suaheli-Askaris und auch die Sulus sehr brauchbar waren. Die Sudanesen waren die Kerntruppe, auf welche wir uns hauptsächlich im Gefecht stützen konnten, die in allen gefährlichen Lagen des Nachts die Wache stellten und denen vorzugsweise alle Vertrauensposten übergeben wurden. Sowol Sulus wie Suaheli-Askaris waren in allen militärischen Eigenschaften mit den Sudanesen nicht zu vergleichen. Während die Sudanesen bereits seit vielen Jahren mit Europäern in Berührung gekommen waren und zum großen Theil nach europäischer Kriegsweise und unter europäischen Führern gekämpft hatten, kamen die Sulus direct aus der Wildniß und hatten von der Wirkung und dem Gebrauch europäischer Waffen keine Ahnung.

Mancher, der die Sudanesen-Truppe nur flüchtig in Afrika kennen gelernt hat, wird ihr vielleicht nicht das volle Lob spenden, wie es von ihren Offizieren einstimmig geschieht. Einem Fremden erscheinen sie eben als Neger, kaum daß er in der äußern Gesichtsform einen Unterschied merkt. Nur wer monatelang mit ihnen gearbeitet, auf allen Märschen und im Gefecht sie geführt und im Laufe eines Jahres ihre Eigenarten kennen und beachten gelernt hat, wie ihre Compagnieführer, wird auch den Werth abschätzen können, den diese Truppe für afrikanische Verhältnisse hat, und wird unter den allgemeinen Fehlern der Negerrassen ihre großen Vorzüge erkennen.

So verschieden wie in Europa Slawe und Germane oder Romane sind, ein so ausgesprochener Unterschied besteht auch zwischen den Bewohnern des weiten Sudan und den Sulus; nicht allein in Charakter, Sitten und Gebräuchen, sondern auch in Hautfarbe und Körperform ist ein wesentlicher Unterschied vorhanden. Während der Sudanese das schwärzeste Colorit hat, welches in Afrika vorkommt, spielt die Hautfarbe der Sulus mehr ins Bräunliche und zeichnet sich durch große Feinheit und Weichheit aus. Die Figur ist schlank, ebenso wie beim Sudanesen, aber viel proportionirter, mit schönen Körperformen und elastischen Bewegungen. Auch der Gesichtstypus ist anders; während der Sudanese unregelmäßige, schon sehr durch die Mischung mit andern Völkerstämmen beeinflußte Züge hat, ist beim Sulu noch der Urtypus des Negers unverkennbar, aber mit speciell südafrikanischer Gesichtsform. Nase, Lippen und Backenknochen haben unbedingt die den Negern eigenthümlichen Formen, welche sich jedoch bei den Sulus schon etwas verwischen, sodaß man sie bei manchen Gesichtern kaum noch zu unterscheiden im Stande ist und man auch nach europäischen Begriffen wirklich hübsche Gesichter unter ihnen finden kann. Ihre Heimat umfaßt die ganze Ostküste der portugiesischen Interessensphäre vom Rowuma bis zum Krokodilfluß, in welchen Grenzen sie sich bis zur Mitte des Continents ausdehnen. Einige abgezweigte Stämme sind auch noch bis in das deutsche Interessengebiet vorgeschoben; hierzu gehören vor allem die Mafiti, welche mit den Wahehe identisch sind und deren noch in spätern Kapiteln Erwähnung geschehen wird.

Ein kräftiger, bildungsfähiger Volksstamm sind diese Sulus, deren Cultur sich in manchen Zweigen für afrikanische Verhältnisse zu bedeutender Höhe aufgeschwungen hat. Ihre erste und vornehmste Leidenschaft ist der Krieg; so sehen wir denn auch die vielen kleinen Stämme in fortwährendem Hader miteinander, und nicht selten sind diese Kriegs- und Raubzüge für ganze Länderstrecken das Todesurtheil. In allen angrenzenden Volksstämmen sind sie ebenso gefürchtet wie im Norden die Massai. Mögen auch viele von den grausigen Mordscenen, die man sich in den Hafenstädten erzählt, übertrieben oder erdichtet sein, so ist doch ein gewisser Blutdurst und eine Freude am Zerstören ihrem Charakter eigenthümlich. In ihrem häuslichen Leben sind sie träge und arbeitsscheu, sodaß auch hier die Sorge für den Haushalt und die Ernährung der Familie allein auf den Schultern der Frau oder mehrern Weibern ruht. Der verheirathete Mann betheiligt sich auch nur selten an den Raub- und Kriegszügen, sondern überläßt dies den jungen unverheiratheten Männern, deren höchstes Streben darin besteht, sich so viel zu erwerben, um eine Frau kaufen zu können; diese stehen sehr hoch im Preise und werden nicht selten mit 80 und 100 Mark bezahlt. Diesen Kaufpreis, der gewöhnlich in geraubtem Vieh besteht, entrichtet der Jüngling, der sich zu verheirathen gedenkt, an den Vater der Erwählten. Die Frau wird in solchen Fällen nicht gefragt. Das Heirathen ist eine Geschäftssache.

Trotzdem weiter im Innern, besonders am Njassa-See, zwischen den einzelnen Stämmen fortwährend Krieg geführt wird und die Portugiesen häufig gezwungen sind, durch abgesandte Expeditionen die Ordnung wiederherzustellen, so richten sich doch diese Kriegszüge selten gegen die Portugiesen selbst, deren Herrschaft sie stillschweigend anerkennen. In der Verfertigung von Waffen, Geräthschaften und Schmuckstücken aus Gold, welches an einzelnen Stellen in kleinen Quantitäten gefunden wird, beweisen sie ein großes Geschick: die kleinen geschnitzten Doppelmesser, goldene Ringe und noch manche andere Gegenstände, welche sie anfertigen und die in den Hafenstädten in den Handel kommen, zeigen eine äußerst geschmackvolle, saubere Arbeit, deren Kunstfertigkeit weit über ihre allgemeine Entwickelung hinausgeht. In ihrer Kleidung, in dem Aufbau und in der Einrichtung ihrer Hütten stehen sie noch auf einer sehr niedrigen Culturstufe. Die Männer begnügen sich mit einem kleinen Schurz aus Fellen, der aus zwei Theilen besteht und an einem Lederriemen befestigt an beiden Seiten des Körpers herabhängt; an der Küste sind jetzt auch schon die leichten Baumwollstoffe in Gebrauch. Die Weiber tragen einen kurzen Rock aus Baumwolle oder aus zusammengenähten Fellen. Auch ihre Wohnungen sind im höchsten Grade einfach und zeigen die in ganz Innerafrika übliche Kegelform.

In dem Charakter der Sulus finden wir die merkwürdigsten Gegensätze. Mit großer Gutmüthigkeit und kindlicher Unbefangenheit vereinigen sie eine nicht zu verkennende Blutgier und Raublust. Auch in den Gefechten, in welchen sie unter unserer Führung kämpften, documentirte sich dies. Es bedarf schon der ganzen Autorität des Weißen, um sie davon abzuhalten, dem gefangenen Feind den Hals abzuschneiden, selbst bei Todten versuchten sie dies mehreremal. Von Europäern, die es verstehen, sie richtig zu behandeln und ihre Eigenarten zu schonen, und hierzu gehört besonders eine große Empfindlichkeit und ein ausgesprochenes Ehrgefühl, lassen sich die Sulus leicht leiten und sind dann folgsam und bescheiden wie gutgeartete Kinder. Mit den Sudanesen und den Eingeborenen vertragen sie sich sehr gut; zu letztern fühlen sie sich jedoch mehr hingezogen und verkehren ganz freundschaftlich mit ihnen. Spirituosen lieben sie sehr; auch sind sie leidenschaftliche Raucher und haben die

Angewohnheit, die nicht ganz aufgerauchten kleinen Negercigarren zur fernern Benutzung wie eine Feder hinterm Ohr zu tragen oder durch die durchlöcherten Ohrläppchen zu stecken. Einige verwahren sich auch mehrere solcher Cigarrenstummel zu gleicher Zeit auf, was natürlich äußerst komisch aussieht. Nach allen ihren Eigenthümlichkeiten zu urtheilen sind die Sulus noch wenig von der Cultur berührt worden. In ihrem ganzen Gebaren documentirt sich noch eine urwüchsige Kraft; und manche gute Charaktereigenschaft haben sie sich trotz des Verkehrs mit den Weißen bewahrt.

Der Gedanke, die Sulus als Soldaten im europäischen Dienst zu verwerthen, ist nicht neu. Die Portugiesen haben schon seit langer Zeit Eingeborenen-Regimenter, welche sich sehr bewährt haben und jetzt zwei Drittel der gesammten Streitmacht in Mosambique ausmachen. Ihre kriegerischen Eigenschaften und ihre große Ausdauer und Bedürfnißlosigkeit bei allen Expeditionen lassen sie vor allen mittelafrikanischen Völkern am geeignetsten zum Soldaten erscheinen; sie gewöhnen sich sehr bald an die fremde Führung, wenn es auch nicht immer sofort gelingt, sie an die europäische Kriegführung zu gewöhnen, und sie in unbewachten Augenblicken doch oft versuchen, in ihre angeborene Raub- und Mordlust zurückzufallen. Das Gewöhnen an militärische Zucht und Ordnung und die mit der Ausbildung verbundenen täglichen Uebungen machen den Lehrern natürlich außerordentlich viel Mühe, da ihnen Begriffe wie Disciplin und militärische Haltung überhaupt nicht verständlich sind.

Manche ergötzliche Scenen spielten sich oft während des Exercirens ab und erinnern fast an die monströsen Zeichnungen deutscher Witzblätter. So entsinne ich mich, daß bei einer großen Parade, die der Reichscommissar an einem Sonntagvormittag über die Truppen abhielt, gerade in dem Moment, als derselbe aus der Station trat und die ersten Compagnien präsentirten, ein Sulu in einer der letzten Compagnien, um diesen feierlichen Moment abzukürzen, in die Tasche griff, seine Flasche hervorzog und einen Schluck nahm, dann die Flasche wieder einsteckte und mit der zufriedensten Miene von der Welt sein Gewehr aufnahm und sich wieder in Positur setzte, ganz als ob diese Stärkung durchaus in den Rahmen einer militärischen Parade hineingehörte.

Ein militärisches Auge, welches nur an die musterhaften Leistungen unserer heimischen Truppen gewöhnt ist, würde doch wol ein Lächeln bei einer in Parade aufgestellten schwarzen Truppe kaum unterdrücken können. Wenn auch die Haltung der Truppe für die kurze Zeit der Ausbildung eine durchaus befriedigende ist und die befohlenen Griffe ziemlich exact ausgeführt werden, so ist doch der Gesichtsausdruck und das Mienenspiel auf den schwarzen Gesichtern, die von der Bedeutung dieses militärischen Schauspiels keine Ahnung haben, für ein Auge, das des Anblickes schwarzer Truppen ungewohnt ist, ziemlich komisch. Die Augen, welche beim Passiren des Vorgesetzten auf denselben gerichtet sein sollen, werden möglichst weit aufgerissen, alle Gesichtsmuskeln sind angespannt, sodaß das Gesicht ein erschreckend wildes Aussehen annimmt, und man die Truppe eher für eine Schar wilder Kannibalen als für deutsche Soldaten zu halten versucht ist. Der freundliche Gesichtsausdruck verwandelt sich in ein breites Grinsen, welches zwei Reihen der prächtigsten weißen Zähne sehen läßt, aber das Gefühl der militärischen Subordination nicht gerade sehr passend ausdrückt. Auch in der Kleidung und Ausrüstung würde der militärische Blick eines deutschen Compagniechefs manchen Verstoß entdecken, welcher ein unwillkürliches Stirnrunzeln bei dem hohen Vorgesetzten hervorrufen würde, aber hier in Afrika nicht so genau genommen werden darf. Sowol bei den Sudanesen als auch bei den Sulus ist der Gewehrkolben zur Unterscheidung vielfach mit bunten Perlschnüren umwunden, da sie ja nicht wie unsere Soldaten die eingravirten Nummern lesen können. Für die fehlenden Uniformknöpfe ist oft der merkwürdigste Ersatz in allen Farben gewählt. Einen etwas unmilitärischen Eindruck machen auch die zahlreichen Schmucksachen der Sulus, welche

Arme, Beine und Ohren zieren. Die Durchbohrung der Ohren geschieht sowol in dem untern Läppchen als auch in der Muschel; diese Löcher werden so ausgeweitet, daß man bequem einen Finger hindurchstecken kann. In denselben befinden sich unzählige kleine Messing- und Eisenringe, welche auch in kunstvoll zusammengedrehter Form die Handgelenke und die Knöchel umgeben; daneben werden auch Perlschnüre und kleine an Bindfaden gebundene Hölzchen getragen; letztere findet man auch an der ganzen Suaheli-Küste; dieselben gelten dort als Heilmittel gegen Krankheiten und werden von Zauberern oder alten Weibern, denen man eine besondere Heilkraft zutraut, besprochen.

Sind die Sulus unbeaufsichtigt, so geben sie sich sofort der Ruhe hin oder sorgen für ihre leiblichen Bedürfnisse. Sie verstehen ihre Speisen recht schmackhaft zu bereiten, trotzdem dies in ihrem Heimatlande, wie jede andere Arbeit, ausschließlich Sache der Weiber ist. In dem Kasernenraum, wo sie außer Dienst an der Erde hocken und vergnügt miteinander plaudern und lachen, machen sie einen sehr friedlichen, harmlosen Eindruck. Streitigkeiten oder Schlägereien unter sich kommen wol kaum vor. Ihre militärischen Vorgesetzten, welche von uns aus der Truppe ausgewählt und ernannt sind, haben außer Dienst, mit Ausnahme einiger weniger älterer Häuptlinge und eines jungen Königssohns, gar keinen Einfluß, beanspruchen denselben auch nicht, sondern treten nach dem Dienst wieder unter ihre Kameraden, ohne auch nur die geringste Achtung vor ihrem Rang zu beanspruchen.

Dar-es-Salaam.

S. 99.

Viertes Kapitel.

Dar-es-Salaam.

Leben auf der Station.

In den ersten Tagen des Mai, bevor Hauptmann Wißmann den Entscheidungsschlag gegen Buschiri's Lager führte, war Dar-es-Salaam noch eine belagerte Festung. Die kleine angestammte Besatzung von Suaheli-Soldaten wurde durch ein ständiges Wachcommando aus der Mannschaft S. M. S. „Möwe", welche zum Schutz der Station im Hafen lag, verstärkt. Doppelposten standen auf den Bastionen und ein Theil der Mannschaft schlief, zur sofortigen Verwendung bereit, auf dem Dache des Hauses. Häufiges Alarmiren zu jeder Tages- und Nachtzeit hielt die Offiziere und die kleine Besatzung in fortwährender Aufregung. Auf allen Seiten des Forts wurde aufs eifrigste gebaut, um die Bastionen fertig zu stellen und hierdurch eine festere Position und bessere Verwendung für die Geschütze zu haben. Wenn auch der Araber Soliman ben Sef, welcher Dar-es-Salaam seit December 1888 belagerte, nach den letzten entscheidenden Schlägen, die ihm viele Leute gekostet und das Selbstvertrauen seiner Truppe wol sehr herabgedrückt hatten, keinen directen Angriff mehr auf das Fort unternahm, so schwärmten doch noch in der ganzen Umgegend größere und kleinere Abtheilungen umher, welche die Leute beunruhigten und immer auf der Lauer lagen, um einzelne derselben, die sich zu weit von der Station entfernten, wegzufangen. Selbst unsere Arbeiter wurden häufig von kleinen Abtheilungen überfallen, wenn sie in einem etwa 10 Minuten von der Station entfernten Ort Kalksteine brachen, sodaß stets eine kleine Abtheilung Soldaten als Schutzcommando die Arbeitercolonne begleiten mußte, um zu verhüten, daß einer oder der andere von unsern Leuten gefangen und als Sklave weggeschleppt wurde. Besonders richteten sich die Angriffe gegen die Mitglieder einer Wanjamwesi-Karavane, welche zu der großen Karavane in Bagamoyo gehörte und ebenso wie diese durch den Aufstand hier festgehalten wurde und sich ihren Lebensunterhalt zum Theil durch Arbeiten auf der Station erwarben, wo sie bei den jetzigen Bauarbeiten eine sehr erwünschte Verstärkung unserer Arbeitskräfte bildeten. Für diese große Truppe, welche sich vielleicht auf 500 Mann bezifferte, war natürlich kein Raum in der Station. So hatte sie sich denn in dem alten Sultanspalast und in den angrenzenden Häusern so gut es ging eingerichtet und mußte sich hier auch selbständig gegen etwaige Angriffe schützen. Manch harter Strauß wurde hier in den Mauern des alten Palastes ausgefochten. Aber jedesmal wurden die Araber geschlagen und mit blutigen Köpfen heimgeschickt und man kann den Wanjamwesi und ihrem Führer nur das Zeugniß ausstellen, daß sie sich tapfer ihrer Haut gewehrt haben.

Nachdem meine Compagnie in der Stärke von 90 Mann am 1. Mai 1889 in Dar-es-Salaam eingerückt war, wurde das Wachcommando der Marine zurückgezogen. Auch für S. M. S. „Carola", welches wochenlang auf diesem Außenposten gelegen hatte, dessen Besatzung, Offiziere und Mannschaften jede Gefahr mit den deutschen Landsleuten getheilt und in manch ernstem Gefecht Schulter an Schulter mit der schwarzen Besatzung den Angriff des Gegners zurückgeschlagen hatte, war endlich die Zeit der wohlverdienten Ruhe gekommen; sie dampfte am 6. Mai nach den Seychellen ab, um von dort aus in die Heimat zurückzukehren. Ungern sahen wir das Schiff und seine Besatzung, welche durch die Bande einer gemeinsam verlebten ereignißreichen Zeit, aber mehr noch durch herzliche Kameradschaft mit den Stationsmitgliedern verbunden war, aus dem Hafen scheiden.

Die Station war jetzt wieder ganz auf sich selber angewiesen, und mit einiger Besorgniß sah der Stationschef, Herr Lieutenant Schmidt, auf die neue Truppe, welche ihm zur Vertheidigung der Station zur Verfügung stand. Je mehr sich die Sudanesen jedoch in ihrer Thätigkeit zeigten, desto mehr schwand auch das bei allen Stationsmitgliedern wol ausnahmslos vorhandene Mistrauen gegen die neue Colonialtruppe. Die Leute thaten stramm ihren Dienst, waren außer Dienst ruhig und bescheiden. Diebstahl, Meuterei, Kettengerassel, welche Begriffe .von einigen mit der neu angeworbenen Truppe verbunden wurden, blieben aus, selten daß der Compagniechef durch schlechtes Betragen einzelner Leute zu strengeren Strafen gezwungen wurde. So wurde der Sudanesen-Truppe denn allmählich auch größeres Vertrauen geschenkt und ihnen der sehr strenge und verantwortliche Wachdienst allein übertragen. Selbst für die Controle, welche die weißen Offiziere in der ersten Zeit allein ausgeübt hatten, wurden später die schwarzen Offiziere herangezogen.

Trotzdem wir alle überzeugt waren, daß Soliman ben Sef keinen Angriff auf die Station mehr wagen würde, so war doch immer noch die größte Vorsicht und Wachsamkeit geboten. Laut Befehl des Reichscommissars war vorläufig jedes selbstständige Vorgehen dem Stationschef untersagt. Offiziere und Unteroffiziere durften das Fort nur unter genügender Bedeckung verlassen. Den Soldaten war der Aufenthalt außerhalb der Umzäunung vorläufig überhaupt untersagt.

Um die neue Besatzung einzuüben, wurde fast täglich die ganze Station alarmirt. Selbst scharfe Schießübung mit Granaten wurde unter Leitung des Herrn Lieutenant Schmidt, der Artillerieoffizier gewesen war, einigemal abgehalten. Die halbeingeschossenen Häuser von Dar-es-Salaam boten hierzu prächtige Zielscheiben. Rücksicht auf die Bewohner brauchten wir nicht zu nehmen, da sich schon seit Monaten hier kein menschliches Wesen mehr aufhielt. Außer den vier Posten, welche die beiden äußern Thore und die hintere Bastion besetzten, wachten ständig

Offiziere und Unteroffiziere, sodaß auf jeden in der Woche vier Wachen zu je zwei Stunden fielen. Für mich, der ich damals noch nicht lange in den Tropen weilte, werden diese Nächte unvergeßlich sein; ich füge einen Tagebuchbericht aus dieser Zeit bei, um den frischempfangenen Eindruck möglichst getreu wiederzugeben:

„Dar=es=Salaam, 4. Mai 1889. Eben schlägt es 1$^{3}/_{4}$ Uhr morgens; in 15 Minuten ist meine Wache beendet, fast möchte ich es bedauern, so wunderschön ist diese Tropennacht. In glänzender Klarheit wölbt sich der Sternenhimmel über die stillen Wasser des Hafens; im Zenith, sich hell von den Gestirnen zweiten und dritten Ranges abhebend, steht das Sternbild des Südlichen Kreuzes; um dasselbe gruppiren sich, bis zum kleinsten Nebelfleck deutlich erkennbar, die großen Vasallen des südlichen gestirnten Himmels. Durch seinen mächtigen Schweif und die Zahl seiner hellschimmernden Sterne sich besonders hervorhebend, liegt nach Süden zugeneigt das Sternbild des Skorpion. Rabe, Jungfrau und Löwe bilden mit ihren zahllosen Sternen zweiten und dritten Ranges einen weiten Halbkreis um das herrschende Gestirn des Südlichen Kreuzes; Cassiopeja, Arcturus und das Geschwisterpaar Castor und Pollux zeichnen sich durch besondere Lichtfülle aus. Fern im Westen durch einen weiten Raum von den übrigen Sternbildern getrennt, leuchtet der Sirius, der größte Stern des südlichen Himmels. Die lieben Bekannten aus dem fernen Norden, der Große Bär und der Orion, sind lange unter dem Horizont verschwunden. Mitten zwischen dieses Gewirr von Sternen wirft die Sichel des zunehmenden Mondes ein mattglänzendes Licht, welches in tausend Reflexen von den leichtgekräuselten Wassern des Hafens widergespiegelt wird. Aus dem tiefen Schatten des jenseitigen Ufers heben sich einzelne Palmen mit ihren gefiederten Kronen schroff am Horizont ab. Weit am äußersten Rande der Bucht leuchten die Wachtfeuer schlafender Fischer, bald dem Erlöschen nahe kaum dem Auge erkennbar, bald hell aufleuchtend und einen röthlichen Schein auf das Wasser werfend. Unwillkürlich folgt das Auge diesem Spiel, während die Natur ringsum in majestätischem Schweigen verharrt. Aengstlich erhascht das Ohr jeden Ton, welcher die Stille der Nacht stört und den geschärften Gehörsnerven verzehnfacht erscheint. In weiter Ferne erschallt das heisere Gebell einer Hyäne, plätschernd hebt sich ein Fisch aus dem Wasser, um sofort wieder in den dunkeln Schos des Meeres hinabzutauchen. Ein leiser Windhauch bewegt die Kronen der Palmen und Mangobäume, deren Blätter sich leise bewegen und mit den Mondstrahlen zu spielen scheinen. Da ertönt der Anruf der Posten; in langgezogenen Tönen erschallt von der äußersten Bastion das monotone: wa-ched etnene talate arba.* Der Traum ist vorbei; wie der Schläfer durch ein ungewohntes Geräusch erwacht, so weckt auch die menschliche Stimme die in seligem Vergessen schwelgenden Sinne. Schwer reißt man sich von diesem tropischen Zauber los und kehrt mit seinen Gedanken zum alltäglichen Leben zurück."

Verirrt in der Umgegend von Dar-es-Salaam.

In Bagamoyo waren jetzt vollkommen ruhige Verhältnisse eingetreten; Buschiri hatte sich, wie von Kundschaftern und Eingeborenen gemeldet wurde, mit einem Rest seiner Truppe weiter ins Innere zurückgezogen. Ein großer Theil der vornehmen Araber, welche den Kern seiner Macht gebildet hatten, zogen sich, in der Hoffnung auf Beute und Ruhm getäuscht, von der geschlagenen Partei zurück. Die Negerstämme der Umgegend, welche theils gezwungen, theils freiwillig ihm Heeresfolge geleistet hatten, gingen jetzt zum größten Theil ihre eigenen Wege und suchten, durch den Aufstand an gesetz- und

* Um die Aufmerksamkeit rege zu halten, rufen sich die Posten auf den vier Bastionen viertelstündlich ihre Nummer zu; wached, etnene, talate, arba sind die arabischen Zahlen von 1—4.

rechtlose Zustände gewöhnt, sich ihren Lebensunterhalt durch Raub und Plünderung zu verschaffen.

So wurden denn auch die ruhigen Elemente, wie die Wasaramo, welche die weiten Steppenlandschaften in dem östlichen Hinterlande von Bagamoyo bewohnen, immer wieder in die Unruhen mit hineingezogen und suchten sich durch die Flucht in die ungangbarsten Theile ihres Landes diesen fortwährenden Raubzügen großer und kleiner Banden zu entziehen. Besonders zeichneten sich die Bewohner der Landschaft Ukwere und der Ortschaften am untern Kingani, wo sich eine ganze Colonie entlaufener Sklaven und ehemaliger Einwohner Bagamoyos zusammengefunden hatte, durch Dreistigkeit im Stehlen von Menschen und Vieh aus. So konnte an eine Beruhigung des Landes noch nicht gedacht werden, bevor nicht durch strenge und nachdrückliche Bestrafung die großen und kleinen Uebelthäter zur Rechenschaft gezogen und unser Ansehen in den weiterliegenden Gebieten wiederhergestellt war. Aber die Schritte, welche zur vollständigen Beruhigung des Hinterlandes nothwendig waren, mußten, weil sie sehr zeitraubend waren, auf später verschoben werden.

Zunächst beabsichtigte Hauptmann Wißmann einen Vorstoß auf Dar-es-Salaam zu machen, um dort den letzten Funken des Aufstandes vollständig zu ersticken. Mit einer Abtheilung von 100 Sulus unter Führung des Herrn von Medem traf derselbe in Begleitung des Lieutenant Theremin am 19. Mai mit der „Neera", dem Schiff des Herrn Dr. Peters, in Dar-es-Salaam ein. Am 20. früh sollte unter Führung des Herrn Lieutenant Schmidt eine Expedition nach einigen nördlich gelegenen Ortschaften unternommen werden. Sowie die Sonne durch die Wolken brach, wurde zum Aufbruch geblasen. Herr Chef Schmidt führte die Karavane und marschirte mit einigen Askaris an der Spitze, dann folgten Herr Lieutenant Theremin und Herr von Medem, darauf die Sulu-Compagnie; die Sudanesen-Compagnie bildete den Schluß der regulären Truppen.

Hierauf folgte ein endloser Zug Wanjamwesi, welche in der Hoffnung auf reiche Beute sich uns freiwillig angeschlossen hatten.

In langer Schlangenlinie marschirten wir auf fast baumlosen Steppen mehrere Stunden, ohne auch nur ein Haus oder die Spur einer menschlichen Wohnung zu sehen; Mimosen und stacheliges Gras bildeten fast die einzige Vegetation in dieser wüstenähnlichen Landschaft. Gegen 10 Uhr vormittags trafen wir endlich auf die ersten Anzeichen der Nähe eines Dorfes. Zwischen dem hohen Riedgrase lagen einige dürftig bestellte Mhogofelder, deren Erträgniß die einzige Nahrung der Bewohner dieser Gegend bildet. Mir ist es vollkommen unverständlich, wie Soliman ben Sef eine immerhin aus mehrern hundert Leuten bestehende Truppe monatelang in dieser Gegend hat verpflegen können. Das Dorf, dessen Name mir entfallen ist, war vollständig verlassen. Aus weiter Ferne sahen wir einen Araber und einige Neger, welche vor uns geflohen waren; wir sandten ihnen auf 500 m noch einige Kugeln nach, aber mehr um sie zu schrecken, als in der Hoffnung ihnen großen Schaden zuzufügen. In dem Dorfe war alles so stehen und liegen geblieben, wie die Einwohner es verlassen hatten. Werthvolle Gegenstände, welche die Lust zum Plündern anregen konnten, gibt es in einem Negerdorfe überhaupt nicht, und besonders hier war der Hausrath so ärmlich, daß selbst die Wanjamwesi, welche sonst selten etwas verschmähen, das Durchsuchen der Häuser bald aufgaben. Doch wurde ein für unsere Station sehr werthvoller Fund gethan. In einer ganz versteckt liegenden hohen Boma fanden wir eine Rindviehheerde von 60 Stück Vieh, welche einem reichen Araber gehören mußte und die wir sicher nicht gefunden hätten, wenn die Ochsen sich nicht durch ihr Gebrüll verrathen hätten. Da wir in der letzten Zeit so wenig Fleisch in Dar-es-Salaam gehabt hatten, so wurde diese Beute mit Freuden begrüßt und sofort mit einer Abtheilung Sudanesen nach der Station zurückgeschickt.

Mir war die Bedeckung des Transports übergeben. Herr

Chef Schmidt brach mit dem Rest der Abtheilung wieder auf, um noch einige in der Nähe liegende Dörfer zu zerstören. Langsam setzte sich unser Viehzug in entgegengesetzter Richtung in Bewegung. Kaum hatten wir aber das Dorf, dessen Hütten auf beiden Seiten des Weges sich weit im Busch zerstreuten, passirt, so hörten wir hinter uns aus dem Buschwerk Schüsse fallen, welche offenbar auf uns gezielt waren, wenn auch die Kugeln weit über unsere Köpfe hinwegsausten. Ich ließ einen Theil meiner Bedeckungsmannschaften beim Transport zurück und kehrte mit dem Rest, etwa zwölf Mann, wieder um, um womöglich noch einige von den Buschräubern zu fangen. Sobald uns aber die Dorfbewohner, worunter sich anscheinend auch einige Belutschen befanden, zurückkommen sahen, verließen sie ihre Verstecke und suchten in wilder Flucht das Weite. Meine Leute verfolgten die Flüchtlinge auf das eifrigste, ab und zu auf einen auftauchenden Männerkörper schießend, aber hauptsächlich bestrebt, Gefangene zu machen, für welche eine kleine Belohnung ausgesetzt war. Mittlerweile hatten wir uns aber so weit von der andern Abtheilung entfernt, daß ich befürchtete, ich würde die Truppe nicht mehr einholen; ich gab daher das Zeichen zum Sammeln und marschirte mit ihnen geschlossen zurück. Sei es nun, daß wir weiter als ich glaubte von der Straße abgekommen waren, oder daß wir während der Verfolgung unwillkürlich die Richtung geändert hatten, wir stießen plötzlich beim Zurückgehen auf einen Sumpf, welchen wir vorher nicht passirt hatten, und welcher sich in der Richtung ausdehnte, in der ich glaubte, daß die andere Abtheilung marschirt sei. Wie wir uns bald überzeugten, war an ein Durchkommen nicht zu denken; wir mußten uns deshalb entschließen, entweder nach Westen den Sumpf zu umgehen, um so wieder in das Dorf zurückzukommen, was wol das Richtigere gewesen wäre, oder nach Osten dem Sumpf zu folgen, um die Richtung nach Dar-es-Salaam zu gewinnen. Wir wählten den letztern Weg, da ich sowol wie meine Leute vollkommen davon überzeugt waren, daß wir gleich hinter dem Wasser den Weg nach Dar-es-Salaam finden würden. Wir folgten nunmehr dem Sumpfe und bahnten uns so gut es ging einen Weg durch das Gestrüpp und das hohe Schilfgras. Nachdem wir uns in dieser Weise etwa eine Stunde abgemüht hatten, fanden wir endlich eine Stelle, wo das Wasser so seicht war, daß wir hindurchwaten konnten. Nun glaubten wir, die Richtung der Karavanenstraße nicht mehr verfehlen zu können, und marschirten, uns nach der Sonne richtend, nach Süden vor.

Nachdem wir während einer Stunde diese Route innegehalten hatten und von einem Wege immer noch keine Spur zu sehen war, wurde uns klar, daß wir uns gründlich verlaufen hatten. Und zwar war die Situation um so peinlicher, da wir nicht die geringsten Nahrungsmittel bei uns hatten und in der Umgegend von Dar-es-Salaam meilenweit weder eine Niederlassung noch irgendeine menschliche Wohnung und, was das Schlimmste war, auch kein Wasser zu finden war. Dagegen brannte die Sonne jetzt um die Mittagszeit mit versengender Glut auf diese schattenlose Steppe, wo wir ohne Weg, ohne Führer und kaum die einzuschlagende Richtung genau kennend in dem hohen Grase ziemlich rathlos dastanden. Glücklicherweise hatte ich meinen Dolmetscher bei mir, durch den ich die Sudanesen ausforschte, ob vielleicht ihr Instinct jetzt besser Rath wüßte als meine Weisheit, die, wie ich offen gestehen muß, vollständig zu Ende war. Die schwarzen Wüstensöhne schienen sich aber ebenfalls meiner Meinung zuzuwenden, nämlich, daß wir uns gründlich verlaufen hatten, und daß wir versuchen müßten irgendeine Richtung einzuschlagen, um aus dieser Wildniß herauszukommen. Mir war entschiedem am unangenehmsten zu Muthe, denn nächst der Aussicht, noch tagelang ohne Wasser und ohne Nahrung in der Steppe umherzuirren, falls wir eine falsche Richtung einschlugen, trug ich die Verantwortung für die Truppe. Denn wenn wir auch in irgendeiner Richtung auf ein Dorf stießen, so war doch fast mit Bestimmtheit anzunehmen, daß dasselbe vollständig verlassen war. Hätte ich nur einen Askari oder einen Sulu bei mir gehabt, ich wäre ihm unbedingt gefolgt, denn die staunenswerthe Orientirungsgabe der Eingeborenen läßt sie fast nie im Wege oder in der Richtung irren. Aber bei den Sudanesen hat sich diese Eigenschaft, wie viele andere Negereigenthümlichkeiten längst verwischt. Von Jugend auf an die Ueberlegenheit des Europäers gewöhnt, verließen sie sich vollständig auf meine Erfindungsgabe und waren fest davon überzeugt, daß ich sie auch wieder nach der Station zurückführen würde.

Nachdem ich mir mit Hülfe einer Zeichnung und der Sonnenrichtung ungefähr den Weg vergegenwärtigt hatte, welchen wir bisher zurückgelegt hatten, wurde es mir klar, daß wir viel zu weit nach Süden marschirt waren; um diesen Fehler wieder auszugleichen, machte ich jetzt eine energische Biegung nach Osten und drang nun, die Sonnenrichtung im Auge behaltend, mit meinen Leuten immer weiter zwischen Gras und Dorngestrüpp vor.

Nichts ermüdet mehr als ein solcher Marsch quer durch die afrikanische Wildniß. Wenn es schon an und für sich schwierig ist, sich durch das hohe Gras, Buschwerk und Dorngestrüpp einen Weg zu bahnen, so ist dies doch noch in viel höherm Maße der Fall, wenn man eine bestimmte Richtung innehalten will; dichte Mimosengebüsche und Sumpfstellen zwangen uns des öftern, die eingeschlagene Richtung zeitweise wieder aufzugeben, sodaß ich stets unsicher war, ob wir auch die richtige Direction wieder aufgenommen hatten. Die Sonne, welche sich bereits nach Westen neigte, war unsere einzige Richtschnur, denn wenn wir genau in entgegengesetzter Richtung marschirten, so mußten wir doch endlich ans Meer kommen und dann war Dar-es-Salaam ja nicht mehr schwer zu finden. Aber selbst dies festzuhalten war nicht ganz leicht, da bei dem fast vierstündigen Marsch das Terrain und die Vegetation so vollständig gleichgeblieben waren, daß ich keinen einzigen besonders hervorragenden Punkt hätte nennen können. Hohes stacheliges

Steppengras bedeckte mehrere Fuß hoch den steinharten ausgedörrten Boden, auf welchem nur in vereinzelten Gruppen Akazien, Dorngebüsche und Euphorbien wachsen. Dasselbe eintönige Bild bewahrt die Savanne, wie ich mich bei spätern Expeditionen überzeugte, bis hinauf ins Gebirge, also fast zwölf deutsche Meilen weit. Für die Cultur sind diese Länderstrecken natürlich vollständig unzugänglich; kaum daß sie im Stande sind, der spärlichen Negerbevölkerung die nöthige Nahrung zu gewähren.

Aus der Ferne tauchten jetzt mehrere Mangobäume mit ihren breiten tiefgrünen Kronen auf, das Gras wurde niedriger und saftiger und die ganze Vegetation athmete eine größere Frische, die sichersten Anzeichen von vorhandenem Quellwasser. Eine ziemlich regelmäßig angelegte Mhogocultur ließ auch auf die Anwesenheit menschlicher Wohnungen schließen; so näherten wir uns denn behutsam dieser Ansiedelung, da es gar nicht unsere Absicht war, in unserer jetzigen Lage ein friedliches Dorf zu überfallen, und entdeckten zwischen Bananen und Orangensträuchern etwa 10—15 menschenleere Hütten. Die Eingeborenen konnten aber eben erst das Dorf verlassen haben, da wir noch in allen Hütten gefüllte Wasserkrüge und glimmende Holzstücke fanden. Das Wasser, welches sich als verhältnißmäßig frisch und klar erwies, war für uns ein außerordentlich werthvoller Fund. Wir machten uns auch sofort darüber her und binnen kurzem waren alle Krüge geleert. Nun untersuchten wir die Hütten genauer, um irgendwo noch etwas Eßbares zu finden; wir fanden auch einige Maiskolben, welche sofort vertheilt und auch verzehrt wurden. Zwei meiner Leute hatten in einer etwas abseits gelegenen Hütte einen steinalten Mann entdeckt, welcher sich dort unter Decken versteckt hatte. Ich redete ihm freundlich zu und gab ihm durch Zeichen zu verstehen, daß wir in friedlicher Absicht gekommen wären und daß ihm nichts geschehen solle. So erzählte er uns denn, nachdem er sich von der Grundlosigkeit seiner Furcht überzeugt hatte, auf unser Befragen, daß das Dorf nur etwa eine halbe Stunde vom Meere entfernt läge und daß die Männer zum Fischen hinausgefahren seien; die Weiber hätten uns kommen sehen und wären in den Busch geflohen. Mit dem Vertrauen zu unserer friedlichen Absicht schien auch seine Neugier zu wachsen; er betrachtete uns und unsere Waffen ungenirt und zeigte auf ein Gewehr und sagte, indem er bedenklich sein greises Haupt schüttelte: bum, bum, beia sana (sehr schlecht). In seinem schwachen Gehirn mochte er sich vielleicht erinnern, ein solches Mordinstrument oder dessen Wirkung früher einmal gesehen zu haben. Jedenfalls waren die Bewohner dieses abgelegenen Dorfes wol nicht in dem Besitz solcher gefährlichen Waffen, denn nichts im ganzen Dorfe ließ auf feindliche Absichten schließen, nicht einmal Bogen und Speere waren hier vorhanden, die sonst niemals in einem Negerdorfe fehlen.

Auf unsere Frage, wie weit es noch nach Dar-es-Salaam sei, zeigte er nach Süden und stieß dann in der höchsten Tonart einen Laut aus, der ungefähr wie oah klang. Ausrufe wie o, a, oha sind bei dem Neger sehr gebräuchlich und drücken bei ihm jede Empfindung aus, der er keine Worte verleihen kann. Er gebraucht sie als Antwort auf ein Scherzwort, als Ausdruck der Verwunderung, der Furcht, der Freude und auch zur Bezeichnung der Entfernung. Viele gebrauchen sie hinter jedem gesprochenen Satz quasi als Betheuerung. Ebenso ist es eine sehr gebräuchliche Form bei den Negern, eine große Entfernung, oder ein vor längerer Zeit vorgekommenes Ereigniß durch einen höhern Tonfall anzuzeigen. Hiernach war also die Entfernung bis zur Station noch ziemlich weit, was mich nach den verschiedenen Hin- und Herzügen nicht gerade in Verwunderung setzte.

Da es nach dem Stand der Sonne zu urtheilen jetzt erst ungefähr 4 oder 4½ Uhr nachmittags sein konnte, so war doch vielleicht noch Aussicht vorhanden, vor Einbruch der Nacht Dar-es-Salaam zu erreichen. Wir waren jetzt ungefähr 9 Stunden in glühender Sonnenhitze marschirt und bedurften dringend einiger Erholung. So setzten wir uns denn in den Schatten einer Barasa (Vorhalle eines Hauses) und verzehrten mit Wohlbehagen einige Apfelsinen, welche einer von den Soldaten in einem Hause gefunden hatte. Zwar kannten wir nun die einzuschlagende Richtung, aber ohne Führung war es doch höchst zweifelhaft, ob wir dieselbe auch innehalten würden. Begreiflicherweise lag mir sehr viel daran, am selben Abend noch Dar-es-Salaam zu erreichen, da ich sicher war, daß der Herr Commandant und die übrigen Herren unsertwegen in großer Sorge sein würden. Und wenn ich mir auch selber sagte, daß ich bei der Aufnahme des kleinen Gefechts und bei der Verfolgung der Leute nur meine Pflicht gethan hatte und daß das Verfehlen des Weges nicht meine Schuld sei, so lastete doch das Gefühl der Verantwortung, die ich für meine Leute und für meine Person dem Commandanten gegenüber hatte, schwer auf mir. So überwand ich denn das Gefühl der Müdigkeit, welches mir zuerst den Gedanken nahe gelegt hatte, hier, wo ich mit 12 Mann vollständig sicher war, zu übernachten und morgen meinen Weg fortzusetzen, und brach nach einer halbstündigen Ruhepause wieder auf. Kurz entschlossen, kündigte ich dem alten Neger an, daß er uns bis Dar-es-Salaam begleiten müßte. Der Mann war fast starr vor Schrecken über die Zumuthung, jetzt am Abend noch einen so weiten Weg machen zu müssen. Aber das Versprechen einer guten Belohnung oder mehr noch eine unzweideutige Bewegung nach dem Revolver zeigten ihm, daß es uns mit dieser Forderung Ernst sei. So fügte er sich denn in das Unvermeidliche und führte uns einen schmalen Fußsteig in der Richtung nach Süden. Das Gefühl, jetzt einen Weg verfolgen zu können, der uns doch nicht mehr planlos unserm Instinct und dem guten Glück überließ, und vor allem das Nachlassen der erschlaffenden Sonnenhitze erfüllte uns wieder mit neuer Hoffnung und ließ uns so rasch ausschreiten, daß der alte Herr manchmal in Verlegenheit kam.

So mochten wir etwa zwei Stunden gewandert sein, als plötzlich aus einem Busch, der kaum 10 Schritt vom Wege lag, ein

Schuß krachte und eine Kugel zwischen mir und meinem Hintermann dicht an meinem Kopfe vorbeisauste. Der Dolmetscher Mohammed, dem die Kugel kaum $^1/_2$ Fuß vom Gesicht vorbeigeflogen war, fiel vor Schreck beinahe auf den Rücken. Auch ich war durch das plötzliche Attentat so verdutzt, daß der Kerl, der jetzt schleunigst die Flucht ergriff, hierdurch einen Vorsprung gewann. Ich dachte zuerst nicht anders, als daß jetzt aus allen Büschen ein Angriff auf uns erfolgen würde; da aber alles ruhig blieb, so schickte ich sofort 5 Soldaten hinter dem Buschräuber her und bot 50, ja 100 Rupien, wenn ihn einer einfinge. Derselbe hatte aber schon mindestens 100 m Vorsprung, und von weitem sahen wir nur noch ein weißes Hemd zwischen den Büschen hindurchgleiten; ob es nun ein Araber oder ein Belutsche war, konnten wir nicht mehr feststellen, da er binnen kurzem spurlos unsern Blicken entschwunden war und ich meine Leute, die auch schon sehr ermüdet waren, zurückrufen mußte. Das Schicksal, welches ich ihm zugedacht hatte, war auch entschieden kein sehr begehrenswerthes; ein Strick oder zur Noth ein paar zusammengedrehte Lianen hätten in wenig Secunden seinem spitzbübischen Leben ein Ende gemacht; so mußte ich mich aber mit dem weisen nürnberger Sprichwort trösten, daß man einen Verbrecher nicht hängen kann, wenn man ihn nicht hat.

Kurze Zeit nach diesem kleinen Abenteuer kamen wir an ein Creek, das für uns fast ein unüberwindliches Hinderniß geworden wäre, da man bei Hochwasser nur schwimmend das andere Ufer erreichen konnte und dies wegen meiner Leute und der Gewehre unmöglich war. Schon hatte ich einen guten Schwimmer vorausgeschickt, um am jenseitigen Ufer ein Boot zu suchen, als ein Fischerkanoe mit vollen Segeln vom Meere einlief, auf unser Anrufen auch sofort beidrehte und sich gegen eine Belohnung bereit erklärte, uns an das andere Ufer zu fahren. So ließen wir uns denn zu je drei und drei auf dem kleinen Einbaum übersetzen. Wer das Fahren auf diesem wackeligsten aller Fahrzeuge nicht gewohnt ist, hat fortwährend das Gefühl, als ob das Boot umschlagen müßte. Bänke oder Breter gibt es in demselben nicht; man kauert sich auf dem Boden nieder, der noch dazu meistens einige Zoll Wasser enthält, und hält sich an beiden Rändern des Baumes fest. Da das Boot keinen Kiel hat und bis auf den obersten Rand fast vollständig rund ist, so geräth es bei der leisesten Bewegung, die man mit dem Körper macht, in eine drehende Bewegung, welche immer mehr zunimmt, je mehr Gegenbewegungen man macht, und das Wasser von beiden Seiten hineinlaufen läßt, was jedoch die Tragfähigkeit des Bootes keineswegs beeinträchtigt. Um beim Segeln das Gleichgewicht zu halten, befestigen die Schiffer meistens zwei Sicherheitsbreter an beide Seiten des Bootes und zwar derart, daß quer über den Rand des Bootes zwei Hölzer gelegt werden, an deren äußersten Enden zwei wagerecht zum Wasser stehende Breter befestigt sind, die bis ins Wasser reichen und die Seitwärtsbewegungen des Bootes hemmen; zugleich dient der äußere dieser Querbalken zur Befestigung des Segels, welches im Verhältniß zum Boot eine übermäßige Größe hat, aber dadurch dem Fahrzeug vor dem Winde eine außerordentliche Geschwindigkeit verleiht. Als ich eben einen Theil meiner Leute übergesetzt hatte, hörten wir in weiter Ferne in der Gegend von Dar-es-Salaam einen Kanonenschuß. Ich konnte mich nicht enthalten, laut „Hurrah" zu rufen, in welches meine Leute vergnügt einfielen, denn nach dem Schall zu urtheilen konnten wir kaum noch eine Stunde von der Station entfernt sein. Ich nahm an, daß es ein Signalschuß für uns sein sollte, und gab, sobald meine Leute alle zusammen waren, eine Salve ab, um die Station von meinem Kommen zu benachrichtigen.

Die Sonne war jetzt untergegangen; wir waren also genau 12 Stunden unterwegs, ohne etwas gegessen und, bis auf den einen Aufenthalt, auch ohne Trinkwasser gehabt zu haben. Aber trotzdem wir alle marode waren, so hatte uns doch die Nähe von Dar-es-Salaam neu belebt, und wir legten nun den Rest des Weges so schnell es bei der einbrechenden Dunkelheit gehen wollte zurück. Als wir schon die Häuser der Stadt durch die Bäume schimmern sahen, wurde von der Station ein zweiter Kanonenschuß abgegeben, welchen ich mit drei Schüssen beantwortete.

An dem Stationsthor empfingen uns der Commandant und die andern Herren mit sichtlicher Freude, da sie mit Bestimmtheit geglaubt hatten, wir wären von einer feindlichen Abtheilung überfallen und gefangen genommen. Nach allen Richtungen waren Patrouillen ausgesandt worden, um uns zu suchen; da dieselben aber am Abend unverrichteter Sache nach Hause kamen, hatten sie schon die Hoffnung aufgegeben, uns jemals wiederzusehen. So war denn die Freude bei unserm Erscheinen allgemein, und mit sichtlichem Behagen setzte ich mich mit den Kameraden nach 24stündigem Fasten zur Abendmahlzeit.

Am folgenden Tage wurde eine zweite Expedition landeinwärts unternommen, um die Schamba eines Negerhäuptlings, welcher sich an der Belagerung der Station betheiligt hatte, zu zerstören. Die Schamba lag nur ca. 2 Stunden von der Station, und da wir annehmen konnten, daß dieselbe vollständig verlassen und ein feindlicher Zusammenstoß nicht wahrscheinlich war, so nahmen wir nur die Hälfte der Truppe mit, also ca. 100 Mann mit 4 weißen Offizieren und 6 Unteroffizieren.

Wir marschirten jetzt nach Nordwesten und trafen hier auf zwei kleine Dörfer, welche schon seit längerer Zeit verlassen und zum Theil niedergebrannt waren. Die Schamba des Jumbe Schindu lag dicht hinter diesen beiden kleinen Ortschaften und hatte wahrscheinlich seinen Sklaven als Wohnung gedient. Rings um diese Ortschaften befanden sich Mhogo- und Mtamafelder, welche noch nicht abgeerntet und in ziemlich gutem Zustande waren. Hieraus schlossen wir, daß die Schamba noch bewohnt würde. Wir schickten daher nach beiden Seiten starke Patrouillen vor und umstellten das Haus, welches, hinter einem Busch gelegen, sich noch unsern Blicken entzog. Plötzlich erscholl in der Richtung des Hauses das laute Schreien und Schimpfen unserer Askaris, welche vorn an der Spitze marschirt waren und auf eigene Hand hier Ocularinspection abgehalten hatten. Als wir nun durch das Buschwerk auf den freien, innern Platz eilten, sahen wir in der Mitte desselben, von den Askaris umringt, ein altes Weib mit flatternden Gewändern stehen, deren eine Hand mit einem langen Stock, wahrscheinlich einem Besenstiel, und deren andere Hand mit einem Küchenmesser bewaffnet war. Hiermit schlug und stach sie wie eine Furie um sich und hatte bereits zwei Askaris nicht unerheblich verwundet; die übrigen, welche sich doch nicht so recht getrauten, an diese kampfesmuthige Megäre heranzugehen, begnügten sich damit, mit wildem Geschrei um sie herumzutanzen und Mama Schindu, Mama Schindu zu rufen; wie es sich nachher herausstellte, war es wirklich die Mutter Schindu's, welche hier mit Besenstiel und Messer ihr Familieneigenthum schützte. Nun wurde aber dieser allerdings etwas komischen Scene rasch ein Ende gemacht. Eine große geflochtene Matte wurde ihr von rückwärts um den Kopf gewickelt und dann die mörderischen Waffen ihren knöchernen Händen entwunden. Das ganze Gehöft wurde den Flammen übergeben und Mutter Schindu als Gefangene mitgenommen.

Später hat sie doch noch einmal versucht, sich aus ihrem Gefängniß zu befreien. Sie war in dem Stationsgefängniß unter der Bastion II untergebracht, welches Licht und frische Luft von außen durch eine unvergitterte Schießscharte erhielt, die aber viel zu eng war, um einen menschlichen Körper hindurchzulassen. Diese Oeffnung hatte sie mit Hülfe eines Steins von innen so erweitert, daß sie mit dem Oberkörper hindurchkriechen konnte. Während der Nacht wurde der Posten auf das Geräusch aufmerksam und sah nun von seinem Standpunkte oben auf der Bastion, daß sich die Frau bereits mit dem Oberkörper durch die schmale Oeffnung hindurchgedrückt hatte und nun mit Armen und Beinen sich abmühte, um vollends durch das enge Loch zu kriechen. Da der Posten während der Nacht nicht in das Gefängniß hineinkonnte, so begnügte er sich mit einigen kräftigen Kolbenstößen. Durch angelegte Handschellen wurde dann künftigen Befreiungsversuchen vorgebeugt.

Da die Umgegend von Dar-es-Salaam nach Abzug Soliman ben Sef's vollständig ruhig war, und die einheimische Negerbevölkerung überhaupt weder die Neigung zeigte, uns feindlich gegenüberzutreten, noch hierzu im Stande war, so schiffte der Herr Commandant sich schon am 24. Mai mit der Sulu-Compagnie wieder nach Bagamoyo ein. Damit war auch hier die Unruhe beendet. Die ganze Negerbevölkerung des Hinterlandes, welche, wie schon oben erwähnt, nur sehr spärlich über das weite Steppenland vertheilt ist, empfand die Vernichtung der Araber wie die Befreiung von einem Alp. Schon wenige Tage darauf kamen von allen Seiten Boten der Jumbe oder Dorfschulzen, welche anfragten, ob der Bana kuba (Großherr, der Erste auf der Station) geneigt sei, mit ihnen in Friedensunterhandlungen zu treten. Diese Abgesandten wurden freundlich empfangen und mit dem Bescheid entlassen, daß die Jumbe sich an einem bestimmten Tage in Dar-es-Salaam einfinden möchten, um die Bedingungen zu hören, unter welchen der Reichscommissar mit ihnen Frieden schließen würde.

Am 27. Mai, dem Versammlungstage, erschienen schon früh am Morgen sämmtliche Häuptlinge und Dorfältesten aus der ganzen Umgegend zum Friedens-Schauri. Dasselbe wurde vor der Station unter einem kleinen Pavillon abgehalten und von dem Stationschef Lieutenant Schmidt mit der größten Feierlichkeit eröffnet. Sämmtliche Jumbe, welche ihn vorher im Hause begrüßt hatten, folgten ihm nun gemessenen Schrittes zum Versammlungsplatz, wo für den Bana kuba in der Mitte ein Stuhl aufgestellt war; alle übrigen hockten sich um ihn herum, und nun begann die Unterhandlung, welche ungefähr eine Stunde dauerte. Die Bedingungen, welche vom Reichscommissar dictirt waren, lauteten: Verbot des Waffentragens ohne Erlaubnißschein, welcher aber in den meisten Fällen gewährt wurde. Abbrechen jeder Verbindung mit den aufständischen Arabern. Allmonatlich einmaliges Erscheinen in der Station und Meldung jeder wichtigen Nachricht über die Aufständischen. Den Jumbe, welche früher Einwohner aus Dar-es-Salaam bei sich aufgenommen hatten, wurde es zur Pflicht gemacht, dieselben mit Güte oder Gewalt zu veranlassen, wieder zur Station zurückzukehren. Nachdem ihnen nun noch eingeschärft war, daß sie im Falle von Widersetzlichkeit oder Ungehorsam

Friedensschauri in Dar-es-Salaam.

streng bestraft, aber andererseits auch von uns in jeder Weise geschützt würden, wurden sie wieder in ihre Heimatsdörfer entlassen. Die ganze Versammlung machte einen sehr würdigen Eindruck; jedem der hierhergekommenen Häuptlinge schien es, angesichts der Mauern des Forts und der Kanonen, die aus allen Bastionen hervorsahen, doch gerathen, sich mit den Wasungu gut zu stellen, deren Soldaten und Waffen, wie sie jetzt sahen, doch besser waren als die der Araber, welche sie bisher unbedingt als ihre Herren und Meister anerkannt hatten.

So hatte denn dieser Besuch noch den Vortheil, den Negerstämmen einen Begriff von unserer Macht zu geben, welche durch sie bis weit ins Hinterland verbreitet wurde.

Einige Tage darauf erfuhr Schmidt durch Boten, daß der Jumbe, welcher während des Aufstandes Pugu zerstört und die Missionare ermordet hatte, sich in der Nähe aufhielt. Noch in derselben Nacht brach ein kleines Expeditionscorps unter Schmidt's Führung nach Pugu auf, um womöglich den Jumbe gefangen zu nehmen, oder wenigstens sein Dorf zu zerstören. Gegen Morgengrauen traf das Expeditionscorps auf der frühern Mission ein. Dieselbe liegt etwa fünf Stunden von Dar-es-Salaam am Fuße der Berge von Usaramo. Aber von der früher blühenden Station war nichts mehr vorhanden. Das Wohnhaus und die übrigen Gebäude waren sämmtlich ausgeraubt und niedergebrannt. Unter den Trümmern des herabgefallenen Daches wurden noch die Gebeine der beiden Missionare gefunden, welche Schmidt sorgsam sammeln und mit militärischen Ehren zur letzten Ruhe bestatten ließ. Hier ruhen nun unter einem schattigen Mangobaum die unerschrockenen Sendboten christlicher Gesittung, treu ihrem Beruf bis zum letzten Athemzuge. Viele Bücher und Schriften, welche noch auf der Erde zerstreut lagen, wurden gesammelt und sind den Angehörigen der beiden ermordeten Missionare zugestellt worden. So ist auch hier die fleißige Arbeit opferwilliger Männer, welche in den zwei Jahren ihres Bestehens viel Gutes geschaffen haben, wie so manches andere Werk der Colonisation von den Wellen des Aufstandes verschlungen. Aber wenn auch die ersten Versuche an der Unvernunft der Eingeborenen gescheitert sind, so ist doch bereits ein Anfang gemacht worden, und bei weitern Bemühungen um die Gunst des spröden schwarzen Erdtheils können die Erfolge nicht ausbleiben.

Dar-es-Salaam.

Dar-es-Salaam ist ein in der Geschichte Ostafrikas oft genannter Ort. Vor Beginn des Aufstandes gehörte es zu den beiden Vertragshäfen, welche vom Sultan der Deutsch-Ostafrikanischen Gesellschaft eingeräumt wurden. Hier wurden die ersten Versuche für die Anlage einer Zollstation gemacht, über deren Erfolg Sensationsnachrichten durch alle Zeitungen gingen. Während des Aufstandes tobte hier der Kampf mit besonderer Heftigkeit um die Mauern der Station. Durch weitüberlegene Streitkräfte des Soliman ben Sef bei Tag und Nacht beunruhigt, hielt sich die kleine Besatzung unter der schneidigen und umsichtigen Führung des Stationschef Leue während langer sechs Monate, bis ihr durch die Schutztruppe Ersatz wurde. Kaum daß sich ein Ort oder ein Haus in der nächsten Umgebung von Dar-es-Salaam befindet, welches nicht die Spuren der erbitterten Kämpfe an sich trägt.

Als ich Dar-es-Salaam am 1. Mai mit meiner Compagnie betrat, um den erschöpften Stations-Askaris den ersehnten Entsatz zu bringen, da war die Stadt, wenn man diesen Ausdruck für den kleinen Häusercomplex gebrauchen will, ein Trümmerhaufen. Bis auf die Stationsgebäude, welche mit ihren weiten Höfen vollständig intact geblieben waren, hatten die Granaten der „Möwe“ und „Carola“ alles weggefegt, was irgendwie noch an eine menschliche Wohnung erinnerte. Ein trauriger Anblick, diese Stein- und Mauerreste, über welche die üppige Tropenvegetation schon ein grünes Leichentuch von Gras und Buschwerk gezogen hatte. Vergegenwärtigen wir uns nun den Zustand von Dar-es-Salaam vor dem Aufstande, so finden wir auch hier schon die Anzeichen des Verfalls und gänzlicher Vernachlässigung. Alle Bauwerke, die die nördliche Seite des Hafens einfassen und die nicht zum geringsten Theil schon vor dem Aufstande Ruinen waren, stammen aus der Regierungszeit des Sultans Seyid Sayid, des Vaters des jetzigen Beherrschers von Sansibar. Dieser geniale Fürst, welcher als fester Begründer der Herrschaft Sansibar angesehen werden kann, hatte in der richtigen Erkenntniß, daß eine factische Herrschaft über das weite Küstengebiet nur möglich wäre, wenn er selbst seinen Wohnsitz nach der Küste verlegte, sich diesen Ort zu seiner Residenz ausgewählt. Damals waren die Verhältnisse erklärlicherweise noch nicht so entwickelt, wie dies heute der Fall ist. So war z. B. Sansibar, welches jetzt 120000 Einwohner zählt, vor 40 Jahren eine Stadt von etwa 20—30000 Einwohnern. Vergegenwärtigt man sich ferner, was bereits erwähnt wurde, daß das Araberthum allerdings schon seit Jahrhunderten im Lande, aber durchaus noch nicht in der Weise seßhaft war, wie dies heutzutage der Fall ist, so kann es nicht besonders verwundern, daß die Wahl des Sultans Seyid Sayid unter den bedeutenderen Küstenpunkten gerade auf Dar-es-Salaam fiel. Wenn man jetzt die Idee, Dar-es-Salaam zur Hauptstadt der Küste zu machen, auch als verfehlt ansehen muß, so ist es doch gar nicht unwahrscheinlich, daß wenn es dem Sultan gelungen wäre, seinen Plan auszuführen und mit allen vornehmen Arabern hier seine Residenz aufzuschlagen, die Stadt einen ganz andern Aufschwung genommen hätte. Wahrscheinlich wäre der ganze Handel mit dem Seengebiet, der jetzt Bagamoyo zum Ausgangspunkt hat, von Dar-es-Salaam ausgegangen. Beabsichtigte doch noch vor 20 Jahren eine englische Finanzgruppe unter Leitung Mr. Mackinnon's, durch Anlage des Mackinnon-Weges Dar-es-Salaam zur ostafrikanischen Handelsmetropole zu machen, was noch weit weniger Berechtigung hatte als die Pläne Seyid Sayid's.

Die Triebfeder aller dieser Projecte liegt in dem wundervollen Hafen, den Dar-es-Salaam besitzt. Eine kaum 100 m breite Einfahrt, die jedoch ihrer Tiefe nach den größten Kriegsschiffen die Passage gestattet, führt uns in ein ovales Bassin, das ungefähr eine halbe Quadratmeile umfaßt. Meistens ist das Wasser spiegelglatt, da sich weder Brandung noch hoher Seegang hier bemerkbar machen, kaum daß Ebbe und Flut merkliche Schwankungen im Niveau des Wasserspiegels verursachen. Die ziemlich bedeutende Tiefe des Wassers gestattet auch den größten Schiffen das Ankern dicht am Strande. Während der letzten Gefechte um Dar=es=Salaam war es den Aufständischen möglich, mit ihren glatten schlechten Büchsen über das Deck der „Möwe", welche damals zum Schutz der Station im Hafen lag, wegzuschießen. Die Ufer der Bucht sind auf allen Seiten von Waldpartien umgeben, sodaß nichts als das Salzwasser an das nahe Meer erinnert und man meint, in einem Binnensee zu sein.

Weithin sichtbar und alle andern Gebäude an Größe überragend liegen am nördlichen Strande die beiden zweistöckigen Häuser der Station. Von denselben war das eine früher Eigenthum der Deutsch=Ostafrikanischen Gesellschaft, während das andere dem frühern Gouverneur, dem Wali von Dar=es=Salaam, gehörte; beide sind jetzt durch eine Mauer und breite Bastion verbunden. Zwei deutsche Feldgeschütze armiren die Vorderfront und richten ihre Mündung drohend auf den Hafeneingang.

Durchschreiten wir das eigentliche, nach Westen zu gelegene Stationshaus, so gelangen wir auf den ersten Hof; hier befindet sich unter einem weitverzweigten schattigen Mangobaume der große Stationsbrunnen, welcher während der Belagerungszeit die Station mit Wasser versorgt hat. Manche Kugel ist hier zwischen den Aufständischen und den Beamten der Deutsch=Ostafrikanischen Gesellschaft gewechselt worden, und mancher Araber, der versuchte, die äußere Mauer zu überklettern, hat sein kühnes Unternehmen mit dem Tode bezahlt. Der äußere Winkel der Mauer ist durch eine Eckbastion abgeschnitten, welche die Hinterfront und die rechte Flanke bestreicht. Eine kleine Thür führt uns dann in den Mittelhof, welcher den Raum zwischen den beiden Häusern ausfüllt. Hier ist das Feldlager der Sudanesen=Compagnie, welche mit Weibern und Kindern in großen Baracken untergebracht sind. Hier herrscht natürlich das meiste Leben, zu welchem die Compagnie=

damen geflissentlich ihren Beitrag liefern. Aber trotzdem zwischen den Schönen stets über den ganzen Hof eine eifrige Unterhaltung in der nichts weniger als anmuthig klingenden arabischen Mundart geführt wird, artet der Verkehr doch höchst selten in Thätlichkeiten aus. Dem Gatten gegenüber verstummt sogar jeder Widerspruch und blinder Gehorsam ist hier die erste Pflicht. Die deutsche Sitte des Pantoffelschwingens ist hier gänzlich unbekannt; schon der Mangel dieses Bekleidungsstückes gewährt den Ehemännern einen großen Vorzug vor seinen civilisirten Kollegen. Von hier aus gelangt man in einen dritten Hof, welcher hinter dem Wali-Hause liegt und zur Aufbewahrung von allerlei Baumaterial und Vorräthen dient; schließlich ist vor diesem, durch eine Mauer getrennt, noch ein vierter Hof für das Stationsvieh, der dann noch eine zweite Außenbastion hat. Diese vier Höfe und die beiden zweistöckigen Häuser gewähren einen angenehmen Ueberschuß an Raum, welcher in den Tropen nicht genug zu schätzen ist. Alle Zimmer, in welchen die Offiziere und Deckoffiziere wohnen, sind daher außerordentlich luftig und gesund, was sich im Allgemeinbefinden der Station doch sehr bemerkbar macht. So stand Dar-es-Salaam früher bei allen Gesellschaftsbeamten in dem Rufe, außerordentlich ungesund zu sein; schwere Fieberanfälle waren durchaus nicht selten. Jetzt gilt Dar-es-Salaam fast für die gesundeste Station; in dem ganzen Jahre ist kein Todesfall oder auch nur ein schwerer Fieberfall vorgekommen. Dies Factum ist zum Theil wol auch auf die gute Gesundheitspflege und kräftige Ernährung zurückzuführen, welche den Beamten der Deutsch-Ostafrikanischen Gesellschaft nicht in dem Maße, wie es wol wünschenswerth gewesen wäre, zutheil wurde.

Dicht westlich von der äußern Stacheldrahtumzäunung liegt ebenfalls ein großer Häusercomplex, der alte Sultanspalast des verstorbenen Seyid Sayid. Nachdem der Sultan während des Baues gestorben war, ist der Palast, wie es allgemein arabische Sitte ist, nicht weiter gebaut worden und bei der oberflächlichen arabischen Bauart sehr bald in eine Ruine zusammengesunken. An ein großes Hauptgebäude mit ca. 20 Fenster Front reihen sich nach der Station zu zwei große Nebengebäude, von denen das eine, etwas zurückgebaut mit kleinen vergitterten Fenstern, zur Aufnahme der Haremsdamen bestimmt war, gleich hieran schließt sich auch ein Garten, dessen 10 Fuß hohe Mauer auch wol dem kühnsten Versuche zum Entrinnen Widerstand geleistet hätte. Im Innern des Holzbaues findet man eine große Anzahl von Kammern und Sälen, von denen ein großer Theil noch bis vor kurzem mit Marmorfliesen getäfelt war. Wenn auch ein großer Theil dieses Palastes schon seit Jahrzehnten in Trümmern liegt und die üppige Tropenvegetation schon lange von dem gefallenen Gemäuer Besitz ergriffen hat, so bleibt der ganze Bau doch eine imposante Ruine; ein Rest der alten Sultansherrlichkeit, welcher in seiner einfachen Vornehmheit merklich gegen die barock geschmacklosen Bauten der spätern Machthaber von Sansibar absticht.

Die etwas vom Meer zurückgebaute Stadt besteht eigentlich nur aus einer Hauptstraße, welche parallel zu den Stationsgebäuden läuft und etwa 50 ziemlich verwittert aussehende Steinhäusern enthält. Zum größten Theil verdanken dieselben ihre Entstehung dem großen Plane des Sultans Seyid Sayid. Doch haben die vornehmen Araber aus der Gefolgschaft des Sultans, für welche sie eigentlich bestimmt waren, niemals in denselben gewohnt, denn mit dem Tode des Herrschers war auch sein Project vergessen, und dieselben Höflinge, welche bewundernd das große Werk des Herrschers bauen halfen, drängten sich um die neu aufgehende Sonne und belächelten mit dem unfähigen Sohn die Ideen des Vaters. So hat sich denn in dieser verlassenen Herrlichkeit allerhand Gesindel zusammengefunden. Araber, Inder, Griechen und Neger, alles wohnt hier bunt durcheinander, oder wohnte vielmehr hier, denn während des Aufstandes sind auch diese Häuser zerstört und werden erst in neuester Zeit zum geringen Theil wieder aufgebaut.

Wenn auch von einer politischen und commerziellen Bedeutung von Dar-es-Salaam niemals die Rede sein konnte, so wurde doch die Existenz der Stadt durch eine Bevölkerung von 2—3000 Seelen spärlich weitergeführt; aber scheinbar ist mit dem letzten Kanonenschuß der noch schwach glimmende Lebensfunke dieser jeder Lebensbedingung baren Stadt erloschen, und wie ein lebensmüder Greis hat dieses Gemeinwesen nach einem letzten Aufflackern während des Aufstandes den letzten Athemzug ausgehaucht.

Auch das Hinterland trägt den Charakter unheimlicher Oede und Verlassenheit. Sowie man die Sultans-Schamba, welche aus großen Kokosanpflanzungen besteht, passirt hat, so dehnt sich vor uns die weite Steppe aus; hartes Gras, verkrüppelte Fächerpalmen, Euphorbien und Dorngebüsch ist ziemlich das einzige, was der Boden hervorbringt. Auch die Bevölkerung ist äußerst spärlich. Nach stundenlanger Wanderung stößt man endlich auf ein kleines ärmliches Dorf, dessen Bewohner noch scheu vor dem Weißen sich zurückziehen, der äußerst selten in diese öde Steppenlandschaft eindringt. In einem Umkreis von 10 Meilen glaube ich nicht, daß ein größeres Dorf oder ein Häuptling von irgendwelcher politischer Bedeutung sich findet, wenn man nicht den Strauchräuber Schindu, der mit einer Hand voll Leuten sich dem Soliman ben Sef während der Belagerung von Dar-es-Salaam anschloß, dazu rechnet.

Für die Marine knüpft sich an Dar-es-Salaam die traurige Erinnerung, hier mehrere tapfere Krieger verloren zu haben. Unter einem mächtigen Mangobaume, dessen undurchdringliche Blätterkrone kühlen Schatten spendet, ruhen die braven Matrosen gemeinsam mit ihren Offizieren, die hier treu ihrem geleisteten Schwur: „Zu Lande und zu Wasser, wo es auch immer sei, dem Könige die Treue zu bewahren“, dem tückischen Klima erlegen sind.

Fort von Bagamoyo.

S. 125.

Fünftes Kapitel.

Bagamoyo.

Am Abend des 30. Mai traf ich von Dar-es-Salaam kommend mit Lieutenant Blümcke in Bagamoyo ein, wo wir uns sofort auf die Station begaben, um uns beim Reichscommissar zu melden. Herr Dr. Schmidt, der damals provisorisch die Leitung der Station übernommen hatte, empfing uns sehr liebenswürdig, war aber nicht im Stande, uns beherbergen zu können, da vorläufig noch sämmtliche Herren, die später an die andere Station abgegeben wurden, dort einquartiert waren. Der Herr Reichscommissar, so hieß es, sei von den in der Stadt wohnenden Herren zur Einweihung des neuen Casinos eingeladen, wir möchten uns doch dorthin wenden, da die Herren gewiß für unser Unterkommen Sorge tragen und sich freuen würden, uns in der neu eingerichteten Offiziersmesse zu begrüßen. Ein Offizierscasino in Bagamoyo, wo vor kurzem noch zwischen Schutt und Trümmern kaum ein Unterkunftsraum zu finden war, diese Aussicht spannte unsere Neugier doch hoch. Von zwei Askaris begleitet, machten wir uns in der Dunkelheit, so gut es gehen wollte uns tastend fortbewegend, auf den Weg zu der neugegründeten Heimstätte des Offiziercorps der Schutztruppe. Nachdem wir uns eine Zeit lang zwischen Schutthaufen und Wasserlachen durchgearbeitet hatten, gelangten wir endlich in eine enge Querstraße, an deren Ende uns das erleuchtete Dach eines Hauses als der Aufenthalt der Offiziere bezeichnet wurde. Schon von weitem schallten uns die heimischen Klänge eines deutschen Liedes entgegen und ließen uns unsere Schritte beschleunigen, um möglichst bald die Kameraden begrüßen zu können. Eine Hühnerstiege, deren letzte Sprossen fehlten und durch lebendige Fahrstühle in Gestalt einiger schwarzer Diener ersetzt wurden, brachte uns in den Kreis der afrikanischen Kameraden.

Nachdem wir dem Commandanten unsere Meldung abgestattet hatten, begrüßten wir die Herren, die wir zum größten Theil seit unserer Abfahrt von Berlin nicht wiedergesehen hatten. Aber manche von ihnen, mit denen ich noch zuletzt in Berlin vergnügte Tage verlebt hatte, mußte ich doch genauer ansehen, bevor ich sie in meine Gedächtnißtafel einreihen konnte. Die knappe Uniform war einem bequemen leinenen Tropenrock gewichen, die sorgsam gepflegte Frisur mit der goldenen Mittelstraße hatte ebenfalls dem Tropenklima und dem Mangel eines Friseurs weichen müssen. Ein Vollbart bedeckte Kinn und Wangen und verlieh den Gesichtern trotz seiner Unvollkommenheit ein überaus würdiges Aussehen, sodaß wir uns unter allgemeiner Heiterkeit durch Nennung unsers Namens wieder bekannt machen mußten. Ein Blick auf die Tafel genügte, um uns von der Nichtigkeit unserer Hoffnungen zu überzeugen. Inventar und Tafelgeräth waren durchaus der Umgebung angepaßt und unterschieden sich nur wenig von der zerbrochenen Treppe und den verkohlten Fensterrahmen. In der Mitte des hohen flachen Daches, welches eine freie Umschau über ganz Bagamoyo gestattete und bei Tagesanbruch ein anmuthiges, von Meer und Palmenhain umrahmtes Tropenbild sehen ließ, stand ein langer Tisch, von Brettern und Tonnen künstlich zusammengefügt. Um denselben gruppirte sich nach Rang und Würden unter dem Präsidium des Reichscommissars das Offiziercorps der Schutztruppe. In derselben Reihenfolge waren auch die Sitzgelegenheiten mit peinlicher Genauigkeit nach Güte und Haltbarkeit vertheilt. Während am obern Ende der Tafel noch einige Rohrstühle sichtbar waren, konnte man an der perspectivisch sich verjüngenden Oberkörperlänge der weiter unten sitzenden Herren schließen, daß hier das Material nicht mehr gereicht hatte. Aehnlich verhielt es sich mit dem Geschirr, welches der Feldmenage entnommen, sowol äußerlich wie innerlich zum eisernen Bestande gehörte und auf Prunk wenig Anspruch machen konnte. Das Mahl war leider schon lange beendet und ich will dessen Güte und Reichhaltigkeit nicht in Zweifel ziehen. Nach spätern Leistungen unsers allezeit lächelnden schwarzen Kochs möchte ich aber annehmen, daß Conservenbüchsen in verschiedener Gestalt wol das Material zu den einzelnen Gängen liefern mußten.

Mit den Lebensmitteln war es überhaupt in der ersten Zeit an der Küste herzlich schlecht bestellt. Milch, Eier, frische Butter, Gemüse und selbst Hühner waren überhaupt nicht zu haben. Die ganze Abwechselung in den Speisen drehte sich um Rindfleisch, welches uns vormittags frisch vom Schlächter gebracht wurde und der Hitze wegen schon nachmittags verzehrt werden mußte, und um Conservenfleisch. Was ersteres an Zähigkeit zu viel hatte, fehlte letzterm, sodaß Fleisch, wie es in den Tropen auch richtig ist, den geringsten Theil unserer Nahrung ausmachte und wir uns mehr der Neger-Lebensweise näherten und täglich Reis mit Curry und Schirocko, die sogenannte Negerhirse, auf dem Tische erschien. Die in Deutschland noch viel vertretene Ansicht, als ob man in Afrika nur vor die Thür zu gehen brauche, um eine feiste Antilope oder ein Perlhuhn zu erlegen, beruht durchaus auf einem Irrthum. Die ganze Ostküste ist der denkbar wildärmste District, und ich glaube, daß man in der Lüneburger Heide ebenso häufig Gelegenheit hat, einen Hirsch zu schießen, wie an der Ostküste unsers Interessengebietes eine Antilope.

Auf meinen vielen Expeditionen, welche ich im Bereich des Küstenstrichs gemacht habe, sind mir Flußpferde und Krokodile allerdings sehr häufig, Wildschweine selten und Antilopen niemals zu Gesicht gekommen. An einzelnen Stellen kommen Leoparden und Hyänen auch bis an die Küste, wie ich dies

z. B. in Tanga zu beobachten Gelegenheit hatte, wo ein Leopard zwei Schafe in unserer Viehboma überfiel und durch den Stacheldrahtzaun dem einen Schaf einen Hinterschenkel und dem andern den Fettschwanz abbiß. Wir sahen am andern Morgen an den Blutspuren und den zurückgelassenen Haaren, daß der Leopard den Kopf durch den Stacheldrahtzaun gezwängt hatte, also entschieden durch Hunger hierher getrieben worden war. Solche Beispiele sind aber außerordentlich selten, und der Leopard kann nicht zur Fauna des Küstengebietes gerechnet werden. Andere jagdbare Thiere sind mir hier nicht bekannt, wenn man nicht etwa ein harmloses Aeffchen hierzu rechnet.

Es sei mir noch gestattet, im Anschluß an das eben Gesagte einige Worte über den Genuß geistiger Getränke in den Tropen hier einfließen zu lassen. Ich weiß zwar, daß schon so viele gewichtigere Urtheile hierüber in die Oeffentlichkeit gedrungen sind, aber immerhin hat eine praktische Beobachtung für Laien gewiß auch einen Werth.

Die Schädlichkeit des Alkoholgenusses in den Tropen wird nach meiner Ueberzeugung in Deutschland doch sehr übertrieben. Ich entsinne mich, daß unser verstorbener hochverehrter Herr Stabsarzt Dr. Schmelzkopf auf der Hinreise schon ein bedenkliches Gesicht machte, wenn einer von uns am Tage mehr als eine Flasche Bier trank. Diese Gesundheitsregel wurde auch strenge innegehalten, solange keine körperlichen Anstrengungen an uns herantraten. Später aber, als sich dies änderte und wir uns physisch sehr anstrengen mußten, wie nach stundenlangen Märschen in glühender Sonnenhitze das Bedürfniß nach stärkenden alkoholhaltigen Getränken übermächtig wurde, da wurde einer nach dem andern dem Mäßigkeitsgrundsatze untreu. Bier, Wein, Sect und Cognak wurden in denselben Quantitäten und eher noch mehr getrunken, als wir es von Hause gewöhnt waren. Zu unserer Freude blieb die vorhergesagte Bestrafung durch die Natur aus und wir erfreuten uns derselben Gesundheit wie früher. Es ist bei allen Krankheiten und Todesfällen unter den Europäern nur eine verschwindende Zahl von Fällen constatirt worden, wo übermäßiger Genuß von Alkohol zerstörend auf die Gesundheit eingewirkt hätte; bei diesen wäre vielleicht auch in Deutschland, allerdings erst nach längerer Zeitdauer, eine nachtheilige Wirkung hervorgetreten. Dagegen habe ich stets bemerkt, daß der Mangel eines gewöhnten Getränkes, wie Bier, Wein u. s. w. auf die Lebensgeister erschlaffend einwirkt, und daß der Körper sehr schwer den von Kindheit an gewöhnten Genuß spirithaltiger Getränke entbehrt. Ich neige daher mehr zu der Ansicht, daß die schroffen Uebergänge von gänzlicher Enthaltsamkeit, wie es das Reisen im Innern meist bedingt, zu der früher gewohnten Lebensweise und umgekehrt Gesundheitsstörungen selbst der schwersten Art herbeiführen können. Dagegen kann jeder an sich die Erfahrung machen, daß Unmäßigkeit in den meisten Fällen schon am nächsten Morgen einen Fieberanfall zur Folge hat, und bei häufigen Ausschreitungen wird eine krankhafte Anschwellung der Leber die Gesundheit untergraben.

Die Stadt Bagamoyo liegt auf einer sanften Erhöhung, hart am Meeresufer. Auf allen Seiten von Palmenhainen umgeben, hebt sich die ganze aus weißen Korallen gebaute Stadt, von der Rhede aus gesehen, sehr vortheilhaft von dem dunkeln Hintergrunde ab. Die großen bunt durcheinandergewürfelten Häuservierecke mit den flachen Dächern lassen sofort die orientalische Bauart erkennen, von welcher beim Betreten des Ortes auch die engen, winkeligen Straßen Zeugniß ablegen. Sowie man vom Strande aus den ersten Schritt in die Hauptstraße thut, die in vielen Krümmungen sich längs des Meeres hinzieht und die ganze Stadt durchschneidet, geht der angenehme, freundliche Eindruck, den die Stadt von weitem bietet, sofort verloren. Kokosnußschalen, Abfälle von Schmutz aller Art liegen hier angehäuft und machen den kaum 3 m breiten Weg noch enger und unpassirbarer. Eine Pflasterung ist nirgends vorhanden, sodaß in der Regenzeit fußtiefe Tümpel die ganze

Breite der Straße einnehmen, welche erst durch die gütige Mitwirkung der Sonne wieder verschwinden. Die Häuser an beiden Seiten der Straße zeigen bald schiefe, bald gerade Fronten und sind je nach Bedürfniß bald vorspringend, bald hineingebaut, sodaß die Dächer oft so weit in die Straße hineinreichen, daß das Tageslicht vollständig abgesperrt wird. Hier sitzen dann in ruhigen Zeiten die Inder in den Vorhallen ihrer Häuser zwischen den ausgebreiteten Waaren, geduldig der Käufer harrend.

Die Häuser sind im allgemeinen sehr klein und dunkel und nur für den Aufenthalt während der Nacht berechnet, da der Orientale den ganzen Tag auf der Straße oder in der Vorhalle seines Hauses zubringt. Infolge dieser Gewohnheit sieht eine orientalische Stadt stets volkreicher aus, als sie wirklich ist. An jeder Ecke und vor den Häusern liegen Gruppen von Männern, Weibern und Kindern, welche entweder dem dolce far niente huldigen oder sich mit möglichst leichter und bequemer Arbeit beschäftigen. Zwischen diesen kleinen, schlecht gebauten Häusern liegen auch einzelne große, zweistöckige Häuser mit weitläufigen, ummauerten Höfen und Hintergebäuden, welche zwar außerordentlich unpraktisch und mit großer Raumverschwendung gebaut sind, aber doch einen recht stattlichen Eindruck machen und an unsere alten Patricierhäuser erinnern. Hier wohnen die großen indischen Kaufleute, wie Kandhy, Sewa-Hadji und andere, welche sich nicht mit Detailverkauf abgeben, sondern im großen betrügen. Im untern Stockwerk und in den Nebenhäusern befinden sich lauter fensterlose Gelasse zur Aufnahme der Waaren, die von Karavanen aus dem Innern gebracht werden, und welche dort ihrer weitern Beförderung harren.

Aus einem dieser Räume führt uns eine schmale, dunkle Treppe in das erste Stockwerk, in welchem sich die Wohnräume befinden. Die Zimmerreihe besteht gewöhnlich nur aus drei bis vier Zimmern, welche in einen breiten Corridor münden, der den Haussklaven und der zahlreichen Dienerschaft zum Aufenthalt dient. Die Zimmer sind hoch, geräumig und durch zahlreiche, mit Jalousien versehene Fenster gut ventilirt, entbehren aber sonst jeglichen Schmuck. Einfach geweißte Wände mit kleinen, eingemauerten Nischen, ein Estrichfußboden, eine Decke mit unbehauenen Balken, das ist die Ausstattung der Zimmer, in welchen die Groß-Kaufleute, die oft über Millionen verfügen, mit ihrer Familie leben. Die Häuser der Araber unterscheiden sich in Bauart und Einrichtung nur wenig von denen der Inder; erstere haben jedoch stets in der Mitte des Hauses einen vollständig freiliegenden kleinen Hof, umgeben von einer Veranda, welche allen Stockwerken als Vorraum dient.

Von der Hauptstraße zweigen sich unzählige Nebenstraßen, Gassen und Gäßchen ab, oft nur einige Schritte lang und so schmal, daß man sich nur mit Mühe hindurchwinden kann. Dieses Häusergewirr wird von einzelnen freien Plätzen unterbrochen, auf welchen man in ruhigen Zeiten ein reges Leben und Treiben findet. Hier sind die Versammlungsorte für die Karavanenleute und Wasambara, die, aus dem Hinterland kommend, hier ihre Waaren feilbieten oder gegen europäische Erzeugnisse eintauschen. Einer dieser Plätze hat durch seine stattliche Häusereinfassung ein fast europäisches Aussehen; hier befindet sich auch der große Stadtbrunnen, der zu jeder Zeit von Weibern und Kindern umlagert ist und in der Einöde der Straße ein anziehendes orientalisches Bild liefert. Der nördlichste Theil der Stadt ist von den Granaten unserer Kriegsschiffe am meisten mitgenommen und durch Feuersbrunst fast gänzlich zerstört. Hier findet man einen Trümmerhaufen neben dem andern; verkohlte Balken, Steine und Schutt versperren die enge Straße vollständig und erschweren die Passage ungemein. Dasselbe Schicksal hat die ausgedehnte Negervorstadt auf der Westseite Bagamoyos gehabt. Das leichte Material, aus welchem diese Negerhütten gebaut sind, begünstigten die Zerstörung, sodaß das ganze Stadtviertel mit mehrern hundert

Häusern schon in der Zeit des Aufstandes ein Raub der Flammen wurde.

Wie nachtheilig der Aufstand für die Entwickelung der Küste gewesen ist und wie der eben erst sich aus den Kinderschuhen emporarbeitende Handel hierunter gelitten hat, davon gibt Bagamoyo beredtes Zeugniß. Eine Stadt, die in den ruhigen Zeiten unter den ungünstigsten Verhältnissen schon eine Bevölkerung von 25000 Seelen zählte, wo im Handel Summen umgesetzt wurden, wie sie keine deutsche Stadt in derselben Größe aufzuweisen hat, ist auf Jahre hinaus in ihrer Entwickelung gehemmt. Das handeltreibende Element, die Inder, brachen beim Beginn des Aufstandes sofort alle Handelsbeziehungen ab, verließen schon beim ersten Kanonenschuß die Stadt und überließen den Arabern, welche bedeutend in der Minderzahl waren und als nichtproducirender Theil der Bevölkerung bisher nur einen hemmenden Einfluß auf die Entwickelung der Stadt gehabt hatten, das Feld. Aber selbst unter diesen schloß sich vorzugsweise nur der nichtbesitzende Theil den Aufständischen an, während die einflußreichen Familien es vorzogen, von Sansibar aus dem Gang der Ereignisse zu folgen. Die Negerbevölkerung floh, nachdem ihre Hütten verbrannt waren, über den Kingani und bildete sich, wie noch später erwähnt werden wird, zu einer notorischen Räuberbande aus, welche unter der Leitung einzelner Araber sich vom Viehdiebstahl und Menschenraub nährte. So blieb denn in der Stadt nichts übrig als etliches Gesindel, welches theils mit den Aufständischen gemeinsame Sache machte, theils mit Hyänen und wilden Hunden sich in den Ruinen der Stadt und in der Umgegend herumtrieben.

Durch einen etwa 200 Schritt breiten, freien Platz von der Stadt getrennt, liegt gegen Norden das Stationshaus der Deutsch-Ostafrikanischen Gesellschaft, in welchem jetzt das Hauptquartier der deutschen Schutztruppe aufgeschlagen war. Das Mittelgebäude ist ein einfacher viereckiger Bau mit beschränkten Räumlichkeiten, welcher schon in frühern Zeiten kaum ausreichte und zum Bau eines Nebenhauses Veranlassung gab. Schon beim Beginn des Aufstandes, als sich die Nothwendigkeit einer Befestigung herausstellte, wurde mit dem Bau zweier vordern Bastionen begonnen, an welche sich dann später zwei Seitenmauern und zwei Hinterbastionen anschlossen. Das flache Dach war mit einer Brustwehr gekrönt und für den äußersten Nothfall ebenfalls vertheidigungsfähig eingerichtet. Die untern Fenster waren des bessern Schutzes wegen sämmtlich mit starkem Gitterwerk versehen, und um das ganze so improvisirte Fort lief ein Stacheldrahtzaun, welcher gegen einen Ueberfall einen wirksamen Schutz gewährte. Diese Befestigung war für die mangelhaften Waffen Buschiri's ein nahezu unüberwindliches Hinderniß und ermöglichte der kleinen Besatzung unter der schneidigen Führung des Freiherrn von Gravenreuth, sich mit ihren geringen Streitmitteln gegen die Uebermacht zu behaupten. Nach Eintreffen der Schutztruppe erwiesen sich aber die Räumlichkeiten als vollständig unzureichend und machten eine sofortige Erweiterung der gesammten Baulichkeiten nothwendig. Die innern Hofräume wurden ausgebaut und auf die Nebengebäude ein zweites Stockwerk gesetzt, wodurch 10 kleine Offizierswohnungen geschaffen und die andern Räume für Magazine frei wurden. Die Bastionen und die Umfassungsmauern wurden bedeutend erhöht und zur bequemern Verbindung durch einen breiten Gang, welcher um das ganze Fort läuft, verbunden. Die beiden nördlichen Bastionen sind mit je einem Feldgeschütz, die beiden südlichen mit Revolverkanonen armirt. Auf der Nordseite ist zwischen dem Fort und der Stadt ein Raum von 2—300 Schritt freigelassen, ebenso ist der früher zwischen dem Strande und der Stadt gelegene Palmenhain so weit abgeholzt, daß die Granaten den Strand bis zum Ende der Stadt bestreichen können und eine verdeckte Annäherung im Bereiche der Kanonen unmöglich ist. Trotzdem der ganze Bau infolge der Vergrößerung innerhalb enggezogener Grenzen sehr an Uebersichtlichkeit eingebüßt hat, kann das Fort mit verhältnißmäßig geringen Kräften besetzt und die Vertheidigung durch die praktische Verbindung der Längsmauern leicht dirigirt werden. Da man mit der Wirkung europäischer Angriffsmittel noch nicht zu rechnen braucht, so kann das Fort für afrikanische Verhältnisse als uneinnehmbar gelten. Anschließend an die Westfront der Station ist später durch einen Stacheldraht eine Enceinte um die ganze Stadt gezogen worden. Als Stützpunkt sind in den ausspringenden Winkeln der Umfassung Blockhäuser in einem Abstand von etwa 500 m angelegt und durch eine ständige Wache und ein kleines Geschütz besetzt. Zum Schutze der französischen Mission ist im Westen der Stadt ein kleiner Posten vorgeschoben.

Wendet man sich nun von dieser kriegerischen Umgebung und den öden, mit Schutt und Mauerwerk verstopften Straßen nach Norden, so glaubt man in eine andere Welt versetzt zu sein. Aus der Umgebung von Schmutz und Zerstörung erscheint uns plötzlich das anmuthige Bild einer in vollster Blüte stehenden Plantage. Es ist dies die internationale Jesuitenmission „du saint cœur et du saint esprit“, welche gewöhnlich schlechtweg französische Mission genannt wird, weil das Mutterhaus sich in Paris befindet und die Missionsgesellschaft unter französischem Schutz steht.

Wir Deutschen können uns aber rühmen, den meisten Antheil an dieser Culturarbeit zu haben, da die ehrwürdigen Brüder fast durchweg aus Elsaß-Lothringen stammen und in Sprache und Gesinnung echt deutsch geblieben sind. Das beste und schlagendste Zeugniß für die segensreiche Wirksamkeit dieser Pflanzstätte christlicher Gesinnung und Cultur ist die ehrfurchtsvolle Schonung des Missionseigenthums durch die Araber, zu deren Charaktervorzügen, wie bekannt, Großmuth gegen Andersgläubige gerade nicht gehört. Aber eine 25jährige segensreiche Thätigkeit dieser Brüderschaft hat es denn doch vermocht, diesen eingefleischten Gegnern jeglicher europäischer Gesittung Achtung und Ehrfurcht einzuflößen.

Inmitten eines prächtigen Haines von Kokospalmen liegt das hohe, zweistöckige, steinerne Wohnhaus der Missionare. Von ihnen selbst erbaut, ist dasselbe ein Muster praktischer Anlage und tropischer Bequemlichkeit. Weit vorgebaute Veranden ziehen sich um beide Stockwerke und schützen die Zimmer vor den Strahlen der Sonne und gestatten auch in der Mittagszeit den Aufenthalt in freier Luft. Die verschiedensten Arten

Kirche der französischen Missionsstation.

selbst gezogener Palmen und Ziersträucher bilden einen kleinen, in tropischer Ueppigkeit prangenden Vorgarten, in welchem das lebensgroße Erzbild des Apostels Petrus steht. Von dem Hauptthause läuft eine schnurgerade, von Coniferen eingefaßte Chaussee nach dem Strande, wo ein hohes Kreuz den Schiffern schon von ferne den Zweck dieser Niederlassung anzeigt. Auf der Westseite liegen die Missionskirche und die Arbeits- und Wohnräume der Missionskinder, denn der Orden beschäftigt sich, getreu seinem alten bewährten Princip, auch hier fast ausschließlich mit der Erziehung der Kinder. Mehrere Hunderte dieser kleinen schwarzen Kinder werden hier von Brüdern und Schwestern des Ordens in der christlichen Lehre erzogen und zugleich in allen nützlichen Handwerken unterwiesen. Dieser Verbindung des religiösen Unterrichts mit einer geordneten Thätigkeit und einem gesitteten Leben ist es wol hauptsächlich zu danken, daß die französische Mission die einzige von allen hier thätigen Bekehrungsanstalten ist, welche auf wirkliche Erfolge zurückblicken kann.

Während meines Aufenthalts in Bagamoyo habe ich viele tüchtige Leute und fleißige Arbeiter kennen gelernt, die aus dieser Schule hervorgegangen waren und lebende Beispiele für die Fruchtbarkeit der Missionsthätigkeit dieses Ordens sind.

Trotzdem die Mission sich von Politik stets fern gehalten, hat sie im Laufe der Jahre einen großen Einfluß in Bagamoyo und durch ihre Schwesterabtheilung auch weit hinein ins Innere erlangt. Die große Zahl von Zöglingen, welche bereits aus ihrer Schule hervorgegangen sind, und die ausgezeichnete Kenntniß von Land und Leuten, hat der Brüderschaft ein großes Vertrauen bei der Bevölkerung erweckt, welches sich auch in den Kriegszeiten bewährte. So wurde denn die Mission bei Ausbruch des Aufstandes mitten auf dem Schauplatz der erbittertsten Kämpfe ein Asyl für Flüchtlinge, von Freund und Feind gleich geachtet und geschont. Später, als die Aufständischen zurückgeschlagen waren und ins Innere flohen, hat Père Etienne, der Leiter der Mission, durch seine Kenntniß der Verhältnisse uns vielfach große Dienste geleistet.

Die Lage Bagamoyos zum Meer und die Wasserverhältnisse sind im Vergleich zu den andern Küstenplätzen möglichst ungünstig; da die Stadt am offenen Meere liegt und das Fahrwasser sehr seicht ist, müssen alle größern Schiffe sehr weit vom Strande ableiben. Das Landen in Booten ist der sehr starken Brandung wegen nicht selten mit Gefahr verbunden, sodaß das Löschen und Einnehmen von Waaren für alle Dampfschiffe außerordentlich erschwert ist. Für den Dauverkehr fallen diese Schwierigkeiten nicht so ins Gewicht, da diese Fahrzeuge bei Flut einlaufen und, durch ihren geringen Tiefgang begünstigt, ziemlich nahe an den Strand heranfahren können. Hier werfen sie Anker und werden dann erst bei eintretender Ebbe, wenn sie trocken gefallen sind, befrachtet oder ausgeladen.

Durch den Bau einer Landungsbrücke würde der Schiffsverkehr sehr erleichtert werden; doch müßten die Anlagen schon in großem Stil gemacht werden, um dem Bedürfniß zu entsprechen, da das Ufer flach ist und das Wasser bei Ebbe sehr weit zurücktritt. In ruhigen Zeiten ist der Dauverkehr ziemlich rege, da die Umgebung von Bagamoyo nicht im Stande ist, den Bedarf an Lebensmitteln zu decken, und fast alles Getreide von andern Küstenpunkten importirt wird. Die Hauptbedeutung Bagamoyos liegt in dem lebhaften Handel mit dem Hinterlande, welcher durch den Ausgang der großen Karavanenstraße nach dem Tanganika-See bedingt wird; dieser stete Verkehr mit den verschiedenen innerafrikanischen Volksstämmen, welche selbst ihre Producte in großen Karavanen an die Küste bringen, verleiht dem Ort das eigenartige Gepräge einer Karavanenstadt.

In militärischer wie politischer Beziehung ist diese Lebensader nach dem Seengebiet von außerordentlicher Bedeutung, da hier der ganze Handel des Hinterlandes zusammenströmt und dieser Weg vorläufig die Hauptverbindung mit dem Seengebiet des Victoria-Njansa und Tanganika bildet. Wenn man sich auch unter solchen Karavanenstraßen keine breiten geebneten Wege vorstellen darf, sondern Fußsteige von 1—2 Fuß Breite, so ist das Reisen auf solchen vielbetretenen Straßen, wenn man sich erst die Gangart der Neger angewöhnt hat, doch ziemlich bequem. Man wird hier niemals an Wassermangel zu leiden haben, welches auf unbekannten Straßen zur großen Calamität werden kann. Störungen der Karavanen durch Ueberfälle sind hier außerordentlich selten, da alle Eingeborenen mehr oder weniger an dem dort pulsirenden Handel betheiligt sind und durch zeitweilige Verkehrsstockungen, wie sie während das Aufstandes stattfanden, selbst auf das empfindlichste getroffen werden. Alle Ereignisse, welche innerhalb des Bereiches dieser Straßen vorfallen, dringen durch die Negerpost von Mund zu Mund mit unglaublicher Schnelligkeit an die Küste, sodaß die Karavanenführer stets orientirt sind, ob da oder dort die Lebensmittel knapp sind, oder ob ein Volksstamm Krieg führt und die Straßen dadurch unsicher gemacht sind.

Durch das Gebiet von Ostafrika führen drei solche Karavanenstraßen: die Bagamoyo-Route über Mpuapua, Tabora nach dem Tanganika-See, die Panganistraße über Masinde nach dem Kilima-Ndjaro und weiter nach dem Victoria-Njansa, und im Süden des Interessengebietes die durch von der Decken bekannt gewordene Verbindung des Njassa-Sees mit der Küste, welche in Lindi endet. Von diesen hat die erstere bei weitem den meisten Verkehr, an welchem sich die Völkerschaften des Innern ziemlich mit gleicher Stärke betheiligen wie die Araber. Eingeborenen-Karavanen von 1000 Mann und darüber gehören nicht zu den Seltenheiten. Zu Anfang des September 1889 traf in Bagamoyo z. B. eine Wasekuma-Karavane ein, welche ca. 2500 Köpfe zählte; dieselbe brachte 350 Elfenbeinzähne, 2000 Stück Rindvieh und etwa ebenso viel Ziegen aus dem Innern.

In ruhigen Zeiten befinden sich stets mehrere Karavanen in Bagamoyo, und es gehört durchaus nicht zu den Seltenheiten, daß sich dort 30—40000 Träger ansammeln. Wie sehr durch diese schwankende Bevölkerungsziffer die Verwaltung dieses Bezirkes erschwert wird, und mit wie vielen verschiedenen Elementen der Stationschef von Bagamoyo zu rechnen hat, wird man aus diesen Zahlen entnehmen können. Bagamoyo macht während des Aufenthaltes solcher Karavanen einen außerordentlich belebten Eindruck. Auf den Straßen wimmelt es förmlich von fremden schwarzen Gestalten, welche meist nichtsthuend umherliegen, oder mit begehrlichem Blick den Laden eines Inders umstehen und die

Bagamoyo.

S. 139.

dort in schönster Ordnung ausgebreiteten Herrlichkeiten anstaunen. Der Markt, ein freier, von Mangobäumen beschatteter Platz mit mehrern wellblechbedeckten Hallen, auf welchem Lebensmittel wie Reis, Mais, Mtama, Fische und die verschiedensten Früchte verhandelt werden, ist in solchen Zeiten vollständig überfüllt und für Europäer kaum zu betreten. Trotzdem ist der Umsatz hier ein außerordentlich geringer, da alle Verkäufe, welche über einige Pesa Werth hinausgehen, durch die Inder besorgt und lieferungsweise abgeschlossen werden. Da dieselben sich gegenseitig niemals Concurrenz machen und gegen jeden fremden Eindringling geschlossen vorgehen, so beherrschen sie den Handel vollständig und drücken die Preise nach Belieben.

Die nächste Umgebung Bagamoyos bietet durch die ausgedehnten Obstwaldungen, welche sich unmittelbar an die letzten Häuser der Stadt anschließen und abwechselnd aus Kokospalmen und Mangobäumen bestehen, ein anmuthiges landschaftliches Bild, welches zwar mit tropischer Ueppigkeit nichts gemein hat, aber doch mit seinen unregelmäßig angelegten, mehr an lichte Waldungen erinnernden Gärten dem Auge einen wohlthuenden Ruhepunkt gewährt. Es waren dies ursprünglich Besitzungen reicher Araber, welche für ihre zahlreichen Sklaven den Bedarf an Lebensmitteln lieferten, auch wol zeitweise den Besitzern zum Aufenthalt dienten. Nach dem Rückgang des Araberthums und der allmählichen Verarmung der vornehmen arabischen Familien sind diese Landsitze einer nach dem andern an die Inder verpfändet und schließlich in deren Besitz übergegangen. Eine regelrechte Ausnutzung dieser Anpflanzungen findet hier nirgends statt. Die Kokosnüsse werden unreif gepflückt und als Getränk auf den Markt gebracht. Der Durchschnittspreis beträgt für die Nuß 1—2 Pesa, gleich $2^1/_2$ Pfennig. Die Mangos erreichen die Größe einer großen Birne und haben in Geschmack und Aussehen etwas Aehnlichkeit mit großen grünen Pflaumen. Zur Zeit der Reife im Juli und November sind sie so wohlfeil wie in Deutschland die Zwetschen, werden aber von den meisten Europäern selbst den Ananas vorgezogen.

Wenn wir noch kurz die übrigen hier vorkommenden Fruchtarten erwähnen wollen, so finden wir von einheimischen Gewächsen an der Küste noch die Ananas, die Bananen, Mango und Limonen; letztere ist eine kleine bittere Citronenart. Verschiedene Apfelsinenarten und die indische Chirimoja sind noch nicht lange hier heimisch. Die Jackfrucht, welche ebenfalls vereinzelt an der Küste vorkommt, ist wol die größte eßbare Frucht, denn sie erreicht den Umfang zweier Kürbisse. Trotzdem sie einen unangenehmen penetranten Geruch hat, der ihr den Namen Stinkfrucht eingetragen hat, wird sie doch von vielen sehr geschätzt.

Durchschreiten wir diese etwa $1/_2$ Meile breiten Obstwaldungen, so befinden wir uns sofort in der afrikanischen Steppenlandschaft, welche in der Breite von 20 deutschen Meilen die Küste von Usaramo begleitet und in diesem ganzen Gebiet denselben eintönigen Charakter bewahrt.

Der theilweise sehr eisenhaltige Boden erzeugt ein hartes, stacheliges Gras, welches an manchen Stellen Manneshöhe erreicht und das Reisen in dieser Gegend außerordentlich erschwert. Zahllose Mimosen vereinigen sich mit niedrigem Gestrüpp zu undurchdringlichen Boskets, welche wiederum mit vereinzelten Dornsträuchern abwechseln. Diese trostlose Einöde wird nur durch einzelne Sümpfe unterbrochen, welche oft nicht umgangen werden können, und durch deren übelriechendes Wasser der Reisende hindurchwaten muß. Wenn auch diesen Gegenden Naturreize gänzlich mangeln, so ist damit noch nicht immer gesagt, daß dieselben für den Anbau vollständig werthlos sind. Sind doch z. B. in Dunda, welches einige hundert Schritt von dem Kingani entfernt mitten in dieser Einöde liegt, Anbauversuche mit Taback gemacht worden, welche verhältnißmäßig recht günstige Resultate erzielt haben. Dieses Steppenland führt nach seinen Bewohnern, den Wasaramo, den Namen Usaramo. Durch die von den Arabern veranstalteten Sklavenjagden ist dieser Volksstamm außerordentlich decimirt und zurückgegangen. Durchzieht man heute das Gebiet, so kann man meilenweit wandern, bevor man auf irgendwelche Ansiedelungen stößt. Im dichtesten Busch und nur auf unzugänglichen Wegen erreichbar liegen ihre armseligen Hütten, umgeben von einzelnen Mhogo-Feldern, auf denen sie genau nur so viel bauen, wie zu ihrem Unterhalte nothwendig ist. Der jahrhundertelange Druck, der auf ihnen gelastet, hat sich auch ihrem Charakter mitgetheilt; verschlagen und feige suchen sie ihre Rettung vor den zahlreichen Angriffen von außen allein in der Flucht, worin sie allerdings durch das unwirthliche Gelände ihres Gebietes sehr begünstigt werden. Im Betrügen und Stehlen besitzen sie eine außerordentliche Fertigkeit, worin sie die Küstenneger noch bei weitem übertreffen. Mit einem ihnen eigenthümlichen Instinct versuchen sie ihre Künste hauptsächlich an Europäern, die ihr unwirthliches Gebiet durchziehen und mit der Sprache und den Landesgewohnheiten noch unbekannt sind.

Etwa eine Meile nordwärts von Bagamoyo mündet der Kingani, der in Usagara entspringt und sich hier durch breite Sumpflandschaften seinen Weg zum Meere sucht. Für Schifffahrt und Verkehr ist derselbe nur von untergeordneter Bedeutung, da sein Wasserniveau je nach Ebbe und Flut an der Mündung zu sehr differirt, um einen regelmäßigen Dauverkehr zu ermöglichen; dagegen können kleine Dampfpinassen, Boote und Flöße bis Madimola oder Usungula ungehindert stromaufwärts gehen.

Der Kingani durchfließt, sobald er aus seinem waldbesetzten Quelllande heraustritt, eine etwa zwei Meilen breite und viele Meilen lange Ebene, welche bei Regenzeit vollständig überschwemmt ist und sich in einen unpassirbaren Sumpf verwandelt. Der Aufenthalt in dieser Gegend ist dann außerordentlich ungesund, da die feuchten aus der Ebene aufsteigenden Dünste die günstigsten Lebensbedingungen für die Fieberbacillen sind. Wirthschaftlich würde diese Ebene wol nur für den Reisbau zu verwerthen sein, doch dürfte auch dies noch in weiter

Ferne liegen, da diese Culturen für Europäer vorläufig noch zu wenig lohnend sind. Sobald die Regenzeit beendet ist, tritt der Kingani wieder in sein altes Bett, welches sich in unzähligen Windungen durch die Ebene hinzieht. Aus dem bewässerten und befruchteten Boden sproßt dann ein üppiges Wiesengras, welches in kurzer Zeit über Manneshöhe aufschießt und so dicht wächst, daß ein Passiren der Ebene außerhalb der schmalen getretenen Fußsteige fast zur Unmöglichkeit wird.

Größere Ortschaften befinden sich nicht am Kingani. Die drei von der Deutsch-Ostafrikanischen Gesellschaft zum Zeichen der Besitznahme errichteten Stationen Dunda, Madimola und Usungula sind längst aufgegeben und von den Aufständischen zerstört. Da vorläufig der Schwerpunkt der wirthschaftlichen Entwickelung wol kaum im Hinterlande von Bagamoyo liegt, so schwebten diese Stationen auch vollständig in der Luft und ist von einem Wiederaufbau derselben gänzlich Abstand genommen.

Einige Meilen vor der Mündung des Kingani liegt die Fähre Mtoni, d. h. am Fluß; dieselbe hat für Bagamoyo eine ziemliche Bedeutung, da hier die Karavanenstraße nach dem Tanganika-See mündet und zeitweilig ein großer Verkehr herrscht. In frühern Zeiten waren hier die Einrichtungen zum Uebersetzen der Karavanen außerordentlich primitiv. Einige ausgehöhlte Baumstämme vermittelten den Personenverkehr und das Herüberbringen der Lasten, das Vieh wurde einfach durch den Fluß getrieben. Trotzdem erhob der Wali von Bagamoyo hier eine ziemlich hohe Abgabe, welche zugleich als eine Art Steuer angesehen und willig bezahlt wurde. Jetzt wird die Fähre vom Reichscommissariat verwaltet.. Alle Einrichtungen sind demgemäß auch praktischer und bequemer. Der tiefe Schlick, welcher beim Rücktritt des Wassers freilag, und durch welchen man bis an die Knie hindurchwaten mußte, bis man das Boot erreichte, ist soweit dies möglich war abgestochen. Ein großes Stahlboot ist zur Vermittelung des Verkehrs hier stationirt. Hierdurch wird der große Zeitverlust, der früher mit dem

Uebersetzen im kleinen Boote verbunden war, etwas vermindert. Dieser Umstand ist für die Karavanen von großer Wichtigkeit, da sie meistens fast ganz ohne Lebensmittel ankommen und nach den Anstrengungen und Entbehrungen einer langen Reise hier vor den Thoren der Stadt noch einen unfreiwilligen mehrtägigen Aufenthalt nehmen mußten. Auf dem rechten Ufer des Flusses befindet sich auch ein kleines Fort, welches von Herrn von Gravenreuth im August dort angelegt wurde; dasselbe besteht aus einem schußfesten, aus Wellblech gebauten Hause und einer Umwallung. Trotzdem ist dasselbe durch das weite Schußfeld, welches eine gedeckte Annäherung unmöglich macht, gegen Ueberfälle hinreichend geschützt und genügt mit seiner Besatzung von zwölf Mann und der kleinen Schnellfeuerkanone vollständig zur Deckung des Ueberganges.

In der ganzen Umgebung von Bagamoyo ist der Kingani das einzige wirklich ergiebige Jagdterrain, denn hier gibt es noch Flußpferde und Krokodile in ungezählter Menge.

Einige Worte über Klima und Malaria.

Wie nöthig die Einrichtung eines Lazareths an der Küste war, zeigte sich schon in den ersten Tagen des Mai, wo bereits die ersten Erkrankungen vorkamen. Fast ein Verhängniß konnte man es nennen, als der Chefarzt der Truppe Dr. Schmelzkopf zuerst aus den Reihen der weißen Mitglieder der Expedition vom Fieber befallen wurde. Dann mehrten sich aber die Kranken und in der ersten Zeit, bevor die Truppe acclimatisirt war, hatten zwei Aerzte vollauf zu thun, um allen Kranken, Weißen und Schwarzen, gerecht zu werden. Die ersten schweren Anfälle trafen den Zahlmeister Merkel und den Lieutenant Sulzer, von denen ersterer am 22. Juni 1889 verstarb. Ich befand mich zu dieser Zeit gerade im Lazareth und litt an einem leichten Gallenfieber, als Merkel um Aufnahme bat. Trotzdem er nur eine verhältnißmäßig geringe Fiebertemperatur zeigte, sah er doch außerordentlich schlecht aus und verrieth in seinen Bewegungen eine solche Mattheit, daß der Arzt ihn fragte, ob er schon mehrere Tage an dem Fieber gelitten hätte. Er verneinte dies jedoch und legte sich augenblicklich nieder. Zu ernster Besorgniß hatte sein Zustand bisher noch keine Veranlassung gegeben, als plötzlich, ohne daß eine erhebliche Erhöhung des Fiebers vorausgegangen wäre, Puls und Athemthätigkeit zunehmend schwächer wurden.

Den ganzen Abend hindurch wurden von den beiden Aerzten Wiederbelebungsversuche mit Aether und Kampfer gemacht, um sein Bewußtsein zu wecken, das im Laufe des Nachmittags geschwunden war. Aber alle Versuche blieben erfolglos, der Puls wurde immer schwächer, und so ist er denn am 22. Juni, $10^1/_2$ Uhr abends, sanft entschlafen. Es war für uns alle ein sehr trauriges Ereigniß, da der Verstorbene es verstanden hatte, unser aller Zuneigung in hohem Maße zu erwerben. Durch seinen längern Aufenthalt in den Tropen — Merkel war 22 Monate Zahlmeister-Aspirant in Kamerun gewesen — war seine Erfahrung für den Chef der Verwaltungsabtheilung von großem Nutzen, welcher in ihm einen in allen Verwaltungssachen außerordentlich tüchtigen und erfahrenen Arbeiter verlor. Am nächsten Tage fand die Beerdigung statt. Der Sarg war von den beiden Barmherzigen Schwestern des Hospitals und von uns Reconvalescenten mit Blumen und frischem Laub ausgeschmückt und dann in einer mit Palmblättern vollständig ausgeschlagenen Halle aufgebahrt. Die ganze Garnison, aus sechs Compagnien bestehend, war auf dem Platze vor dem Lazareth angetreten. Sämmtliche Offiziere und Beamte erschienen in Paradeuniform. So wurde der Sarg mit allen militärischen Ehren auf den Kirchhof geleitet. Herr Dr. Schmidt, welcher damals die Station verwaltete und der älteste anwesende Offizier der Garnison war, hielt eine kurze Gedächtnißrede, dann sprach jeder ein Vaterunser und nahm von dem todten Kameraden Abschied. Die vierte Compagnie feuerte drei Salven über dem

Grabe ab, die letzte Ehrenbezeigung, welche dem todten Offizier und Kriegskamerad von der Truppe erwiesen wird. Damit schloß die kurze Todtenfeier und die Lebenden traten wieder in ihr Recht. Dieser Todesfall des Zahlmeisters Merkel ist in den ersten Monaten der einzige gewesen, welcher lediglich dem Tropenfieber zuzuschreiben ist, und auch hier war offenbar eine große geistige und körperliche Abspannung vorausgegangen, sodaß der Körper nicht mehr im Stande war, dem Fieber genügende Widerstandsfähigkeit entgegenzusetzen und die Krisis zu überwinden.

Während der Gesundheitszustand der weißen Mitglieder der Expedition sich inzwischen zusehends besserte, war in der Sudanesen-Truppe noch immer kein Fortschritt zu constatiren. Wenn auch im Vergleich zu der Krankheitsepidemie in Aden der Gesundheitszustand sich bedeutend gehoben hatte, so gehörte es doch nicht zu den Seltenheiten, daß in den beiden Monaten Mai und Juni 10 ja 20 Procent der Compagnie durch Krankheit an der Ausübung des Dienstes verhindert waren. Hauptsächlich wurden jedoch alte und schwächliche Leute, welche dem Einfluß des Klimas keinen oder doch nur geringen Widerstand entgegenzusetzen vermochten, von Krankheiten befallen. Hierdurch erklärt sich auch der außerordentlich ungünstige Verlauf, den alle Krankheiten bei den Sudanesen nahmen. Zwei bis drei Tage genügten oft, um die Lebenskräfte des Kranken aufzuzehren und den Tod herbeizuführen. Ferner ist in Betracht zu ziehen, daß die Monate Mai und Juni wol ziemlich die ungünstigsten des Jahres sind, weil die in der Regenzeit überall unter Wasser gesetzten Wiesen und Sümpfe jetzt allmählich austrocknen und durch ihre Ausdünstungen die Fieberkeime frei werden. Nach diesen Monaten besserte sich der Gesundheitszustand der schwarzen Truppe zusehends, sodaß der Chefarzt Dr. Kohlstock in seinem Julibericht an das Auswärtige Amt die günstige Entwickelung der gesundheitlichen Verhältnisse besonders hervorheben konnte. Von dieser Zeit an durfte die

Truppe als acclimatisirt betrachtet werden, wodurch die Leistungsfähigkeit bedeutend zunahm, da man nun nicht mehr wie früher gezwungen war, auf den Gesundheitszustand der Truppe beim Exerciren und bei den nothwendigen Erdarbeiten Rücksicht zu nehmen. Nächst den Suaheli-Negern, bei denen Fiebererkrankungen höchst selten vorkommen, hatten die Sulus am wenigsten von der Malaria zu leiden; wie aus den Krankheitsberichten des Chefarztes ersichtlich ist, waren bis Ende Juli bei den 200 Sulus nur vier leichte Fiebererkrankungen zu constatiren.

Wenn man alle Stationen, die jetzt von unserer Truppe besetzt sind, nach ihren gesundheitlichen Verhältnissen miteinander vergleicht, so muß Bagamoyo entschieden als die ungesundeste gelten. Ein bestimmter Grund hierfür wird sich wol kaum finden lassen, es sei denn, daß die große Kingani-Ebene, welche in einigen Meilen Entfernung sich im Halbkreise um Bagamoyo ausdehnt und mit ihrem sumpfigen Untergrund allerdings einen Fieberherd bildet, auf das Klima von Bagamoyo einen nachtheiligen Einfluß ausübt. Doch dürfte die große Entfernung von zwei bis drei deutschen Meilen diese Annahme wol mehr als zweifelhaft erscheinen lassen. Die zweite Stelle nimmt Pangani ein, welches unmittelbar am Fluß, kaum einige Fuß über dem Niveau desselben liegt. Die Schwankungen des Wasserstandes, wie sie durch Ebbe und Flut verursacht werden, lassen regelmäßig einen schmalen Streifen des weichen Schlicks, der den Flußgrund bildet, frei, von welchem dann, durch die Strahlen der Sonne hervorgerufen, schädliche Ausdünstungen ausströmen. In dritter Linie kommen dann die Stationen Dar-es-Salaam, Mquadja, Bueni und das in Usagara gelegene Mpuapua. Dar-es-Salaam, welches durch die dort zuerst stationirten Beamten der Deutsch-Ostafrikanischen Gesellschaft in den Verruf des größten Fiebernestes gekommen war, hat nach den statistischen Tabellen keine so ungünstigen klimatischen Verhältnisse aufzuweisen. In vielen Fällen läßt sich sogar das

Gegentheil beweisen. Sämmtliche Somali, welche in Aden für die Schutztruppe engagirt waren, mußten schon im Laufe der ersten Monate zurücktransportirt werden, weil dieselben das feuchte Klima in Ostafrika nicht vertragen konnten. Derselbe Fall trat bei der von Peters engagirten Truppe ein, von der 75 Procent als vollkommen marschunfähig entlassen werden mußten.

Während diese Schiffs-Somali in Bagamoyo sowie in Pangani und Tanga fortwährend unter den schwersten Fieberanfällen zu leiden hatten, erfreuten sich die Somali-Bootsleute, welche in Dar-es-Salaam von Anfang an stationirt waren, einer außerordentlich guten Gesundheit. Von allen Stationen sind Tanga und Fort Muhesa, von denen später noch die Rede sein wird, wol die beiden gesundesten Orte, und letzteres kann wegen seiner günstigen Lage wol als ganz fieberfrei gelten. Je weiter die Cultur vorschreitet, je mehr weicht das Fieber zurück. Hierfür ist die Insel Sansibar der beste Beweis. So kann auch mit Bestimmtheit angenommen werden, daß sich die klimatischen Verhältnisse an den Küstenpunkten von Jahr zu Jahr bessern werden.

Untersuchen wir einmal die Ursachen der vielen Krankheitsfälle, unter welchen die Schutztruppe in den ersten Monaten zu leiden hatte, so sehen wir, daß die Aufgaben, welche in der ersten Zeit an die Offiziere und Unteroffiziere herantraten, überaus schwierig waren, während die Verhältnisse des täglichen Lebens nicht immer die nöthige Erholung und Ruhe nach der Arbeit gestatteten, wie es für das Leben in den Tropen durchaus nothwendig ist. Einerseits konnten die Einrichtungen in einer vollständig in Trümmern liegenden Stadt nicht derartig sein, daß sie streng hygienischen Anforderungen genügt hätten. Andererseits ließ auch die Lebensweise bei so angestrengten Dienstverhältnissen manches zu wünschen übrig. Aber diese äußern Einflüsse sind angesichts der vielen Erkrankungen in der ersten Zeit nur von untergeordneter Bedeutung gewesen, sehr häufig ist gerade bei den schweren Fieberfällen von den Aerzten die leichtsinnige tropenwidrige Lebensweise als Hauptursache constatirt worden. Besonders eine große Zahl von Unteroffizieren, von denen später viele krankheitshalber nach Hause gehen mußten, haben durch eine leichtsinnige Lebensweise das Uebel hervorgerufen oder doch verschlimmert. Es steht ganz außer Frage, daß wenn man in geregelten Verhältnissen lebt und sich tropenmäßig ernährt, man an allen Orten der Küste ohne besondere Gefahr für sein Leben jahrelang wohnen kann. Andererseits ist es als feststehende Thatsache an vielen Beispielen bewiesen, daß eine ausschweifende Lebensweise auch einem starken Organismus in kurzer Zeit die Widerstandsfähigkeit gegen das Fieber rauben kann. Die Ursache liegt so klar auf der Hand, daß sie jedem Laien einleuchten muß. Durch den langen Aufenthalt an Orten, wo die Malariapilze vorkommen, dringt bei jedem Menschen eine größere oder geringere Zahl dieser Bacterien ins Blut und übt dort einen zerstörenden Einfluß auf die Blutkörperchen aus. Je kräftiger und widerstandsfähiger der Mensch ist, je eher wird seine Natur diese Fieberkeime überwinden. Treten aber diese Pilze in größerm Maße auf und ist der Organismus nicht mehr im Stande, sie zu überwinden, so kommt das Fieber zum Ausbruch. Wann und wie oft der Weiße diesen Krankheitserscheinungen unterworfen ist, hängt in erster Linie von seiner Constitution, in zweiter Linie von äußern Einwirkungen ab.

Daß ein Europäer in einem malariainfizirten Orte trotz längern Aufenthalts ganz verschont bleibt, gehört durchaus nicht zu den Seltenheiten. Wer z. B. das Werk des Herrn Major von Wißmann: „Quer durch Afrika“, gelesen hat, wird in demselben finden, daß dieser unser bekanntester Reisende während seines zehnjährigen Aufenthalts in Afrika nur ein einziges mal an Malaria erkrankt ist, und unter den weißen Offizieren und Unteroffizieren sind mehrere, welche während des ganzen Jahres nicht am Fieber erkrankt sind, trotzdem die Betreffenden denselben Lebensbedingungen unterworfen sind wie die an Malaria

Erkrankten und sich nachgewiesenermaßen längere Zeit an ungesunden Orten aufgehalten haben. Ich führe hier z. B. den Herrn Hauptmann Richelmann an, welcher fast während eines ganzen Jahres Stationschef von Bagamoyo war und in dieser ganzen Zeit nicht die geringste fieberähnliche Krankheitserscheinung an sich verspürte. Bei einer ganzen Zahl von Expeditionsmitgliedern sind die Fiebererscheinungen so schwach aufgetreten, daß die Betreffenden ihren Dienst weiter versehen konnten.

Abgesehen von diesen leichten Fällen kann man zwischen regelmäßigem und unregelmäßigem Fieber unterscheiden. Bei einzelnen in den Tropen wohnenden Europäern traten Fiebererscheinungen in regelmäßigen Zwischenräumen von 14 Tagen und vier Wochen auf. Dieselben sind meistens nur mit sehr leichten Krankheitserscheinungen verbunden, sodaß sie in zwei bis drei Tagen mit Chinin überwunden sind. Diese regelmäßigen Fieber werden von den Aerzten mit sehr günstigen Augen angesehen, da man die Krankheit mit Chinin sehr leicht bekämpfen kann und schwere Fälle bei solchen Leuten selten vorkommen. Die wirklich schweren Malariafälle, die unter Umständen einen tödlichen Ausgang nehmen, sind doch nur selten und treten dann noch in 75 von 100 Fällen nicht allein, sondern in Verbindung mit andern Krankheiten auf, welche infolge dessen natürlich einen bösartigen Charakter annehmen. Aus Letztgesagtem ergibt sich die Schlußfolgerung von selbst, daß Leute mit organischen Fehlern oder mit irgendwelchen Krankheitskeimen, die hier leicht zum Ausbruch kommen, auch ältere und gebrechliche Leute, einen längern Aufenthalt in Gegenden, wo Malaria herrscht, vermeiden sollen. Junge kräftige Leute haben bei vernünftiger Lebensweise keine Ursache, das Tropenklima besonders zu fürchten. Vergleicht man die Krankheitsziffer in den frühern Berichten der Ostafrikanischen Gesellschaft mit unsern Krankheitslisten, so wird sich schon ein erheblicher Unterschied herausstellen, der zum größten Theil darauf basirt, daß in der ersten Zeit für die Europäer hier nicht die geringste Bequemlichkeit vorhanden war. Nach den Erzählungen der frühern Beamten war die Gesellschaft wol auch bei der Verproviantirung ihrer Beamten etwas zu sparsam gewesen. Der Unterschied zwischen dem ersten Jahre unserer Thätigkeit und den folgenden wird noch bedeutender sein, da die Unterkunft und Verpflegung der Offiziere und Beamten jetzt nichts mehr zu wünschen übrigläßt.

Fassen wir nun Obengesagtes zusammen, so erscheint die Malaria in einem viel mildern Lichte, als wie man in Deutschland sie zu betrachten gewohnt ist. Auch die Anschauung, daß ein Aufenthalt in Ostafrika in den meisten Fällen mit einem vollständigen Ruin des Körpers verbunden sei, ist nicht allein irrig, sondern auch lächerlich und erinnert an die Furcht vor dem Gewitter. Es ist allerdings eine feststehende Thatsache, daß die Widerstandsfähigkeit gegen das Klima allmählich abnimmt. Dies macht sich aber erst nach Jahren und dann auch meist bei schwächern Constitutionen geltend.

Pangani.

S. 151.

Sechstes Kapitel.

Eroberung von Pangani und Tanga.

Nach den Ereignissen in Bagamoyo und Dar-es-Salaam und nach der Züchtigung von Saadani am 6. Juni schien es, als ob unter den Arabern in Pangani die deutschfreundlichen Elemente die Oberhand gewinnen würden. Vor allen war es Said Hamedi, der wegen seines Reichthums bei den Arabern in hohem Ansehen stand und stets ein aufrichtiger Freund deutscher Interessen gewesen war, welcher zum Frieden rieth und angesichts der bisherigen, gänzlich misglückten Widerstandsversuche, von denen die Kunde, bis in das kleinste Detail genau, sich wie ein Lauffeuer an der ganzen Küste verbreitet hatte, die Unterwerfung unter die mächtigen Deutschen forderte. Dieser ehrwürdige Greis mit wallendem weißen Barte, der nahezu das 80. Lebensjahr erreicht hat, ist unter den Arabern von Pangani eine hervorragende Persönlichkeit und könnte, was Rechtschaffenheit und Ehrenhaftigkeit anbetrifft, manchem Europäer zum Vorbilde dienen. Herr von Zelewski, der bei Beginn des Aufstandes Stationschef von Pangani war, erzählt von ihm, daß bei Ausbruch der Unruhen, als die Aufständischen schon die Station umstellt hätten, er noch offen zu den Deutschen gehalten habe und mitten durch die Aufrührer hindurch mit seinem ganzen Gefolge zu ihm gekommen sei, um ihn seiner Ergebenheit zu versichern. Als Herr von Zelewski über den Besuch so vieler bewaffneter Leute in diesem kritischen Moment Besorgniß zeigte, sagte er: „Glaubst du, daß ich 80 Jahre als ehrlicher Mann gelebt habe, um jetzt die Freundschaft gegen dich zu brechen?“

Diese zum Frieden neigende Gesinnung der Araber von Pangani wurde wesentlich dadurch begünstigt, daß Buschiri seit einiger Zeit verschollen war. Wie wir später hören werden, war derselbe nach Mpuapua marschirt und hatte die dreißig Tagemärsche im Innern gelegene Station der Ostafrikanischen Gesellschaft überfallen. Eine Friedensdeputation erschien auch nach Aufforderung des Reichscommissars in Sansibar, um die Friedensbedingungen desselben entgegenzunehmen. Die Unterhandlungen mußten jedoch abgebrochen werden, als vom Kreuzergeschwader die Nachricht eintraf, daß Banden von Aufständischen sich trotz des Waffenstillstandes in demonstrativer Weise am Strande versammelt und die dort kreuzende Pinasse unter Führung des Lieutenant z. S. von Moeller beschossen hätten. Auf diese Nachricht hin wurde der Angriff nach Vereinbarung zwischen dem Admiral Deinhard und dem Hauptmann Wißmann auf den 9. Juli festgesetzt. Am 8. wurde seitens des Reichscommissars die Einschiffung aller disponiblen Truppen befohlen. Um $5\frac{1}{2}$ Uhr vormittags begann die Verladung der einzelnen Compagnien, und zwar begann die erste und fünfte Compagnie, welche später als Stationstruppen in Pangani und Tanga bleiben sollten und infolge dessen ihr Gepäck mitnahmen. Im Gegensatz zu unsern heimischen Truppen, welche jederzeit marschbereit sind und ihr Hab und Gut im Tornister verwahren, ist der Sudanese gewöhnt, mit Gepäck zu reisen, und zwar nicht allein mit Handgepäck, sondern mit Collis, welche an Umfang denjenigen einer reisenden europäischen Dame kaum nachstehen. Und was ist schließlich in diesen Packeten und Koffern? Werthlose Lumpen und Plunder, welche in den Augen der Europäer nicht den geringsten Werth haben. Ich will zur Erläuterung nur noch hinzufügen, daß z. B. leere Flaschen und Conservenbüchsen für die Sudanesen noch zu den begehrenswerthen Gegenständen gehören, welche beim Wohnungswechsel des Mitnehmens werth erscheinen. Nach unsern deutschen Begriffen von Schlagfertigkeit und Beweglichkeit einer Truppe ist dies allerdings ein großer Uebelstand, welcher sich aber durchaus nicht so leicht beseitigen läßt, wie man annehmen zu können glaubt, weil derselbe mit dem Umstande zusammenhängt, daß ein großer Theil der Soldaten verheirathet ist, füglich also auch Hab und Gut besitzen kann. Bei aller Anstrengung und Arbeit, welche die Einschiffung einer Truppe bei so schwierigen Wasserverhältnissen mit sich bringt, wird man doch durch manchen heitern Moment zum Lachen genöthigt. So sah ich bei meinem Boot einen Soldaten, der bis an die Brust im Wasser stand und in der einen Hand sein Gewehr und in der andern — eine Glaslampe mit Cylinder und Glocke hielt, beide sorgsam vor dem Naßwerden schützend. Wäre dieser Anblick nicht so lächerlich gewesen, so hätte ich entschieden das Mitnehmen eines so gemeingefährlichen Gegenstandes, wie einer Glaslampe, auf einem schaukelnden Schiffe untersagt. Aber nun war ich doch neugierig, wie lange die Lampe um ihre Existenz kämpfen würde. Meine Ahnung hatte mich auch nicht getäuscht. Bei der Abendrevision auf dem Schiffe traf ich den Besitzer in einem Winkel sanft entschlummert. Zwar umklammerten seine Hände noch den zerbrechlichen Gegenstand; aber das Schicksal hatte die Lampe bereits ereilt, denn es war nur noch der Fuß vorhanden. So schied denn dieser für eine militärische Expedition entschieden unnöthige Gegenstand aus dem Leben.

Im Laufe des Abends waren das Blokadegeschwader und sämmtliche Wißmann'schen Schiffe auf der Rhede von Pangani eingetroffen, sodaß der anbrechende Morgen des 9. Juli den Schleier von einer Kriegsmacht hob, wie die Aufständischen sie wol noch niemals in gleicher Stärke gesehen hatten. Das Geschwader setzte sich damals zusammen aus den Corvetten: „Leipzig", „Möwe", „Carola", „Schwalbe", dem Kanonenboot „Pfeil" und dem gecharterten Transportdampfer „Cutch". Die Schiffe des Reichscommissars waren: „Harmonie", „München", „Vulcan" und „Max". Von der ersten Morgendämmerung an war unsere ganze Aufmerksamkeit auf die Küste gerichtet, wo sich jetzt auf den Höhen auf der rechten Seite des Flusses in schwach erkennbaren Linien die auf den Abhängen aufgeworfenen Schützengräben abhoben und ein ungefähres Bild von der Ausdehnung der feindlichen Stellung gaben. Die Hügelkette, die das rechte Ufer des Flusses begleitet und bei seiner Einmündung in den Ocean in dem Cap Ras-Muhesa scharf ins Meer vorspringt, hat eine Durchschnittshöhe von 100 bis 200 Fuß und ist auf ihren Abhängen von dichtem Buschwerk bestanden. Diese Abhänge hatten die Araber besetzt und durch aufgeworfene Schützengräben befestigt. Die Terrain- und Wasserverhältnisse waren für uns außerordentlich ungünstig, da die steilen, mit dichtem Buschwerk bestandenen Höhen nur an wenigen Stellen zu ersteigen waren und auch dort eine Entwickelung erst auf der Höhe gestatteten. Das sehr seichte Wasser und viele vorspringende Korallenriffe zwangen uns, mit der Landung bis zur höchsten Flut zu warten, da die schwer beladenen Marinekutter, welche mehrere Fuß Tiefgang haben, bei niedrigem Wasserstande 200—300 m vom Strande abbleiben mußten und ein Durchwaten des Wassers auf so große Entfernungen im feindlichen Feuer thunlichst vermieden werden mußte. So wurden angesichts dieser Schwierigkeiten die Dispositionen zum Angriff noch am frühen Morgen in manchen Punkten geändert und die Chefs zur Entgegennahme diesbezüglicher Gegenbefehle auf das Commandantenschiff „München" beordert. Sehr zu statten kam es uns, daß die Araber sich nicht gedeckt hielten, sondern in großer Aufregung hin- und herliefen und uns dadurch die Ausdehnung ihrer Stellung verriethen, wodurch sie der Marine Gelegenheit gaben, die einzelnen besetzten Punkte scharf zu visiren.

Nachdem um 8 Uhr auf das Signal des Admiralsschiffs „Leipzig" sämmtliche zehn Schiffe die deutsche Flagge gehißt hatten, fiel wenige Minuten später der erste Schuß von der „Möwe", welchen wir auf dem Kamme des Hügels explodiren sahen. Sämmtliche Kriegsschiffe nahmen nun das Feuer auf, hauptsächlich die rechts des Pangani gelegenen Höhenzüge bestreichend. Die Stadt selber sollte nach Möglichkeit geschont werden, da es nicht dem Zweck der Expedition entsprechen konnte, wenn sämmtliche Küstenplätze in Trümmerhaufen verwandelt würden. Auf dem linken Ufer des Flusses liegt, umgeben von Palmpflanzungen, die Stadt Pangani. Halb von der letzten Biegung des Flusses bedeckt, ist von der Rhede aus nur das Araberviertel zu sehen, dessen weiße, regelmäßig gebaute Häuser sich scharf von dem dunkeln Hintergrunde der Usambaraberge abheben. Die Stadt zählt in ruhigen Zeiten vielleicht 4—5000 Einwohner, von denen jedoch nur der dritte Theil Araber und Inder sind. Der Rest sind Eingeborene, welche einen eigenen Stadttheil bewohnen, der sich nach Westen auf beiden Seiten des Flusses ausdehnt. Die einzigen auf dem linken Flußufer gelegenen Befestigungen, waren in der Mitte zwischen der Stadt und dem Meere aufgeworfen. Eine doppelte Reihe von Pfählen sperrte hier den Strand und zog sich mit aufgeworfenen Schützengräben bis an die Lisière des Palmenwaldes hin. In der Front befanden sich einige Durchgänge, welche wiederum durch kleine Palissadirungen geschützt waren. Diese Einzäunung ist eine in Afrika übliche Form der Befestigung, Boma genannt, der wir bei Lagerplätzen der Aufständischen später noch oft begegnet sind. Gegen Gewehrfeuer bieten sie hinreichenden Schutz; mit Granatfeuer sind sie jedoch leicht einzuschießen und werden dann durch die umherfliegenden Splitter für die Vertheidiger leicht verhängnißvoll, sodaß wol dies mit ein Grund ist, warum die Araber diese festen Stellungen niemals wirklich vertheidigt haben.

Auf allen Schiffen herrschte jetzt die regste Thätigkeit. Während die Marine mit ihren schweren Geschützen das ganze rechte Pangani-Ufer unter Feuer nahm, wurden die schwarzen Truppen compagnieweise in die großen Kutter verladen. Die

Dampfpinassen fuhren von Schiff zu Schiff, Befehle überbringend und entgegennehmend, und zwischendurch schoß die kleine, von fünf Somali geruderte Gigg des Commandanten.

Nach dem Angriffsplan wurde die Landung auf den rechten Flügel der feindlichen Aufstellung dirigirt, auf welchem sich eine kleine Bucht mit etwas vorspringendem Strande befand. Hier sollten sich die Truppen, ohne allzusehr vom feindlichen Feuer belästigt zu werden, innerhalb der Compagnien rangiren. Das Bataillon war in drei Treffen formirt. Das erste Treffen, bestehend aus der I. Compagnie Lieutenant Johannes und der V. Compagnie Lieutenant Radaz, stand unter dem Befehl des Herrn Dr. Schmidt und landete zuerst. Die beiden Führer sprangen, sobald die Boote in die Nähe des Strandes gekommen waren, ins Wasser. Die Leute folgten ihnen, in der einen Hand das Gewehr, in der andern die Patronentasche, bis an den Hals im Wasser watend. Sobald die Compagnien sich gesammelt hatten, gingen sie, in Schützenlinien formirt, gegen die Höhen vor und eröffneten ein lebhaftes Feuer gegen die im Busche versteckt liegenden Gegner. Das zweite Treffen, geführt von dem Chef Freiherrn von Eberstein, war ziemlich zu gleicher Zeit gelandet und lehnte sich an den rechten Flügel des ersten Treffens an. Auf der ganzen Linie entwickelte sich jetzt ein lebhaftes Schützengefecht. Die Araber zogen sich langsam, von Busch zu Busch ihre Stellung vertheidigend, zurück. Bald löste sich jedoch der Rückzug in wilde Flucht auf, verfolgt von den Salven unserer Schützen. Der erste Flügel des zweiten Treffens schwenkte jetzt nach Norden ab und ging gegen Ras-Muhesa vor. Auf dieser äußersten Felsspitze war zuerst eine starke feindliche Besatzung bemerkt worden. Premierlieutenant Theremin, der das Seitendetachement führte, fand jedoch die Stellung schon verlassen. Dem wohlgezielten Granatfeuer unserer Marine hatten die Araber nicht standzuhalten vermocht.

Die Position war sehr stark und nicht ohne Geschick befestigt. Um die oberste Felskante lief ein Schützengraben mit hoch aufgeworfenen Wällen. Hier standen, geschützt durch Erddeckungen, zwei alte Vorderladerkanonen. Ein drittes Geschütz fanden wir später am untern Ende der vom Strande nach dem Ras führenden Hohlweges. Von einer Thätigkeit dieser Geschütze ist vom Schiffe aus nichts bemerkt worden. Dieselben würden auch bei der mangelhaften Construction der Rohre und der sehr primitiven Beschaffenheit der Geschosse ziemlich wirkungslos gewesen sein. In dem Laufgraben neben den Geschützen fanden wir noch einige Geschosse. Dieselben waren von einer starken Eisenstange durch Abschneiden 8—10 cm langer Stücke hergestellt. Einige kleine Pulverfässer wurden später auch in den umliegenden Gehöften gefunden. Die Vertheidiger hatten sich in das dichte Buschwerk der westlichen Hügelkette geflüchtet, wo eine Verfolgung ohne Führung und Ortskenntniß unmöglich war. Nur wenige Leute hatten sich nach Mbueni, einem kleinen Dorfe am rechten Pangani-Ufer zurückgezogen. Hier folgten ihnen Herr von Eberstein und Dr. Schmidt und drangen ohne weitern Kampf in das unbesetzte Dorf ein, welches durch die Marine in Brand geschossen war. Die leichte Bauart der Hütten begünstigte das Feuer ungemein, sodaß binnen kurzer Zeit das ganze Dorf in Asche gelegt war. Die dritte Abtheilung unter Führung des Premierlieutenant von Zelewski war durch den mehrmaligen Bruch der Verbindungsleinen zwischen den einzelnen Booten auf dem Wasser aufgehalten worden und übernahm dann bei der Landung die Arrièregarde, ohne weiter ins Feuer zu kommen. Da das Gefecht auf dem diesseitigen Ufer als beendet gelten konnte, so wurde der Platz besetzt und nach Süden durch eine Postenkette gesichert.

Auf dem jenseitigen Ufer waren schon bei Beginn des Gefechts mehrere weiße Gestalten beobachtet worden. Jetzt tauchten plötzlich hinter einer Palissadenverschanzung mehrere Araberhaufen in beträchtlicher Stärke auf, welche strebten, auf dem offenen Flußufer nach der Stadt zu entkommen. Wir versuchten von Ras-Muhesa aus, sie durch Schüsse zu beunruhigen, erzielten aber keinen nennenswerthen Erfolg, da die Entfernung bis zum jenseitigen Ufer zu groß war. In diesem Augenblicke erschien auf dem diesseitigen Höhenzuge die Geschützabtheilung der Maxim-Kanone, welche dem Gros unmittelbar gefolgt war. Lieutenant Böhlau, der die Artillerie führte, überzeugte sich persönlich durch einige Probeschüsse von der Entfernung des jenseitigen Ufers und gab dann etwa zwei Minuten lang Schnellfeuer auf die gänzlich ungedeckten Araberhaufen ab. Wir hatten von Ras-Muhesa aus Gelegenheit, die Wirkung dieses Feuers zu beobachten. Dieselbe war im wahren Sinne des Wortes vernichtend. Von dem ungedeckten, hin- und herlaufenden Araberhaufen war binnen kurzem nur noch die Hälfte zu sehen, die andere Hälfte lag todt oder verwundet auf dem Platze. Der Verlust, den die Araber durch dieses eine Geschütz während einer Schießzeit von zwei Minuten erlitten, belief sich ungefähr auf dreißig Todte und funfzig Verwundete, unter welchen sich auch, wie wir später erfuhren, der Hauptführer Said Abeja befand. Es war dies das erste mal, daß die mörderische Wirkung dieser Schnellfeuerkanone, welche 600 Schuß in der Minute abgibt, zur vollen Geltung kam. Die leichte Transportfähigkeit, der sichere Gebrauch und vor allem die ungeheuere Schußgeschwindigkeit werden diesem neuen Geschütz eine hervorragende Rolle in den Kriegen der Zukunft sichern. Bei unserer Abreise aus Europa war das Geschütz in seiner verbesserten Form soeben fertig gestellt und wir erhielten das erste Exemplar desselben. Dasselbe Geschütz, aber alter Construction, hatte Stanley auf seinem Zuge zur Befreiung Emin Pascha's mitgenommen.

Dieser erste praktische Versuch hat die Leistungsfähigkeit dieses Geschützes, sowie seine Brauchbarkeit auch unter schwierigen Transportverhältnissen nachgewiesen. Eine einzige Mitrailleuse übertrifft an Feuergeschwindigkeit, an Treffsicherheit die Leistung eines ganzen Bataillons. Wie furchtbar die Waffe in der Hand geschickter Artilleristen ist, beweist obiges Beispiel, wo eine feindliche Abtheilung von etwa 200 Mann binnen wenigen Minuten vollständig vernichtet war.

Der Herr Commandant, der sich zwischen dem ersten und zweiten Treffen aufgehalten und von hier aus den Vormarsch geleitet hatte, folgte nun den beiden ersten Abtheilungen nach Mbueni und schickte von hier aus eine kleine Abtheilung unter der Führung des Herrn von Eltz, welcher die Verhältnisse in Pangani genau kannte, auf das andere Ufer. Auch hier waren die Negerhütten, welche auf beiden Seiten das steinerne Araberviertel umgaben, in Flammen aufgegangen. Der Schaden, welcher durch die unfreiwillige Feuersbrunst verursacht war, stellte sich später jedoch als sehr unbedeutend heraus, da sämmtliche Steinhäuser verschont geblieben und nur die sehr leicht wieder aufzubauenden Fischerhütten vernichtet waren. Die „München", welche unter Führung des Kapitän Prager die vor dem Fluß liegende Korallenbank, die bis zu diesem Zeitpunkte als unüberwindliches Hinderniß gegolten hatte, passirt hatte und in die Flußmündung eingelaufen war, stieß in der Höhe der ersten Palissade auf eine eiserne Kette, welche über den Fluß gespannt war, um das Einlaufen von Booten zu verhindern. Diese Kette wäre auch unbedingt für einen kleinen Dampfer ein unüberwindliches Hinderniß gewesen, wenn sie eben über den ganzen Fluß gereicht hätte. So war das letzte Ende durch ein altes Schiffstau ersetzt worden, welches nicht im Stande war, dem Anprall Widerstand zu leisten, und von dem Dampfer, ohne auch nur eine Verzögerung zu verursachen, durchbrochen wurde. Diese mangelhafte und fast lächerliche Vertheidigungsmaßregel zeigt aber, wie wenig die Araber über die Kräfte unserer Angriffsmittel orientirt sind. Wie uns später von befreundeten Arabern mitgetheilt wurde, haben die Vertheidiger ihre Stellung für vollständig uneinnehmbar gehalten.

Ein großer Theil des schnellen und glücklichen Erfolges, welchen wir auf dem diesseitigen Ufer gehabt haben, muß der

Marine zugeschrieben werden, welche durch ihr wirksames Feuer, das trotz der hohen Dünung mit außerordentlicher Präcision abgegeben wurde, die Stellung des Gegners schon vor der Landung unserer Truppen erschüttert hatte. Nachdem die Truppen auf der Höhe des Vorgebirges erschienen, stellten die Schiffe das Feuer auf das rechte Pangani-Ufer ein. Der Verabredung gemäß sollte eine Marineabtheilung auf dem linken Pangani-Ufer gegen die Stadt vorgehen und sich dann mit der Wißmann-Truppe vereinigen. Contreadmiral Deinhard schickte daher den Kapitän zur See Plüddemann in einer Dampfpinasse an das linke Ufer der Pangani-Mündung, um eine günstige Landungsstelle für die Marinetruppe zu suchen. Diese Aufgabe war durchaus nicht leicht. Längs der ganzen Mündung zieht sich am linken Ufer des Flusses eine flache Sandbank hin und läßt für das Ausströmen des Flusses nur eine schmale Rinne frei. Hier tobt eine wilde Brandung, welche jetzt bei Hochwasser allerdings etwas nachgelassen hatte, aber eine Landung immer noch sehr bedenklich erscheinen ließ. Nachdem Kapitän Plüddemann über diese Verhältnisse Bericht erstattet und die günstigste Landungsstelle angegeben hatte, wurden die Boote ausgesetzt und das Landungscorps in der Stärke von 300 Mann eingeschifft. Trotz der heftig tobenden Brandung, welche die Boote wie Nußschalen hin- und herwarf, gelang es doch glücklich, die Truppe zu landen. Eine Sanitätsjolle kenterte allerdings und ein Kutter wurde leck geschlagen. Die Bemannung rettete sich jedoch durch Schwimmen, sodaß keinerlei Unglück bei der Landung vorkam.

Den Gefechtsdispositionen gemäß ging das Hauptdetachement von Norden gegen die Stadt vor, während ein Seitendetachement die linke Flanke deckte. Durch ein starkes Geschützfeuer, welches die Strandbefestigungen und den im Norden liegenden Palmenwald bestrichen hatte, war der Sturm aufs wirksamste vorbereitet, sodaß bei der Annäherung der Truppe die Stadt und die nächste Umgebung bereits vom Feinde gesäubert war. Die Inder, welche von den Aufständischen in der Stadt zurückgehalten worden, begrüßten die Sieger mit lebhafter Freude. War doch monatelang Leben und Eigenthum derselben bei den unruhigen Zeiten gefährdet gewesen.

In der Stadt stieß die Marinetruppe bereits auf die Abtheilung von Eltz, welche von Westen her, ebenfalls ohne Widerstand zu finden, in die Stadt eingedrungen war. Bei einer gründlichen Durchsuchung der Häuser fand sich noch viel Pulver in kleinen Tonnen zu je 3 Pfund. Verwundet waren von der Wißmann-Truppe ein weißer Unteroffizier und drei Sudanesen. Ein Sudanese war gefallen. Die Marinetruppe hatte keine Verluste erlitten. Auf feindlicher Seite entzogen sich die Verluste der Beurtheilung, da die Araber, wie schon früher erwähnt wurde, ihre Todten unter allen Umständen, auch beim heftigsten Feuer, forttragen. Die verwundeten Neger schleppen sich, wenn irgend möglich, noch in das nächste Gebüsch, wo sie dann ohne jede Hülfe unfehlbar umkommen. Die Schätzung kann infolge dessen nur sehr oberflächlich sein. Im Laufe der nächsten Tage wurden auf dem rechten Ufer 15, auf dem linken Ufer 20 Todte aufgefunden und beerdigt. Wenn man die Zahl der Gefallenen auf 60 und die der Verwundeten auf 100 schätzt, so wird dies wol den wirklichen Verhältnissen am nächsten kommen.

Pangani wurde nun sofort von der V. und VI. Compagnie besetzt. Die I., II. und III. Compagnie blieben auf Ras-Muhesa und bezogen dort ein Lager. Trotzdem die Araber aus allen Stellungen herausgetrieben und zerstreut waren, so thaten sich doch immer noch kleine Banden zusammen, welche die Umgegend beunruhigten und auf einzelne Patrouillen schossen. So griff noch am Gefechtstage eine Bande Aufständischer die am Strande liegenden Marineboote an, wurde aber durch ein wohlgezieltes Feuer aus den Revolverkanonen wieder zurückgejagt. Im Laufe des Nachmittags gelang es auch noch, einige Gefangene zu machen, welche sofort an die Kette gelegt wurden und bei den nun beginnenden Festungsarbeiten helfen mußten. In Pangani wie oben auf Ras-Muhesa wurde nun mit allen uns zur Verfügung stehenden Kräften an der Anlage von Befestigungen gearbeitet. Nach reiflicher Ueberlegung und nach Erwägung aller Gründe für und wider wurde das frühere Gesellschaftshaus als Stationshaus beibehalten. Dieses war zwar lange nicht das größte Gebäude in Pangani, hatte aber den Vortheil einer sehr praktischen Bauart und lag, was sehr ins Gewicht fiel, so günstig am äußersten Rande der Stadt, daß es nicht zu schwer hielt, ein breites Schußfeld nach der Stadt

Das Fort von Pangani.

und nach dem Fluß zu freizulegen. Vom Dache des Hauses hatte man eine vollkommene Uebersicht im Osten über die Araberstadt, im Westen über die Negervorstadt. Auch konnte man von hier aus das ganze Negerdorf Mbueni auf dem rechten Ufer des Flusses unter Feuer nehmen. In Ras-Muhesa beabsichtigte der Commandant ein kleines Fort zu errichten, welches die Flußmündung und das diesseitige Ufer beherrschen sollte. Vorläufig war aber noch nichts vorhanden und wir mußten uns dort oben einrichten, so gut es gehen wollte.

Wir hatten seit dem letzten Abend auf dem Schiffe nichts gegessen und getrunken, sodaß sich nach den Anstrengungen des Tages Hunger und Durst recht empfindlich fühlbar machte und wir mit Sehnsucht unsere Koffer und Proviantkisten von der „Harmonie“ erwarteten. Da es uns an passenden Fahrzeugen mangelte, hatte die Marine das Ausladen des Transportdampfers übernommen. Die Boote waren aber von der Landung noch nicht zurückgekehrt, und so mußten wir denn geduldig warten, bis das Landungscorps aus Pangani zurückkehrte. Gegen Abend kam der Commandant zu uns, um unser Lager zu besichtigen. Als er hörte, daß wir hier oben nichts zu essen und zu trinken hätten, schickte er sofort an Bord der „München“ und ließ seine sämmtlichen Privatbestände an Wein und Conserven an Land bringen, uns dieselben in liebenswürdigster Weise zur Verfügung stellend. Bei Einbruch der Nacht traf auch noch der Proviant für unsere Leute ein, sodaß allen Bedürfnissen abgeholfen war. So wurde denn noch spät am Abend in fröhlichster Stimmung der Sieg von Pangani efeiert, wobei eine Flasche nach der andern verschwand. In der Nacht trat heftiges Regenwetter ein, dem unsere armseligen Grashütten keineswegs gewachsen waren, was uns nöthigte, schon vor Tagesgrauen unsere vollständig durchnäßten Lagerstätten zu verlassen. Jetzt sahen wir auch zu unserer Bestürzung und Beschämung, daß wir alle Getränke des Commandanten bis auf eine Flasche Cognak ausgetrunken hatten. Da dieses Factum nicht mehr zu ändern war und diese letzte Flasche unser gesunkenes Renommée der Mäßigkeit nicht wiederherstellen konnte, so wurde dieselbe ebenfalls preisgegeben und mundete uns, die wir noch von dem nächtlichen Regen vollständig durchnäßt waren, ausgezeichnet.

Bei Tagesanbruch wurden sofort die Befestigungsarbeiten mit 200 Mann begonnen. Zuerst wurde das dichte Buschwerk, welches die freie Aussicht nach dem Lande zu beeinträchtigte, gelichtet und ausgerodet. Auf dem äußersten Felsen, welcher an drei

Seiten schroff ins Meer abfällt, wurde das künftige Fort abgesteckt und hier zuerst ein Unterkunftsschuppen gebaut. Im Laufe des Vormittags trafen die Boote mit Proviant, Munition und allerlei Geräth ein. Ein Feldgeschütz, welches zur Armirung des künftigen Fort bestimmt war, wurde auseinandergenommen und unter großen Schwierigkeiten den steilen Fels hinauftransportirt. So arbeiteten wir fleißig mit dem Spaten in der einen und dem Schwert in der andern Hand. Denn während zwei Compagnien schaufelten und Bäume fällten, lag die dritte auf Vorposten und sicherte durch abgesandte Patrouillen das Vorterrain. Allmählich wurde dann der wilde Fels, der früher nur ein Sitz für Adler und Möven gewesen war, der Gesittung und Civilisation zugänglich gemacht. Das dichte Unterholz, welches die äußerste Spitze völlig von dem Hinterlande abschnitt, war bis auf einen kleinen Theil am Abhang niedergelegt, sodaß man jetzt einen freien Ueberblick über die Hochebene hatte und nach allen Seiten mit dem Geschütze das Gelände bestreichen konnte. Nach der Landseite zu war eine $1^1/_2$ m hohe Wand aus Wellblech mit Erdeinlage aufgeführt worden. Nach drei Seiten zu fiel der Fels schroff ins Meer ab, sodaß hier keine Befestigungen errichtet zu werden brauchten.

Diese Arbeiten hatten jedoch mehr Zeit in Anspruch genommen, als wir ursprünglich geglaubt hatten, woran besonders das Abholzen des Buschwerkes schuld war, welches mit seinem undurchdringlichen Lianengestrüpp viel Arbeit beanspruchte. Durch diese Verzögerung war es dem Commandanten unmöglich geworden, die für den Aufenthalt festgesetzte Zeitdauer innezuhalten. Nach Verabredung mit dem Admiral Deinhard sollte nach drei Tagen gemeinschaftlich mit der Marine Tanga angegriffen werden. So dampfte das Geschwader am 12. Juli allein nach Tanga ab. Der Admiral schickte noch am selben Tage einen Friedensbrief an Land, welcher den Einwohnern Straflosigkeit zusicherte, falls sie sich unterwerfen würden. Die Eingeborenen, welche auch hier in zwei Parteien gespalten waren, von denen die eine, hauptsächlich Araber, kämpfen wollten, während die Neger den Frieden wünschten, erbaten eine Bedenkzeit von drei Tagen. Der Admiral verlangte aber sofortige Erklärung. Als darauf am 13. vormittags das Landungscorps in derselben Stärke wie in Pangani am Südufer landete, schien die Stimmung friedlich zu sein, denn sämmtliche Bewohner hatten sich an den Uferhöhen versammelt und ließen die Boote, ohne feindliche Absichten zu verrathen, landen.

Den Truppen kam eine Deputation entgegen, welche Zeichen des Friedens machte und anscheinend zu unterhandeln wünschte. Die Marinetruppen hielten sich aber trotzdem auf alle Fälle gefechtsbereit, ungewiß, ob nicht dennoch Feindseligkeiten von den Arabern zu erwarten wären. Wie nöthig diese Vorsichtsmaßregeln gewesen waren, zeigte sich bald. Denn wie auf ein gegebenes Zeichen feuerten sämmtliche Araber plötzlich ihre Gewehre auf die Truppen ab. Einem Matrosen wurde der Arm zerschmettert. Die meisten Kugeln flogen jedoch, ohne Schaden anzurichten, ins Wasser. Das Feuer wurde sofort vom Landungscorps erwidert, welches dann mit Hurrah die Höhen stürmte und den in wilder Flucht nach allen Seiten auseinanderlaufenden Feind aus der Stadt trieb und bis an den Palmenwald verfolgte. Es ist als ziemlich gewiß anzunehmen und wurde uns auch später von den zurückkehrenden Arabern bestätigt, daß der Angriff auf die Boote nicht beabsichtigt war. Die Araber waren nur ca. 100 Mann stark und hätten angesichts der Kriegsschiffe keine Feindseligkeiten gewagt; aber durch irgendeinen Zufall war aus ihren Reihen ein Schuß gefallen. Dies hatten sie für ein Zeichen zum Angriff gehalten und nun blindlings ihre Gewehre abgefeuert. Diese Erklärung klingt auch durchaus wahrscheinlich, besonders da eine Friedensdeputation den Truppen bis an den Strand entgegengekommen war. Diese kleine Lehre, welche sie sich hier geholt haben, wird ihnen jedoch nichts schaden, und wenn auch viele Araber nicht wiedergekommen sind, so ist dies durchaus kein Nachtheil und kann der Entwickelung des Ortes nur zum Vortheil gereichen. Leider ist aber auch ein großer Theil der Negerbevölkerung, welche vollständig unschuldig war, bei dieser Gelegenheit ins Innere geflohen und trotz verschiedener Bemühungen des Stationschefs noch nicht zur Rückkehr zu bewegen gewesen. Die Marine besetzte nun das frühere Gesellschaftshaus mit 100 Mann und patrouillirte die Gegend ab. Die Inder gaben auch hier ihrer lebhaften Freude Ausdruck, daß endlich geordnete Zustände zurückkehren würden.

Am 13. abends traf die „Harmonie“ mit 3 Compagnien und die „München“ mit dem Commandanten an Bord in Tanga ein. Wir fanden die Verhältnisse hier vollkommen ruhig. Aber leider waren fast alle Eingeborenen auch aus den umliegenden Dörfern ins Innere geflohen. Die Marinewache wurde nun durch unsere Truppen abgelöst und der Ort von einer Compagnie besetzt, welche wiederum die Wachen stellte, während die andern Compagnien sofort mit dem Bau eines Fort begannen. Für die Anlage bot sich uns ein außerordentlich günstiger Platz zwischen Tschumbageni (dem Negerdorf) und dem Inder-Viertel. Vorläufig sollte das ganze Fort aus Wellblech aufgeführt und erst später durch Steinbefestigungen ersetzt werden. Da der Aufbau eines Hauses aus Stein aber fast den Zeitraum eines Jahres beanspruchte, so mußten die provisorischen Befestigungen mit der größten Vorsicht und Dauerhaftigkeit aufgeführt werden, um der Witterung so lange Widerstand leisten zu können. Nachdem der Commandant den Platz und die ungefähre Ausdehnung für die Anlage bestimmt hatte, übernahm Herr von Zelewski die Leitung der Arbeiten. Jeder der anwesenden Offiziere erhielt einen Theil der Arbeit zugewiesen, wobei er die Leute selbst anstellen und überwachen mußte. Mit dem ersten Sonnenstrahl begannen die Arbeiten und wurden erst bei eintretender Dunkelheit eingestellt. Nur in der größten Mittagshitze wurde eine Pause von zwei Stunden gemacht. Ein Theil der Mannschaften war unten am Strande mit dem Löschen der Ladung beschäftigt und schaffte Wellblechplatten, Buriti (eine Art harter Holzblöcke von $2\frac{1}{2}$—3 m Länge und 10 cm Dicke, welche in Ostafrika als einziges Bauholz verwendet werden und theils aus Saadani, theils aus den südlich von Dar-es-Salaam gelegenen Wäldern nach Sansibar gebracht werden) und Handwerkszeug auf den Bauplatz. Eine zweite Abtheilung war damit beschäftigt, das Vorterrain zu säubern.

Ich hatte mit meiner Compagnie den Auftrag erhalten, einen Stacheldrahtzaun um das Fort zu ziehen. So wurde an allen Orten gleichzeitig mit dem größten Eifer und Interesse gearbeitet. Galt es doch, in möglichst kurzer Zeit und mit geringen Mitteln ein Werk zu schaffen, dessen wir uns später nicht zu schämen brauchten. Mit Staunen sahen die Inder und Eingeborenen binnen wenigen Tagen eine Befestigung aus der Erde wachsen, an welcher sich auch die härtesten Köpfe vergeblich versucht hätten. Herr von Zelewski hatte selbst den schwierigsten Theil der Arbeit, den Bau eines Wohnhauses übernommen. Hier stand er selbst auf dem Gerüste, beschnitt die Hölzer, maß die Entfernungen ab und stellte die Arbeiter an. Dabei überwachte er den ganzen übrigen Bau des Fort, half bald hier bald dort, besichtigte die vollendeten Arbeiten und ertheilte Instructionen, sodaß er im wahren Sinne des Worts den ganzen Bau leitete. Dafür war auch jeder bestrebt, seinen sachgemäßen Anordnungen Folge zu leisten und sein Möglichstes zu thun. Fast das einzige Material, welches uns zur Verfügung stand, waren Wellblech, Buriti und Nägel. Hiermit mußten die Befestigungen und sämmtliche Wohn- und Unterkunftsräume hergestellt werden. Die Offiziere, die wol früher niemals ein Handwerkszeug in den Händen gehabt hatten, waren jetzt eifrig bemüht, die Leute im Gebrauch von Hacke und Spaten zu unterweisen. Hier saß ein Herr auf dem Gerüst und band die Balken fest, oder nahm dort einem ungeschickten Arbeiter Hammer und Zange aus der Hand, um ein Brett zu befestigen.

Bei diesem energischen Ineinandergreifen aller Kräfte war

es denn auch möglich, daß binnen wenigen Tagen Erkleckliches geschaffen wurde, sodaß wir alle stolz waren, als unser Commandant bei seiner Rückkehr aus Sansibar, wo er einige Tage beschäftigt gewesen war, sich anerkennend über den Fortgang der. Arbeiten aussprach. Die ganze Anlage der Befestigungen geschah nach folgendem Princip. Die Umfassungsmauern des Fort bildeten ein Viereck, welches von ausgebauten Bastionen flankirt wurde. Dieselben wurden aus einer doppelten Wand aufeinandergesetzter Wellblechplatten hergestellt und im Innern etwa fußbreit mit Erde ausgefüllt. So bildete die Mauer gegen Gewehrfeuer eine sichere Schutzwehr und war zugleich durch die Festigkeit des Materials geeignet, den Witterungseinflüssen mit Erfolg Widerstand zu leisten. Das Wohnhaus für die Offiziere und Unteroffiziere war ebenfalls mit einfachem Wellblech bekleidet, welches durch Schrauben an die eingegrabenen Pfeiler befestigt war. Ueber das Dach wurden zum Schutz gegen die Sonnenstrahlen geflochtene Strohmatten gelegt. Der Fußboden war cementirt, sodaß auch hier gesundheitlich nichts zu fürchten war. Die Unterkunftsräume für die schwarzen Mannschaften waren ähnlich hergestellt, doch nicht so hoch wie die Offizier- und Unteroffizierwohnungen, welche eine Höhe von 3 m hatten. Die äußere Umfassung war durch einen Stacheldrahtzaun geschützt, der in Ostafrika bei allen Befestigungen angewandt wird und ein ausgezeichnetes Annäherungshinderniß bildet. Binnen zehn Tagen waren die Arbeiten so weit fertig gestellt, daß die II. Compagnie und Herr Lieutenant Krenzler, welcher die Station übernahm, in die neuen Räume einziehen konnten. Die zwei übrigen Compagnien kehrten am 23. Juli nach Bagamoyo zurück.

Tod des Dr. Schmelzkopf.

Ein schwerer und schmerzlicher Verlust war uns noch in den letzten Tagen des Juli beschieden. Der Chefarzt unserer

Expedition und Senior unsers Offiziercorps, der Stabsarzt Dr. Schmelzkopf ertrank am 20. Juli bei einer kleinen Insel, in der Nähe von Dar=es=Salaam. Der Reichscommissar hatte sich zur Besichtigung der Küstenpunkte am 19. Juli vormittags auf der „München" nach Dar=es=Salaam eingeschifft. Ihn begleitete Dr. Schmelzkopf, um eine ärztliche Revision dort abzuhalten. Ferner befanden sich noch an Bord Dr. Bumiller und Hauptmann Richelmann. Bei dem stark wehenden Monsun gingen die Wellen sehr hoch, sodaß der Kapitän mit dem kleinen Dampfer die offene See nicht halten konnte und gezwungen war, im Schutz einer kleinen Insel vor Anker zu gehen. Herr Hauptmann Wißmann ließ das Boot klar machen, um mit den beiden Offizieren und einigen Schwarzen nach der Insel zu rudern.

Sehr bald zeigte es sich jedoch, daß das Boot, welches lange nicht mehr in Gebrauch gewesen, leck war und derart Wasser sog, daß es nur den vereinten Bemühungen der Insassen gelang, dasselbe in der Brandung über Wasser zu halten. Wenige Schritte vor der Insel sank das Boot jedoch vollends und konnte nur mit Mühe auf den Strand gezogen werden. Hierbei gingen drei Gewehre verloren, sodaß die Herren im Besitz nur eines Gewehres angesichts des nahen Festlandes, wo zahlreiche feindliche Fischerdörfer sich am Strande befanden, in einer recht üblen Lage waren. Außerdem war die hereinbrechende kalte Nacht in durchnäßten Kleidern ohne Decken oder irgendwelche Hülfsmittel doppelt fühlbar und bei den hiesigen klimatischen Verhältnissen im höchsten Grade gesundheitsgefährlich.

Vom Schiffe aus war dieser Vorgang beobachtet worden. Dr. Schmelzkopf, welcher die sehr peinliche und gefährliche Lage erkannte, in welcher sich die drei Herren befanden, und aus einigen Schüssen, welche er glaubte aus jener Richtung gehört zu haben, schloß, daß ein feindlicher Zusammenstoß stattgefunden hätte, wollte noch am selben Abend den Kameraden schwimmend Hülfe bringen. Jedoch gelang es dem Kapitän, ihn von diesem Unternehmen zurückzuhalten. Am nächsten Morgen gegen

4 Uhr beschloß Dr. Schmelzkopf dennoch das Wagstück zu unternehmen. Ausgerüstet mit einer Flasche Cognak, etwas Kaffee, einer kleinen Schachtel mit Nägeln zur Reparatur des Bootes und etwas Chinin, sprang er entkleidet über Bord. Die Distanz bis zur Insel betrug etwa 1000 m. Wenn dies schon bei sehr hoch gehender Brandung keine geringe Kraft und Gewandtheit erforderte, welche der Stabsarzt jedoch in hohem Grade besaß, so war er durch die mitgenommenen Fla-

Stabsarzt Dr. Schmelzkopf.

schen doch noch erheblich an der freien Bewegung der Gliedmaßen gehindert. Den an Bord Gebliebenen war er des hohen Seegangs wegen bald aus den Augen verschwunden.

Auf der Insel war von dem ganzen Vorgang nichts bemerkt worden, da um 4 Uhr noch vollständige Dunkelheit herrschte. Erst durch drei vom Kapitän abgefeuerte Schüsse wurden die Kameraden aufmerksam und sahen nun, wie der Kapitän mit heftigen Gesticulationen etwas hinüberrief, was aber durch die tobende Brandung unverständlich war. Bei Tagesanbruch wurde von den Herren auf der Insel das stark beschädigte Boot kalfatert und wieder flott gemacht. Trotzdem das Fahrzeug noch immer undicht war, und das Wasser von allen Seiten eindrang, gelang es doch das Schiff zu erreichen, aber in dem Moment, wo alles an Bord war, versank das Boot. Die ersten Worte, welche der Kapitän den Herren zurief, waren: „Wo ist Dr. Schmelzkopf?" Der Commandant war aufs äußerste erstaunt und bestürzt, da er jetzt erst von dem ganzen Vorgang Kenntniß erhielt. Es konnte kein Zweifel mehr darüber herrschen, daß der Stabsarzt ertrunken sei. Bis 8 Uhr wurde noch, der Strömung folgend, versucht, den Verunglückten aufzufinden, aber vergebens. Derselbe hatte entweder in der tobenden Brandung die Kräfte verloren oder er war von einem Haifisch, welche in diesen Gewässern häufig vorkommen, in die Tiefe gezogen.

So war denn uns wiederum ein tüchtiger aufopfernder Mann und treuer Kamerad entrissen. Stets bestrebt, in treuer Kameradschaft helfend und rathend jedem beizustehen und anderer Leiden zu lindern, wurde er ein Opfer seiner Pflichttreue und kameradschaftlichen Gesinnung. Stets wird dem treuen Freunde und Genossen bei schwerer Arbeit, dem aufopfernden Freunde und Kameraden ein Platz in unsern Herzen gesichert sein. Auch für ein äußeres Denkmal am Strande jener verhängnißvollen Insel werden die Freunde des Verunglückten Sorge tragen.

Siebentes Kapitel.

Expedition nach Ukwere und Süd-Usaramo.

Beim Ausbruch der Unruhen war der größte Theil der Negerbevölkerung aus Bagamoyo und der nächsten Umgebung der Stadt über den Kingani geflohen und hatte dort in verschiedenen Dörfern der Wakwere bereitwillige Aufnahme gefunden. Besonders war es der Sultansſklave Ismael, der einen großen Theil dieser flüchtigen Leute auf seinen ausgedehnten Schambas beherbergte, wo sie sich unter seiner und der Araber Führung sehr bald in eine Räuberbande verwandelten, welche gemeinsam mit der einheimischen Bevölkerung nicht allein den Aufständischen in jeder Weise Vorschub leistete, sondern auch selbständig Raubzüge unternahm, bei welchen es hauptsächlich auf Menschenraub abgesehen war.

So waren denn diese Banden für die friedlichen Bewohner der Umgegend von Bagamoyo ein Gegenstand steter Besorgniß, und fast täglich liefen Klagen über Diebstähle und Gewaltthaten seitens der Eingeborenen oder von der Französischen Mission beim Reichscommissariat ein. Die Frechheit, mit der sie dieses saubere Handwerk betrieben, ging sogar so weit, daß sie in der nächsten Umgegend der Station Wanjamwesi-Leute fingen und fortschleppten. Wenn es auch in einzelnen Fällen gelang, ihnen durch nachgesandte Patrouillen die geraubten Leute wieder abzujagen, und nicht selten Gefangene, die beim Stehlen abgefaßt waren, von den Eingeborenen selbst eingeliefert wurden, so erforderte doch unser Ansehen als Schutztruppe ein energisches

Einschreiten gegen diese Zustände und eine nachdrückliche Bestrafung des Raubgesindels und speciell der Häuptlinge, welche diesem Treiben Vorschub leisteten. Einer Aufforderung des Reichscommissars an die Häuptlinge von Ukwere, sich an einem bestimmten Tage in Bagamoyo einzufinden, war ebenso wenig Folge geleistet worden, wie dem Befehle an die frühern Bewohner der Stadt, nach Bagamoyo zurückzukehren und die Feindseligkeiten gegen die Eingeborenen einzustellen.

Der Reichscommissar ertheilte daher dem Stationschef von Gravenreuth den Auftrag, mit einem Detachement, bestehend aus der Sulu-Compagnie des Herrn von Medem, der zweiten Sudanesen-Compagnie unter Führung des Lieutenant Sulzer, den Stations-Askaris unter Herrn Illich und einer Geschützabtheilung, die Mtoni-Fähre über den Kingani zu besetzen, dort geeignete provisorische Befestigungen zur Deckung des Ueberganges anzulegen, die Ortschaften jenseit des Flusses zu zerstören und möglichst viele Gefangene einzuliefern. Der ganze 12. August verging mit Vorbereitungen für diese Expedition. Sämmtliches Baumaterial, Wellblech, Stangen, Bretter, Stacheldraht und alles dazu gehörige Handwerkszeug mußten zum Bau des Fort aus Bagamoyo mitgenommen werden. Ferner mußte Proviant für das Detachement und für die später dort stationirte Besatzung des Fort herausgeschafft und für diese Gegenstände Träger engagirt werden, sodaß wir vollauf zu thun hatten, das nöthige Material bis zum Abend zusammenzustellen und in einzelne Trägerlasten zu vertheilen. Herr Richter, der Stationschef der Ostafrikanischen Gesellschaft in Bagamoyo, welcher sich freiwillig der Expedition angeschlossen hatte, wurde schon am 12. vormittags mit 6 Sectionen des Stahlbootes mit dem Auftrage vorausgeschickt, dasselbe in der Nacht geräuschlos am Ufer des Flusses zusammenzusetzen und das Uebersetzen der Expedition vorzubereiten.

Nachts um 3½ Uhr brach das Detachement, mit den Trägern gegen 250 Mann zählend, geräuschlos auf und bewegte sich in langer Colonne, einer hinter dem andern marschirend, auf den Mtoni zu. Ein solcher Nachtmarsch ist bei den sehr schlechten und schmalen Wegen in Ostafrika mit großen Schwierigkeiten verbunden und nur ohne Störungen auszuführen, wenn die einzelnen Abtheilungen dicht geschlossen bleiben und die Träger, welche stets den unzuverlässigsten Theil der Expedition bilden, unter genügender Aufsicht sind. Nach einem kurzen Rendez-vous, etwa 1½ Stunde von Bagamoyo, stiegen wir in die Pangani-Ebene hinab, eine weite, sumpfige Grasfläche, die von einem Krik durchzogen wird und in der Regenzeit ganz unter Wasser steht. Gleich beim Eintritt in die Ebene mußte ein Sumpf passirt werden, dessen trübes, brackiges Wasser uns bis an den Gürtel reichte und den Transport der Geschütze sehr erschwerte. Nach etwa vierstündigem Marsche erreichten wir um 7 Uhr früh Mtoni, wo wir das Boot bereits in Thätigkeit fanden. Nach kurzer Offizierversammlung, in welcher Herr von Gravenreuth die Dispositionen für den nächsten Tag ausgab, trennten wir uns in kleinere Abtheilungen. Zum Bau des Fort blieb Herr Bohndorff mit den Arbeitern auf dem diesseitigen Ufer zurück. Alle übrigen Truppen wurden nicht ohne Schwierigkeiten, da Ebbe eingetreten war und die Ufer des Kingani sehr sumpfig waren, über den Fluß gesetzt.

Hier trennte sich Herr von Gravenreuth von uns, der eine zweitägige Expedition nach den westlich gelegenen Dörfern beabsichtigte. Seine Truppe setzte sich aus der ersten Sulu-Compagnie unter Herrn von Medem, den Stations-Askaris und der gesammten Artillerie zusammen. Lieutenant Sulzer hatte den Auftrag, mit einem Theile seiner Compagnie stromaufwärts zu gehen, sämmtliche dort gelegenen Orte zu zerstören und möglichst viele Gefangene zu machen. Denselben Auftrag hatte ich für die Orte, die nordwärts gelegen waren. Meiner Abtheilung, die aus ca. 50 Mann bestand, hatte sich noch Herr Richter, der Beamte der Ostafrikanischen Gesellschaft, angeschlossen. Gegen 8 Uhr vormittags marschirten wir sämmtlich nach verschiedenen Richtungen ab. Nachdem wir eine Zeit lang zwischen hohem, stacheligem Grase hin- und hermarschirt waren und durch die Stations-Askari, welche angaben, die Gegend zu kennen, ziemlich im Kreise herumgeführt waren, schlugen wir die Richtung nach Nordost ein, wo wir nach zweistündigem Marsche die ersten Spuren einer menschlichen Ansiedelung fanden. Diese ganze Gegend jenseit des Kingani trägt so recht das Gepräge der ostafrikanischen Küstenregion: ausgedehnte Grasfelder, durch welche sich schmale Negerpfade in zahlreichen Windungen und Abzweigungen wie dünne Bindfaden hindurchziehen, wechseln mit niedrigen Buschlandschaften ab. Langarmige, engverzweigte Dornensträucher veranlassen den Wanderer zu häufigem Ausweichen und kleinen Umgehungen. So zieht sich die Ebene meilenweit ohne Abwechselung hin. Außer den schmalen, rinnsteinartigen Wegen weist nichts auf die Anwesenheit von Menschen in dieser Einöde hin. Einzelne von dem ungewohnten Erscheinen des Wanderers aufgeschreckte Vögel sind die einzigen lebenden Wesen, welche den Menschen auf dieser Einöde begegnen. Wie beschwerlich der Marsch auf diesen von der Sonne steinhart getrockneten Wegen ist, und wie sehr man auf diesen schattenlosen Straßen unter der Sonnenglut zu leiden hat, kann nur jemand beurtheilen, der diesen Wüstengürtel durchstreift hat.

Das erste Dorf, auf welches wir stießen, hatte einen ziemlichen Umfang und lag mit den einzelnen Gehöften im Busch versteckt, von weitem nur durch Mhogo- und Mtamafelder erkennbar. Die Truppen, welche, durch die Wege gezwungen, immer einer hinter dem andern marschirten, wurden jetzt unter dem Schutze eines dichten Buschwerkes zusammengezogen und in weiten Schützenlinien gegen das Dorf vorgeschickt. Die Einwohner, denen der Ueberfall ganz überraschend kam und die wahrscheinlich auch gedacht hatten: „Der Himmel ist hoch und der Zar ist weit“, verließen jetzt in eiliger Flucht ihre Hütten, um sich in dem nahegelegenen Buschwerk zu verbergen. Aus diesem sichern Versteck gaben sie einige Schüsse auf uns ab, welche von unsern Truppen erwidert wurden. Das Dorf wurde nun von unsern Soldaten besetzt und ausgeplündert, wobei wir einen ziemlichen Vorrath von Negerkorn und Bananen erbeuteten. Zumal auf die Hühner hatten es unsere Soldaten abgesehen und es entspann sich eine lebhafte Jagd auf diese gefiederten Dorfbewohner, welche sich jedoch meist durch eilige Flucht in die dichten Büsche der Verfolgung zu entziehen wußten. Dann wurde das Dorf auf verschiedenen Seiten in Brand gesteckt und wir setzten unsern Marsch in nördlicher Richtung fort. Diese Gegend schien etwas dichter bevölkert zu sein; denn sehr bald trafen wir auf andere Ortschaften, denen dasselbe Schicksal zutheil wurde.

Erst spät gegen Abend langten wir mit reichlichen Lebensmitteln und einigen Gefangenen im Lager an, wo wir Lieutenant Sulzer schon vorfanden, der nach mehrstündigem Marsche nur auf ein Gehöft gestoßen war. Nachdem wir uns im Lager nach Möglichkeit bequem eingerichtet und unsere Abendmahlzeit, bestehend in Mtamabrei und Conservenfleisch, eingenommen hatten, saßen wir noch lange gemüthlich plaudernd um das Lagerfeuer, unsere Tageserlebnisse austauschend. Im Lager war schon längst alles Geräusch verstummt. In dichten Reihen lagen die Leute um die Wachtfeuer, die von der Lagerwache in Brand erhalten wurden. Auch die Kameraden hatten sich schon zur Ruhe begeben, da am folgenden Tage früh aufgebrochen werden sollte. Die lautlose Stille wurde nur durch das Gebell der Hyänen, die in weitem Bogen das Lager umkreisten, und das Geplätscher der Krokodile im Fluß zeitweilig unterbrochen. Letztere sind hier außerordentlich zahlreich und so frech, daß sie selbst unmittelbar unter unserm Lagerplatz einen ertrunkenen Maulesel vom Ufer ins Wasser zogen und damit fortschwammen.

Auch Flußpferde kommen hier häufig vor, und weithin hört man in der Nacht ihr Schnaufen und das Auffetzen der unbeholfenen Füße. Herr Richter zählte auf der Strecke von Mtoni nach Windi, einer Flußstrecke von etwa drei deutschen Meilen, 200 Flußpferde.

Mir war die erste Wache von 10—12 Uhr zugefallen. Gegen 11 Uhr etwa, als ich von der Revision der Posten zurückkam, hörte ich jenseit des Flusses in größerer Entfernung einen Schuß fallen. Der zunächststehende Posten hatte dieselbe Wahrnehmung gemacht, sodaß eine Täuschung ausgeschlossen war. An einen Ueberfall war in dieser menschenleeren Gegend nicht zu denken. So lag die Vermuthung nahe, daß es Versprengte der Abtheilung von Gravenreuth waren, die sich in der dunkeln Nacht verirrt hatten. Ich weckte Lieutenant Sulzer, der als Aeltester das Commando führte, und theilte ihm meine Wahrnehmung mit. Nach wenigen Minuten schon hörten wir ganz deutlich einen zweiten Schuß und zwar in größerer Nähe. Da auch Lieutenannt Sulzer der Ansicht war, daß die Schüsse von Versprengten der Abtheilung Gravenreuth's herrühren müßten, so wurde eine Section Soldaten geweckt, um ihnen durch eine Salve ein Signal zu geben. Natürlich war nun das ganze Lager ermuntert, und mit Spannung erwarteten wir das Näherkommen der Patrouille. Nach Verlauf einer halben Stunde tauchten auf dem jenseitigen Ufer fünf Leute auf. Es waren Wanjamwesi und zwei Stations-Askari, welche uns zuriefen, daß sie einen Brief von Herrn von Gravenreuth mitbrächten, und um das Boot zum Uebersetzen baten. Nun war aber guter Rath theuer, da mittlerweile Ebbe eingetreten war und das Boot trocken lag. Und zwar war dasselbe so tief im Schlick eingesunken, daß es kaum bewegt, geschweige denn flott gemacht werden konnte. Der Brief mußte aber auf alle Fälle sofort befördert werden, da wir nicht wissen konnten, ob derselbe nicht sehr wichtige Nachrichten enthielt. Wir hatten zwar Stangen und Breter zum Bau des Fort und konnten aus diesem Material zur Noth ein Floß zimmern. Aber bei vollständiger Dunkelheit hätte diese Arbeit viel Zeit beansprucht und wäre dann auch wol das Floß gegen die ziemlich starke Strömung nicht genügend widerstandsfähig gewesen. So blieb denn nichts weiter übrig, als den Fluß, der hier nur eine Breite von etwa 100 m hat, zu durchschwimmen und den Brief abzuholen. Dies Wagstück war aber nicht ohne Gefahr, da der Fluß von Krokodilen wimmelte und der Schwimmer von den Bestien leicht angegriffen werden konnte. Wir richteten nun an die einzelnen Truppentheile die Frage, ob sich einer der Soldaten freiwillig hierzu melden wolle. Die Wanjamwesi hatten es vorgezogen, im hohen Grase ihre Zuflucht zu suchen, da sie, durch die Schüsse aufgeschreckt, glaubten, es solle ein Gefecht stattfinden, sie den Ausgang solcher kriegerischen Ereignisse aber lieber aus einiger Entfernung abwarteten.

Auch von den anwesenden Sulu und Stations-Askari war keiner zu diesem Wagstück zu bewegen. Nun kamen die Sudanesen an die Reihe. Sofort trat ein großer strammer Kerl aus dem Gliede und meldete sich zum Durchschwimmen des Flusses. Wir machten ihn mit der großen Gefahr bekannt, die hiermit verbunden war. Der brave Kerl schüttelte aber den Kopf, sagte: „Alhamdalilla“, etwa auf deutsch: „Wie Allah will, so geschieht's“, und sprang ins Wasser. Wir erhoben nun ein wahnsinniges Geschrei, um die unheimlichen Flußbewohner nach Möglichkeit zu verscheuchen. Glücklich sahen wir den Sudanesen auch drüben landen, den Brief in Empfang nehmen und oben in seinem Kopftuch befestigen. Wieder erhoben wir ein lautes Geschrei und verfolgten jede Bewegung im Wasser mit der größten Spannung. Da, kaum daß der Schwimmer die Mitte des Flusses passirt hatte, erhob sich dicht hinter ihm der riesige Kopf eines Krokodils. Ich glaube, daß in diesem Moment jedem der Athem knapp wurde, und ich fühlte, wie mir das Blut aus dem Gesicht wich und der Ruf in der Kehle stecken blieb. Denn jeden Augenblick mußte der Sudanese dem Unthier zur Beute fallen, welches ihn wenn auch nicht sofort getödtet, so doch gräßlich verstümmelt hätte. Aber sei es nun, daß unser Geschrei oder ein von einem Sudanesen mit großer Geistesgegenwart geschleuderter Feuerbrand das Thier verscheuchte, jedenfalls verschwand der Kopf und der Sudanese tauchte glücklich wieder am Ufer auf, wo er mit stürmischer Freude von den andern Soldaten begrüßt und im Triumph die Böschung heraufgetragen wurde. Wir alle drückten ihm in Anerkennung der bewiesenen Bravour die Hand und Lieutenant Sulzer bot ihm 20 Rupien an, welche er gerade bei sich hatte, und wir übrigen Offiziere wollten auch noch beisteuern, als der Soldat bescheiden zurücktrat und sagte: „mafisch feluß la i askar", was etwa heißt: „Nein! Ich nehme kein Geld. Ich habe nur als Soldat meine Pflicht gethan!" Wird man bei dieser wirklich vornehmen Gesinnung nicht unwillkürlich an den „braven Mann" in Bürger's Gedicht erinnert? Und dies war ein Neger, ein Repräsentant der schwarzen verachteten Rasse, der viele Europäer so geflissentlich jedes Gefühl absprechen!

Aber noch sollten wir keinen Schlaf finden, und diese so unruhig begonnene Nacht schien noch mehr Störungen für uns in Vorrath zu haben. Eine Stunde nach Eintreffen der Patrouille und nachdem der Brief des Herrn von Gravenreuth nach Bagamoyo weiter befördert war, wurde wiederum das ganze Lager durch Schüsse in Aufruhr gebracht, aber diesmal durch Kanonenschüsse, welche dumpf von Bagamoyo zu uns herüberschallten. Da man in Afrika nachts um 1½ Uhr keine Kanonenschüsse abzugeben pflegt, wenn es nicht dringend nothwendig ist, so lag die Vermuthung nahe, daß irgendwo ein Gefecht stattfand. Und zwar waren nach unserer Ansicht nur zwei Möglichkeiten vorhanden. Entweder wurde von den blokirenden Marinebooten eine Sklavendau beschossen, oder es fand in der Nähe von Bagamoyo ein Gefecht zwischen unsern Truppen und den Aufständischen statt. Ersteres schien uns aber unwahrscheinlich, da wir schon zum mindesten 12 Schüsse gehört hatten und die Treffsicherheit unserer Marine zu gut kannten, um annehmen zu können, daß sie mehr wie fünf Granaten auf eine Dau verschießen würde; außerdem klangen die Schüsse auch viel zu voll und dumpf, um von den leichten Revolvergeschützen der Marineboote herrühren zu können. Nun blieb noch die Möglichkeit eines Angriffs der wiedergesammelten Schar Buschiri's auf die Station Bagamoyo übrig, und zu dieser Ansicht neigten wir aus verschiedenen Gründen. Erstens deutete die Richtung der Schüsse, die direct von Süden zu kommen schienen, darauf hin. Ferner war durch die Mission in Bagamoyo die Nachricht verbreitet worden, daß am Sykuku, einer mohammedanischen Festlichkeit, auch Rachefest genannt, an welchem die Religion die Ausübung der Vergeltung gestattet und sogar die Vernichtung der Ungläubigen gutheißt, die Araber einen Angriff auf die Station unternehmen würden. Da es uns nicht zweifelhaft erschien, daß der Angriff sehr bald abgeschlagen sein würde, so sah unsere aufgeregte Phantasie schon die zurückgeworfenen Araber in wilder Flucht über die Kingani-Ebene nach der Fähre zu eilen.

Die Aussicht auf ein nächtliches Gefecht wirkte elektrisirend auf uns alle. Sofort wurden die Zelte abgebrochen, die Pferde und Esel in Sicherheit gebracht, das Nordenfelt-Geschütz, welches im Lager geblieben war, aufgestellt und mit Munition versehen, dann ließen wir sämmtliche Soldaten antreten und vor dem Lager eine Bereitschaftsstellung einnehmen. Der Kanonendonner war mittlerweile schwächer geworden und hörte bald ganz auf. So saßen wir mit Spannung auf unserm Posten, jeden Augenblick vor uns im hohen Grase das Auftauchen weißer Gestalten erwartend. Der Rest der Nacht verging aber ohne jegliche Störung, und da bei anbrechendem Morgen noch nichts von den fliehenden Arabern zu sehen war, so zogen wir es vor, die Zelte wieder aufzuschlagen und die Lagerfeuer anzuzünden, denn es fing an, recht empfindlich kalt zu werden. Bei einer Tasse heißem Kaffee, welche uns allen sehr wohl that, besprachen wir die Ergebnisse dieser ereignißreichen Nacht und belachten selber den Streich, den uns unsere aufgeregte Phantasie gespielt hatte. Aber trotzdem waren wir noch im Unklaren, welche Veranlassung das Geschützfeuer gehabt haben konnte, und erst einige Tage später erfuhren wir, daß während der Festfeier des Sykuku in Sansibar ein Aufstand ausgebrochen war, den der Sultan mit seinen Truppen niedergeworfen hatte.

Mit anbrechendem Morgen begann es sich jetzt auch im Flusse zu regen. Auf allen Seiten tauchten die riesigen Köpfe von Flußpferden auf, die nach ihren nächtlichen Excursionen jetzt wieder in den Fluß zurückgekehrt waren und mit Verwunderung die fremden Eindringlinge anstarrten. Einzelne kamen bis auf 30 Schritt an das Lager heran, um dann plötzlich zu verschwinden und in weiter Entfernung wieder aufzutauchen. Lieutenant Sulzer schoß ein starkes Exemplar auf 30 Schritt; dasselbe fuhr halb aus dem Wasser, schlug mit den Vorderbeinen um sich und sank dann unter, ein sicheres Zeichen, daß dasselbe tödlich getroffen war. Trotzdem die Hippos im allgemeinen nicht sehr scheu sind, so erfordert doch der Schuß und die Aussicht, die Beute zu erlangen, einen sichern Schützen, da die Kugel die dicke Schädeldecke des Kopfes, den einzig sichtbaren Theil des Körpers, nur sehr selten durchschlägt und meistens das Thier nur unbedeutend verwundet. Der einzig sichere Zielpunkt liegt hinter dem Ohr, wo die Kugel in das kleine Gehirn eindringen kann. Ist das Thier tödlich verwundet, so sinkt der schwere Körper unter und kommt dann nach 2—3 Stunden wieder an die Oberfläche. Man macht sich im allgemeinen noch keinen richtigen Begriff von dem kolossalen Umfang dieser Thiere, da sämmtliche zoologische Gärten nur Miniaturexemplare aufweisen können. Ich habe die Flußpferde bei nächtlichen Excursionen in größter Nähe auf dem Lande gesehen und kann versichern, daß sie mit dem Rücken die Höhe eines ausgewachsenen Mannes mittlerer Statur erreichen und vom Schwanzansatz bis zur Rachenöffnung $2^1/_2$ m lang werden. Nach Angaben des Major von Wißmann dürften einzelne starke Exemplare an Gewicht und Fleischmasse sogar den größten Dickhäuter, den Elefanten, noch übertreffen.

Der schwarze Askariführer Luis, ein in der französischen Mission erzogener und getaufter Neger, meldete uns, daß er in der Nähe des Flusses einen im Busch versteckten Ort kenne, in welchem sich mehrere Belutschen und Sklavenjäger aufhalten sollten, und bat um die Erlaubniß, das Dorf ausplündern zu dürfen. Da wir die Leute nicht allein gehen lassen wollten, so setzte ich mit den Askaris über den Fluß, um den fraglichen Ort aufzusuchen. Der Begriff von Entfernungen ist aber beim Neger sehr wenig entwickelt, und so marschirten wir in westlicher Richtung mehrere Stunden zwischen hohem Gras und Buschwerk, passirten einen Nebenfluß des Kingani, dessen Wasser uns fast bis an den Hals reichte, stießen auch auf einige kleine Ortschaften, welche sämmtlich niedergebrannt wurden, aber der fragliche Ort war nicht aufzufinden, und wir mußten unverrichteter Sache wieder umkehren.

Die Arbeiten zum Bau einer provisorischen Befestigung zum Schutze der Fähre über den Kingani schritten mittlerweile rüstig fort. Auf dem diesseitigen Ufer wurde ein kleines Fort aus Wellblech mit doppelter, kugelsicherer Wand aufgeführt, welches dem zurückbleibenden Detachement als Unterkunftsraum dienen sollte und zugleich vertheidigungsfähig mit Schießscharten eingerichtet war. Um das Gebäude lief ein Stacheldraht mit fest verschließbarem Thor, welches einen offenen Platz um das ganze Fort frei ließ. Die Besatzung konnte aus dieser Stellung das ganze Vorterrain und den Fluß bestreichen, ohne selbst bei einem Angriff gefährdet zu sein. Das Dach des Hauses war ebenfalls mit einer Schutzwehr umgeben. Hier wurde später das Schnellfeuergeschütz aufgestellt.

Gegen 6 Uhr abends traf Herr von Gravenreuth mit seiner Expedition wieder in Mtoni ein. Die Excursion war von bestem Erfolge begleitet gewesen. In einem der beiden eroberten Dörfer hatten sich die Wakwere unter Führung eines Arabers zur Wehr gesetzt, aber nach kurzem Gefecht war dieser Haufe von den Soldaten überwältigt und zersprengt. 1 Araber und 20 Eingeborene lagen todt auf dem Platze; 20 Mann waren gefangen und zahlreiche Lebensmittel erbeutet worden. Auf dem Rückwege, etwa 3 Meilen von Mtoni, stieß Herr von Gravenreuth auf eine feste Boma mit dreifacher Verpalissadirung, die fest verrammelt war und auf die Anwesenheit von Arabern schließen ließ. Nach vielen Mühen wurden die drei engen Thore mit Aexten aufgebrochen, das Nest war jedoch bereits leer. Die Araber konnten aber eben erst ihren Schlupfwinkel verlassen haben, da man noch glimmende Feuerbrände und einen großen Topf mit gekochter Mtama vorfand.

Gefangene Negerhäuptlinge.

Herr von Gravenreuth ließ die innen gelegenen Häuser unversehrt, um die Leute zur Rückkehr zu bewegen und dann am nächsten Morgen durch eine Compagnie das Nest ausheben zu lassen. Lieutenant Sulzer erhielt noch am Abend den Befehl, diesen Auftrag auszuführen. Gegen $2^1/_2$ Uhr morgens brach die Expedition, welcher sich sämmtliche disponiblen Europäer angeschlossen hatten, von Mtoni auf und erreichten die Boma kurz vor Sonnenaufgang, dem günstigsten Zeitpunkte für einen Ueberfall. Aber trotzdem wir die Umzäunung wieder verschlossen fanden, ein sicheres Zeichen, daß die Araber in der Nacht dort gewesen waren, glückte es uns nicht, ihrer habhaft zu werden. Die Boma wurde nun gänzlich zerstört und die ganze Umgegend abpatrouillirt; aber der Hauptfang, den wir mindestens auf 30 Araber schätzten, war uns doch entgangen, und so mußten wir denn unverrichteter Sache wieder den Rückmarsch antreten.

Bei unserer Rückkehr fanden wir Herrn von Gravenreuth nicht mehr vor. Derselbe war zur Berichterstattung nach Bagamoyo abmarschirt. Gegen 8 Uhr traf ein Bote mit dem Tagesbefehl ein, welcher Herrn von Medem und mich sofort nach Bagamoyo zurückrief, mit dem Auftrage, die beiden 3,4 cm-Geschütze, welche der Expedition beigegeben waren, nach der Station zurückzubringen. Wir warteten mit dem Aufbruch bis zum Aufgang des Mondes um 11 Uhr und traten dann mit unserer kleinen Colonne den Rückmarsch an. Das Passiren der Sumpf- und Wasserlöcher gehörte jetzt in der Nacht nicht zu den Annehmlichkeiten; besonders der Transport der Geschütze durch das sumpfige Terrain erforderte viel Zeit und Mühe, sodaß wir zu dem dreistündigen Marsch jetzt fast die doppelte Zeit gebrauchten.

In Bagamoyo angekommen, erfuhren wir, daß eine zweite Expedition ausgerüstet wurde, welche in zwei Tagen über Windi, einem Flußübergang drei Meilen unterhalb Mtoni, nach Ukwere gehen sollte.

Am 15. August brachen wir wieder auf und trafen an der Windi-Fähre Herrn Richter, welcher das Stahlboot zum Uebersetzen der Truppen hierher gebracht hatte. Bei den afrikanischen Küstenflüssen, die keinen sehr großen Wasserreichthum aufzuweisen haben, macht sich Ebbe und Flut sehr bemerkbar, sodaß beim Eintreten der Ebbe ein breiter Schlammgürtel an beiden Ufern bloßgelegt wird, welcher das Uebersetzen außerordentlich erschwert. Beim Mondwechsel dringt die Flut meilenweit ins Land ein. Die dichten Mangrovegebüsche und die weit ins Land reichenden Creeks werden dann von Meerwasser überschwemmt und bilden fast unpassirbare Sümpfe. Da wir für diese Expedition den Vollmond abgewartet hatten, so mußten wir auch diese Uebelstände mit in Kauf nehmen. Während des Hochwassers war es noch möglich gewesen, mit den schwerbeladenen Booten bis dicht an das jenseitige Ufer zu fahren. Aber bei dem letzten Transport war das Wasser schon so sehr gefallen, daß das schwere Boot mehrere Meter vom Ufer abbleiben mußte. Ich sprang heraus, versank aber sofort bis an die Hüften und mit den Armen bis an die Ellbogen im Uferschlamm. Ich war nicht im Stande, auch nur die geringste Bewegung zu machen, und mußte in dieser peinlichen Lage so lange verbleiben, bis meine Leute am Ufer aus abgehauenen Zweigen eine Brücke herstellten und mich herauszogen. Nachdem wir mit Hülfe von Zweigen und Stangen auch den Rest der Leute ans Land gebracht hatten, wurde eine Säuberung mit Wasser vorgenommen, und der Marsch durch die dichten Mangrovegebüsche fortgesetzt.

Es war mittlerweile vollständig dunkel geworden und Schritt vor Schritt arbeiteten wir uns durch den aufgeweichten Schlick, welcher sich so fest an die Füße heftete, daß wir zu mehrern malen die Stiefel fahren lassen mußten. Besser kamen wir dann vorwärts, als wir uns von zwei Schwarzen, die mit nackten Beinen diese Hindernisse besser überwinden konnten, unterstützen ließen. Bei dieser Gelegenheit ereignete sich eine komische Scene mit dem Feldwebel Key, der an der Spitze seiner Sulus ebenfalls bemüht war, sich den Weg durch Schlamm und Wurzeln zn bahnen. Seine Untergebenen, welche beim Ueberwinden dieser Hindernisse entschieden eine größere

Gewandtheit besaßen als ihr Führer, suchten ihn mit kindlicher Gutmüthigkeit auf jede Weise zu unterstützen. Zwei stämmige Kerle unterstützten ihn auf beiden Seiten, während andere, mit Streichhölzern versehen, nach dem Wege tasteten. Sobald nun ein schwieriger Uebergang oder eine große Wurzel kam, so avertirte ihn der ganze Schwarm mit den ihm beim Exerciren abgelauschten Worten: „Paß up! Kei. Paß up!“

Erst gegen Mitternacht fanden sich die letzten Nachzügler im Lager ein. Um 4 Uhr war die Karavane wieder marschfertig und um 5 Uhr erreichten wir Windi, welches von drei Seiten umstellt wurde. Die Ueberraschung gelang vollständig, und es war wirklich komisch mitanzusehen, wie der Schrecken den Negern alle Besinnung raubte. Ein altes Weib, welches unser zuerst ansichtig wurde, stieß einen Schrei aus und fiel auf den Rücken. Einzelne Leute suchten einen Ausweg durch das Dach zu gewinnen, fuhren mit dem Kopfe durch die Makuti-Bedeckung, blieben natürlich darin stecken und fingen kläglich an zu schreien. Andere suchten eine Zufluchtsstätte auf den Palmen, wurden dann auf halber Höhe entdeckt und mit angeschlagenem Gewehr freundlichst zur Umkehr aufgefordert. Der Ueberfall war vollständig geglückt und fast die ganze Einwohnerschaft gefangen genommen. Im zweiten Dorfe, wo einige Belutschen, die sich am Aufstande betheiligt hatten, Zuflucht gefunden hatten, stießen wir auf einigen Widerstand und erhielten aus den Häusern und naheliegenden Feldern schwaches Feuer, das jedoch auf die große Entfernung keine Wirkung hatte und sofort aufhörte, als unsere Truppen die Lisière des Ortes erreichten. Hier gelang es uns, einen frühern Sultans-Askari, der die Geschäftspraxis verfolgte, abwechselnd auf unserer Seite und bei Buschiri zu kämpfen, dingfest zu machen. Mit demselben wurde dann auch in einem nahegelegenen Gehölz kurzer Proceß gemacht.

Ein Zufluchtsort für zusammengelaufenes Raubgesindel blieb uns nun noch zu zerstören. Das war Inner-Windi, der Wohnort des Arabers Ibrahim, welcher sich selbst nur selten und ganz im geheimen dort aufhielt, aber auf seinen ausgedehnten Besitzungen entlaufenen Sklaven, Askaris, Dieben und Räubern willig eine Zufluchtsstätte eröffnet hatte. Von hier aus besonders wurden die frechen Menschen- und Viehdiebstähle, die ich oben erwähnt habe, in nächster Nähe von Bagamoyo ausgeführt. Leider gelang es uns nicht, das Nest auszuheben, da die Hütten zu sehr in den Feldern zerstreut lagen und die Nachricht von unserer Ankunft bereits hierher gedrungen war. So begnügten wir uns damit, sämmtliche Hütten anzuzünden und die Felder, soweit es ging, zu zerstören, um dem Raubgesindel wenigstens einigermaßen die Rückkehr zu verleiden.

Am 20. August trafen wir wieder in Bagamoyo ein, wo mittlerweile die Zurüstungen zu der militärischen Expedition nach Mpuapua eifrig betrieben wurden.

Nach Meldungen, die dem Stationschef Leue in Dar-es-Salaam zugegangen waren, hatten sich in der Nähe von Kondutschi und zwar auf der westlich gelegenen Hügelkette Banden von Arabern gezeigt; zwei Stationsarbeiter waren von Arabern aus Msassani gefangen genommen. Einer derselben befreite sich während der Nacht, kehrte nach Dar-es-Salaam zurück und berichtete, daß sich unter den Arabern die uns aus früherer Zeit wohlbekannten Führer Kautscha, Hamiß ben Soliman und Saleeke, der Anführer der Viorbuto der irregulären Truppe des Sultans von Sansibar, in Msassani aufhielten. Herr Leue versuchte am 6. September durch Ueberrumpelung von Msassani der Leute habhaft zu werden, mußte aber, trotzdem der Ueberfall vollständig gelang, doch unverrichteter Sache heimkehren, da sich sämmtliche Araber am Abend vorher zur Abhaltung eines Schauri fortbegeben hatten. Die Häuser der Araber wurden indeß zerstört und sämmtliche in denselben gefundene Waffen mitgenommen. Einige Tage später traf bei Bagamoyo ein Trupp Schwarzer ein und rief uns gegen eine Bande von Sklavenjägern, welche von Sansibar gekommen waren und sich in Kondutschi aufhalten sollten, zu Hülfe. Ein Araber aus Gombo bei Pugu berichtete, er sei am 4. September mit zehn seiner Leute, vier Männern und sechs Weibern, bei seiner Rückkehr von Sansibar unweit Kondutschi von Arabern überfallen und seiner sämmtlichen Leute beraubt worden. Die Araber beabsichtigten augenscheinlich, die Leute als Sklaven zu verkaufen. Weder die Inder noch die Eingeborenen von Kondutschi hätten ihm bei dem Ueberfall, der am hellen Tage geschehen sei, Hülfe geleistet. Auf diese Argumente hin wurde die Bestrafung des Ortes beschlossen und ein gemeinsamer Angriff mit dem zurückgebliebenen Expeditionscorps, welches in Bagamoyo zusammengezogen war, und den Stationstruppen von Dar-es-Salaam verabredet. Um allen Vermuthungen die Spitze abzubrechen, war in Bagamoyo ausgesprengt worden, daß der Ort nach Abzug der Expeditionscorps eine stärkere Besatzung erhalten sollte. Diese Vorsicht war geboten, da sich Gerüchte mit unglaublicher Schnelligkeit verbreiten und einzelne gute Freunde stets bereit sind, ihre Landsleute zu warnen.

So rückte denn ein Theil der Garnison, 45 Sudanesen, 20 Sulus und 15 Stations-Askaris, im ganzen 80 Mann, nach dem Exerciren statt in die Quartiere in das Stationsgebäude und lagerte dort mit zusammengesetzten Gewehren auf dem Hofe. Bei Aufgang des Mondes um 10 Uhr sollte die Expedition abmarschiren. Kurz vorher wurden Patronen und Proviant auf drei Tage ausgegeben. Dann öffneten sich die Thore und lautlos setzte sich die Expedition in Bewegung. Es war eine von jenen märchenhaft schönen Tropennächten, in welchen die Strahlen des Mondes die ganze Landschaft mit mildem Lichte überfluten und die feinen Contouren der Palmenkronen sich geisterhaft von dem mattbeleuchteten Horizont abheben. Myriaden von Leuchtkäfern beleben die dichten Mangrovegebüsche und geben ihnen den Anschein, als ob sie mit tausend kleinen Lichtern besetzt wären. Kein Lüftchen regt sich; träge rollen die langen Wogen des Oceans, deren Kämme wie mit flüssigem Golde übergossen zu sein scheinen, an das flache Gestade. Nichts stört die majestätische Ruhe; das sich stets gleichbleibende Rollen der am Strande sich brechenden Wellen und das durch den Ufersand gedämpfte Geräusch unserer Schritte waren die einzigen Laute, welche die schlummernde Natur belebten. Nach einem zehnstündigen Marsche, auf welchem wir mehrere Lagunen und dichtes Buschwerk passiren mußten, kamen wir in Bueni, einer alten portugiesischen Niederlassung, an. Auf dem höchsten Punkte stehen noch einzelne Mauern und Eckthürme des alten Fort, denen die darüber hingegangenen Jahrhunderte den Stempel der Ruinen aufgedrückt haben. Ein später erbautes arabisches Wohnhaus, welches sich an das alte Gemäuer anlehnt, ist noch gut erhalten und scheint noch bis vor kurzer Zeit bewohnt gewesen zu sein. Auf dem flachen Dach steht ein Flaggenmast mit zwei stark von Wind und Wetter mitgenommenen Fahnen, die Wahrzeichen des Besitzrechtes des Sultans von Sansibar, gleich wie jenes morsch und dem Untergang geweiht.

Nachdem die Meldung von Herrn Leue eingetroffen war, daß er mit dem Detachement aus Dar-es-Salaam in Charifu südlich von Bueni eingetroffen sei, beschloß Herr von Gravenreuth sofort aufzubrechen, um noch in derselben Nacht das Dorf Kondutschi zu überfallen. Alle Müdigkeit des gestrigen Marsches war vergessen, die Aussicht auf einen guten Fang wirkte wie elektrisirend auf die ganze Truppe. Gegen 2 Uhr nachmittags begann der Vormarsch. Unser Marsch in glühender Sonnenhitze durch öde Heide- und Sandstrecken konnte nicht gerade zu den Annehmlichkeiten des Tropenlebens gerechnet werden, und nicht wenig erfreut waren wir, als gegen 5 Uhr die Vorposten der Compagnie des Premierlieutenants von Perbandt auf der Höhe von Charifu sichtbar wurden. Um 12 Uhr nachts blies der Trompeter zum Aufbruch. Das Lager wurde abgebrochen und die Colonnen nahmen ihren Weg in der Richtung nach Süden am Strande entlang.

Die Truppen waren in drei Abtheilungen getheilt, welche beim Angriff auf verschiedenen Seiten vorgehen sollten. Nach kaum halbstündigem Marsche kam das Dorf in Sicht. Die einzelnen Abtheilungen lösten sich lautlos vom Ganzen los, um ihre vorgeschriebenen Posten einzunehmen. Herr von St. Paul-Illaire, dem die Leitung des rechten Flügels anvertraut war, ging mit seiner Abtheilung von Westen aus gegen das Dorf vor, während Herr von Gravenreuth im Centrum und Herr Leue auf dem linken Flügel angriff. Die erste Abtheilung stieß bei der Umgehung des Dorfes auf eine Vieh-Boma, welche mitten zwischen Palmen und Buschwerk versteckt lag und nur durch das Brüllen der Rinder entdeckt wurde. Die Ausgänge wurden besetzt und die stattliche Viehheerde ging als willkommene Beute in unsern Besitz über. Die andern Truppentheile hatten mittlerweile die entgegengesetzten Seiten des Ortes umzingelt und durch lebhaftes Gewehrfeuer die Dorfbewohner unliebsam aus dem Schlafe geweckt. Wie vorauszusehen war, verließen die Araber sofort das brennende Dorf und versuchten, nach Westen in den dichten Busch zu entkommen. Hier aber wurden sie von der Abtheilung St. Paul-Illaire mit heftigem Feuer empfangen, welches von ihnen nur durch wenige schlecht gezielte Schüsse erwidert wurde. Zwei Araber wurden in nächster Nähe von den Sudanesen erschossen, den andern gelang es, in den nahen Palmenwald zu flüchten. Ob diese Truppe noch weitere Verluste erlitten hatte, ließ sich bei der herrschenden Dunkelheit nicht feststellen.

Da der Ort nun von allen Seiten zu brennen anfing, so mußten wir unsern Standpunkt verlassen, um die Viehheerde zu retten, welche sich bereits in großer Aufregung befand und die Boma zu sprengen versuchte. Mit großer Mühe nur konnten wir die wüthend gewordenen Thiere aus der Umzäunung frei machen und auf dem Wege nach Dar-es-Salaam vereinigen. Die schnell um sich greifenden Flammen verbreiteten eine unerträgliche Glut und zwangen uns, das Dorf in weitem Bogen zu umgehen, um uns wieder mit den andern Abtheilungen zu vereinigen. Hier sahen wir inmitten eines Flammenmeeres einen alten Inder, der, durch einen Schrotschuß verwundet, in resignirter Stimmung vor seiner Hütte saß, unfähig, sich und sein Eigenthum zu retten. Es wurden sofort einige Soldaten abgeschickt, welche den alten Mann und seine bildschöne Tochter, die ihrem Vater nicht von der Seite wich, mit Lebensgefahr aus dem brennenden Dorfe trugen. Auch gelang es uns noch, seinen Geldkasten, der im Hause gefunden wurde, zu retten. Eine ungeheuere Freude bemächtigte sich seiner beim Anblick des todten Mammons, und derselbe, der die Soldaten vorher flehentlich gebeten hatte, seinem Leben ein Ende zu machen, umarmte jetzt liebkosend seinen Schatz und wehrte sich mit Händen und Füßen, als wir ihn mit uns transportiren wollten, um seine Wunden in Bagamoyo zu verbinden. So mußten wir ihn denn auf seinem Geldkasten sitzend zurücklassen. Wir trennten uns hier von der Abtheilung aus Dar-es-Salaam, die mit der stattlichen Viehheerde ihren Weg nach Hause nahm.

Die Abtheilung Gravenreuth kehrte nach Bueni zurück, von wo uns die „Neera" nach Bagamoyo brachte. — Die Marschleistungen, welche die schwarze Truppe während dieser Expedition ablegte, sind immerhin bemerkenswerth: wir legten im ganzen eine Strecke von 90 km zurück und brauchten hierzu $17\frac{1}{2}$ Stunden. Die Dauer der Expedition war $1\frac{1}{2}$ Tag oder 36 Stunden.

Achtes Kapitel.

Aufbruch nach Mpuapua.

Alle Versuche Buschiri's, sich in der Gegend von Bagamoyo zu halten, dort eine Truppe an sich zu ziehen und Anhänger in Usaramo zu werben, waren gescheitert. Wenn auch seine Freunde, die ihn offen oder heimlich unterstützten, noch immer zahlreich waren, so war doch seine Stellung in Usaramo, dessen Bevölkerung, durch unsere Erfolge und Unterstützung kühn gemacht, ihm in offener Feindschaft entgegentrat, so erschüttert, daß er sich an der Küste nicht mehr zu halten vermochte und nun beschloß, sich über Pangiri nach Usagara zurückzuziehen, um hier die letzte Station der Deutsch-Ostafrikanischen Gesellschaft in Mpuapua, welche von Giese und Nielsen bisher gehalten worden war, anzugreifen. Ferner hoffte er hier bei den stets unruhigen und zu Raub und Plünderung geneigten Wahehe und Wahenge, welche sich selbst Mafiti, „Leute des Krieges" nennen und südwestlich von Mpuapua ansässig sind, Unterstützung bei einem Angriff auf die Küste zu finden. Daß Buschiri lieber den abenteuerlichen Zug in das Innere Afrikas unternahm als die Führerschaft der Kriegspartei in Pangani zu übernehmen und hier mit seinem militärischen Organisationstalent, das von niemand bestritten werden kann, die Vertheidigung zu organisiren und zu leiten, kann schon als Beweis dafür dienen, daß er weder mit Bana Heri, dem Fürsten von Useguha, noch mit den Arabern in Pangani in irgendwelcher Verbindung gestanden hat. Wenn auch anzunehmen ist, daß er in Pangani zahlreiche Feinde hatte, so bleibt es doch immerhin merkwürdig, daß er bei den schwankenden politischen Verhältnissen nicht einmal den Versuch gemacht hat, sich die dortige Lage zu Nutze zu machen. Die Zahl seiner Anhänger, welche ihn nach Mpuapua begleiteten, ist nicht ermittelt worden, kann aber nach den spätern Angaben nicht sehr groß gewesen sein.

Etwa 40 Araber und Belutschen, welche beim Sturm auf Buschiri's Lager zersprengt waren, hatten sich in Nord-Usaramo wieder gesammelt und in einem Orte Quale stark befestigt, wahrscheinlich in der Absicht, bei der Rückkehr Buschiri's sich ihm wieder anzuschließen. Eine Expedition, welche unter Führung des Dr. Schmidt dorthin entsandt wurde, eroberte dieses Lager und zerstörte es vollständig. Die Insassen aber waren auf unpassirbaren Wegen durch dichtes Dornengesträuch bereits entkommen.

In Pangiri erhielt Buschiri Verstärkung, doch war seine Macht immer noch unbedeutend, sodaß er nicht im Stande war, eine Wanjamwesi-Karavane von 1000 Mann, welche Ende August in Bagamoyo eintraf, aufzuhalten. Die französischen Missionare in Sima, auf deren Gefangennahme Buschiri nächst der Eroberung der Station Mpuapua sein Hauptaugenmerk gerichtet hatte, flohen zu dem mächtigen Häuptlinge Kingo nach Mrogoro, welcher sie gegen Buschiri beschützte. Den englischen Missionaren, welche in der Nähe von Mpuapua stationirt waren, gelang es, in ein Wagogo-Dorf zu flüchten.

Auf der Station hatte man jedoch die Nachricht von der Annäherung Buschiri's nicht geglaubt und auch einer Warnung, welche noch 24 Stunden vor Eintreffen Buschiri's von den Missionaren eintraf, kein Gehör gegeben. So gelang es denn Buschiri, das Fort in der Nacht zu überrumpeln und bevor noch irgendwelche Vertheidigungsmaßregeln getroffen waren, die geringe Besatzung zu überwältigen. Der Stationsbeamte, Herr Nielsen, welcher mit der Büchse am Fenster erschien, wurde von Buschiri eigenhändig erschossen. Herr Lieutenant Giese entkam nur mit knapper Noth, von zwei treuen Dienern begleitet, nach der Küste.

Am 24. Juli langte Lieutenant Giese in Bagamoyo an und wurde vom Reichscommissar in die Schutztruppe aufgenommen. Die großen Anstrengungen und seelischen Erregungen der letzten Woche hatten jedoch seinen Körper so entkräftet, daß er nach Europa zurückkehren mußte.

Dieser schlechten Nachricht, welche Lieutenant Giese persönlich überbracht hatte, schlossen sich noch weitere ungünstige Berichte an, welche dem Commandanten theils durch die Missionare, theils durch Eingeborene zugingen. Hiernach hatte Buschiri mit einem Häuptlinge der Wahehe Blutsbrüderschaft geschlossen und sich mit ihm zu einem Raubzuge an die Küste verbündet. Kleinere Karavanen waren theils bei Mpuapua ausgeraubt, theils in weit entlegene Gegenden zersprengt. Die Karavanenstraße war somit gesperrt und der Handel in den Küstenstationen, welcher eben im Aufblühen begriffen war, in empfindlichster Weise geschädigt.

Das Zusammenwirken dieser Umstände und die Verpflichtungen gegen die Wanjamwesi-Karavane, welche während eines ganzen Jahres unter wechselnden Glücksumständen uns immer treu gewesen war, jetzt aber nach der Heimat drängte, veranlaßten Hauptmann Wißmann, mit dem Expeditionscorps die Führerschaft der Wanjamwesi-Karavane zu übernehmen und für die Ermordung Nielsen's an Buschiri und den betheiligten Häuptlingen in Mpuapua Rache zu nehmen. Nach sorgfältiger Auswahl der Leute wurden 3 Compagnien, 2 Sulus- und 1 Sudanesen-Compagnie, in der Gesammtstärke von 550 Mann mit 25 Offizieren und Unteroffizieren unter dem Befehle des Chefs von Zelewski ausgerüstet und mit der nöthigen Munition versehen. Lebensmittel wurden für die Schwarzen gar nicht, für die Weißen nur in ganz beschränktem Maße mitgenommen, um die Truppe schlagfertig zu erhalten und durch die Bagage

Eine Sudanesen-Compagnie auf dem Marsche. S. 194.

nicht im Marsche gehindert zu sein. Selbst die Träger für das Gepäck der Offiziere und Unteroffiziere wurden auf das geringste Maß beschränkt, sodaß die Colonne, einschließlich der Lasten mit den nothwendigsten Tauschartikeln, nur von 100 Trägern begleitet wurde. Jeder, der die afrikanischen Verhältnisse kennt, wird es kaum für möglich halten, daß eine Truppe, wie sie wol größer niemals von einem Weißen in das Innere Afrikas geführt wurde, monatelang, ohne Requisitionen zu machen, mit so wenig Bedürfnissen auskommen konnte. Auch hier hatte die langjährige Erfahrung, welche der Reichscommissar auf seinen Reisen durch die verschiedensten Theile Afrikas gesammelt hatte, in richtiger Beurtheilung der Verhältnisse das Ueberflüssige vom Nothwendigen zu scheiden gewußt.

Nach seinen eigenen Angaben waren die einzelnen Tauschartikel beschafft und zusammengestellt worden, wodurch das Doppelte und Dreifache der Träger erspart wurde. Da der Raum, welchen eine so große Colonne im Terrain einnimmt, von der Spitze bis zur Queue ohnehin 2—3 km beträgt, so wird man sich leicht vorstellen, wie groß die Vortheile einer geringen Trägerzahl sind, ganz abgesehen von militärischen Operationen, bei welchen die undisciplinirte Trägermenge wie ein Bleigewicht die freien Bewegungen der Truppe hindert.

Auch in Betreff dieses letztern, für jeden Reisenden so verhängnißvollen Umstandes war der militärische Charakter der Expedition vollständig gewahrt, und außer einer Schar Gefangener, welche zum Tragen von Kisten herangezogen waren, trug jeder der 100 Träger außer seiner Last Gewehr, Pulverhorn und Kugeltasche. Durch diese Maßregeln waren die Träger im Stande, sich zu vertheidigen, und konnten mit geringer militärischer Bedeckung sich selbst überlassen werden.

Einige Tage vor dem Abmarsch der Expedition wurden die Wanjamwesi aus Dar-es-Salaam und Bagamoyo zusammengezogen und sollten dann einen Tag nach Aufbruch der Expedition unter Führung des Lieutenants Schmidt der Hauptcolonne nachfolgen. Die Leute, welche sich noch vor kurzem durch Arbeiten auf der Station mühsam ihren kargen Lebensunterhalt verdienen mußten, waren kaum wiederzuerkennen, so hatten sie sich in der kurzen Zeit des Wohllebens nach Verkauf ihres Elfenbeins verändert. Die alten schmuzigen Lumpen waren verschwunden, und mit neuen bunten Tüchern bekleidet und mit allerhand Schmuck behängt, paradirten sie vor den neidischen Augen der Suaheli. Ihre primitiven Kriegswaffen waren fast ganz verschwunden und hatten einer stattlichen Reihe von Vorderladern Platz gemacht, welche ihnen der Reichscommissar in Anerkennung ihrer treuen Dienste geschenkt hatte; dieselben konnten zwar in Präcision des Schießens nicht mit unsern Mausergewehren wetteifern, erfüllten sie aber doch mit Stolz und Freude.

Am Morgen des 9. September sollte die Karavane abmarschiren. Schon eine Stunde vor Aufbruch hatte sich eine zahlreiche Menschenmenge auf dem Platze vor der Station eingefunden, um dieses militärische Schauspiel zu genießen. Vorn in der ersten Reihe standen die Weiber der Sudanesen mit allerhand Proviant beladen, welchen sie ihren Ehegatten mit auf den Weg geben wollten. Zuletzt erschienen noch die reichen Araber und Inder aus der Stadt mit zahlreichem Gefolge, um sich von dem Reichscommissar zu verabschieden. Kurz vor 6 Uhr waren die letzten Vorbereitungen beendet und Punkt 7 Uhr setzte sich der Zug mit dem Commandanten an der Spitze in Bewegung. Die Compagnien schwenkten ab und traten in Reihencolonnen den Marsch an. Ein letztes Abschiedswort, ein Händedruck, und ein Zug nach dem andern verschwand hinter den Dornenhecken, welche Bagamoyo im Westen umgeben.

Am folgenden Tage setzte sich die Wanjamwesi-Karavane unter Führung des Lieutenants Schmidt in Bewegung. Aber hier war von einer Ordnung kaum die Rede, und unter unendlichem Geschrei, Lärm und Streiten trat endlich der ganze Schwarm, aus Männern, Weibern und Kindern bestehend, seinen Marsch an. Aber noch am Nachmittag sah man Nachzügler einzeln und in Gruppen der Karavane nacheilen.

Bagamoyo war jetzt ganz still geworden, und die Straßen, welche immer noch die Spuren der Belagerung an sich trugen, erschienen ohne die schwarzen Gestalten, welche überall ein munteres Leben verbreitet hatten, öde und verlassen. Auch auf der Station war nach der Aufregung der letzten Tage eine wohlthuende Ruhe eingetreten, aber bald traten neue Aufgaben an uns heran, welche die ganze Kraft der zurückbleibenden Offiziere und Mannschaften in Anspruch nahmen.

---

*Die erste Abtheilung, bei der sich der Reichscommissar befand, überschritt bei Madimola den Kinganifluß und griff am 13. Pangiri's Dorf und dahinter im Walde zwei große Lager der Feinde an, die von den beiden Anführern Makanda und Gehasi befehligt wurden, und zerstörte dieselben nach kurzem Widerstande.

Später stellte es sich heraus, daß die Eingeborenen die nächsten Wasserlöcher zugeschüttet hatten, sodaß die Wasserträger erst zwei Stunden weit laufen mußten und die Leute am 14. den Weitermarsch nur mit geringen Wasservorräthen antreten konnten, noch dazu auf einem Wege, der eigentlich ein niedriger Tunnel durch undurchdringliches Dickicht war, das von den Askaris meistentheils erst geöffnet werden mußte.

Der anstrengende Marsch, die erstickende Hitze und der bald eingetretene völlige Mangel an Wasser erschöpfte die Truppen

* Nachstehenden Bericht über die Expedition nach Mpuapua verdankt der Verfasser Herrn Lieutenant K. Blümcke, welcher den Reichscommissar nach dem Innern begleitete.

total, und doch trieb sie der Durst wieder vorwärts. Aber es wurde Abend, ohne daß man Wasser auffand, und ohne die Zelte aufzuschlagen wurde das Lager bezogen. In der Nacht durchnäßte ein Regenschauer alle, aber auf dem durchweichten Boden schliefen die Leute weiter. Glücklicherweise hatten einige Leute, vom Durst auf die Suche getrieben, zwei Stunden vom Lager Wasser gefunden.

Am andern Tage wurde nach verhältnißmäßig kurzem Marsche das große Dorf Msua an der Hauptstraße erreicht, wo sich alle von den ausgestandenen Leiden erholen konnten. Der Chef von Msua — Pasi Simba — hatte sich durchaus freundlich bewiesen, und seine Leute brachten zum Verkauf oder als Geschenke Hammel, Hühner, Mais und Mehl, auf Steinen aus Mtama gerieben. Hierfür erhielt Pasi Simba Gegengeschenke, bestehend in bunten Tüchern und Schmucksachen, einen Schutzbrief und eine mächtige deutsche Flagge, die von einem hohen Baume lustig im Winde flatterte.

Erst am 16. traf die zweite Colonne in Msua ein, da sie durch die langsam marschirende Wanjamwesi-Karavane sehr aufgehalten worden war und deshalb in Mbujuni, drei Tagereisen von Bagamoyo, mehrere Tage hatte Rast machen müssen. Mbujuni, ein Dorf der früher als Menschenfresser berüchtigten Wadohe, lag auf einem mit Dornen bewachsenen Hügel. Den Eingang schloß eine doppelte Palissadenreihe; die aus Lehm gebauten Hütten waren rund, mit vorspringendem Dach und nur mit ganz kleinen Oeffnungen versehen, sodaß es im Innern fast ganz dunkel war. Der größte Theil der Einwohner war geflohen bis auf den Häuptling, welcher in einem alten schwarzen arabischen Rock, ein kleines, schön gearbeitetes Beil auf der Schulter und in der Hand einen kleinen Hammer, erschien und auf einem Tigerfell Platz nahm. Das Schauri endigte damit, daß die Wißmann'schen Truppen das Dorf bezogen und die Wadohe Lebensmittel zum Tausch zu bringen versprachen.

Da die Leute behaupteten, daß die Wadohe noch jetzt Menschenfleisch äßen und von den andern Stämmen deshalb gefürchtet seien, auch die drei seinerzeit von der „Leipzig" desertirten Matrosen von ihnen aufgezehrt seien, so forschten wir den alten Jumbe aus, als er am Nachmittage den Commandanten besuchte. Er leugnete es jedoch mit verschmitztem Lächeln und behauptete, es wäre schon lange her, seitdem er Menschenfleisch gegessen hätte, während wir von anderer Seite erfuhren, daß noch häufig bei Festen im Walde Menschenfleisch gegessen würde.

Wie klug und aufmerksam dieser Jumbe war, dafür sprach folgender Vorfall. Als ihm von den Soldaten Exercitien vorgemacht wurden und ein Sudanese eine Wendung schlecht ausführte, zeigte er auf ihn und sagte: „Der Mann exercirt schlecht." Auch eine Brieftaube wurde in seiner Gegenwart nach Bagamoyo gesandt, sofort erkundigte er sich, ob die Taube auch die Antwort brächte. Bei dieser Gelegenheit sei erwähnt, daß jeden Tag bis Msua Brieftauben abgelassen wurden, die alle ihr Ziel erreichten. Ihr Wegweiser war das Meer.

Die Gegend war hier schöner und fruchtbarer als im Kingani-Thal. Vor uns lag eine weite Ebene, mit Gruppen von Laubbäumen, Euphorbien und Mimosen bewachsen, doch herrschte Mangel an Wasser, und das Wasser, das man in elenden Tümpeln vorfand, wurde dadurch noch schlechter, daß sich Sulus u. s. w. darin badeten.

Am Sonntag wurde Msua und die Hauptcolonne erreicht und nach einem Ruhetage am 18. wurde der Marsch fortgesetzt. Die Compagnien marschirten voraus; die Trägercolonne mit einer Bedeckung von 50 Soldaten blieb fast eine Stunde zurück; aus dem Grunde, weil die Trägerlasten nicht gleich schwer und auch die Leute nicht gleich kräftig waren, sodaß gewaltige Abstände zwischen den einzelnen Leuten in dieser Colonne vorkamen. Eine große Erquickung brachte für alle der bei Gerengere über Kies und Sand dahinströmende

Gerengere-Fluß, wo die Boys Wäsche abhalten mußten. Ueberall erschienen die Jumbes mit Geschenken, um Frieden und einen Schutzbrief bittend, vor dem Reichscommissar, der ihnen erklärte, daß er nur die Aufständischen in Bagamoyo u. s. w. bekriege, sonst aber Frieden wolle. Jene empfingen dann, dem Werthe ihrer Geschenke entsprechend, bunte Tücher, Schmucksachen und eine deutsche Flagge.

Das Dorf lag in fruchtbarer Ebene an einem Bache; mit einem großen Gefolge von Eingeborenen erschien der Njumbe in arabischer Kleidung, wurde gut behandelt und erhielt reiche Geschenke. Als er aber am Morgen nach dem Abmarsche der Hauptcolonne Träger stellen sollte, floh die ganze Bevölkerung des Dorfes, und nur mit List und Gewalt konnten wir Leute aufgreifen, die zwar anfangs jammerten und wehklagten, schließlich aber sich in ihr Schicksal ergaben und theilweise bis Mpuapua Trägerdienste leisteten. Für jeden Neger ist ein gewisser Zwang, der ihn der eigenen Entschließung überhebt, unerläßlich; hat er selbst die Wahl, so ist er unschlüssig und braucht lange Zeit, ehe er zu einem Entschlusse kommt, der ihm bald wieder leid wird. Es erfordert viel Geduld von seiten des Europäers, diesem Charakterzuge des Negers Rechnung zu tragen. Wird man heftig und schlägt ihn, so bleibt er scheu und furchtsam, während er andererseits, wenn man es versteht, sich in seine Anschauungen zu versetzen und für ihn sorgt, auch eine gewisse, etwas hündische Anhänglichkeit zeigt. Ganz vorzüglich wußte der Reichscommissar die Eingeborenen zu behandeln, die Wanjamwesi nannten ihn ihren großen Freund, und alle hatten unendliches Vertrauen zu ihm.

Bisher waren die Märsche meist durch ebenes Land gegangen und wegen ihrer verhältnißmäßigen Kürze wenig anstrengend gewesen. Jetzt näherte man sich aber dem Nguru-Gebirge, dessen Gipfel in die Wolken ragen. An seinem Fuße liegt Simbamweni, eine Stadt von ungefähr 100 Hütten, mit einer mit Schießscharten versehenen Mauer umgeben.

Die Bevölkerung beobachtete unfreundlich und eigentlich mistrauisch den Vorbeimarsch der Colonne.

In Simbamweni regierte die Mutter des Königs Kingo, der in dem eine kurze Strecke entfernten Dorfe Mrogoro seine Residenz hatte. Hier befand sich auch eine französische Missionsstation. Kingo hatte seinerzeit ein Bündniß zur Gefangennahme der Missionare zurückgewiesen. Trotzdem war er beim Anmarsch des Expeditionscorps sehr mistrauisch und hatte seinen Leuten offenbar den Verkauf von Lebensmitteln untersagt. Erst am Tage nach der Ankunft erschien er und nahm auf einer Binsenmatte vor dem Reichscommissar Platz. Im Laufe des Schauri wurden ihm auf seinen Wunsch außer Gewehren und Munition auch zwei Kanonen versprochen.

Nach seinem Besuche erschienen dann auch die Eingeborenen massenhaft mit Lebensmitteln aller Art, und brachten die Geschenke Kingos. Als Gegengeschenk erhielt derselbe ein schönes arabisches Schwert, Zeug, Pulver u. s. w. Da das Land reich und fruchtbar war, außerdem Nachrichten von einer Ansammlung Aufständischer unter den Führern Makanda und Saidi in einem sechs Stunden entfernten Dorfe Sombwe eintrafen, blieb das Expeditionscorps bis zum 28. hier liegen.

Da die Aufständischen Kingo angetragen hatten, gemeinschaftlich die noch rückwärts befindliche Karavane der Wanjamwesi anzugreifen, wurde dieser eine Bedeckung entgegengeschickt und am 28. ein Angriff gegen die Aufständischen bei Sombwe unter Lieutenant Schmidt unternommen. Das Dorf war unbesetzt, aber im Thale leisteten, gedeckt durch hohes Gras, 250 Bewaffnete erfolgreichen Widerstand. Aus ihrer ersten Stellung geworfen, setzten sie sich wieder fest, um dann gänzlich in die Flucht geschlagen zu werden. Auf deutscher Seite waren drei Schwerverwundete, auf feindlicher Seite wurden elf Todte gezählt. Es wurden drei Gefangene gemacht, die bei einem Fluchtversuche von den Sulus, die über den Tod eines ihrer angesehensten Unteroffiziere erbittert waren, niedergemacht wurden.

Inzwischen waren auch die Wanjamwesi eingetroffen. Nun wurde am 28. der Vormarsch angetreten, der Lukeringere, ein etwa 8 m breiter Bach, überschritten, dann ging der Marsch zwischen hohen, wie Thore sich öffnenden Felsen hindurch, und am Abend erreichte die Expedition den Makata-Fluß. Neben diesem ungefähr 12 m breiten und 1½ m tiefen Flusse wurde dann das Lager aufgeschlagen.

Im flotten Weitermarsche erreichten wir die Usagara-Berge, das Dorf Farhani und den Mukondogwa-Fluß, in dessen Thal wir Ueberfluß an Lebensmitteln fanden. Auf den nahe an den Fluß herantretenden Ausläufern der Berge lagen wie Burgen, durch Palissaden befestigt, die Dörfer der etwas scheuen und unfreundlichen Eingeborenen. Sie sind häufigen Ueberfällen der Wahehe ausgesetzt; so wurde z. B. wenige Stunden, nachdem das Expeditionscorps das Thal verlassen hatte, ein Dorf von den Wahehe überfallen und zerstört.

Bisher hatte uns unser Marsch stets an Dörfern und bebautem Lande vorbeigeführt, jetzt ging es durch Wildniß und dichten, dornigen Wald, aus dem hin und wieder gewaltige Euphorbien hervorragten und das einförmige Grau des laublosen Waldes angenehm unterbrachen. Weit schweift zuweilen das Auge über das endlos sich ausdehnende Mukondogwa-Thal, über weit sich hinziehende Berge, auf deren Gipfeln die Wolken mit ihren Schatten gewaltige Figuren bildeten. Der Weg war steinig und wurde erst besser, als eine Tagereise von Mpuapua die auf drei Seiten von Bergen eingeschlossene Tubugwe-Ebene erreicht war. An den Bergen lagen die Gehöfte der Wagogo, viereckig mit flachen Dächern, und auf den Mtama-Stoppeln weideten zahlreiche Heerden. Von diesen brachten die Wagogo aber wenig zum Verkauf, vielleicht aus Furcht, vielleicht auch, weil sie sich nur schwer von ihrem Vieh trennen.

Am nächsten Tage sollte das Ziel Mpuapua erreicht werden: häufig wurde der Weg durch breite Wasserrinnen unterbrochen, welche der von den Bergen stürzende Regen gerissen hatte. Nach vierstündigem Marsche wurde der Wald lichter, und nun konnte der Blick über die weite, von den Wagogo bewohnte Mpuapua-Ebene schweifen. Mpuapua ist der bedeutendste Knotenpunkt für Karavanenstraßen in ganz Afrika. Zwei Straßen von Bagamoyo, je eine von Saadani, von Dar-es-Salaam und dem Rufidji nach dem Innern, zum Ukerewe (Victoria-Njansa), zum Tanganika und zum Lualaba treffen hier zusammen, und etwa 100,000 Menschen mit Elfenbein aus dem Innern, mit Zeug, Draht u. s. w. von der Küste kommend, passiren jährlich diesen Punkt.

Am Fuße eines Bergkegels, auf dem einst die Station der Deutsch-Ostafrikanischen Gesellschaft gestanden hatte, wurde an einem klaren Bache, unter prächtigen Sykomoren, das Lager aufgeschlagen.

Der bedeutendste Häuptling der Wagogo, Chipangilo, der am ersten Tage mit Geschenken ins Lager kam, wurde von den andern Häuptlingen der Freundschaft mit Buschiri angeklagt und entfloh, ließ jedoch alles der frühern Station gehörige Material, auch die Kanone ausliefern. Da die Beschuldigungen auf Wahrheit zu beruhen schienen, so wurden die Truppen von seinen Getreidevorräthen verproviantirt; eine um so zweckmäßigere Maßregel, als die Wagogo keine Lebensmittel zum Verkauf brachten und sich ziemlich ablehnend verhielten; Vieh mußte ebenfalls requirirt werden, natürlich wurde dies später vergütet. Ein Stück Rindvieh wurde mit $4\frac{1}{2}$ Doti, ein Hammel mit $1\frac{1}{2}$ Doti Zeug bezahlt. Ein Doti hat ungefähr den Geldwerth von $1\frac{1}{2}$ Mark.

Es lagen im Thale ungefähr 80 Häuser, aus Lehm aufgeführt mit flachen Dächern; umgeben von einer großen Boma, welche abends die Viehheerden aufnahm.

Die Wagogo waren große, schöne Leute, Frauen und Männer reich mit Schmucksachen aus feinem Kupfer- und Silberdraht behangen. Weiter oberhalb im Thal befand sich noch eine Wanjamwesi-Niederlassung, und an den Bergen lag eine englische Mission, deren Oberer uns selbstgezogene europäische Kartoffeln, Salat, Kohl und Tomaten schenkte.

Im allgemeinen bestand unser Mittagstisch aus folgenden Speisen: Hammelfleischsuppe mit Reis und stark eingekochtem Fleisch und gebratenen Hühnern oder Hühnersuppe mit Reis und Hammelbraten, hin und wieder auch aus gekochtem und gebratenem Rindfleisch. Nachdem unter den Unteroffizieren ein Kochkünstler entdeckt war, kamen sogar Gerichte wie Fricassee von Huhn und Königsberger Klops auf den Tisch. Gemüse gab es wenig, dagegen überall süße Kartoffeln und gekochte unreife Bananen. Aus Maismehl wurde eine Art Brot gebacken, das zusammen mit Eiern und Cacao unser Frühstück bildete.

Nach dem Essen blieben die Offiziere gewöhnlich beisammen und tranken Hirsebier, an dessen Genuß wir uns, obgleich es wenig appetitlich aussah, bald gewöhnt hatten. Manchmal wurde auch von etlichen 30 Eiern ein brillanter Coktail gebraut, doch leider gab es in Mpuapua nur noch auf 10 Tage eine Flasche Cognak.

Am Tage nach der Ankunft in Mpuapua wurde sogleich mit dem Bau eines neuen Fort begonnen, da der Berg, auf dem die frühere Station gelegen, von der aber kaum noch die Umfassungsmauern vorhanden waren, von einem daneben liegenden höhern Berg vollständig beherrscht wurde. Zum Bauplatze wurde ein Höhenzug gewählt, von dem aus sämmtliche Wagogo-Gehöfte, die Karavanenstraße und die Wasserplätze beherrscht werden konnten.

Zur Sühne für die Ermordung des Gesellschaftsbeamten

Das deutsche Fort in Mpuapua. S. 204.

Nielson, dessen Grab mit einem Kreuze versehen wurde, wurden drei gefangene Araber und Belutschen, wegen erwiesener Betheiligung an der Ermordung der Pugu-Missionare und wegen Spionage an der Stelle, an welcher Nielson ermordet war, gehängt. Die Wanjamwesi-Karavane zog nach einer Ruhepause von einigen Tagen unter vielen Danksagungen und Betheuerungen ewiger Freundschaft weiter heim in ihr Land.

Am 11. October trafen 4 Soldaten von Stanley und Emin ein, die die große Karavane am 10. September in Usukuma am Panga-Flusse, etwa 3° 30″ verlassen hatten, und brachten die Nachricht, daß Stanley mit seinen Begleitern, Nelson, Jephson, Stairs, Dr. Parke, Bonny und 250 Sansibariten, sowie Emin mit Casati und vielem Sudanesenvolk über Mpuapua nach Bagamoyo zögen. Außer der für Mpuapua bestimmten Besatzung wurde zu ihrem Empfang und ihrer Führung an die Küste Chef Lieutenant Schmidt in Mpuapua zurückgelassen. Am 19. war das Fort, nachdem 600 Mann täglich daran gearbeitet hatten, soweit fertig, daß es von der Besatzung bezogen und nöthigenfalls vertheidigt werden konnte. Die anderthalb Meter hohe Mauer war aus starken Steinen hergestellt und wurde von zwei Bastionen flankirt. Das Glacis war durch Dornzweige allein schon unpassirbar gemacht. Am 20. morgens wurde das Fort der Besatzung, die aus 1 Offizier, 2 Unteroffizieren, 2 Askaris, 15 Sudanesen und 75 Sulus bestand, übergeben und die deutsche Flagge unter dreimaligem Hoch auf Se. Majestät den Kaiser gehißt. Als letzte Ehrenbezeugung wurde über dem Grabe Nielson's eine dreifache Salve abgegeben. Am 20. October trat die Expedition den Rückmarsch an. Schon gegen 11 Uhr war der Höhenzug von Mpuapua überschritten, und in wunderbarer Schönheit lag wieder das Tubugwe-Thal vor uns, rechts und links von hohen Bergen umschlossen. Doch da es in Eilmärschen zurückgehen sollte, so wurde in diesem Thale nur kurze Rast gemacht und dann ein anderer Weg, die alte Karavanenstraße, eingeschlagen.

Der Expedition hatte sich der Vorsteher der englischen Mission in Mpuapua angeschlossen; ihn begleiteten seine Frau und sein kleines Kind, das ein Neger auf dem Rücken trug. Diese bezogen neben der Expedition das Lager, speisten sonst aber mit den Offizieren. Die zarte Frau, welche abwechselnd auf einem Esel ritt oder zu Fuß ging, und auch das kleine Kind, dessen nackte Beinchen oft aus dem Tuch, in welchem es getragen wurde, heraussahen, bis sie von der Sonne ganz braun gebrannt waren, ertrugen die Anstrengungen dieser forcirten Märsche sehr gut. Besonders schwierig war der Marsch zum Rubeho-Passe, aber auch interessant durch landschaftliche Schönheiten und durch die zahlreichen Massai-Horden, welche auf der Straße ihre Heerden weideten.

Es waren dies große, schöne Leute, mit Fellen und Tüchern um die Schultern und an den Armen und Beinen mit Stahldraht wie gepanzert; auch die Weiber erschienen, prächtige Figuren, mit nackter Brust und behangen mit Schmuckgegenständen. Alle waren zutraulich und beantworteten viele Fragen mit „ja“; ihre Waffen wollten sie jedoch nicht verkaufen, auch kein Stück von ihrem zahlreichen Vieh.

Wir waren an diesem Tage im schnellsten Tempo marschirt, und obgleich es erst 10 Uhr war, waren die Leute so erschöpft, daß sie in dem Walde, welcher bald dem schönen Thal folgte, zu Dutzenden liegen blieben. Der vor uns liegende Wald gestattete nur hin und wieder Ausblicke auf eine weite, im blauen Sonnendunst liegende Ebene, aus welcher kleine, schroffe Felsen emporragten. Aber wie schön diese Landschaftsbilder auch waren, eins fehlte ihnen doch, das Leben der Thierwelt. Man hörte keinen Laut; lautlos sprang vielleicht eine sammetrothe Heuschrecke über den Weg, oder in einer Lichtung saß ein weißhaariger Affe und schaute sich gravitätisch den Zug an, sonst war alles todtenstill.

Erst gegen 3 Uhr wurde auf dem Rubeho-Paß ein Lager

bezogen, in dem sich nach und nach auch die zurückgebliebenen Leute sammelten. Auch diese Gegend wurde durch Massais mit ihren Heerden belebt, und auf himmelhohen Bergkegeln lagen menschliche Wohnungen, deren Bewohner neugierig auf das Lager herabsahen. Der Paß verdient seinen Namen — Rubeho-Windpaß —, denn ein kalter Wind fegte darüber hin, der in der Nacht fast zum Sturm ausartete und Regen mit sich brachte, in dem die armen Neger am andern Morgen zitternd vor Kälte und Nässe standen, bis sie auf dem Marsch durch die Sonne wieder allmählich erwärmt wurden.

Nachdem der Paß überschritten war, wurde das Land fruchtbarer, und dementsprechend waren die Geschenke, welche der Expedition gebracht wurden, reicher; namentlich zeichnete sich hierin der alte Häuptling in Mamboia aus. Ihm voraus gingen 20 Kinder mit Körben voll Mehl und Mais, dann einige Frauen und Männer mit Vieh, denen er selbst würdevoll folgte.

Während auf dem Hinmarsche nach Mpuapua der Wald grau, ohne Laub, ermüdend und unfreundlich war, wurde die Gegend hier frischer und grüner, die Bäume waren mit grünen und rothen Blättern bedeckt und glichen einem deutschen Walde, in dem wie Forsthäuser hin und wieder die flachen Gehöfte der Eingeborenen auf den schön bewachsenen Hängen lagen. Aber noch schöner gestaltete sich die Gegend, als am fünften Tage das Gebirge überschritten war, von dessen letztem felsigen Paß der Blick weit bis in die duftige, blaue Ferne schweifte. Durch prächtigen, parkartigen Laubwald zog sich der Weg dahin; hohe Sykomoren, Tamarinden und Gruppen von Palmen, niedrige Sträucher mit saftigen, frischgrünen Blättern und leuchtend rothen Blüten, üppige Schlingpflanzen, und dann wieder weite Rasenplätze hatte der Regen geweckt.

Namentlich schön war die Natur, wenn am frühen Morgen der Thau auf den Blättern und Gräsern lag, dann herrschte eine wunderbare Ruhe in der Natur; später aber wurde es heißer und heißer, der Durst meldete sich, und weit und breit war kein Wasser zu finden. Stunde auf Stunde zog die Colonne im gleichmäßigen Marschtempo dahin; nach 4—5 Stunden wurde dann halt gemacht, müde setzten sich die Soldaten nieder, aber die Ruhe wirkte nur halb, der quälende Durst erschöpfte die Leute, und der Wunsch, Wasser zu finden, trieb sie weiter.

Endlich, vielleicht nach 6—7 Stunden, lieferten erbärmliche Tümpel oder tief ausgewaschene Löcher das köstliche Naß, und neu belebt setzte sich die Karavane wieder in Bewegung. Von wunderbar belebender Wirkung waren einige Tropfen Cognak, der aber nur noch in kleinsten Quantitäten vorhanden war. Offiziere und Mannschaften waren todtmüde, wenn die das Lager einschließenden Hütten aus Stroh, Mtama und Maisstengeln hergestellt, die Zelte aufgeschlagen und die nöthigen Vertheidigungseinrichtungen beendet waren. Immer gleich frisch während des Marsches und nachher blieb allein der Reichscommissar; oft ging er nach 8—10stündigem Marsche noch auf die Jagd und saß dann, seine kurze Pfeife rauchend, noch plaudernd bis in die späte Nacht, um am andern Morgen wieder der Erste auf zu sein.

Am 26. wurde der Wami-Fluß überschritten. Da die luftige Brücke, wie eine Kettenbrücke von Schlingpflanzen getragen, nur stets von einer Person passirt werden konnte, so mußten die Truppen, die Esel und das Vieh durch den ziemlich reißenden Fluß hindurchwaten. Die Dörfer waren nun weniger zahlreich, und an Lebensmitteln war kein Ueberfluß, also galt es schnell vorwärts zu kommen, um keinen Mangel zu leiden. Die aus Mpuapua mitgenommenen Hammel und Rinder waren jetzt eine gute Aushülfe, bis am Fuße eines schroffen Bergkegels, des Tongwe, die Truppen noch einmal mit Mais und Mtama gestärkt werden konnten.

Durch Lebensmittel gekräftigt und mit dem Bewußtsein, das Ziel bald erreicht zu haben, wurden leicht die letzten Marschtage überwunden. Am 31. wurde der Kingani-Fluß erreicht, das Expeditionscorps übergesetzt und in die mit Palmenblättern festlich geschmückte Stadt Bagamoyo der feierliche Einzug gehalten. Der Reichscommissar war bereits am Abend des vorhergehenden Tages mit seinem Adjutanten Dr. Bumiller nach vierzehnstündigem Ritte in Bagamoyo eingetroffen.

Neuntes Kapitel.

Pangani und West-Usambara.

Die nächst Bagamoyo bedeutendste Stadt in der Nordhälfte unserer ostafrikanischen Besitzungen ist Pangani. An beiden Ufern des gleichnamigen schiffbaren Flusses gelegen, hat dieselbe schon durch ihre Lage eine erhöhte Bedeutung. Das herrschende Element sind hier die Araber. Wenn sie auch nicht an Zahl unmittelbar überwiegen, so beherrschen sie doch alle politischen und Handelsinteressen des Ortes und des nächsten Hinterlandes. Schon im Aeußern der Stadt documentirt sich diese unbestrittene Hegemonie des Araberthums, gerade gegenüber Bagamoyo, welches mehr zu einem kosmopolitischen Handelsplatz in seinen allerminimalsten Anfängen neigt.

Vor dem Aufstand belief sich die Bevölkerungsziffer vielleicht auf 5—6000 Seelen, wovon etwa tausend auf die Araber fallen; die übrigen sind größtentheils Neger. Der Procentsatz an Indern ist hier stets verhältnißmäßig gering gewesen. Jetzt nach Niederwerfung des Aufstandes hat die Bevölkerungsziffer jedoch noch lange nicht den alten Standpunkt erreicht, da die Negerbevölkerung, deren Stadttheil bei der Beschießung von Pangani vollständig niedergebrannt ist, zum größten Theil die Stadt verlassen hat. Wenn man mit dem Schiffe in die Pangani-Mündung einfährt, so erscheint die Stadt wie eine europäische Villencolonie. Die weißen, meist zweistöckigen Häuser liegen mitten in einem Palmwalde, welcher die ganze Mündung umfaßt und dem Bilde ein überaus frisches, tropenmäßiges Aussehen verleiht. Schon eine halbe Meile von der Küste steigt das Land an und bildet eine anmuthige Hügelkette, welche den Fluß auf beiden Seiten begleitet. Auf dem rechten Ufer geht der Höhenzug bis dicht an den Fluß heran und erreicht hier schon eine Höhe von 200 Fuß. Auf seinen Hängen wechseln vereinzelt cultivirte und mit Pflanzungen bestellte Felder anmuthig mit steil abfallenden Bergpartien ab.

Auf dem schmalen Strande am Fuße dieser Hügelkette liegt das Dorf Mbueni, welches etwa 500 Hütten zählt und leider bei der Eroberung von Pangani vollständig abgebrannt

Fort Ras-Muhesa.

ist. Hieran reihen sich an beiden Ufern die Schambas der reichen Araber, und mancher stattliche Sommersitz schimmert hier zwischen schattigen Baumgruppen hindurch. Im Hintergrunde erheben sich, scharf vom Horizont abgezeichnet, die Berge von Usambara und das Tongwe-Gebirge, welche die Höhe unserer deutschen Mittelgebirge erreichen und von der Küste ungefähr drei Tagereisen entfernt sind. Auf dem rechten Ufer fällt die Hügelkette schroff ins Meer ab und bildet hier einen von drei Seiten umspülten Fels, den Ras- (Fels) Muhesa.

Hier auf diesem äußersten Vorsprung liegt ein von uns angelegtes Fort gleichen Namens, auf welchem weithin sichtbar die Sultansflagge weht. In diesem kleinen Festungswerk liegt ein Commando von 25 schwarzen Soldaten und einem weißen Offizier. Durch seine natürliche Lage ist dasselbe eine äußerst feste Position, da von drei Seiten das Wasser unmittelbar den nackten Fels umspült und ein Angriff nur von der vierten Seite möglich ist, welche von zwei Feldgeschützen gedeckt wird. Nächst der Beherrschung der Flußmündung hat das Fort noch den Zweck, als Stützpunkt für weitere Patrouillengänge und Operationen auf dem diesseitigen Ufer zu dienen. Die Besatzung und speciell der Commandant führen hier ein sehr romantisches Leben. Von aller Civilisation abgeschnitten und nur auf die spärliche Verbindung mit Pangani angewiesen, leben sie hier auf dem einsamen, meerumrauschten Felsen in beschaulicher Ruhe, wie eine Schar Einsiedler, die grollend der schnöden Welt den Rücken gekehrt hat.

Die Schiffahrt und der Verkehr auf dem Flusse wird durch die schwierige Einfahrt sehr beeinträchtigt. Eine breite Korallenbank, die bei niedrigem Wasserstande nur 1,30 m Wasser über sich hat, läuft quer durch die Mündung des Flusses und ist zur Zeit der Ebbe für Dampfer unpassirbar. Durch Regulirung der Mündung und Anbringung einer Mole würde diesem Uebelstande wol abzuhelfen sein, doch liegen solche Verbesserungen noch in weiter Ferne, da der Schiffsverkehr vorläufig noch nicht so rege ist, um solche Ausgaben zu rechtfertigen.

Vor Eintreffen der Schutztruppe galt die Pangani-Mündung für Dampfschiffe als unpassirbar. Selbst viele Daukapitäne weigerten sich, in den Fluß einzulaufen. Wie so oft in ähnlichen Fällen, hatte niemals ein Schiff einen ernstlichen Versuch hierzu gemacht und so wurde die Unmöglichkeit als traditionell feststehende Thatsache hingenommen.

Das Verdienst, dieses Vorurtheil gebrochen zu haben, gebührt dem Herrn Commandanten, welcher beim Angriff auf Pangani seinen Kapitänen die Weisung gab, sich von der Tiefe des Wassers zu überzeugen. Die „München", eines unserer weniger tiefgehenden Schiffe, lothete darauf die Bank aus und passirte ohne Unfall die Mündung. Damit war das Vorurtheil gebrochen und jetzt fahren alle Dampfer mit weniger als 3 m Tiefgang bei Hochflut bis dicht vor die Station, wodurch der Verkehr außerordentlich erleichtert wird.

Das Araberviertel, welches nur aus Steinhäusern besteht, zieht sich bis dicht an den Fluß hin und bildet einen eigenen Stadttheil mit engen, winkeligen Straßen und einzelnen freien Plätzen. In diesem Stadtviertel wohnen neben Arabern, Belutschen und Indern auch einige Griechen, welche kleine Detailläden oder Wirthschaften halten und den Indern wirksam Concurrenz machen.

Dicht am Hafeneingang befindet sich das Zollhaus der Deutsch-Ostafrikanischen Gesellschaft mit einem eingezäunten Vorhofe, dessen Pfähle schwarz-weiß-roth angestrichen sind. Die in Matrosenuniform steckenden Bacharia (Ruderknechte) und die allzeit geschäftigen Zollsoldaten geben zwar Zeugniß von einer thätigen Verwaltung, doch ist der Verkehr immer noch gering und die Einnahmen sind noch lange nicht auf der alten Höhe angelangt. Der Karavanenverkehr, welcher früher auch hier ziemlich rege war, besonders nach dem Kilima-Ndjaro und den Dschagga-Ländern, stockt vorläufig noch gänzlich und wird sich wol erst mit der Zeit wieder beleben. Auf der östlichen Seite der Araberstadt, wo sich früher ein weites Negerdorf ausdehnte, befindet sich das Stationshaus und das Fort. Schon von weitem springt das vollständig freiliegende zweistöckige Haus mit den hohen Mauern und Bastionen dem Beschauer in die Augen. Das große Mittelgebäude, schon früher in dem Besitz der Deutsch-Ostafrikanischen Gesellschaft, zeichnet sich durch sehr praktische Bauart aus. Ein kleiner, viereckiger Lichthof läuft durch alle vier Etagen und gestattet der Luft auch auf den Corridoren freien Zutritt. In der untern Etage befinden sich die Schlafräume und die Speisehalle für die Unteroffiziere;

in der obern Etage außer den Offizierzimmern und der Messe noch das Bureau- und Badezimmer. Das Dach ist nach orientalischer Sitte flach und besitzt für eventuelle Vertheidigungszwecke eine Brustwehr mit eingeschnittenen Kanonen-Schießscharten. Für die Befestigungsanlage ist man den in Afrika erprobten graden, bastionirten Fronten treugeblieben. Solange wir mit europäischen Angriffsmitteln nicht zu rechnen haben, und dies wird wol schwerlich in den nächsten Jahrzehnten der Fall sein, können 2—3 m hohe Bastionen und Mauern als ein unüberwindliches Hindernis gelten. In dieser Hinsicht hat Pangani von allen Stationen die stärkste Befestigung. In einem Viereck von 58 m Länge erheben sich starke, 3 m hohe Mauern, an welche sich die Unterkunftsräume der Besatzung anlehnen. (Siehe Abbildung S. 162.)

Für jeden verheiratheten Soldaten, für je zwei schwarze Unteroffiziere und für je einen Offizier sind besondere Räume durch Quermauern abgetheilt, sodaß die einzelnen Familien und die Vorgesetzten von den Soldaten vollständig geschieden sind. Die unverheiratheten Leute wohnen in einem großen gemeinschaftlichen Raume. Hier hat jeder Soldat seine Bettstelle, seine Decke und sein Regal zum Aufbewahren der Waffen. Durch Ordnung und Sauberkeit, auf welche hier streng gehalten wird, gewinnt der Raum ein durchaus militärisches, kasernenmäßiges Aussehen und könnte selbst vor den Augen eines gestrengen preußischen Compagniechefs bestehen. In den sehr geräumigen Bastionen befinden sich ebenfalls kleine Verschläge, von denen eins als Garnisonsgefängniß, die andern als Unterkunftsräume eingerichtet sind. Die Armirung des Fort besteht in vier Kanonen, zwei Feldgeschützen, einer Revolverkanone und einem kleinen 4 cm Schnellfeuergeschütz.

Wie schon durch die Größe bedingt, ist die Besatzung des Fort die stärkste von allen Küstenplätzen. Sie besteht gegenwärtig aus einer Sudanesen-Compagnie in der Stärke von 100 Mann, 20 Askaris und 10 Bacharia. Der Chef der Station und zugleich Districtschef des nördlichen Gebietes von Pangani und Tanga ist Dr. Schmidt. Seiner thatkräftigen Leitung ist es hauptsächlich zu danken, daß in diesem schwierigen Gebietstheile wieder Ruhe und Ordnung eingetreten ist.

Daß die politischen Verhältnisse in Pangani wesentlich anders liegen als in Bagamoyo ist oben schon erwähnt. Während hier das Araberthum, gestützt auf reichen Grundbesitz, eine herrschende Stellung einnimmt, ist in Bagamoyo der größere Einfluß in allen handelspolitischen Fragen schon seit vielen Jahren in die Hände der reichen Inder übergegangen. Dieser Wechsel ist mit dem immer mehr hervortretenden Verfall des Araberthums identisch.

Der Araber ist kein Kaufmann, und alle Erzählungen von Handelsfahrten der Araber im Indischen Ocean verweise ich unbedenklich ins Reich der Mythe. Die Seefahrten, welche die Araber im Indischen Ocean unternahmen, sind ebenso auf religiösen Fanatismus und Eroberungssucht zurückzuführen wie einstmals die Eroberung von Nordafrika und Spanien. Gelegentlich mögen wol aus dem reichen Indien Waaren heimgebracht und verwerthet worden sein; niemals sind dies aber geplante kaufmännische Unternehmungen gewesen. Sie besaßen ja auch keinerlei heimische Erzeugnisse, welche sie gegen die fremden Waaren eintauschen konnten. Den besten Beweis hierfür liefert der Rückgang des Handels und die Verarmung der arabischen Bevölkerung in allen Ländern, wo fremde Concurrenz in Wettbewerb mit ihnen eintritt. Anders ist das Verhältniß in Ländern, wo die Araber als Großgrundbesitzer mit dem Lande selbst verwachsen sind und als herrschende Klasse einen bestimmenden Einfluß auf die Geschicke des Landes ausüben, wie dies im vollsten Maße in Pangani der Fall ist. Hier wird man auch noch auf Jahre hinaus mit dem Araberthum zu rechnen haben.

Wie wir aus der Vorgeschichte des Aufstandes in Pangani gesehen haben, sind ganz andere politische Strömungen die Veranlassung zur Betheiligung an den Unruhen gewesen. Die besitzende Klasse der Araber in Pangani, deren Reichthum hauptsächlich in ausgedehntem Grundbesitz liegt, hat sich von vornherein, wie es auch in der Natur der Sache liegt, sehr ablehnend gegen den Aufstand verhalten und war jederzeit zum Frieden auch mit der Bedingung der Unterwerfung geneigt. Daß es uns dennoch nicht gelungen ist, die alten Verhältnisse wieder herzustellen, lag an innern Streitigkeiten, welche schon lange Jahre bestanden hatten und bei dieser Gelegenheit zum Austrag kamen.

In den großen Schambas und besonders in den Zuckerrohrplantagen der reichen Araber werden eine große Zahl von Sklaven beschäftigt, welche dort außerordentlich schwer zu arbeiten haben. Dies hat schon vor etwa zwanzig Jahren Veranlassung zu einem allgemeinen Sklavenaufstand gegeben. Die entflohenen Sklaven sammelten sich und setzten sich gegen die Araber zur Wehr, welche vergeblich mit List und Gewalt versuchten, sich wieder in den Besitz ihres vermeintlichen Eigenthums zu setzen. Auch die Soldaten des Sultans, welche dieser zur Unterstützung nach Pangani sandte, erwiesen sich als machtlos. Der Sultan machte nun gute Miene zum bösen Spiel und wies den Sklaven Wohnsitze in Kikokwe am rechten Panganiufer an und stationirte dort einige Soldaten, um eine gewisse Aufsicht über sie zu haben. Diese Sklavencolonie befindet sich noch heutzutage dort und bildet eine aus allen Theilen Afrikas gemischte Bevölkerung.

Ein politisches Oberhaupt, wie bei den andern afrikanischen Ortschaften, existirt hier nicht. In Kikokwe selbst befinden sich die besten Befestigungen, welche je von Negerhänden aufgeführt wurden. Ein 3 m hohes Mauerviereck umschließt das Dorf und ist mit doppelten Schießscharten in zwei Etagen, einem stark befestigten Durchgangsthor und zwei Bastionen vertheidigungsmäßig eingerichtet. Diese Sklavencolonie war ein Herd ständiger Unruhen, welche sich auf die Negerbevölkerung der umliegenden Ortschaften ausdehnten und durch entlaufene Sklaven immer neue Nahrung erhielten. Hierdurch entstanden fortwährend Reibungen zwischen der Landbevölkerung und den Arabern von Pangani, welche häufig zu kleinen Kämpfen führten. Diese Unzufriedenheit der Neger benutzte die Kriegspartei, an deren Spitze hauptsächlich die Verwandten von Buschiri und der Komoreser Said Abedja standen, mit großer Schlauheit, um den seit Jahren angewachsenen Zündstoff gegen die Wasungu, die fremden Eindringlinge, zu entladen. Diese Verhältnisse machten sich bei den Friedensverhandlungen geltend, welche der Reichscommissar mit einer Gesandtschaft aus Pangani eingeleitet hatte.

Die eigentliche Araberpartei war durchaus zum Frieden geneigt, wurde aber durch Buschiri's Anhang überstimmt und betheiligte sich nachher aus Furcht an der Vertheidigung. Jetzt, nachdem Buschiri's Partei zersprengt und Said Abedja gefallen ist, liegen die Verhältnisse anders. Die Araber kehrten sofort zurück und acceptirten jede Bedingung. Doch die Negerbevölkerung, welche zähe an einmal gefaßten Vorurtheilen festhält, setzte sich überall in den umliegenden Ortschaften fest und versuchte, von dort aus den Krieg im kleinen fortzusetzen. Wir haben hier also grade die umgekehrten Verhältnisse, wie an andern Küstenpunkten, wo wir das Araberthum bekämpften, während die Negerbevölkerung uns freundlich gesinnt war, oder, wie es meist der Fall war, vollständig indifferent blieb.

Alle die kleinen Gefechte zwischen Pangani und Tanga und in der Richtung auf Saadani sind auf dieses Verhältniß zurückzuführen. Eine sehr wichtige Rolle in diesen Kämpfen spielen nächst den Charaktereigenschaften der Neger auch die innern Verhältnisse der Ortschaften, Gemeinden und Völkerstämme. Ein größeres Staatengebilde gibt es mit Ausnahme von Masinde an der ganzen Küste überhaupt nicht. Einzelne Machthaber, wie Bana Heri in Saadani, Kigonge in Bondei, üben zwar einen Einfluß auf größere Landstrecken aus; sonst zerfallen aber die Landschaften in eine Unzahl kleiner Gemeinden und Ortschaften, welche ziemlich unabhängig sind, mit ihren Nachbarn in ewigem Streite leben und mit dem größten Mistrauen alle Handlungen der Gegner beobachten. Wird eine solche Ortschaft wegen irgendeiner gesetzwidrigen Handlung bestraft, so kann man sicher sein, daß man hierdurch so und so viele neue Freunde gewonnen hat. Man wird auch stets, wenn man geschickt operirt, über alle Vorgänge im District orientirt sein. Es werden sich stets genug Leute finden, welche mit Schadenfreude alles hinterbringen, was etwa ihren Gegnern zum Nachtheil gereichen kann. Hierdurch wird die Verwaltung des Landes in vieler Beziehung sehr erleichtert, und eine so starke Besatzung der Küstenorte, wie sie jetzt stattfindet, wird sich später als unnöthig herausstellen. Man muß sich jedoch wohl hüten, alles für baare Münze zu nehmen, was irgendein eifriger Jumbe dem Bana-kuba hinterbringt. Oft wird es sich bei näherer Beleuchtung als übertrieben, wenn nicht gar als gänzlich erlogen herausstellen. Dieses Orientirungssystem wird von allen Colonialmächten mit großem Erfolge angewandt.

Werfen wir nur einen Blick auf unsere Nachbarn an der Südgrenze unserer Besitzungen, welche mit einer minimalen, nach unsern Begriffen gänzlich unbrauchbaren Militärmacht den großen Küstenstrich und das Hinterland bis an den Njassa behaupten und im Gleichgewicht halten. Die Meisterschaft in dieser Politik gebührt aber England, welche den alten Cäsarenausspruch: „Theile und herrsche" mit einer kleinen Abänderung: „Zahle und herrsche" als oberstes Gesetz in seiner Colonialpolitik befolgt.

Sicherer wie die militärischen Erfolge bürgte uns das Entgegenkommen der Eingeborenen für die Rückkehr friedlicher Verhältnisse und für die vollständige Niederwerfung des Aufstandes. Durch zahlreiche kleine Expeditionen, welche hierhin und dorthin das Land durchzogen und in freundschaftlicher Weise mit den Eingeborenen verkehrten, wurde das Vertrauen zu uns und unserer schwarzen Truppe geweckt und gestärkt. Fast täglich

Chef Dr. K. W. Schmidt. S. 219.

trafen Häuptlinge und Dorfälteste aus der nächsten Umgebung und aus den weiterliegenden Gebirgslandschaften in Pangani ein, um Frieden und Freundschaft von den mächtigen Wasungu zu erbitten.

Auch Simbodja, der einflußreichste Fürst von West-Usambara, welcher, selbst arabischen Ursprungs, sich niemals unter die Herrschaft der Sultane von Sansibar gebeugt hatte, sandte Geschenke an den Reichscommissar, um wenn möglich die Erinnerung an seine frühern Verbindungen mit Buschiri, dessen Schwiegervater er ist, und an seinen räuberischen Ueberfall der Meyer'schen Karavane auszulöschen. Die Zusicherung vollster Genugthuung für die den Weißen zugefügte Unbill und die demüthige Bitte um Frieden unter Anerkennung der deutschen Herrschaft ermöglichten es dem Reichscommissar, von der zuerst beabsichtigten Bestrafung abzusehen. Es war dies politisch wie militärisch eine äußerst günstige Lösung, da eine Kriegserklärung an den mächtigsten Sultan in der ganzen deutschen Interessensphäre durchaus nicht auf die leichte Achsel zu nehmen war, besonders da Massinde, die Residenz des Sultans, zehn Tagereisen von der Küste entfernt liegt und durch diese Entfernung die Verbindung mit der Station immerhin erschwert wird.

Um den Friedensbedingungen des Reichscommissars gehörigen Nachdruck zu verleihen und freundschaftliche Beziehungen mit Simbodja anzuknüpfen, entsandte Major Wißmann den Dr. Schmidt mit dem gesammten Expeditionscorps Ende Januar nach Massinde. Zugleich war mit der Ostafrikanischen Plantagengesellschaft vereinbart worden, daß im Anschluß an die Expedition unter dem Schutze eines militärischen Commandos die Station Lewa wieder aufgebaut werden sollte.

Die Plantage Lewa, oder wie sie richtiger genannt wird, Deutscher Hof, denn dieser Name ist ihr von der Gesellschaft gegeben worden, während Lewa die Bezeichnung der ganzen Landschaft und speciell eines Gebirgszuges ist, war das erste Plantagenunternehmen, welches in Ostafrika mit Erfolg begonnen wurde. Gelegen auf dem Ostabhange des Bondëi-Gebirges, welches die Vorzüge eines gesunden Klimas mit überaus günstigen Bodenverhältnissen verbindet, versprach das junge Unternehmen die angewandte Mühe und den Aufwand an Geldmitteln schon in den ersten Jahren durch reichen Ertrag zu lohnen. Bei Ausbruch des Aufstandes wurden die Beamten, welche jeglichen militärischen Schutzes entbehrten, durch die feindliche Haltung der Araber gezwungen, die Station zu verlassen. Lewa wurde nun von den Horden Buschiri's ausgeplündert und zerstört. Das gesammte todte und lebende Inventar und die Tabacksernte, welche einen hohen Werth repräsentirte, gingen hierbei verloren. Fast ein Jahr hindurch lag die Plantage brach, und als Dr. Schmidt gelegentlich einer Expedition diese Gegend berührte, konnte er kaum noch den Platz auffinden, wo die Ansiedelung gestanden hatte. Die Gebäude waren niedergebrannt, die Tabacksfelder überwuchert und die Brunnen verschüttet. So mußte denn die Arbeit von neuem beginnen.

Am 17. und 18. Januar brach die Expedition auf und marschirte auf dem Landwege nach Lewa, während das gesammte Material zum Aufbau der Häuser und zur Einrichtung der Station in Daus verladen den Kingani aufwärts geflößt wurde. Der Kingani, außer dem Rufidji der größte Fluß unserer ostafrikanischen Colonien, entspringt auf dem Kilima-Ndjaro, durchfließt dann in vielen Windungen Pare und bildet in seinem Unterlauf die Grenze zwischen Useguha und Usambara. An der Mündung hat der Strom eine Breite von 323 m, ohne an Tiefe besonders abzunehmen, sodaß auch größere Fahrzeuge ziemlich weit stromauf fahren können. Wo die Grenze der Schiffbarkeit liegt, konnte bisher noch nicht festgestellt werden; der Stationschef von Pangani hat den Fluß bis zu 50 km aufwärts befahren, ohne auf ein Hinderniß zu stoßen. Hinter Chogwe beginnen aber schon Stromschnellen, welche das weitere Vordringen erschweren. Der Dauverkehr, welcher auf dem untern Theile des Flusses ziemlich lebhaft ist, erstreckt sich jedoch im allgemeinen nicht so weit, da die Wasserverhältnisse, welche durch Ebbe und Flut noch bis auf 50 km stromaufwärts bedingt worden, für ganz kurze Strecken eine tagelange Reise nöthig machen.

Am 19. abends verließen wir mit der steigenden Flut Pangani. Eine frische Seebrise begünstigte unsere Abfahrt und ließ die großen Dausegel lustig im Winde schwellen. Auf dem größten von den drei Fahrzeugen, in welchem ein Halbverdeck Raum zum Sitzen bot, hatten wir, d. h. der Vertreter der Plantagengesellschaft und ich, die einzigen Weißen des Commandos, uns durch Decken und Kisten einen leidlich bequemen Aufenthalt geschaffen. Sehr bald machte jedoch die eintretende Dunkelheit unserer Fahrt ein Ende. Die Daus warfen Anker und alles legte sich zur Ruhe nieder. Wir hatten nun zwar nicht viel bei dieser abendlichen Fahrt gewonnen; denn nur wenige Kilometer trennten uns von Pangani, dessen letzte Häuser wir noch durch das dichte Mangrovegebüsch schimmern sahen. Aber in Afrika, wo Langsamkeit und Indolenz Gesetz und jeder Aufschub zur guten Sitte gehört, kann man schon zufrieden sein, wenn man den Ort des Aufbruchs ohne Lasten liegen gelassen zu haben, oder ohne daß Träger oder Bootsleute verduftet sind, verlassen kann. Für uns Europäer war von einer Nachtruhe und dem ersehnten Schlaf allerdings wenig die Rede, unzählige Mückenschwärme, welche hier auf dem Fluß ihren Tummelplatz haben, ließen selbst den Gedanken an Ruhe kaum aufkommen. Die minder fein organisirten Neger störte dies wenig; ganz in ihren Lendenschurz eingewickelt, schliefen sie in den unbequemsten Stellungen zwischen Kisten und Fässern, ohne sich im geringsten an diese Quälgeister zu kehren.

Bei der ersten Morgendämmerung setzten wir unsere Fahrt fort. Die beiden kleinern Daus, welche keinen besondern Tiefgang hatten und leicht etwaige Hindernisse überwinden konnten, segelten vor uns, unser schweres Admiralsschiff folgte in einiger

Entfernung. Diese Flotille, welche mit ihren riesigen Segeln fast die ganze Breite des Flusses, der sich hier schon bis auf 100 m verengt, einnahm und langsam, mit kaum 2—3 Knoten Fahrt, den Fluß aufwärts fuhr, mußte auf jeden Beschauer einen höchst merkwürdigen Eindruck machen, da die Breite des Flusses zu der Größe der Schiffe in keinem Verhältniß stand.

Während die beiden kleinern Fahrzeuge schnell voraus segelten, mußten wir mit großer Vorsicht fahren, um nicht auf den Grund aufzulaufen, und obgleich unser schwarzer Kapitän mit großer Vorsicht das Steuer führte und, bald am rechten Ufer bald am linken der Strömung folgend, die tiefsten Stellen des Flußbettes aufsuchte, hörte man deutlich von Zeit zu Zeit den Kiel über einen am Boden liegenden Baumstamm oder Stein hinweggleiten. Unsere besorgten Mienen wurden aber immer wieder durch ein beruhigendes Kopfnicken des Kapitäns erheitert, welcher mit selbstzufriedenem Lächeln sein Schifflein über all diese Klippen hinwegsteuerte; aber nach einer Stunde schon wurden unsere Befürchtungen zur Gewißheit. Ein kräftiger Ruck, welcher das Schiff bis in den Mast erzittern ließ, belehrte uns, daß die Fahrt vorläufig ihr Ende erreicht hatte. Aber auch dieses Ereigniß schien die Ruhe des Kapitäns nicht wesentlich zu erschüttern. Auf unsere ungeduldigen Fragen, wie lange es wol dauern würde, bis wir durch das nachströmende Wasser wieder flott würden, konnten wir keine andere Antwort aus ihm herausbekommen, als die beruhigende Formel badu inschalla, bald wenn Allah will. Dabei wurde mit voller Ruhe das Segel heruntergelassen, die Schiffsbesatzung machte es sich bequem, und der Kapitän holte in Ermangelung einer andern Beschäftigung aus der untersten Tiefe des Schiffes ein langes Zuckerrohr und fing in aller Gemüthsruhe an, dasselbe zu zerkauen. Uns blieb auch nichts weiter übrig, als uns mit Geduld in das Unvermeidliche zu fügen und abzuwarten, bis das Wasser gestiegen war und uns die Weiterfahrt ermöglichte.

Während der Zeit hatten wir aber Gelegenheit uns unsere

Umgebung etwas genauer anzusehen; die weiten mit Mangrovegebüsch dicht besetzten Sümpfe, welche hinter Pangani und Mbueni den Fluß auf beiden Seiten einfassen, waren verschwunden, statt dessen dehnten sich Wiesenflächen aus, die, soweit das Auge reichte, mit Zuckerrohr bepflanzt waren; zwischendurch zogen sich breite Streifen dichten Buschwerkes und Palmen, Mimosen und Laubhölzern. Schlingpflanzen mit breiten, saftigen Blättern umschlangen diese verschiedenen Baumgruppen und bildeten ein undurchdringliches Dickicht, dessen tiefgrüne Färbung angenehm durch einige blühende Sträucher unterbrochen wurde. Hier in diesem dichten Buschwerk concentrirt sich ein reges Leben; ganze Affenheerden bevölkerten die Palmkronen und belustigten sich an tollen Sprüngen und närrischen Spielen; Schwärme von Tauben und Wasservögeln erhoben sich bei unserm Nahen und strichen in langem Fluge über die Wasserfläche; Krokodile, die sich hier in der Morgensonne gewärmt hatten, gingen mit lautem Aufschlag ins Wasser zurück; von Zeit zu Zeit tauchte in der Ferne der mächtige Kopf eines Flußpferdes auf, um alsbald wieder in der Tiefe zu verschwinden. Alle diese Thiere schienen ihre Feinde genau zu kennen, denn während sie sich furchtlos in der Nähe der Ansiedelungen der Eingeborenen aufhalten, verschwinden sie sofort bei Annäherung eines Weißen, sodaß schon viel Uebung und Erfahrung dazu gehört, um ein solches Stück Wild zu erlegen.

Nach Verlauf einer Stunde war das Wasser so weit gestiegen, daß unsere Dau wieder flott wurde. Mit günstigem Winde setzten wir unsere Fahrt fort, bis das fallende Wasser uns wieder zwang, einen längeren Aufenthalt zu nehmen. Da wir bis zum Ablauf der Ebbe, also ungefähr sechs Stunden, Zeit hatten, so ließen wir das kleine Boot, welches jede Dau mit sich führt, flott machen und begaben uns mit unserm Koch und den nöthigen Vorräthen an Land, um uns hier unser Mittagsmahl zu kochen, denn auf der Dau ist man natürlich nur auf die wenigen Conserven angewiesen, welche man mit sich führt. Dicht vor uns lag eine jener Zuckerplantagen, welche uns erwünschte Gelegenheit bot, die Einrichtung eines solchen Betriebes kennen zu lernen.

Auf einem freien Platz, welcher schon äußerlich durch die aufgehäuften Zuckerrohrvorräthe seine Bestimmung errathen ließ, lag ein großes einstöckiges Haus aus Backsteinen mit weißer Tünche überzogen. Das ganze Gebäude bestand aus einem einzigen großen Raum, in dessen Mitte eine Zuckerpresse aufgestellt war. Die Maschine ist englisches Fabrikat und ähnelt ihrem Aussehen nach unsern heimischen Dreschmaschinen. Die Kurbel, welche das Walzwerk in Bewegung setzt, wird hier durch Menschenhände gedreht. In den untern Trichter werden die vollen Stangen hineingeworfen und durch große Walzen zerquetscht und ausgepreßt; durch eine breite Rinne fließt dann in einem dicken trüben Strom der Zucker in ein angebautes Nebenhaus, wo derselbe in riesigen Pfannen aufgefangen und sofort gekocht wird; nachdem dann der trübe Satz entfernt ist, wird der Zucker in Blechbüchsen gefüllt und ist dann zum Verkauf fertig. Weitere Reinigungsmethoden sind hier nicht im Gebrauch; der Zucker hat daher auch ein ganz anderes Aussehen, wie bei uns. Die trübe Masse ist dunkelbraun und von syrupähnlichem Geschmack, nicht selten kommt derselbe auch in großen Klumpen auf den Markt. Der Export erstreckt sich nur auf die Insel Sansibar und die nächstgelegenen Küstenplätze. Der Gewinn an dieser Industrie ist im allgemeinen sehr gering und nur durch die billigen Arbeitskräfte noch einigermaßen lohnend. Viele Meilen stromaufwärts sind die Ufer mit solchen Zuckerplantagen besetzt, welche den Arabern von Pangani gehören; oft befinden sich auch bei diesen Pflanzungen sehr hübsche Sommersitze mit zweistöckigen steinernen Häusern, in welchen der reiche Araber die heißen Monate zu verbringen pflegt.

Wenn man an diesen großen Etablissements, welche wiederum mit zahlreichen Negerhütten umgeben sind, vorbeifährt und das rege Leben und Treiben auf solchen Schambas beobachtet, so könnte man eher glauben, in einem civilisirten Tropenlande als in dem so häufig mit trüben Farben geschilderten wüsten Afrika zu sein.

Vor unserer Abfahrt wurde uns noch das Schauspiel zu theil, eine von der Jagd zurückkehrende Negerbande mit einem Wildschwein zu sehen. Schon von weitem hörten wir den Jubel und das Geschrei der schwarzen Jagdgesellschaft, welche in eiligem Lauf von den Bergen kam. Alles was nur Beine hatte, schloß sich unterwegs dem Zuge an und half den Schützen einen ohrenzerreißenden Lärm zu machen. An den Vorder- und Hinterläufen zusammengebunden und auf einer Stange hängend wurde das Wildpret in der Mitte des Zuges herbeigeschleppt. Es war eine starke Sau aus der Gattung der Warzenschweine, die hier sehr häufig vorkommen und auf den Feldern viel Schaden anrichten. Die Eingeborenen machen daher eifrig auf sie Jagd und fangen sie in Schlingen oder Fallgruben, um sie dann langsam zu Tode zu quälen. Jedem weidgerechten Jäger würde das Herz bei dem Anblick eines solchen zerfetzten Wildes bluten. Die Thiere, die in ein solches Loch gerathen, werden entweder mit Steinen todtgeworfen oder mit den stumpfen Speeren der Eingeborenen so lange gestochen, bis sie unter gräßlichen Qualen ihr Leben aushauchen. Das Opfer, welches wir hier vor uns hatten, war im wahren Sinne zerfleischt, wir verzichteten daher auf den Genuß des sonst willkommenen Bratens. So wurde das Schwein sofort ins Wasser geworfen, da auch die Eingeborenen das Fleisch nicht essen.

Gegen Abend setzten wir unsere Fahrt fort und landeten um 6 Uhr in Chogwe, wo sofort sämmtliche Lasten ans Land geworfen wurden und wir uns für einige Tage einrichteten, bis die nöthige Trägerzahl beschafft war. Einige Schritt vom Ufer entfernt liegen hier, nach Art eines Dorfes gebaut, etwa 50 bis 80 Grashütten, welche nicht bewohnt sind und lediglich als Unterkunft für die Marktleute dienen, die monatlich zweimal aus der ganzen Umgegend zusammenströmen und in gleicher Weise, wie dies schon früher vom Bondëi-Gebiet beschrieben ist, ihre Erzeugnisse gegeneinander austauschen. Sowie wir uns etwas eingerichtet hatten, kamen die Besitzer der gegenüberliegenden Schambas, ein Araber und ein Neger, um uns zu begrüßen und ihre Freude über unsere glückliche Ankunft auszudrücken. Als Gastgeschenk brachten sie Obst, Eier, Hühner und ein Schaf mit, welche als willkommene Gaben dankend angenommen wurden; auch von unserer Seite wurden sie darauf reichlich beschenkt, denn bei aller Freigebigkeit, die dem Araber eigen ist, würde das Unterlassen einer solchen Höflichkeitsform doch höchst misfällig aufgenommen worden sein. Von ihm erfuhren wir auch, daß am nächsten und nächstfolgenden Tage hier Markt abgehalten würde; da aber seit einem Jahr keine Europäer am Fluß gewesen seien, so würden die Leute vielleicht beim Anblick bewaffneter Soldaten wieder umkehren. Um dies zu vermeiden und um gleich von vornherein ein gutes Einvernehmen anzubahnen, schickten wir noch am selben Abend Boten in die umliegenden Dörfer und ließen den Jumbe sagen, daß wir hier mit unsern Leuten angekommen wären, um die deutsche Station in Lewa wieder aufzubauen, und durchaus friedliche Absichten hätten. Sie möchten also keine Furcht haben und am nächsten Tage nach Chogwe kommen. Diese Maßregel erwies sich als sehr wirksam, denn am nächsten Tage erschienen schon beim ersten Morgengrauen auf allen Straßen Karavanen mit Lebensmitteln, Früchten und allerhand Gebrauchsartikeln, welche sie hier gegen europäische Waaren und Luxusartikel, wie Betelnüsse, Schnupftaback, Zeug und Schmucksachen, die von Indern aus Pangani hier feilgeboten wurden, eintauschen. Die Strohhütten waren bald bis auf den letzten Platz gefüllt und eine vielköpfige Menschenmenge drängte sich plaudernd und lachend in den schmalen Gassen des Dorfes und belebte das nahe Flußufer. Noch während des ganzen Tages erhielt der Markt Zuzug aus entlegenen Dörfern. An der Landungsstelle lagen über ein Dutzend kleiner Eingeborenen-Kähne mit Korn und andern Verkaufsartikeln beladen. Einige von ihnen waren, wie uns der Araber versicherte, aus Dörfern gekommen, die viele Meilen stromaufwärts lägen, und mußten, wenn keine Händler aus Pangani den Markt besuchten, alle ihre Waaren wieder mit zurücknehmen.

Am Morgen waren aber bereits drei Inder mit großen Waarenbündeln angekommen, die hauptsächlich Getreide, Reis und Mtama kauften. Das Geschäft ging infolgedessen ziemlich flott und die Hütten, wo die drei Banianen, denn zu dieser Secte gehörten die Inder, ihren Kram aufgestellt hatten, wurden nicht leer von Besuchern, welche hier ihre Tauschgeschäfte abmachten. Außerdem waren diese Plätze ständig von einer müßig gaffenden Menge umgeben, welche die mitgebrachten Schätze: Messer, Ohrringe, Mundharmonikas und Perlen, welche hier für das schaulustige Publikum ausgelegt waren, mit begehrlichen Blicken anstaunte.

Es war ein buntes bewegliches Bild, dieses Marktgetriebe inmitten der afrikanischen Wildniß, und erinnerte mit seinen fröhlichen harmlosen Besuchern lebhaft an unsere Weihnachtsmärkte. Alles verlief hier in der friedlichsten Weise ohne die geringste Streitigkeit. Ueberall sah man nur fröhliche Gesichter und hörte Scherzen und Lachen; wenn einer oder der andere nach langem Feilschen eine Mundharmonika oder ein anderes Spielzeug erstanden hatte, so erreichte die Freude ihren Höhepunkt; alle Freunde kamen, um sich dies merkwürdige Instrument anzusehen und auf die Töne zu lauschen, die der glückliche Besitzer nicht müde wurde, in ohrenzerreißenden Disharmonien demselben zu entlocken. Aber auch minder Glückliche, denen entweder das Geld zu solchen Erwerbungen fehlte, oder welche vergebens Stunde um Stunde hinter ihren Körben mit Kokosnüssen und Mangos saßen, betheiligten sich neidlos an der allgemeinen Freude. Ja selbst die Karavanen, welche mit ihren sämmtlichen Waaren nach den viele Meilen weit entfernten Dörfern zurückkehrten, waren frohen Muthes und guter Dinge.

Der Umsatz auf solchen Märkten, die im ganzen Bondëi-Gebiet in ähnlicher Weise abgehalten werden, ist im allgemeinen kein nennenswerther, da die Leute zu wenig Bedürfnisse haben, um den Handel ernst zu nehmen. Die mitgebrachten Waaren und der Werth derselben steht infolgedessen auch in keinem Verhältniß zu der großen Zahl von Menschen, welche den Markt besuchen. Die Leute bringen alles, was die Natur ihnen mehr liefert als sie zum Lebensunterhalt nothwendig gebrauchen, so auch große Körbe voll der herrlichsten Früchte: Bananen, Mangos, Kokosnüsse und Wassermelonen; da die Inder dieselben aber nicht kaufen, so finden all diese Sachen keine Abnehmer. Das Getreide wird fast alles zu Spottpreisen von den Indern aufgekauft. Vieh sieht man hier in der Gegend wenig; auf dem Markt sah ich nur einzelne Schafe, welche wir für unsere Leute erstanden, aber ziemlich viele Hühner, die für 20 bis 30 Pfennig das Stück verkauft wurden. Sollte es gelingen, die Leute an mehr Bedürfnisse zu gewöhnen, so würden bei dem Reichthum dieses ganzen Berglandes die Märkte eine hervorragende Bedeutung gewinnen; jetzt beträgt der ganze Umsatz kaum einige hundert Rupien.

Da wir unsere Zelte in der Nähe des Dorfes aufgeschlagen hatten, so waren wir natürlich die größte Sehenswürdigkeit des Tages, und der Platz vor unserm Zelt wurde während des ganzen Tages nicht von Besuchern frei. Mehrere Jumbe, welche früher mit der Plantagengesellschaft in Verbindung gestanden hatten und jetzt zu unserer Begrüßung erschienen waren, brachten uns reichliche Geschenke, besonders Obst mit, welches hier in der ganzen Gegend in vorzüglicher Qualität gedeiht. Wir wußten kaum, wo wir all die Körbe mit Mangos, Ananas und Kokosnüssen lassen sollten und mußten den größten Theil, um ihn nicht verderben zu lassen, an unsere Träger vertheilen.

Gegen Mittag kam der schwarze Aufseher von Lewa und in seiner Begleitung wieder eine Karavane der umwohnenden Jumbe, welche mit überschwenglichen Worten ihre Freundschaft betheuerten; denn bei dem Anblick der Soldaten schlug ihnen doch wol das Gewissen, da sie sicher alle an der spätern Plünderung der Station betheiligt gewesen waren und nun glauben mußten, wir wollten uns an ihnen rächen. Wir waren aber sehr froh, daß sich das Verhältniß zu den Eingeborenen von vornherein so günstig gestaltete, und dachten gar nicht daran, sie wegen begangener Sünden zur Rechenschaft zu ziehen. Die Jumbe erhielten sogar Gegengeschenke in Zeug und andern europäischen Artikeln und wurden dann eindringlich ermahnt, Ruhe und Frieden zu halten, und nachdem sie dies sämmtlich versprochen hatten, wieder entlassen.

Da wir noch nicht genügend Träger bekommen konnten, so mußten wir unsern Aufenthalt in Chogwe noch um einige Tage verlängern. In der ganz freien schattenlosen Ebene hatten wir sehr unter der Hitze zu leiden, welche sich in unsern Zelten noch um ein Erhebliches steigerte, da der wasserdichte Stoff, aus dem sie gefertigt sind, wol den Regen abhält, aber den Durchzug der Luft außerordentlich erschwert. Unsere einzige Zerstreuung in dieser Einöde bildete abends, wenn die Hitze etwas nachgelassen hatte, die Jagd auf Tauben, welche hier in großen Schwärmen die Dschungeln am Flusse bevölkern.

Am nächstfolgenden Tage brachte Ngrue, der Aufseher von Lewa, eine Trägerkaravane von 200 Mann, welche er in den umliegenden Dörfern requirirt hatte, nach Chogwe. Es wurden nun zunächst alle Gegenstände, welche wir für die erste Einrichtung bedurften, und unser persönliches Gepäck nach Lewa geschafft. Die schweren Kalksäcke und Cementtonnen mußten erst zertheilt und in kleinere Lasten umgepackt werden, bevor sie transportirt werden konnten. Es war also kaum darauf zu rechnen, daß sämmtliches Material vor vier oder fünf Tagen fortgeschafft werden konnte, weshalb wir zum Schutze dieser zurückbleibenden Lasten einen Theil des Detachements unter Führung eines schwarzen Sergeanten am Flusse zurückließen. Wir marschirten mit dem Rest unserer Leute und einer Trägerkaravane am nächsten Morgen ab. Herr von Eltz, welcher am Abend vorher mit einer Karavane in Chogwe angekommen war und später mit Herrn Ehlers nach dem Kilima-Ndjaro gehen sollte, schloß sich uns an.

Herr Ehlers hatte im Sommer 1888 eine Forschungsreise nach dem Kilima-Ndjaro unternommen und von dort eine Gesandtschaft des Fürsten Mandara, welche dem Kaiser Geschenke überbringen sollte, nach Deutschland geführt und dem Kaiser vorgestellt. Er war nun von Sr. Majestät beauftragt, Gegengeschenke an Mandara, den Fürsten von Dschagga, zu überbringen.

Der kurze Weg von Chogwe bis Lewa, welcher unter gewöhnlichen Umständen kaum zwei Stunden in Anspruch nimmt, erforderte verhältnißmäßig viel Zeit, da einige steile Hänge überwunden werden mußten, welche von einer Karavane mit schweren Lasten nur mit großen Schwierigkeiten passirt werden können. Das Bondëi-Gebirge fällt hier fast senkrecht ins Flußthal ab und erreicht bei Lewa schon eine Höhe von 650 Fuß und steigt in dem kaum einige Meilen von Lewa entfernten Gebirgsstock des Tongwe bis zu einer Höhe von 7500 Fuß an.

Mit dem Eintritt in dieses Bergland, welches speciell den Namen Lewa führt, änderte sich die Scenerie vollständig. Während die Flußebene mit Ausnahme der schmalen Galeriewaldungen an beiden Ufern des Kingani den Charakter eines unfruchtbaren Heidelandes trägt, zeichnet sich dieses Bergland durch große Fruchtbarkeit aus. Der hochrothe Boden enthält viel Humus und erzeugt einen üppigen Pflanzenwuchs. Schöne Waldungen, welche zum Theil ein undurchdringliches Dickicht bilden und eine reiche Flora beherbergen, bekleiden die Bergabhänge. In den Thälern wuchert mannshohes Schilfgras und niederes Buschwerk. Je anmuthiger und frischer die Natur in diesem Berglande ist, um so mehr empfindet man die Armuth des Thierreichs, dessen Mannichfaltigkeit und Reichthum unsern heimischen Wäldern einen so eigenthümlichen Reiz verleiht. Die höher entwickelten vierfüßigen Thiere fehlen fast ganz, nur die Vogelwelt stellt einige wenige Repräsentanten; die einzig bemerkenswerthen hierunter sind Perlhühner, welche ziemlich häufig in Völkern von 10—20 vorkommen und bei den Mahlzeiten der Reisenden und Colonisten eine große Rolle spielen.

Mitten in diesem Walddistrict lag früher die Pflanzung Deutscher Hof; jetzt steht davon nur noch eine große Fermentirscheune mit abgedecktem Dach und leeren Fensterhöhlen. Wohnhaus und Arbeitshäuser sind während des Aufstandes gänzlich zerstört. Von den ehemals blühenden Tabacksculturen ist keine Spur mehr vorhanden. Was die fanatische Wuth der Araber oder die Habgier einzelner Jumbe noch übriggelassen, hat die üppige Tropenvegetation mit einem Dickicht von Buschwerk und Gras überzogen, durch welches man sich nur mühsam Bahn bricht. Wir richteten uns vorläufig nothdürftig in der großen Scheune ein, deren Fachwerkmauern, trotzdem sie sehr durch Regen gelitten hatten, uns doch noch einigen Schutz gewährten. In einer kleinen Seitenabtheilung, welche für die Europäer als Wohnraum dienen sollte, stand noch die riesige Tabackspresse, welche allen Zerstörungsversuchen Widerstand geleistet hatte. Mit Bewunderung betrachteten wir die kolossalen Eisentheile, deren größte 80 Centner wiegen und welche durch Menschenhände vom Kingani hier heraufgeschafft sind.

Während der Beamte der Gesellschaft mit der Wiederaufnahme der Arbeiten beschäftigt war, benutzte ich die Zeit meines Aufenthaltes, um mich in der Umgegend umzusehen und Land und Leute kennen zu lernen. Wie schon oben gesagt ist, zieht sich das Bondëi-Gebirge durch ganz Usambara, kleinere Hügelketten bis an die Küste vorschiebend. Die nach Osten sich abzweigenden Höhenzüge erheben sich in den Bondëi-Bergen und in dem

Pare-Gebirge noch einmal zu beträchtlicher Höhe zwischen 12000 und 13000 Fuß. In diesem Bergland entspringen zahlreiche kleine Bäche, die während der Regenzeit stark anschwellen und nicht selten ganze Thäler überschwemmen, in den trockenen Monaten sich aber nur als schmale Wasserstreifen in den Thalsohlen der Querthäler hinziehen und in dem niedern Küstenstrich weite Sümpfe bilden. Den Namen Fluß verdient wol nur der Sigi, welcher angeblich in den Bondëi-Bergen entspringen soll und in die Bai von Tanga mündet. Derselbe ist nur in seinem Unterlauf für flachgehende Fahrzeuge wenige Minuten schiffbar.

Der flache Küstenstrich zwischen dem Bondëi-Gebirge und und dem Ocean wird von den Wasambara bewohnt; dieselben gehören nach Sprache, Sitten und Gebräuchen noch vollständig zu den Suaheli; wie überhaupt die Landschaft Usambara mehr ein geographischer Begriff ist, welcher sich in ihren ethnographischen Verhältnissen durchaus nicht von den angrenzenden Ländern unterscheidet. Die Bewohner, welche etwa bis Massinde hinauf den Namen Wasambara oder Waschamba führen, sind wie die Küstenneger im allgemeinen friedlichen Charakters. In unzählige kleine Gemeinwesen getheilt und von Jumbe mit mehr oder weniger Machtbefugniß beherrscht, leben sie untereinander in beständigem Streit und Feindschaft, welche aber selten bis zu Thätlichkeiten übergehen. In ihrem Wesen zeigen sie eine größere Ursprünglichkeit als die Küstenbewohner und werden von diesen mit dem Spott- und Schimpfnamen Waschensi benannt. Dieser Name entspricht ungefähr dem Begriff Provinziale im Gegensatz zum Bewohner der Hauptstadt.

Lewa war als Sammelplatz für die gesammte Karavane, welche sich aus den Detachements des Herrn von Eltz, der Karavane des Herrn Ehlers und dem Expeditionscorps zusammensetzte, bestimmt worden. Herr Ehlers war bereits am 26. Januar in Lewa eingetroffen und hatte uns die sehnlichst erwarteten Zuschüsse an Lebensmitteln und Getränken mitgebracht, um den Geburtstag Sr. Majestät des Kaisers am folgenden Tage in würdiger Weise feiern zu können. Nach europäischen Begriffen fehlte allerdings manches an unserm Festdiner, zu welchem alle Weißen, auch die Unteroffiziere zugezogen wurden; aber für afrikanische Verhältnisse war der größtmöglichste Luxus entfaltet; schmückte doch selbst ein neues weißes Tafeltuch unsern aus Bretern zusammengeschlagenen Tisch. Am 28. kam das Expeditionscorps in langer Colonne den Berg herauf, und jetzt herrschte auf dem stillen Platz, welcher noch vor einigen Tagen gänzlich verlassen und selbst von den Eingeborenen gemieden war, ein reges Leben und Treiben. 400 Soldaten und gegen 600 Träger lagerten hier auf zwei nebeneinanderliegenden Hügeln, zwischen welchen ein reger Verkehr unterhalten wurde. Nachdem noch am selben Abend einige erkrankte Träger durch frische ersetzt waren, wurde alles zum Abmarsch am nächsten Morgen in Bereitschaft gesetzt. Am 29. bei Sonnenaufgang setzte sich die lange Colonne in Bewegung. Die Spitze war schon längst im Walde hinter den nächsten Hügeln verschwunden, während die Queue noch auf dem Lagerplatz hielt. Der Chef Dr. Schmidt, welcher die Expedition führte, hatte von Major Wißmann den Auftrag erhalten, nach Massinde zu marschiren, um dem Fürsten von Nord-Usambara einen Besuch abzustatten und dessen Ergebenheitsbezeugung entgegenzunehmen; der Rückmarsch sollte durch Nord-Bondei über Wanga, Tanga, Tangata nach Pangani erfolgen. Die beiden Karavanen der Herren Ehlers und von Eltz zweigten sich in Massinde ab, um die directe Straße nach dem Kilima-Ndjaro einzuschlagen.

Die Expedition nach Massinde war schon seit einiger Zeit projectirt, aber wegen der Ereignisse in Useguha unterblieben. Der Name des Sultans Simbodja ist in Deutschland bereits durch den Ueberfall der Karavane des Dr. Hans Meyer bekannt geworden und dort vielfach mit dem Aufstande in Verbindung gebracht. Ob mit Recht oder Unrecht läßt sich schwer entscheiden, jedenfalls ist erwiesen, daß weder er noch seine Unterthanen an irgendeinem kriegerischen Unternehmen der Rebellen betheiligt waren. Die Familie Simbodja's ist von vornehmer arabischer Abstammung, welche aber durch häufige Vermischung mit Negerblut sich kaum noch von den Eingeborenen unterscheidet. Dies thut aber dem Stolz Simbodja's auf seine arabische Herkunft keinen Abbruch.

Er ist ein erbitterter Feind des Sultans von Sansibar, dessen Familie er als Emporkömmlinge verachtet, glaubend, daß ihm selbst, als aus der Familie Mohammed's stammend, die Herrschaft über ganz Ostafrika gebührt. In seiner Kleidung und seinen Manieren ist er ganz Araber und wie diese ein strenger Mohammedaner. Sein hohes Alter und seine ruhige Haltung verleihen ihm eine gewisse Würde, welche im Verkehr mit ihm sympathisch berührt.

Einen Theil seines Landes hat er an seinen Sohn Kimueri abgetreten, der durch glückliche Kriege seine Herrschaft weit ausgedehnt hat und jetzt über den ganzen Norddistrict von Usambara herrscht. Man sagt, daß Simbodja im Falle eines Krieges eine Macht von 10000 mit Gewehren ausgerüsteten Kriegern aufstellen kann. Dies ist gewiß etwas übertrieben; aber immerhin können Simbodja und sein Sohn als die mächtigsten Fürsten des deutschen Schutzgebiets gelten. Mit der Küste und den dortigen Verhältnissen steht er nur in losem Zusammenhang; so ist er denn auch in den Aufstand der Küstenaraber wol nur durch seine persönlichen Beziehungen zu Buschiri verwickelt worden.

Nachdem Pangani erobert war, sandte Simbodja sofort eine Karavane an die Küste, um seine Freundschaft und Ergebenheit zu versichern; bald darauf folgten Geschenke für den Reichscommissar und neue Ergebenheitsbezeugungen. Trotz der dem Dr. Meyer zugefügten Unbill legten die Verhältnisse es doch nahe, unter der Bedingung vollster Genugthuung für die Beraubung der Karavane den Frieden zu gewähren. Die Expedition des Dr. Schmidt hatte daher einen rein friedlichen Charakter und den Zweck, mit der nöthigen Machtentfaltung die Friedensbedingungen des Reichscommissars zu überbringen. Diese Expedition kann als die letzte zur Beruhigung von Usambara gelten; denn Simbodja, der letzte mächtige Häuptling, der in irgendeiner Beziehung zu den Rebellen gestanden hatte und noch nicht mit Waffengewalt niedergeworfen war, wurde jetzt durch friedliche Unterhandlungen für die deutsche Sache gewonnen.

Zehntes Kapitel.

Ein Tag auf der Station.

Das erste Dämmerlicht gegen 5 Uhr morgens hat kaum die Schatten der Nacht verdrängt und mit fahlem Schein den kommenden Tag verkündet; die Hähne auf der Station und in den umliegenden Schambas haben soeben von diesem Ereigniß Kenntniß genommen und schmettern ihre eintönigen Mahnrufe in den anbrechenden Morgen, und schon beginnen mit dem dämmernden Tage Thiere und Menschen die Nähe des Tagesgestirns mit seinen versengenden Strahlen zu ahnen. Der Schlaf weicht vor der alles durchdringenden Lichtfülle und noch bevor der glühende Sonnenball am fernen Horizont auftaucht, hat sich in Haus und Hof schon Leben und reges Treiben entwickelt. Hoch von der Bastion verkünden die langgezogenen Töne der Reveille den schwarzen Soldaten den Beginn der Arbeit. Unscheinbare Klumpen, welche überall auf flacher Erde umherliegen, verwandeln sich in Körper und Glieder und entpuppen sich als menschliche Gestalten, die hier wie Igel zusammengerollt an der Erde gelegen haben. Das sind die Stations-Boys, die ihre wenig luxuriöse Schlafstätte hier auf der Hausdiele und im Hofe aufgeschlagen haben.

Mit komisch verstellten Gesichtszügen und taumelnden Bewegungen — denn der Neger ist sehr verschlafen und in der ersten Minute nach dem Erwachen kaum seiner Sinne mächtig — erheben sich die schwarzen Gestalten und ziehen vor Frost zitternd ihr Hüfttuch, welches ihnen tagsüber als Kleid und nachts als

Decke dient, über die nackten Schultern. Der frühe Morgen ist thaufrisch und empfindlich kühl in den Tropen. Wenn auch die Temperatur nicht so erhebliche Unterschiede zeigt, so ist die Haut doch weit empfindlicher als in der gemäßigten Zone, wo schroffe Uebergänge in der Witterung nicht zu den Seltenheiten gehören.

Der wachthabende Unteroffizier zieht jetzt die Nachtposten ein und öffnet das Stationsthor. Von der Stadt her strömen bereits Wasserträgerinnen, die graziös den Oberkörper wiegend, den vollen Thonkrug freischwebend auf dem Kopfe tragen, Milchverkäufer und allerhand Volk nach der Station. In der Hausthür erscheint der brave Stationskoch in malerisch drapirtem Gewande, dem man aber auch bei der mildesten Beurtheilung das Prädikat reinlich versagen muß. Trotzdem schreitet er, von seiner Würde durchdrungen, mit gravitätischem Schritt zwischen der Schar der Verkäufer umher, um den Bedarf für die herrschaftliche Küche einzuhandeln. Das Geschäft geht recht langsam. Jeder einzelne Pesa, das niedrigste in Sansibar kursirende Geldstück im Werth von $2^1/_2$ Pfennig, ist Gegenstand einer längern Discussion, und dazwischen wird auch allerhand Stadtklatsch willig erzählt und gern gehört.

Wenden wir uns daher lieber auf die andere Seite der Station, wo sich die schwarzen Arbeiter und Handwerker und die ganze Garnison zum Appell versammelt. Auf dem linken Flügel der Aufstellung, mit der Front nach dem Stationsgebäude, stehen Maurer, Zimmerleute und Erdarbeiter mit ihrem Handwerkszeug in zwei Gliedern aufgestellt und harren des namentlichen Aufrufes. Einzelne Nachzügler sieht man noch in beschleunigter Gangart durch das Thor eilen, um noch vor Beginn der Arbeit zur Stelle zu sein und, was die Hauptsache ist, noch mitnotirt zu werden, denn hiernach richtet sich die Bezahlung am Ende der Woche. Kurz vor 6 Uhr zählen die schwarzen Aufseher ihre Leute und melden die Fehlenden dem Bauführer Herrn Wilken.

Eine gleichmäßige Arbeiterzahl ist schwer zu erreichen, da der Neger bei vier bis fünf Arbeitstagen in der Woche seine geringen Bedürfnisse voll befriedigen kann und sich dann lieber der Ruhe hingibt, dem kommenden Tag die Sorge für seine Existenz überlassend. Dies fällt auch weniger ins Gewicht, da in den Städten meistens genügend Arbeiter vorhanden sind. Fehlt aber einer der Handwerker, Maurer oder Zimmerleute, an denen stets Mangel ist, so werden wol zwei bis drei Soldaten hinausgeschickt, um den Säumigen wieder einzufangen und per Schub an den Arbeitsplatz zu befördern. Auf dem rechten Flügel der Aufstellung sammelt sich die Stationsbesatzung zu den täglichen Uebungen und wird von den schwarzen Offizieren und Unteroffizieren in zwei Glieder nach der Größe rangirt.

Während sich hier unten auf dem Stationshof die schwarzen Insassen des Fort für das beginnende Tagewerk rüsten, haben die Offiziere und Beamten in der Messe in aller Eile einen kurzen Imbiß eingenommen, denn viel Zeit ist in den kostbaren Morgenstunden, die noch weit mehr wie bei uns in Deutschland das Gold im Munde führen, nicht zu verlieren, denn sie sind die eigentlichen Arbeitsstunden des Tages.

Dies gilt besonders für die Sommermonate December, Januar, Februar, wo die Hitze während der Mittagsstunden dem Europäer geradezu unerträglich wird. Punkt $6^1/_2$ Uhr beginnt der Dienst. Solange wie auf der Station noch gebaut wird, sind Hunderte von schwarzen Arbeitern, die das nöthige Material herantragen oder den Maurern Handlangerdienste thun, beim Bau beschäftigt. Die eigentlichen Arbeiter, Fundis genannt, sind verschiedenster Nationalität, Chinesen, Inder, Goanesen, aus der portugiesischen Besitzung Goa, und Neger, meist recht geschickte Leute, welche unter der Leitung eines Weißen oder auch ganz selbständig arbeiten. Für den Neger gilt jeder Fundi als Herr und wird von ihm auch so angeredet, denn bei seinen eigenen Landsleuten eine Geschicklichkeit zu finden, die sonst nur der Weiße besitzt, ist ganz besonders wunderbar; diese Anerkennung und Ueberlegenheit äußert sich auch in einem stummen Gehorsam allen Anordnungen des Meisters gegenüber. Dieser übt denn auch meistens ein scharfes Regiment über seine Arbeiter und läßt nicht selten einem ungeschickten Handlanger eine kräftige Züchtigung zutheil werden.

Außerhalb der Station beginnt jetzt das Exerciren der Compagnie und der Stations-Askaris, welche hier in einzelne Züge getheilt unter Aufsicht des Compagniechefs von weißen Unteroffizieren und den schwarzen Offizieren in die Mysterien mili-

Im Stationshof von Pangani.

tärischer Uebungen eingeführt werden. Der Compagniedienst dauert am Vormittag $2^1/_2$ Stunden, dann treten die Leute ab, um ihre Waffen zu reinigen, auf welche bei dem großen Feuchtigkeitsgehalt der Luft besondere Sorgfalt verwendet werden muß, um sie in brauchbarem Zustande zu erhalten.

In dem untern Raume der Station befindet sich die Magazinverwaltung, der ein Proviantmeister vorsteht. Dicht daneben liegen die Werkstätten der Tischler und Schmiede, in welchen alle zur Einrichtung des Hauses nothwendigen Gegenstände fertiggestellt und allerhand Reparaturen ausgeführt werden.

Auch hier herrscht fieberhafte Thätigkeit, denn das geringe Personal, welches unter Aufsicht zweier Unteroffiziere hier beschäftigt wird, ist kaum im Stande, den vielfachen Anforderungen eines so großen Baues nachzukommen.

Im zweiten Stock liegen die Wohnzimmer der Offiziere, der Meßraum und das Bureau. Hier werden auch die Abordnungen der Araber und Inder, welche sich fast täglich mit irgendeinem Anliegen einfinden, vom Stationschef empfangen. Jeden Morgen erscheint der Wali oder Bürgermeister des Orts und der Chef der Polizei, um Rapport zu erstatten und die Befehle des Stationschefs entgegenzunehmen. Fast täglich treffen auch kleine Häuptlinge oder Dorfschulzen auf der Station ein, welche um eine Entscheidung in Streitigkeiten bitten oder ähnliche Anliegen vorbringen, sodaß der Stationschef hier fast den ganzen Vormittag in Anspruch genommen ist.

Um 11½ Uhr ertönt ein Trompetensignal, welches den Schluß der Vormittagsarbeit anzeigt. Handwerker und Arbeiter treten ab, um kurze Mittagsrast zu halten, Offiziere und Unteroffiziere versammeln sich in ihren Messen zum zweiten Frühstück, welches der schwarze Koch um diese Zeit bereitzuhalten hat. Nachher tritt eine kleine Ruhepause ein, denn für den Europäer ist eine Unterbrechung der Arbeit in den heißen Stunden des Tages dringend geboten.

Um 2½ Uhr zeigt das Trompetensignal den Anfang der Nachmittagsarbeit an und es beginnt auf allen Seiten wieder die Thätigkeit, bis der Sonnenuntergang um 6 Uhr abends dem Tagewerk ein Ziel setzt. Die Abendstunden sind allein der Erholung gewidmet. Die Arbeiter kehren in die Stadt zurück, die Soldaten vertauschen die Uniform mit den langen arabischen Hemden und sitzen in Gruppen beisammen, während die Weiber im Freien das Abendessen für die Familie bereiten. Dazwischen tummeln sich die kleinen Sprößlinge, nach dem Vorbild des Vaters Soldat spielend oder neugierig und hungerig die Mutter und den verheißungsvoll brodelnden Kessel umstehend. Für die

Europäer sind die Abendstunden die schönsten des Tages. Die alles versengende Hitze hat einer angenehmen milden Temperatur Platz gemacht und gestattet den Weißen ohne den riesigen Tropenhut in leichter Kopfbedeckung draußen auf der Veranda zu sitzen und von den vielfachen Anstrengungen des Tages auszuruhen.

Um $6^1/_2$ Uhr versammelt das Glockensignal alle Mitglieder der Messe, wozu auch die Deckoffiziere gehören, in der großen Mittelhalle des Hauses zur Hauptmahlzeit. Die Reihenfolge der Speisen ist einfach und bietet im allgemeinen wenig Abwechselung. In der Qualität bleibt unser Mittagessen sogar weit hinter der gleichen Mahlzeit eines sparsamen Subalternbeamten zurück. Alle Genüsse, welche dem verwöhnten Gaumen in Europa geboten werden, sind hier auf ein Minimum beschränkt. Die wenigen vorhandenen Fleischspeisen kehren fast bei jeder Mahlzeit wieder, besonders sind dies Rindfleisch und Hühner, welche sich die mannichfaltigste Umgestaltung gefallen lassen müssen, um wenigstens einige Abwechselung in die Reihenfolge der Speisen zu bringen. Das Rindfleisch ist außerdem lange nicht so wohlschmeckend wie in Deutschland und durch den Umstand, daß in den Tropen alles Fleisch sofort nach dem Schlachten gegessen werden muß, meist zäh und von unangenehm frischem Geschmack. Hammel, Ziegen und Enten gehören zu den Seltenheiten. Wild gibt es an der Küste, wie schon mehrfach erwähnt, überhaupt nicht, und so ist der Küchenzettel, wenn man noch einige in Afrika heimische Gemüse hinzurechnet, so ziemlich abgeschlossen. Wer besser essen will, muß zu den theuern Conserven seine Zuflucht nehmen, welche in ihrer jetzigen Vollkommenheit fast alle europäischen Genüsse enthalten, aber in ihrem Preise das vornehmste Restaurant vielleicht um das Fünf- oder Sechsfache übertreffen. Der Versuch, unsere deutschen Gemüsearten in Afrika einzubürgern, ist auch nur zum Theil geglückt; Salat, Radieschen und Rettige gedeihen sehr gut, Kartoffeln, Kohl und Rüben verlieren ganz ihren Geschmack und werden wässerig und holzig; ihnen fehlt die milde Sonne und das langsame Wachsthum der gemäßigten Breiten.

Die letzten Stunden des Tages oder vielmehr die ersten Nachtstunden werden auf dem flachen Dache des Hauses zugebracht. In langen bequemen Stühlen mit Beinlehnen, sogenannten Bombay-Stühlen, liegt man dort plaudernd und rauchend im angenehmen Nichtsthun.

Aus dem äußern Stationshof, wo die Sudanesen einquartiert sind, tönt noch lange das Summen zahlreicher Stimmen in der rauhen arabischen Mundart, oft unterbrochen durch helles Gelächter oder die kreischende Fröhlichkeit der Weiber. Aus der Unteroffiziers-Messe schallte hin und wieder ein in vielstimmigem Chor gesungenes deutsches Volkslied zu uns herüber. Diese heimatlichen Klänge, welche sich mit dem Rauschen der Palmen vermählen, wirken in der Stille der tropischen Nacht unter dem flimmernden südlichen Sternenhimmel stets ergreifend auf das Gemüth. Die Gedanken folgen unwillkürlich der bekannten Weise und schweifen über das Meer zum deutschen Vaterland oder zum Allvater Rhein. Jeder gibt dann ungestört seinen Erinnerungen Audienz und weilt mit seinen Gedanken in der fernen Heimat. Oft vergeht dann eine halbe Stunde, ohne daß in dem kleinen Kreise ein Wort gesprochen wird, bis irgendein zufälliges Ereigniß uns aus der Träumerei reißt. Nach der Retraite, welche von einem schwarzen Trompeter mit vollem musikalischen Verständniß und wahrer Meisterschaft geblasen wird, verstummt allmählich draußen der Lärm. Das große eisenbeschlagene Thor, das einzige in der Umfassungsmauer, durch welches täglich Hunderte von Besuchern ein- und ausgehen, wird vom wachhabenden Schauisch geschlossen, und bald hört man nur noch die gleichmäßigen Tritte der Posten, welche auf den vier Bastionen auf- und abgehen, — sonst herrscht überall Todtenstille.

Auch die Europäer suchen nun ihre Lagerstätte auf, denn am nächsten Morgen mit den ersten Strahlen des Lichts beginnt wieder das anstrengende Tagewerk. Nur an Sonn- und Festtagen erleidet die Arbeit, welche vorläufig noch alle Kräfte des Stationspersonals in Anspruch nimmt, eine Unterbrechung, dann herrscht wohlthuende Ruhe auf der Station.

Die Offiziere unternehmen hin und wieder kleine Jagdausflüge, auf welchen aber meistens nur Affen und Wasservögel erlegt werden. Die schwarzen Insassen der Station begnügen sich mit Nichtsthun und liegen in fauler Ruhe in allen Ecken umher und verdauen die ungeheuern Mengen von Reis und Fisch, welche sie zur Feier des Tages erhalten haben. Abends wird dann wol ein Tänzchen arrangirt, wozu sich die ganze schwarze Besatzung, Männer und Weiber, zusammenfinden. Ein musikalischer Neger bearbeitet die große Trommel, Ngoma genannt, und wird von den Umstehenden durch Taktschlagen und Gesang begleitet. Die Tanzenden umringen den Trommler und bewegen sich nach dem Rhythmus des Gesanges vor- und rückwärts unter fortwährenden Verrenkungen und Verdrehen ihres Körpers. Gewöhnlich sind diese Tanzfeste von lärmender Fröhlichkeit begleitet, welche sich jedoch stets in gewissen Schranken halten und selten in rohe Excesse ausarten. So gestattet man den Negern diese harmlosen Vergnügungen gern und beehrt sie hin und wieder mit einem Besuch, welcher dann stets zu besondern Kunstproductionen Veranlassung gibt.

Elftes Kapitel.

Tanga und Bondëi.

Tanga ist die nördlichste Hauptstation der deutsch-ostafrikanischen Interessensphäre. Unter der Leitung der Deutsch-Ostafrikanischen Gesellschaft gelangte dieser Ort wenig zur Geltung, da sein Handel und seine politische Bedeutung gegen die andern größern Küstenstädte erheblich zurückstand. Erst nach der Abtrennung der englischen Interessensphäre versuchte man den Handel dort zu beleben, um ein Gegengewicht gegen das englische Mombas oder Mombassa zu haben, welches drohte, die Handelsbeziehungen nach dem Victoria-Njansa und speciell nach dem Kilima-Ndjaro an sich zu reißen. Daß der Ort in Deutschland wenig Beachtung fand und den meisten sogar unbekannt blieb, liegt in dem Umstand, daß Nord-Usambara sowol nach seinem wirthschaftlichen Werth als in seinen geographischen und ethnographischen Eigenthümlichkeiten ziemlich unbekannt war und es zum Theil noch heute ist. Diese stiefmütterliche Behandlung geschieht aber durchaus mit Unrecht, da Tanga einen ausgezeichneten Hafen besitzt und die Fruchtbarkeit des Hinterlandes dem Städtchen für die Zukunft gewiß eine große Bedeutung sichert.

Die Bucht von Tanga ist ein etwa 2—3 Quadratmeilen großes Becken, mit schmaler Einfahrt und bewaldeten hügeligen Ufern. Die sehr günstigen Wasserverhältnisse gestatten auch den größten Kriegsschiffen die Einfahrt in den Hafen und das Ankern in nicht zu großer Entfernung vom Ufer.

Tanga.

S. 244.

Zwischen der Einfahrt und dem gegenüberliegenden Strande liegt ein kleines, etwa 1 Quadratkilometer großes Eiland, welches ebenfalls den Namen Tanga führt. Auf der dicht mit Palmen, Akazien und Affenbrotbäumen bestandenen Insel lag früher der Ort Tanga. Einige Ueberreste von Mauerwerk und zahlreiche Fundamente lassen noch die Stelle erkennen, wo die frühere Stadt gestanden hat. Die vorzügliche Lage in der Mitte des Hafens prädestinirt die kleine Insel für die Anlage einer Kohlenstation und für eine eventuell anzulegende kleine Schiffswerft. Durch die Hügelkette im Norden und Westen ist der Hafen vor Sturm und Brandung vollständig geschützt. Seine bequeme aber auch nicht zu breite Einfahrt läßt sich von dem südlichen Ras aus durch Anlage einer schweren Batterie leicht vertheidigen.

Der Ort Tanga und die Station sind erst sichtbar, wenn man die Insel passirt hat, da dichte Baumgruppen und Palmwaldungen die Häuser und das Fort den Blicken entziehen. Eine kleine Uferböschung von etwa 20 m Höhe führt uns zunächst in das Araberviertel, welches nach der letzten Beschießung durch die Marine noch nicht wieder aufgebaut ist. Steinhäuser findet man hier fast gar nicht und die leichten Lehmhütten mit den Makutidächern sind im Umsehen bei ausbrechendem Feuer vom Erdboden verschwunden. Hieran schließt sich eine ziemlich breite Straße, welche Haus für Haus nur von Indern und Banianen bewohnt wird. Ganz getrennt von diesem Stadttheil liegt das Negerdorf Tschumbageni mitten zwischen Palmen und grünen Baumgruppen, sodaß man von Tanga aus nur die Dächer einiger Hütten sieht. Nähert man sich aber dem Dorf, so tauchen aus dem Grün immer mehr Hütten auf, sodaß man wol deren 100 zählen kann, die theils unregelmäßige Straßen bilden, theils um freie Plätze sich gruppiren. Die sehr nette fast zierliche Bauart der Hütten und die überaus sauberen Wege und freien Plätze berühren den Besucher auf das angenehmste. Die 4 oder 500 Bewohner gehören zu den

Küsten- oder Mrimaleuten. Ihren Lebensunterhalt liefert ihnen die sehr ergiebige Fischerei. Gelegentlich arbeiten sie auch wol für Tagelohn bei den Indern oder bauen in kleinen Partien Mhogo und Negerkorn; aber wohlbedacht, keine Pflanze mehr als sie für ihren Lebensunterhalt bedürfen. Ein Abweichen von dieser Regel würde durchaus gegen alles Herkommen sein und bei ihren Nachbarn höchstes Erstaunen hervorrufen.

Auf die Neger ist das Bibelwort: „Und der liebe Gott erhält sie doch" fast ebenso anwendbar, wie für die Lilien des Feldes. Aber diese Arbeitsscheu, die nur zum Spaten und zur Hacke greift, wenn der Hunger sich einstellt, und mit innerer Befriedigung diese verhaßten Instrumente wieder aus der Hand legt, wenn die mit so geringer Mühe angelegte Mhogo-Pflanzung ihn und seine Familie in der nächsten Zeit vor Nahrungsmangel zu schützen verspricht, ist für die Anlage einer Tropencolonie ein höchst bedenkliches Zeichen und wird bei der großen Zahl der Arbeitskräfte, die ein Plantagenbetrieb absorbirt, und bei der wachsenden Concurrenz doch über kurz oder lang zur Einführung fremder Arbeitskräfte führen. Viele, auch Kenner afrikanischer Verhältnisse, werden mir dies bestreiten, und mir lächelnd erwidern, daß ja bereits Hunderte von Arbeitern in den Plantagen thätig gewesen sind und dort mit dem besten Erfolg gearbeitet haben. Diese Thatsache ist mir wohlbekannt, und ich zweifle auch gar nicht daran, daß man bei den wenigen weit zerstreuten Plantagenunternehmen vorläufig über genügende Arbeiter verfügt. Sobald aber in den fruchtbaren Gegenden am obern Kingani und in Tanga mehrere Plantagenunternehmen in Thätigkeit treten, wird die Arbeiterfrage zu einer Calamität ersten Ranges werden. Und dann wird mir schließlich jeder, der mit Suaheli-Leuten gearbeitet hat, zugeben, daß es durchaus kein sicheres Rechenexempel ist, wenn man annimmt, daß man morgen über dieselbe Arbeiterzahl verfügt wie heute; ganz abgesehen von einzelnen Vorkommnissen und kleinen

Differenzen, welche manchmal gar nicht zu vermeiden sind und dann häufig das Wegbleiben sämmtlicher Arbeiter zur Folge haben. Ob unter solchen Umständen ein intensiv betriebener Plantagenbau prosperiren kann, und ob z. B. die Tabackscultur mit den Sumatra-Pflanzungen, die über fleißige und billige Arbeiter verfügen, auf die Dauer und mit Aussicht auf Erfolg concurriren können, lasse ich dahingestellt sein. Alle Mittel, welche man angewendet hat, um den Neger an eine größere Beständigkeit zu gewöhnen, sind nur von geringem Erfolge begleitet gewesen, denn so begehrenswerth europäische Waaren auch für ihn sind, arbeiten thut der Neger nur aus Hunger. Und da es eben kein anderes Mittel gibt, so muß die Concurrenz billiger Arbeiter ihn zu andauernder Thätigkeit zwingen. Eine besondere Härte kann ich in dieser Maßregel nicht finden, wie dies von Philanthropen, die den Welthandel nicht kennen, so gern behauptet wird; denn ihm bleibt immer noch die Wahl: zu arbeiten oder zu hungern.

Während Tanga in den 20 Jahren seines Bestehens sich zu einem respectablen Handelsplatz aufgeschwungen hat, ist Tschumbageni ganz das Dorf geblieben, welches es vielleicht vor 50 Jahren war; hier wird abends wie von altersher Chesa getanzt und Pombe getrunken, und gern erzählt der alte Jumbe, welcher mit Würde sein kleines Reich regiert, von vergangenen Zeiten, wo Tanga noch kidogo, kidogo (ganz klein) war.

Auf einer kleinen Anhöhe zwischen diesen beiden Ortschaften liegt die neu erbaute deutsche Station, deren Geschütze aus dieser günstigen Lage sowol die Stadt als auch den westlichen Theil des Hafens beherrschen. Mit großem Eifer wurde sofort nach Eroberung des Ortes vom Stationschef Krenzler der Ausbau der provisorischen Befestigungen in Angriff genommen. Schon erhebt sich zwischen zwei großen Affenbrotbäumen ein stattliches zweistöckiges Wohnhaus, umgeben von einer Veranda und mit einem Balkon, dessen hohe luftige Zimmer alle Annehmlichkeiten versprechen, welche man von einem Hause in den Tropen erwarten kann. In demselben Verhältniß bequeme und gesunde Baulichkeiten erheben sich rings um den freien Hof und längs der Umfassungsmauer, welche als Unterkunftsräume für die Unteroffiziere und schwarze Truppe bestimmt sind. Es sei mir gestattet, an dieser Stelle einige Worte über Bauart und Einrichtung einer Station folgen zu lassen, da es vielleicht manchen Anhaltspunkt für die Beschreibung des Lebens in den Tropen bietet.

Die vier bedeutendsten Ortschaften an der deutsch-ostafrikanischen Küste sind ohne Zweifel Tanga, Pangani, Dar-es-Salaam und Bagamoyo. Hier nehmen die Lebensadern des Landes, die Handels- und Karavanenstraßen, ihren Ausgangspunkt. Will man also das Land und die Lebensinteressen des Landes schützen, so muß sich der Schutz in allererster Linie auf die Centralstellen des Binnenhandels erstrecken. Und so waren auch von vornherein diese vier Hauptpunkte als Garnisonen einer ständigen Besatzung und als befestigte Stationen in Aussicht genommen. Und da man im stillen auch wol stets angenommen hat, daß der Schutz und die Besatzung dieser Stationen dauernd der Reichsregierung zufallen würde, so ist die Anlage der Bauten auch derart, daß sie auf lange Zeit versprechen, ihren Zweck zu erfüllen. Aber nicht immer sind die Verhältnisse dieser Absicht günstig, und ein Stationschef, der einen Bau zu leiten hat, wird von manchen Widerwärtigkeiten und fast unüberwindlichen Schwierigkeiten zu erzählen wissen. Die ersten Einrichtungen sind natürlich primitivster Art. Aus Wellblech und Stangen werden in kürzester Zeit Befestigungen und Unterkunftsräume hergestellt, welche für die erste Zeit Schutz gegen die Witterung und feindliche Angriffe gewähren sollen. Es ist erstaunlich, welche Uebung die Truppen bald im Aufbauen und in der Einrichtung solcher leichter Baracken erlangen, die für eine ganze Compagnie und das Stationspersonal in 4—5 Tagen hergestellt sind. Sobald aber der letzte Nagel in diese luftigen Blechhäuser eingeschlagen ist, beginnen die Vorbereitungen für den Steinaufbau; und da fehlt es außer an dem guten Willen des Architekten und Stationschefs an allem. Sechs Wochen bevor der Bau beginnen kann, muß die ganze Stationsbesatzung von morgens um 6 bis zum Sonnenuntergang Steine heranschleppen, und dann beginnt das Kalkbrennen aus Strandmuscheln oder Kalksteinen. Sind diese Vorarbeiten beendet und hat der Stationschef nach vieler Mühe die nöthigen Handwerker, Maurer und Tischler engagirt, so beginnt der Bau mit Aufführung der Umfassungsmauer. Von diesem Augenblick an schwindet jede Ruhe in der Station. Von Sonnenaufgang bis zum späten Abend ist jedes Stationsmitglied bei den Arbeiten beschäftigt. Die provisorischen Unterkunftsräume werden nacheinander weggerissen, um Platz für die Fundamente der neuen Gebäude zu schaffen, die ganze Garnison lebt in einem einzigen Hause zusammengedrängt, die Offiziere meist in Zelten zwischen Schutt- und Steinhaufen. Allmählich wachsen dann die Mauern der neuen Gebäude aus diesen Trümmern empor und nach sechs-, achtmonatlicher ununterbrochener Arbeit kann die Garnison ihr neues Heim beziehen.

Besteigt man vom Meere aus die Anhöhe, auf welcher die Station erbaut ist, so betritt man eine breite, mit Kies bestreute Straße, welche die Station mit den beiden Orten Tanga und Tschumbageni verbindet. Das ganze Terrain, auf welchem sich jetzt die stattlichen Gebäude des neuen Fort erheben, war früher ein dichter Urwald, welcher der Axt weichen mußte, um vor den Bastionen ein freies Schußfeld zu haben.

Hinter den letzten Häusern des Ortes dehnt sich ein weiter Palmenwald aus, der Tanga mit einem breiten Gürtel umgibt und im Norden und Süden bis ans Meer reicht. Neben diesen großen Kokosplantagen, welche nur geringe Erträge liefern, da sie nicht rationell genug ausgenutzt werden, wird in Tanga hauptsächlich Viehzucht und Gartenbau betrieben. Besonders

Banianen und Inder, von denen erstere die Kühe als heilige Thiere verehren, halten zu ihrem Gebrauch und zu gelegentlicher Ausnutzung größere Rindviehheerden. Kein anderer Ort ist auch so geeignet für die Viehzucht als Tanga, wo die üppigsten Grasweiden bis dicht an den Meeresstrand reichen.

Auch in der Schutztruppe gilt Tanga als Proviantstation für die nördlichen Bezirke. Neben einem ständig gehaltenen und für den Bedarf der Station bestimmten Viehstand ist auch noch ein großer Theil der für den Gesammtverbrauch der Schutztruppe in Bagamoyo angekauften Rinderheerden nach Tanga geschafft worden, wo sie auf den üppigen Weidegründen prächtig gedeihen. Diese Viehwirthschaft, welche jetzt vielleicht einen Bestand von 500 Stück Rindvieh aufweist, hat der Station den Scherznamen „Landwirthschaftliche Versuchsstation" eingetragen. Aber aus diesem Scherz könnte Ernst werden, wenn deutsche Colonisten sich entschließen könnten, hier ein wirksames Feld der Thätigkeit zu suchen und unter dem Schutz der militärischen Station Plantagen und Ackerbaucolonien zu gründen.

Trotzdem es nicht in den Rahmen der Darstellungen, welche dieses Buch bezweckt, hineingehört, so wird es doch vielleicht von Interesse sein, hier einige Anhaltspunkte für die Nutzbarmachung unsers deutsch-ostafrikanischen Gebietes zu finden. Schon in den ersten Jahren der Erschließung Ostafrikas, bevor noch die Gesellschaft irgendwelche Garantie für Leben und Eigenthum bieten konnte, gingen mehrere muthige Leute als Pioniere der Cultur in die neuerworbenen Colonien, um dort ihr Glück zu versuchen. Leider hatten nicht alle das gleiche Streben und die gleiche ernste Absicht, durch fleißige Arbeit etwas zu erreichen. So sind denn manche abenteuerliche Existenzen, die sich eine Culturarbeit in einer jungen Colonie gar zu leicht dachten, diesen Illusionen zum Opfer gefallen. Millionen auf der Straße zu suchen ist heutzutage nicht mehr angebracht, sondern nur unter denselben Bedingungen wie im

Heimatlande durch Fleiß und Umsicht sind hier draußen Erfolge zu erringen.

So ist es auch einigen tüchtigen Arbeitern gelungen, in der kurzen Zeit ihrer hiesigen Thätigkeit einen nennenswerthen Erfolg zu erzielen. Ich erwähne hier in erster Linie einen österreichischen Pflanzer, der in Pugu bei Dar-es-Salaam Tabacksbau betrieb und schon im ersten Jahre einen recht befriedigenden Ertrag erzielte und etwa 30—50% seines Anlagekapitals als Reingewinn aus seiner Unternehmung zog. Daß derselbe später, durch den Aufstand gezwungen, seine Plantage aufgeben mußte und in Sansibar am Fieber gestorben ist, hat mit dem Plantagenbau nichts zu thun und gehört zu den Unglücksfällen, die außerhalb der menschlichen Berechnung liegen, und sollte füglich keinen unternehmungslustigen Mann von einem erneuten Versuche abschrecken, besonders da unter der jetzigen militärischen Verwaltung und Besetzung des Landes Leben und Eigenthum der Colonisten vollständig geschützt sind. Ich erinnere ferner an die Thätigkeit der Plantagengesellschaft in Lewa, die schon in den ersten Jahren ihres Bestehens große Erfolge in der Anpflanzung von Deckblatttabacken aufzuweisen hatte. Die zahlreichen Versuchsstationen der Deutsch-Ostafrikanischen Gesellschaft, welche über das ganze Land zerstreut waren, haben den Nachweis geliefert, daß noch viele tropische Culturpflanzen in den Colonien gedeihen und den andern Tropenländern gegenüber concurrenzfähig sind.

Das Urtheil mancher Afrikakenner, welche behaupten, daß nur ein größeres Capital in Ostafrika Aussicht auf Erfolg hätte, scheint mir nicht ganz zutreffend zu sein, da ich den Grund hierfür nicht einsehen kann. Ganz unbemittelt darf ein Colonist natürlich auch nicht sein, da der Lebensunterhalt, Arbeitslohn und Aufbau eines Wohnhauses hier ebenso Geld kosten wie in Deutschland. Vollständig zureichend für einen Plantagenbetrieb im kleinen würde ich ein Vermögen von 30—50000 Mark halten, welches dann mit Glück und Verständniß angelegt 20—30 Procent oder auch noch mehr abwerfen würde. Wenn man bedenkt, wie viele deutsche Landwirthe mit diesem Capital selbständig wirthschaften und sich mit 4, 3½, selbst 3 Procent baarer Einnahme begnügen, um dann bei schlechten Ernten sofort dem Wucherer in die Hände zu fallen, so muß man sich über den Mangel an Unternehmungsgeist, welcher die Expansionskraft unsers Volks lähmt, außerordentlich wundern. Denn ein vollständiges Fiasko, wie es auf die Uebernahme eines vollständig verschuldeten Gutes so häufig erfolgt, ist beim Plantagenbau, wenn er mit einigem Verständniß betrieben wird, ganz ausgeschlossen. Es kommt nur darauf an, welche Ansprüche man an die Rentabilität einer Plantage stellt. In den meisten cultivirten Tropenländern würde ein Plantagenbesitzer ein Unternehmen als verfehlt ansehen, wenn es nur 10 Procent Reingewinn brächte. Ein Tabackspflanzer aus Sumatra würde über schlechte Zeiten und erbärmliche Preise klagen, wenn seine Plantage nur 75 Procent abwürfe. Wenn man seine Arbeitskraft und sein Kapital so hoch verwerthen kann, so muß der Plantagenbetrieb doch wol rentabel sein.

Werfen wir noch einen Blick auf die Handelsverhältnisse und das Hinterland von Tanga, so können wir schon mit Sicherheit aus der Anwesenheit so vieler Inder und Banianen auf ausgedehnte und rentable Handelsbeziehungen schließen. Wie schon oben erwähnt, ist eine ganze Straße, und zwar die Hauptstraße des Orts, ausschließlich von Indern bewohnt, von denen jeder einen Laden besitzt, und was die Hauptsache ist, Geld verdient. Einzelne haben es sogar zu bedeutendem Vermögen gebracht und betreiben trotzdem ihr Geschäft in dem kleinen Orte weiter, denn im Hinterland von Tanga und in Bondëi sind die Verhältnisse für den Handel die denkbar günstigsten. Der fruchtbare Boden, der bis in die Berge hinaufreicht, ernährt eine starke Bevölkerung, welche im lebhaften Tauschhandel mit der Küste steht, und für ihre Ueberschüsse an Getreide und Vieh ihren Bedarf an Zeug und europäischen

Waaren in Tanga eintauscht. Aber noch über dieses Gebiet hinaus gehen die Handelsbeziehungen der Inder bis an das Wadschagga-Gebiet und die Grenzen der Massai-Länder.

Die interessantesten ethnographischen Verhältnisse des deutschen Interessengebietes finden wir in Nord-Usambara, im Hinterlande von Tanga. Hier weicht das Gesammtbild, welches uns die Bevölkerung mit ihrer Lebensweise, ihren Sitten und Gebräuchen bietet, erheblich von den benachbarten Küstenstrichen zwischen dem Tana und Rowuma ab.

Wie schon oben erwähnt ist, gelang es der arabischen Ansiedelung in Tanga oder Tschumbageni, wie es noch vor funfzig Jahren genannt wurde, nicht, sich hier dauernd zu befestigen und in der Bevölkerung Wurzel zu schlagen. Das reiche Handelsgebiet der Bondëiberge und weiter die Grenzen der Massai- und Wadschaggaländer blieben ihnen trotz mancher Bemühungen dauernd verschlossen. Forschen wir dem Grunde nach, welcher hier der Ausbreitung des arabischen Einflusses einen Riegel vorschob, so finden wir in der Volkszusammensetzung dieser nördlichen Theile unserer Besitzungen eine genügende Erklärung, welche uns zugleich einen wesentlichen Anhaltspunkt für die Culturgeschichte des Landes bietet.

Werfen wir zuerst einen Blick auf die geographischen Verhältnisse von Nord-Usambara oder Bondëi, wie es eigentlich geographisch richtig ist — denn im Hinterlande von Tanga ist der Name Usambara vollständig unbekannt —, so finden wir hinter einem flachen Küstenstrich in der Durchschnittsbreite von zwölf geographischen Meilen mit abwechselnd fruchtbarem und unfruchtbarem Boden einen Gebirgsstock, etwa in der Höhe unserer deutschen Mittelgebirge, welcher die Küste von Sansibar bis etwa zur Grenze des deutschen Interessengebietes begleitet. Derselbe führt bei Pangani, wo er bis dicht an das Meer tritt und mit dem Vorgebirge oder Ras(Fels)-Muhesa schroff ins Meer abfällt, bei den Eingeborenen den Namen Mlima-Korokwe oder Korokwe-Gebirge nach der Stadt gleichen

Namens, welche etwa fünf Tagereisen landeinwärts von Pangani liegt. In seiner weitern Fortsetzuug nach Norden wird der Höhenzug Bondëi-Gebirge genannt. Nach Nordwesten zum Kilima-Ndjaro zweigt sich das Pare-Gebirge ab. Der ganze Gebirgszug ist nur zum geringsten Theil mit Hochwald bestanden; meist findet man hier nur dichtes Unterholz, aus welchem vereinzelte Baumriesen sich zu gewaltiger Höhe erheben.

Kleine Flüsse, wie der Sigi, der sich in die Tanga-Bucht ergießt, und muntere Bäche mit spiegelklarem Wasser strömen dem Pangani zu oder münden in die zahlreichen Creeks. Ihre Ufer sind von Galeriewaldungen begleitet und der Hort zahlloser Affenheerden. Auf ihre mineralogische Beschaffenheit ist diese Gebirgskette, so viel ich weiß, noch niemals von fachmännischer Seite durchforscht. Doch findet sich bei den Eingeborenen nirgends eine Spur, welche auf das Vorhandensein ausbeutungsfähiger Erzlager schließen ließe. Dieser Gebirgszug wird nördlich von Tanga von den Wadigo bewohnt, welche von der Küstenbevölkerung in Sitten und Gebräuchen und selbst in der äußern Gestalt sehr abweichen. Dieselben sind schlank, von schönem Ebenmaß der Glieder und hübscher Gesichtsform, worin sie sich wesentlich von den Suaheli-Negern unterscheiden, welche Durchschnittsfiguren und breite, gemeine Gesichtszüge haben. Der ganze Volksstamm ist durchschnittlich klein, fast unter Mittelgröße.

Während die Männer einen etwas zwerghaften Eindruck machen, zeichnen sich die Wadigo-Weiber durch auffallend wohlgestaltete Formen und ansprechende Gesichtszüge aus. Dieselben tragen ein kurzes Röckchen, welches mit dem Knie abschneidet und aus lauter kleinen Falten besteht. Das eingekaufte Merikani (Entstellung für amerikanischen Shirting, der als Handelsartikel an der ganzen Küste verbreitet ist) wird angefeuchtet und zwischen Steinen in Falten gepreßt. Diese Kleidung hat große Aehnlichkeit mit dem griechischen Nationalkostüm. Die Brust bedecken sie mit einem Tuch, welches sie vorn zusammenknoten. Unterhalb des Knies tragen die Frauen breite Bänder aus Zeug, welche wie Strumpfbänder aussehen, aber nicht zu dem nützlichen Zwecke des Strumpfhaltens, sondern allein als Zierath dienen. Die Ohren sind mit den verschiedensten Schmuckstücken, wie Messingringe, Perlschnüre, behängt. Kleine weiße Stäbchen schmücken die Ohrmuschel, während das durchbohrte Ohrläppchen so erweitert wird, daß runde Thonscheiben mit einem Durchmesser von 3—4 cm in die Oeffnung eingefügt werden können. Oft ist aber die Natur nicht so geduldig, um diese Mishandlungen zu ertragen, und die sorgsam mit immer größern Holzstückchen erweiterten Ohrläppchen reißen entzwei und hängen dann als lange Zipfel recht unschön herunter.

Die Wadigo beschäftigen sich hauptsächlich mit Ackerbau, der in den fruchtbaren Thälern der Bondëi-Berge recht lohnend ist, aber ebenso wie in den Küstengegenden nur mit den primitivsten Mitteln betrieben wird. Trotzdem besteht ein reger Tauschhandel mit der Küste, welcher Tanga als Ausfuhrhafen von Korn eine gewisse Bedeutung verleiht. Täglich sieht man kleinere und größere Karavanen, welche in langen spitzen Bastsäcken ihr Korn zum Verkauf auf den Markt von Tanga bringen. Auch im Innern werden solche Märkte an Knotenpunkten der Hauptverkehrsstraßen oder in der Nähe größerer Dörfer in regelmäßigen Zwischenräumen abgehalten. Ich habe selbst Gelegenheit gehabt, einem solchen Markt in der Nähe von Magila beizubewohnen.

Auf einem freien Platze, welcher durch häufigen Gebrauch vollständig eben und von Gras gesäubert war, hatten sich etwa 1000 Menschen, Männer und Weiber aus dem Wadigo-Lande, von der Küste und aus dem Wasekediu-Dorfe, zusammengefunden. In Reihen und kleinen Gruppen hatten sich die Verkäufer mit ihren Waaren hier aufgestellt. Die Haupthandelsartikel, welche hier umgesetzt werden, sind Korn und Früchte; aber auch Hühner, Eier, geflochtene Matten, allerhand Gebrauchsgegenstände und Taback in kleinen Posten wurden hier angeboten und hauptsächlich gegen Geld, weniger gegen Tauschartikel veräußert. Einzelne Inder, welche ebenfalls den Markt beschickt hatten, schienen mehr Getreidelieferungen und Termingeschäfte abzuschließen, als factische Einkäufe zu machen. Kauf und Verkauf wurde von betäubendem Lärm begleitet, sodaß man schon auf große Entfernungen diese Märkte hörte. Fortwährend kommen und gehen neue Karavanen, welche den Handel beständig im Fluß halten.

Dieses entwickelte Handelssystem ist wol hauptsächlich der Fruchtbarkeit des Landes und dem Ueberfluß an Lebensmitteln, welcher hier überall herrscht, zuzuschreiben. Diese Wohlhabenheit zeigt sich auch in den Wadigo-Dörfern, welche in ihrer regelmäßigen Bauart, mit den sauber gehaltenen Straßen und Plätzen einen sehr angenehmen Eindruck machen. Die Häuser erinnern in ihrer Construction schon sehr an innerafrikanische Hütten. Das Dach ist nicht mehr wie an der Küste schräg nach europäischer Bauart, sondern zuckerhutförmig und berührt mit seinen Rändern fast den Boden.

Die einzelnen Dörfer, welche überall in Ostafrika unter den eingeborenen Dorfschulzen stehen, gehören wieder zu größern Bezirken, über die ein Häuptling herrscht. Die drei mächtigsten Fürsten des Bondëi-Landes sind Kimwere, Kipanga und Kimassi. Ihnen ist fast der ganze District von Korokwe bis zum Pare-Gebirge unterthan. Trotzdem die Bevölkerung dieser Gebietstheile von Natur friedlich ist, so hat sie sich doch öfters der Araber, welche auch hier versuchten, Sklaven zu rauben, mit Erfolg erwehrt. Nur den Massai gegenüber, welche oft ihre Streifzüge bis hierhin ausdehnen und nicht selten bis dicht an die Küste kommen, geben sie jeden Widerstand auf und flüchten in das dichte Buschwerk oder ziehen sich in ihre Dörfer zurück, die von allen Seiten von dichtem Gestrüpp und nicht selten auch von einer starken Palissadenumzäunung umgeben sind. Im Kampfe mit den Küstenbewohnern sollen sie sich stets tapfer gehalten haben, wofür auch die große Achtung spricht, welche sie überall an der Küste genießen. Ihre Waffen bestehen aus Pfeil und Bogen, glatten Speeren mit breiter Eisenspitze.

Ein zweiter, von dem obigen ganz verschiedener Volksstamm, welcher ebenfalls im Tanga-Gebiete ansässig ist, sind die Wasekediu oder Wasekeru. Dieselben stammen aus dem Hinterlande von Mombas. Vor 50 Jahren wanderte dieser Volksstamm aus seinen ursprünglichen Wohnsitzen aus, verdrängte die schlaffe, zu jeder Vertheidigung unfähige Suaheli-Bevölkerung und siedelte sich an der Küste an. Jetzt wohnen die Mrima-Leute, wie sich die Suaheli hier im Norden nennen, und die Wasekeru friedlich nebeneinander, und auf dem ganzen nördlichen Theil der Suaheli-Küste von Wanga bis Tangata finden wir abwechselnd Suaheli- und Wasekeru-Dörfer. Letztere fallen durch ihre besonders starken Befestigungen auf. 2—3 m hohe feste Steinmauern, nicht selten sogar mit Zinnen und Eckthürmen, umgeben die meisten dieser Ortschaften und machen sie für afrikanische Verhältnisse zu uneinnehmbaren Festungen. Vielfach werden diese Befestigungen für alte portugiesische Forts gehalten. Eine eingehendere Untersuchung läßt aber sofort erkennen, daß sie viel jüngern Ursprungs sind.

In ihren Sitten und Gebräuchen macht sich nur ein geringer Unterschied zwischen den Wasekeru und den Suaheli bemerkbar, welcher sich in den 50 Jahren friedlichen Zusammenlebens noch bis auf ein Minimum verwischt hat. Aus ihrer frühern ruhmvollen Vergangenheit haben sich die Wasekeru jedoch ein viel selbstbewußteres Auftreten bewahrt und sind viel eher als die weichlichen, feigen Suaheli dazu geneigt, zu den Waffen zu greifen, um ihren erworbenen Besitz zu vertheidigen und Uebergriffe an ihrem Volksstamme zurückzuweisen. So ist es denn den Arabern hier im Nordgebiete schwer geworden, gegen die streitbaren Eingeborenenstämme dauernd ihren Einfluß geltend zu machen, und nachdem mehrere ihrer räuberischen Einfälle von den Wadigo und den Wasekeru blutig zurückgewiesen wurden, haben sie sich bis auf einen kleinen Stamm fast ganz zurückgezogen. Die nächsten Araber-Colonien findet man erst hinter Tangata und dem englischen Interessengebiete.

Zwölftes Kapitel.

Der Einfall der Mafiti.

Schon vor dem Abzuge des Expeditionscorps, Anfang October, waren durch Boten, die aus dem Innern kamen, Gerüchte verbreitet worden, nach welchen Buschiri und sein Unterführer Gehasi sich von Mpuapua südlich gewandt hätten, um den Stamm der Wahenge, der, auf einem Raubzuge begriffen, bis hierher vorgedrungen war, zu bewegen, mit ihm gemeinsam nach der Küste zu marschiren. In der Station hatte man anfangs diesen Gerüchten ungläubig gegenüber gestanden, da man Buschiri die Kühnheit, einen Offensivvorstoß gegen die Küste zu unternehmen, nach den erlittenen schweren Niederlagen nicht zutraute. Den Nachrichten zufolge, welche der Reichscommissar, der schon Anfang September nach Mpuapua aufgebrochen war, nach der Küste zurücksandte, war Buschiri nach Süden ausgewichen. Weitere Nachrichten waren nicht bis zur Küste gedrungen. Anfang October mehrten sich jedoch die Meldungen von dem Anmarsch einer großen Truppe, und aus den weit entlegenen Grenzen von Usaramo trafen bereits einige Flüchtlinge in Bagamoyo ein. Aus ihren unklaren Erzählungen, welche durch den erlittenen Schrecken noch verworrener geworden waren, war nur soviel zu entnehmen, daß Buschiri mit einer großen Truppe im Anmarsch auf Bagamoyo sei. Weitere Nachrichten über die Anmarschrichtung fehlten vorläufig ganz. Aber diese Gerüchte genügten vollständig, um die seit kurzer Zeit erst zu ihrer friedlichen Beschäftigung zurückgekehrte Bevölkerung von

Bagamoyo und Dar-es-Salaam, den zunächst bedrohten Küstenpunkten, in Angst und Schrecken zu setzen. Alle Früchte der soeben erst wiederhergestellten Friedensverhältnisse waren in Gefahr vernichtet zu werden, denn die Inder schickten sich an, die Küste wieder zu verlassen, und die Negerbevölkerung hätte am liebsten ihre Zuflucht in unzugänglichen Buschlandschaften des Innern gesucht.

Aber auch von uns wurde die Gefahr, die den Küstenorten von den heranziehenden Banden drohte, nicht unterschätzt. Denn nach Abzug des Expeditionscorps standen dem stellvertretenden Reichscommissar Freiherrn von Gravenreuth nur sehr geringe Streitmittel zur Verfügung, welche wol genügten, um die Station wirksam zu vertheidigen, die überhaupt nach dem Steinaufbau und nach der Armirung mit Kanonen nicht direct gefährdet war, aber eine erneute Theilung der Besatzungen und die Zusammenziehung eines zweiten Expeditionscorps für die Sicherheit der Küste sehr bedenklich erscheinen ließen. Wie sollten aber die offenen Städte im Falle eines Angriffs mit den geringen Stationsbesatzungen vertheidigt werden? Die Befehlshaber der Stationen waren ja nicht einmal im Stande, den jetzt täglich eintreffenden Flüchtlingen aus Usaramo genügenden Schutz zu gewähren. Falls aber Bagamoyo von Buschiri geplündert und zerstört wurde, waren die sich eben entwickelnden Friedensbeziehungen zwischen Eingeborenen und Europäern für lange Zeit wieder zerstört und alle mit so viel Opfern errungenen Vortheile und die Früchte eines halbjährigen Kampfes in Frage gestellt. Denn es konnte auch bei der optimistischsten Auffassung darüber kein Zweifel herrschen, daß bei dem geringsten Miserfolge unsererseits der Aufstand wieder ausbrechen würde.

Nach den letzten Nachrichten, welche aus Dar-es-Salaam Mitte October eintrafen, hatte Buschiri bereits den Kingani bei Madimola überschritten und bei Wisombo zwischen Dunda und Madimola, etwa sechs Stunden von Bagamoyo, ein befestigtes

Lager bezogen. Ueber die Zahl der Mafiti* lauteten die Angaben verschieden, doch konnte man nach den erhaltenen Meldungen ihre Zahl ungefähr auf 5—6000 Mann annehmen. Von Wisombo aus schwärmten größere und kleinere Abtheilungen raubend, mordend und plündernd durch ganz Usaramo. Das ganze Gebiet war in Gefahr, binnen kurzer Zeit in eine Wüste verwandelt zu werden. Die Scharen von Flüchtlingen, die in Bagamoyo und Dar-es-Salaam aus diesen verwüsteten Gegenden eintrafen, mehrten sich von Tag zu Tag und verbreiteten unter der Bevölkerung durch ihre Erzählungen eine Panik, welche die Einwohner der Stadt zu den kopflosesten Handlungen fortgerissen hätte, wenn Herr von Gravenreuth nicht energische Maßregeln getroffen hätte, um die Leute am Verlassen der Stadt zu hindern. Denn allein dies wäre schon eine moralische Niederlage gewesen, welche unserm Ansehen bei den Negern entschieden geschadet hätte. So wurde denn ein fester Truppencordon um die Stadt gezogen und keinem gestattet, dieselbe zu verlassen. Herr von Gravenreuth entsandte nun die beiden disponiblen Dampfer „München" und „Max", um alle irgendwie entbehrlichen Truppen aus den Stationen des Nordens abzuholen, und formirte aus denselben in Dar-es-Salaam ein zweites Expeditionscorps. Die Stationen erhielten den Befehl, alle weitern Expeditionen zu verschieben und mit den reducirten Truppen nur auf die Vertheidigung der betreffenden Stationen bedacht zu sein. Die Dispositionen für den Angriff waren folgende. Die Compagnie des Lieutenant Sulzer in Bagamoyo rückte geschlossen unter Führung des Stationschefs Hauptmann Richelmann nach Dunda und hatte den Auftrag, die Kingani-Furten durch Patrouillen zu decken und die Mafiti, wenn sie über den Fluß zurückgingen, möglichst aufzureiben. Dieser Expedition, welche mit der Besatzung

* Der Name Mafiti ist dem Kiniassa entlehnt und bedeutet Leute des Krieges.

von Mtoni Fühlung zu halten hatte, war noch Lieutenant Langheld und Dr. Brehme beigegeben. Ferner hatte sich dem Commando der Vertreter der Deutsch-Ostafrikanischen Gesellschaft Herr von St. Paul-Illaire angeschlossen. Das Expeditionscorps unter der Führung des Herrn von Gravenreuth war aus den halben Compagnien aus Tanga und Pangani unter meiner Führung und den disponiblen Truppen aus Dar-es-Salaam und einem Theil der zweiten Compagnie aus Bagamoyo unter Führung des Herrn von Perbandt zusammengezogen. Die Besatzung der Station Bagamoyo hatte nach Uebereinkunft mit dem Geschwader-Chef, Corvettenkapitän Valette, die Marine übernommen.

Am 14. October trafen die Truppen aus den nördlichen Stationen in Dar-es-Salaam ein und wurden noch am selben Tage in Compagnien zusammengestellt und für einige Tage mit Proviant versehen. Eine kleine Trägercolonne, welche die allernothwendigsten Sachen für Europäer, zwei Munitionskisten und Proviant auf acht Tage mitführte, stand zum Abmarsche bereit, sodaß die ganze Colonne aus zwei Compagnien zu 60 Mann und etwa 20 Trägern mit leichten Lasten beim Eintreffen des Herrn von Gravenreuth am 14. abends bereits marschfertig war.

Noch in derselben Nacht beim Aufgang des Mondes um 2 Uhr wurde der Vormarsch auf Madimola angetreten. Herr von Gravenreuth beabsichtigte Buschiri im Rücken anzugreifen, während Herr von Bülow mit einer kleinen Abtheilung aus Mbueni von Osten her vor dem Ueberfall des Lagers von Wisombo mit ihm zusammentreffen sollte. So hoffte Herr von Gravenreuth ein Ausweichen Buschiri's nach dem obern Kingani zu verhindern und die Gegner zwischen zwei Feuern zu einem Entscheidungsgefecht zu zwingen. Nach vierstündigem Marsche traf die Expedition in Pugu ein, wo früher eine blühende Missionsstation bestanden hatte, jetzt aber nur noch einzelne, verkohlte Mauerreste die Stelle bezeichnen, wo die Gebäude gestanden haben. Hier erhebt sich die erste Hügelkette des Usaramo-Berglandes, welches von Pugu aus langsam aus der Ebene aufsteigt. Der harte, unfruchtbare Boden, der die Ebene bis zum Meere hin bedeckt und nur stacheliges Gras, Mimosen und Heidekraut hervorbringt, nimmt hier eine röthliche Färbung an und scheint sehr eisenhaltig zu sein. Die Vegetation ist üppiger und hat im Gegensatz zur Küstenregion, wo die ausgedorrten Grasfelder eine graugelbe Färbung haben, ein frisches, grünes Ansehen. Ein prächtiger Palmenwald, reich mit Früchten versehen, bot Gelegenheit, uns an Kokosmilch zu laben. So wurde hier unter dem Schatten der Bäume eine kurze Rast gemacht. Dann ging der Marsch weiter ins Thal hinein, wo wir in den Makinnon-Road einbogen und dann, diesem bequemen, theilweise in den Fels eingehauenen Wege folgend, die nächsten Hügelketten, die hier eine Höhe von 6—700 m haben, überschritten.

Nach zehnstündigem angestrengten Marsche, während dessen immer von Zeit zu Zeit gehalten werden mußte, um die Nachzügler aufzunehmen, wurde in einem Dorfe jenseit der Berge halt gemacht und ein Lager aufgeschlagen. Die Vorsicht erforderte, daß sowol ein Unteroffizier als ein Offizier zu gleicher Zeit wachten. Außerdem stand eine Abtheilung stets unter dem Gewehr, um gegen jeden plötzlichen Angriff gerüstet zu sein. Die Nacht verlief jedoch ruhig und wir konnten bei Aufgang des Mondes unsern Marsch fortsetzen. Trotzdem jeder von uns nur etwa 3—4 Stunden geschlafen hatte, waren wir doch vollständig frisch und ausgeruht. Die Anstrengungen des vergangenen Tages hatten weder Abspannung noch Müdigkeit zurückgelassen. In solchen Tagen, wo die äußersten Anstrengungen vom Körper verlangt werden müssen und wo jeder weiß, daß das vorgesteckte Ziel nur mit der äußersten Anspannung aller Kräfte zu erreichen ist, lernt man erst die Leistungsfähigkeit seines Körpers kennen und wie viel Bedürfnisse derselbe entbehren kann.

Am 17. früh trafen wir in Madimola ein. Hier lag früher eine Station der Deutsch-Ostafrikanischen Gesellschaft, welche im Jahre 1887 von Herrn Blei hier erbaut war. Dieselbe liegt zwischen Dunda und Usungula hart am Kingani, dessen Bett sich hier bis auf 50 m verengt. Abseits von der großen Karavanenstraße gelegen, hatte diese Station weder eine politische noch eine militärische Bedeutung und war nur als Ausdruck der Oberhoheit der Gesellschaft in dieser unwirthlichen Gegend angelegt. Nach dem Ausbruch der Unruhen in Bagamoyo und nach dem Fall von Dunda gingen die dort stationirten Beamten nach der Küste zurück. Später ist die Station dann von Buschiri's Leuten verbrannt und gänzlich zerstört worden. Der Einfluß der Witterung und die Vegetation haben das ihrige gethan, um die dort stehen gebliebenen Gemäuer zu zerstören und den Platz unkenntlich zu machen.

Wir hielten uns auch hier nicht lange auf, sondern marschirten gegen Dunda vor. Nach achtstündigem Marsche erreichten wir unsern letzten Lagerplatz vor Wisombo, wo das Lager der Mafiti sich befinden sollte. Auf diesem Marsche stießen wir schon überall auf Spuren der Banden Buschiri's. Zerstörte und niedergebrannte Dörfer, umhergestreute Geräthschaften, die ihnen des Mitnehmens nicht werth erschienen waren, und verwüstete Mhogofelder, aus denen sie die Knollen theils ausgegraben, theils aber aus bloßer Zerstörungswuth ausgerissen und umhergestreut hatten, bezeichneten ihren Weg. Aber nach den Spuren zu urtheilen, konnten die Abtheilungen, die hier gehaust hatten, im Verhältniß zur gemeldeten Zahl immer nur kleine versprengte Trupps gewesen sein. Wir waren also nicht, wie wir erwartet hatten, auf dem Hauptwege, welchen die Mafiti gegangen waren, sondern anscheinend zu weit nach Norden abgekommen.

Unser Führer, welcher uns den Weg bis hierher gezeigt hatte, war beim Anblick der ersten Zerstörungswerke der Mafiti vor Angst ganz unzurechnungsfähig geworden, sodaß wir genöthigt waren, ihn zu binden, um zu verhüten, daß er in einem unbewachten Augenblick plötzlich verduftete.

Die Strecken, welche wir jetzt durchzogen, waren gänzlich verlassen, die Einwohner entweder geflüchtet oder in Sümpfen und im Busch versteckt, sodaß wir auch hier keine Auskunft erhalten konnten und auf gut Glück weitermarschiren mußten. Von unserm letzten Lagerplatz aus schickten wir einige Suaheli-Askaris, welche im Aufsuchen von Verstecken eine besonders feine Spürnase haben, vor, um wennmöglich irgendeinen Mann zu finden, der uns als Wegweiser dienen könnte. Nach Verlauf einiger Stunden brachten sie auch einen Mann und ein Weib, welche sie im Busch versteckt gefunden hatten. Von diesen erfuhren wir, daß die Mafiti nicht direct von Westen gekommen wären, sondern den Kingani bei Dunda überschritten hätten. Wisombo läge weiter nach Südwesten und wir müßten dicht daran vorbeimarschirt sein. Sie erzählten, daß am Tage vorher eine Abtheilung Mafiti ihr Dorf geplündert und zwei Weiber, die nicht schnell genug mit ihnen geflohen wären, fortgeschleppt hätten. Sie selber waren halb verhungert, denn aus Furcht, gefangen oder getödtet zu werden, hatten sie nicht gewagt, ihre Verstecke zu verlassen. Wir gaben ihnen zu essen, hielten sie aber dann bewacht, da wir sie am nächsten Tage als Führer mitnehmen wollten. In der nächsten Nacht bei Aufgang des Mondes wurde der Marsch fortgesetzt. Zwei Stunden mußten wir jedoch auf dem gestrigen Wege wieder zurückmarschiren, um die Spuren der Mafiti aufzufinden. Auf diesem Marsche wurde zum zweiten mal ein Salzwassersumpf passirt, dessen trübes, brakiges Wasser uns bis an die Brust reichte, sodaß wir in unsern nassen Kleidern auf dem Weitermarsche empfindlich froren.

Die beiden aufgegriffenen Wasaramo marschirten vor uns her und zeigten uns den Weg. Als wir nach ihrer Angabe nur noch eine halbe Stunde von Wisombo entfernt waren, machten wir halt, um erst kurz vor Sonnenaufgang, der günstigsten Zeit für einen Ueberfall, das Lager zu umstellen. In der ersten Morgendämmerung marschirten wir direct auf Wisombo vor. Die Boma war leicht zu finden, aber die offenen Thore und die verbrannten Hütten zeigten uns bald, daß das Lager bereits verlassen und Buschiri mit seinen Horden weiter gezogen war. Die Abzugsrichtung war nicht schwer zu erkennen; denn von hier aus führte der Weg direct nach Bagamoyo und Mbueni und zeigte deutlich die Wegspuren einer großen Volksmenge. Neben dem schmalen Fußsteig, welcher, wie überall in Afrika, die Orte verband, war das Gras auf beiden Seiten des Weges in einer Breite von 3 m vollständig niedergetreten und mit einzelnen Gegenständen, wie sie ein Volkshaufe hinter sich zurückzulassen pflegt, Resten von abgenagten Maiskolben, leeren Kokosnüssen und allerlei unbrauchbarem Geräth, förmlich bedeckt. Bald zeigten sich aber in eben solcher Mannichfaltigkeit die Opfer der Mord- und Raubgier der barbarischen, von ihren fanatischen Führern misleiteten Horden. Wir folgten diesen Spuren auf der sonst ziemlich belebten Handelsstraße, welche, von Mbueni ausgehend, zwischen Dunda und Madimola in die Karavanenstraße nach dem Tanganika einmündet und ziemlich die bevölkertsten Theile von Usaramo durchschneidet.

Bald stießen wir auf die ersten blutigen Opfer, welche dieser Räuberbande in die Hände gefallen und auf die grausamste Weise hingemordet waren. Männer, Weiber und Kinder lagen an beiden Seiten des Weges mit zerspaltenem Schädel oder aufgeschlitztem Bauch. Weiber lagen dort mit abgeschnittenen Brüsten oder sonst auf die gräßlichste Weise verstümmelt. Daneben lagen kleine Kinder, von Speerstichen durchbohrt, deren kleine Körper von den Widerhaken vollständig zerfleischt waren. Säuglinge sahen wir, die mit zerschmettertem Schädel neben einem Baum lagen, dessen Rinde noch die Spuren von angetrocknetem Gehirn und Blut zeigten, als scheußliches Denkmal dieses ruchlosen Mordens. Dörfer, die wir passirten, boten wenn möglich einen noch trostloseren Anblick. Die Grausamkeit schien sich immermehr in wahre Mordlust und Zerstörungswuth verwandelt zu haben. Die armseligen Geräthschaften der Neger, welche ihnen wol des Mitnehmens nicht werth erschienen waren, lagen bis weit ins Feld hinein zerstreut. Was sich nicht auf den ersten Hieb zerstören ließ, war mit Axt und Messer zerschnitten und demolirt. Die Hütten niedergebrannt, die Felder aufgewühlt, mit einzelnen, zerstreuten Leichen, über dem Ganzen ein Moder- und Leichengeruch, diesen Anblick boten die Wohnstätten einer fleißigen, stillen Bevölkerung, die sich niemals weder für noch wider eine der kämpfenden Parteien erklärt hatte; kaum daß sie in ihrem abgelegenen Winkel einen Hauch von Krieg und Kriegsinteressen verspürt hatten. Wie viel Opfer auf diesem Marsche den Räuberbanden Buschiri's in die Hände gefallen sind, läßt sich kaum bestimmen, da die, welche wir von unserm Wege aus sahen, vielleicht kaum $^1/_4$ aller Getödteten waren, und dennoch bezifferten sich diese vielleicht auf 100 und noch mehr.

Der Ekel vor dem Leichengeruch, welcher uns fortwährend anwehte, die Entrüstung über diese Greuelthaten und der Wunsch nach Rache ließ uns unsern Weg so schnell als irgend möglich fortsetzen. Gegen Mittag trafen wir unter einem Baume in gänzlich erschöpftem Zustande einen ägyptischen Offizier von der Abtheilung des Herrn von Bülow. Da derselbe noch nicht im Stande war, den Marsch fortzusetzen, und auch unsere Truppe nach den großen Anstrengungen dringend der Ruhe bedurfte, so ließ Herr von Gravenreuth unter einer Gruppe von Mangobäumen, die reichlich Schatten spendete, eine kurze Rast machen.

Man wird sich erinnern, daß ein gemeinsamer Angriff des Expeditionscorps und der Abtheilung von Bülow, welche gleichzeitig aufbrachen, auf das Mafiti-Lager bei Wisombo verabredet war. Da unsere Abtheilung den bei weitem größern und anstrengendern Marsch gemacht und trotzdem die verabredete Zeit innegehalten hatte, so war es unerklärlich geblieben, daß wir von der Abtheilung Bülow bisher nichts gesehen hatten. Die Truppe war nicht allzu stark, etwa 40 Mann und 5 Weiße. So war die Besorgniß, daß sie sich unvorsichtig in ein Gefecht mit den Mafiti eingelassen hätte und vollständig aufgerieben wäre, sehr naheliegend und hatte uns den ganzen Tag hindurch wie ein Gespenst verfolgt. Dies war mit der Grund gewesen, daß wir in fieberhafter Eile, ohne uns Ruhe zu gönnen, den Mafiti gefolgt waren. Hier erfuhren wir nun die erste bestimmte Nachricht von dem Verbleib der Truppe. Der ägyptische Offizier Ali Effendi berichtete, daß die Abtheilung Bülow in der vergangenen Nacht zwei Stunden vor Wisombo gelagert hätte und vor Tagesanbruch gegen das Dorf vorgegangen sei. Als Herr v. Bülow aber das Lager verlassen gefunden habe und vom Expeditionscorps nichts zu sehen gewesen sei, so habe er nach einer Besprechung mit seinen Offizieren den Weg eingeschlagen, auf dem die Mafiti abgezogen wären. Er selber sei zurückgeblieben, da er nicht mehr im Stande gewesen sei, weiter zu marschiren. Sein geringes Maß von Energie war vollständig erschöpft, und nachdem die ersten Anstrengungen, seine Abtheilung wieder einzuholen, erfolglos geblieben waren, hatte er sein Gehirn nicht mehr mit weitern Ueberlegungen zermartert und beschlossen, hier unter dem Baume die Hülfe Allahs zu erwarten. Für Vorstellungen, daß er hier wahrscheinlich einer versprengten Mafiti-Abtheilung in die Hände gefallen wäre, war er vollständig unzugänglich, da er fest überzeugt war, Mohammed hätte unsere Abtheilung zu seinem Schutze hierher geführt. Dies war nun zwar nicht ganz der Zweck unserer Expedition, wir ließen ihn aber in dem Glauben und flößten ihm durch Cognak wieder neuen Lebensmuth ein, und da er behauptete, Herr von Bülow könne höchstens eine halbe Stunde von hier entfernt sein, so schickte Herr von Gravenreuth ihn mit einer starken Patrouille hinter der Abtheilung her, um sie, wenn möglich, zurückzurufen. Aber kaum war die Patrouille 10 Minuten fort, so hörten wir in der Richtung, in der sie marschirt war, heftiges Gewehrfeuer. Die Mafiti mußten also in der Nähe sein und entweder die Patrouille oder die Abtheilung Bülow angegriffen haben. Wir brachen sofort auf.

Herr von Gravenreuth ging mit der ersten Compagnie auf dem Wege vor, während ich mit meinen Leuten in einiger Entfernung als Reserve folgte. Vor uns lag ein dichter Busch, durch den der Weg hindurchführte. Das Feuer war jetzt schwächer geworden. Einzelne Schüsse wurden dicht vor uns am Rande des Waldes abgegeben. Es konnte also nur von unserer Patrouille herrühren, welche von einem Trupp überfallen war und sich zurückzog. Die Abtheilung Bülow mußte schon viel weiter voraus sein; denn sonst würden wir sie unzweifelhaft vorher bemerkt haben. Da tauchte plötzlich Ali Effendi, der ägyptische Offizier, zwischen dem dichten Buschwerk auf und kam mit dem Ausdruck des größten Schreckens auf dem Gesicht ohne Waffen und ohne Kopfbedeckung auf uns zugelaufen. Wäre die Situation nicht so ernst gewesen, diese Jammerfigur, welche mit ganz zerrissener Uniform, vor Angst zitternd, Herrn von Gravenreuth den Bericht von dem Ueberfall erstattete, hätte entschieden in der Truppe die größte Heiterkeit hervorgerufen. So aber kam nur die Empörung über dieses feige Benehmen ihres Offiziers bei unsern braven schwarzen Soldaten zum Ausdruck, und mit einigen kräftigen, allerdings wenig dem Respecte entsprechenden Handgriffen wurde derselbe hinter die Front expedirt.

Jetzt erschienen auch am Waldrande die Soldaten unserer Patrouille, welche sich langsam zurückzogen. In einiger Entfernung sah man durch die Büsche einzelne weiße Hemden von Arabern und eine große Anzahl fast nackter Gestalten, mit Schild und Speer bewaffnet, welche mit lautem Geheul auf die Patrouille eindrangen. Sofort wurde von Herrn von Gravenreuth das Signal zum Beginn des Schützenfeuers gegeben, und nun entspann sich ein kurzes, aber heftiges Feuergefecht, wobei unsere

Truppe Schritt vor Schritt in den Busch vordrang. Zwei Araber und mehrere Mafiti sahen wir fallen. Ob die Gegner bei diesem Gefecht noch weitere Verluste erlitten haben, entzog sich unserer Beurtheilung, da sie nach dem ersten Zusammenstoß bereits zurückwichen und bald im Busche verschwunden waren. Dieser Trupp, vielleicht nur einige hundert Mann stark, konnte jedoch nur eine versprengte oder zurückgebliebene Abtheilung sein, da sie aus südlicher Richtung kam, wo sie wahrscheinlich entlegenere Dörfer gebrandschatzt hatte. Von den Soldaten der Patrouille erfuhren wir, daß drei unserer Leute gefangen genommen wären. Mohammed-Ali, einer von den dreien, welcher sich zur Wehr gesetzt hätte, wäre sofort von ihnen mit Speeren niedergestochen worden, die andern hätten sie mit in den Busch geschleppt. Während des Gefechtes ist einer von diesen noch entwischt und zu unserer Truppe zurückgekehrt. Den letzten haben wir nie wieder gesehen. Wir setzten nun unseren Marsch fort, bis wir gegen 2 Uhr Jombo erreichten. Die breiten Wegspuren hatten sich fast ganz verwischt. Die Truppe schien sich getheilt zu haben und nach verschiedenen Richtungen abgezogen zu sein.

Wir hatten die Hoffnung, noch einen Entscheidungsschlag zu führen, fast aufgegeben, da wir uns jetzt schon bis auf vier Meilen Bagamoyo genähert hatten und es nicht unwahrscheinlich war, daß Buschiri sich mit der Hauptabtheilung der Mafiti nach Dunda gewandt hatte. Diese Annahme lag um so näher, als wir ja selbst Zeugen der Verwüstung des ganzen Landes westwärts von Bagamoyo gewesen waren und bei einer so großen Menge von Menschen, wie sie Buschiri bei sich hatte, Nahrungsmangel nothwendig eintreten mußte. Daß er direct auf Bagamoyo marschiren und die Stadt angreifen würde, war nicht anzunehmen. Erstens lag erfahrungsmäßig ein solcher schnell durchgreifender Entschluß nicht in der Kampfesweise der Araber, andererseits war es ziemlich gewiß, daß er von Kundschaftern aus Bagamoyo bereits benachrichtigt war, daß Herr von Gravenreuth ihn mit einer Truppe von Dar-es-Salaam aus verfolgte, und da er die Stärke unserer Abtheilung nicht kannte und dieselbe wahrscheinlich weit überschätzte, so war eher anzunehmen, daß er uns ausweichen und sich weiter nach dem Innern zurückziehen würde. Diese Erwägung führte uns zu dem wenig befriedigenden Resultat, daß alle Anstrengungen der letzten Tage vergeblich gewesen waren und uns nichts übrigbleibe, als vorerst nach Bagamoyo zurückzukehren und von dort aus weitere Erkundigungen einzuziehen. Herr von Gravenreuth befahl daher, vorläufig hier Rast zu machen, und schickte mich mit meiner Compagnie zur Aufklärung des Terrains nach Süden vor, wo wir die Rauchsäulen aus einem brennenden Dorfe aufsteigen sahen. Um den Leuten nach dem anstrengenden Nachtmarsche einige Erleichterung zu verschaffen, ließ ich alles überflüssige Gepäck ablegen und marschirte dann, die einzuschlagende Richtung im Auge behaltend, querfeldein. Etwa zehn Minuten vom Lager lag vor uns eine Hügelkette, welche wir überschreiten mußten. Kaum waren wir auf dieser Höhe angelangt, so hörten wir aus dem jenseitigen Thalgrunde ein brausendes Geräusch, welches an das Stimmengewirr einer großen Volksversammlung erinnerte und von Menschen herrühren mußte. Sehen konnten wir vorläufig noch nichts, da der Busch und das hohe Gras uns die Aussicht nach dieser Seite hin versperrten. Es war aber kein Zweifel, hier mußte wenigstens ein Theil der Mafiti sein.

Trotzdem ich von Herrn von Gravenreuth den Befehl erhalten hatte, mich in kein ernstes Unternehmen einzulassen, so konnte ich dennoch die Gelegenheit, wie sie sich im militärischen Leben so selten bietet, einen glücklichen Coup selbständig auszuführen, nicht vorübergehen lassen. Außerdem war ich fest überzeugt, daß Herr von Gravenreuth, der niemals eine Gelegenheit zu einem energischen, schneidigen Vorgehen vorübergehen läßt, in meiner Lage nicht anders gehandelt haben würde. Alle diese Gedanken durchzuckten mich aber nur einen Augenblick. Die Dinge, die sich vor uns abspielten, nahmen mich als Führer, der die Verantwortung für seine Truppe trägt, voll und ganz in Anspruch.

Meine Leute waren ebenfalls auf das Geräusch aufmerksam geworden. Allen war sofort die Situation klar, und froher Kampfesmuth belebte die ganze Truppe. Alle Anstrengungen der letzten Tage, die vorher empfundene Müdigkeit und Abspannung waren mit einem Schlage vergessen. Jeder dachte nur an das bevorstehende Gefecht. Bisjetzt waren wir von den Mafiti noch nicht bemerkt worden, da ein breiter Gürtel von Gras und Buschwerk uns ihren Blicken noch verbarg. Ich ließ daher die Compagnie erst in zwei Glieder aufmarschiren und gab dann für beide Züge das Zeichen zum Ausschwärmen. Bei der geringen Anzahl der Leute, wo jedes Gewehr gebraucht wurde, konnte ich mir den Luxus einer Reserve nicht erlauben, die sich auch bei afrikanischen Gefechten meist als zwecklos erweist, da das Gefecht gewöhnlich schon nach dem ersten Zusammenstoß entschieden ist. Langsam ging die ganze Linie in der angegebenen Richtung auf das Lager vor und durchschnitt in guter Ordnung den dichten, etwa hundert Meter breiten Busch. Hinter dem Gesträuch war das Gras niedriger, der Hügel fiel hier allmählich ab und lief in eine schmale Thalsohle aus, um auf der entgegengesetzten Seite wieder zu einer kleinen Erhöhung anzusteigen.

Auf diesem Hügel lag, halb zwischen Gesträuch versteckt, ein nach Negerart gebautes Hüttenlager, dessen Ausdehnung ziemlich beträchtlich schien und wol einige Tausend Mafiti beherbergen konnte. Der Platz vor dem Lager wimmelte förmlich von schwarzen halbnackten Gestalten, deren phantastische Kriegerausrüstung und Bewaffnung mit Schildern und Speeren sofort Sulukrieger erkennen ließ.

Wir hatten die letzten Büsche passirt und waren auf der ganzen Linie auf dem Kamme des Hügels sichtbar, als die schwarze Bande uns bemerkte und ein betäubendes Kriegsgeheul anstimmte. Wie ein aufgestörter Ameisenhaufen lief alles durcheinander. Aus den Hütten, aus den umliegenden Büschen und von den benachbarten Höhen strömten neue Scharen herbei. Der ganze Hügel, auf welchem das Lager stand, und das vor uns liegende Thal schienen lebendig zu werden, als ob die Mutter Erde sich selbst gegen uns verschworen hätte und diese nackten schwarzen Teufel gegen uns ausspie. Diese ganze Volksmenge, welche ich vielleicht auf 2000 Mann schätzte, wälzte sich in raschem Trabe bergab uns entgegen. Die Entfernung, die uns noch vom Lager trennte, mochte ungefähr 7—800 Schritt betragen. Aber durch den Ansturm der Mafiti wurde dieser Abstand schnell verringert, sodaß ich nach dem Verlassen des Busches nur noch Zeit hatte, mit einem Blick die Entfernung zu schätzen, das Vierhundert-Meter-Visir zu avertiren und das Commando „Schnellfeuer“ zu geben. Die Wirkung des Feuers auf die ungedeckt anstürmende Schar war im vollen Sinne des Wortes vernichtend und brachte den Strom augenblicklich zum Stehen. Ich ging jetzt mit meiner Abtheilung einen Sprung weiter vor und eröffnete hier wiederum das Feuer. Die Mafiti, die sich von ihrem ersten Schrecken erholt haben mochten, stürzten sich jetzt mit verdoppeltem Wuthgeheul auf die Schützenlinie. Die Lage der Truppen war äußerst kritisch, aber keiner meiner braven Sudanesen ging auch nur einen Schritt zurück. Jeder hatte ebenso wie ich das Gefühl, daß ein ernster Moment der Entscheidung gekommen war und daß wir entweder durch die Ueberlegenheit unserer Waffen die Scharen in wenigen Minuten vollständig auseinandergetrieben und vernichtet hätten, oder daß wir selber dem Untergange geweiht wären. Denn wenn es den Mafiti gelang, uns zu überrennen, dann konnte bei der großen Uebermacht derselben und bei ihrer Gewandtheit im Einzelkampfe unser Widerstand nur ein sehr kurzer sein.

In diesem Bewußtsein empfingen wir die anstürmenden Horden mit einem mörderischen Feuer. Jede Leitung hörte jetzt in diesem entscheidenden Augenblicke auf. Jedes Commando wäre unter dem betäubenden Lärm der Gewehrsalven und dem Wuth- und Schmerzensgeheul der Mafiti ungehört verhallt. Aber jeder von uns wußte, was er zu thun hatte, und Kugel um Kugel sauste den sich noch einmal zum letzten Ansturm aufraffenden Haufen entgegen. Die Distanz zwischen uns und dem Gegner betrug nur noch 60 Schritt und dicht vor mir tauchten schon einige Gestalten inmitten des Pulverdampfes auf, welcher sich wie eine dichte Mauer vor uns lagerte und uns jede Aussicht benahm. Aber die Verluste, welche die Mafiti bei ihrem letzten Ansturm erlitten hatten, waren doch zu große gewesen und hatten ihre Widerstandsfähigkeit gebrochen. Nachdem der Pulverdampf sich etwas verzogen hatte, sahen wir sie in wilder Flucht nach allen Seiten auseinanderlaufen. Jetzt gingen wir mit aufgepflanztem Seitengewehr und mit Hurrah gegen das Lager vor. Hier trafen wir mit der zweiten Abtheilung zusammen, welche von uns mit Freudenrufen begrüßt wurde.

Herr von Gravenreuth hatte nach dem Abmarsch meiner Abtheilung zur Klärung des Vorterrains in der Front und nach Westen starke Patrouillen vorgeschickt. Diese hatten schon nach Verlauf weniger Minuten die Meldung zurückgebracht, daß jenseit des Hügels sich ein starkbesetztes Mafitilager befinde. Auf diese Nachricht hin war Herr von Gravenreuth sofort aufgebrochen und zum Angriff auf das Lager vorgegangen. Das Gewehrfeuer, welches von dem diesseitigen Gefecht herüberschallte, hielten die Herren zuerst für das Feuer der Abtheilung Bülow, welche ja nicht weit von hier sein konnte. Selbst die Askaris riefen erfreut über das unerwartete Eintreffen der Verstärkung: bana Bürow, bana Bürow! Unter diesem Namen ist Herr von Bülow in ganz Ostafrika bei den Negern bekannt. An meine Abtheilung dachte keiner, da man mich schon weiter vor glaubte.

Das Gefecht war auf dieser Angriffsfront mit derselben Heftigkeit geführt worden. Einzelne Mafiti waren sogar schon in die Schützenlinie eingedrungen und hatten dort zwei Sudanesen durch Speerstiche verwundet. Die Zahl der Gegner schätzte Herr von Gravenreuth auch auf ungefähr 2000, sodaß die Angaben, die uns die Eingeborenen gemacht hatten, die Mafiti wären 5—6000 Mann stark, als ziemlich richtig sich erwiesen. Araber hatte man weder hier noch dort bemerkt. Das ziemlich ausgedehnte Lager war roh aus Strauchwerk und Gras aufgebaut. Die sämmtlichen, nach hinten geschlossenen und nach dem innern Lagerraum offenen Hütten befanden sich noch in demselben Zustande, in dem sie die Mafiti verlassen hatten, vollgestopft von geraubten Gegenständen aller Art, meist ganz werthlosen Sachen, außerdem einer Menge von Affenfellen, Federputz, Schilden und Speeren und sonstigem Kriegsgeräth, worüber die Soldaten sofort herfielen, um sich mit dieser Kriegsbeute zu schmücken. Eine Anzahl Weiber stürzten uns entgegen und drückten ihre Freude über die Befreiung durch ein eigenthümliches Geschrei aus, mit dem sonst auch die heimkehrenden Krieger begrüßt werden. Man könnte eher glauben, daß diese Töne aus einer schrillen Pfeife herrührten, als aus einem menschlichen Munde, so unangenehm berührten sie die Gehörnerven. Durch verirrte Kugeln waren einige Weiber leicht verwundet; ein kleiner Knabe hatte eine ziemlich erhebliche Wunde davongetragen. Von unserer Truppe waren mit Ausnahme der beiden Gefangenen und zweier durch Speerstiche verwundeter Sudanesen bisher keine Verluste gemeldet.

Jetzt, nachdem die erste Aufregung sich etwas gelegt hatte, machten sich die Anstrengungen des Tages doch erheblich fühlbar. Wir waren elf Stunden marschirt und hatten seit dem gestrigen Tage fast nichts mehr gegessen; denn unsere sehr reducirten Bestände zwangen uns zur äußersten Sparsamkeit. Hierzu kam noch ein brennender Durst, welcher uns die Zunge am Gaumen festkleben ließ, ohne daß sich hier die geringste Aussicht bot, einen Tropfen Wasser zu finden. Auch bei den Soldaten war durch die Strapazen der ungewöhnlich langen Märsche eine große

Ermattung zu beobachten, welche sich in vollständiger Apathie geltend machte.

Der jetzt errungene glückliche Erfolg hatte vollends dazu beigetragen, die Bande der Disciplin zu lockern. Es wurde sonst streng darauf gehalten, daß nach jedem Angriff eine Abtheilung geschlossen blieb, um jederzeit bei unvorhergesehenen Fällen eine Reserve zu haben. Diese Maßregel, welche sich so oft schon als nothwendig und vortheilhaft bewährt hatte, war jetzt außer Acht gelassen.

Eine Abtheilung war sofort von Herrn von Gravenreuth zur Deckung des Gepäcks vorgeschickt worden; die übrigen Soldaten hatten sich durch das ganze weite Lager zerstreut oder mit allem möglichen Plunder behangen und mit Beutestücken bepackt, sodaß wir momentan vollständig wehrlos waren.

Die Lage war äußerst kritisch. Denn auf dem jenseitigen Höhenrücken hatte sich eine große Zahl Mafiti wieder gesammelt, und hier konnten wir auch einige Araber unterscheiden, welche, in ihren weißen Hemden deutlich erkennbar, sich von Zeit zu Zeit im Hintergrunde zeigten. Kleinere Haufen und einzelne verwegene Burschen umschwärmten bereits in nächster Nähe das Lager oder tauchten plötzlich aus dem Grase auf, wo sie sich gewandt wie die Schlangen hin- und herbewegten.

Wenn auch auf unser Rufen und die abgegebenen Signale die zunächststehenden Soldaten herbeiliefen, so war die Gefahr eines plötzlichen Ueberfalls doch viel zu groß, um in Ruhe abwarten zu können, bis sich eine Abtheilung gesammelt hatte. Herr von Gravenreuth befahl daher den Unteroffizieren, so schnell wie möglich die Abtheilungen zusammenzuziehen. Dann winkte er mir und wir gingen mit unsern Büchsen vor den Eingang des Lagers, um Umschau zu halten und um das Terrain zu säubern.

Anscheinend hatte Buschiri, der sich beim Beginn des Gefechtes wahrscheinlich irgendwo versteckt gehalten hatte, die zurückgeworfenen und versprengten Mafiti wieder gesammelt und beabsichtigte nun einen Angriff auf das Lager zu unternehmen. Denn auf dem jenseitigen Hügel wimmelte es wieder von schwarzen Gestalten, welche vorläufig noch unschlüssig hin- und herliefen. Es war also jetzt, bevor die Araber auf der Gegenseite die eingeschüchterten Schwarzen zum erneuten Vorstoß überredet hatten, ein außerordentlich günstiger Augenblick zum Angriff. Dicht vor uns tauchten einige Gestalten auf, um ebenso rasch wieder im Grase zu verschwinden, doch nicht schnell genug, um nicht von unsern Büchsen erreicht zu werden. Dicht neben mir sah ich einen riesigen Mafiti, der durch einen Busch geschützt sich bis auf 20 Schritte an uns herangeschlichen hatte; über und über mit Fellen, Affenschwänzen und Federn behängt, hatte der Kerl wirklich ein wildes, unheimliches Aussehen, sodaß ich einen Moment zusammenzuckte. Er hob gerade seinen Speer, um ihn nach uns zu schleudern, als meine Kugel ihn niederstreckte. Ich konnte es mir nicht versagen, bevor wir das Lager verließen, noch einmal nach der Stelle zu gehen, wo mein Gegner lag, der ehrenvoll im Zweikampf gefallen war. Er hatte einen Schuß durch die Brust und lebte noch. Neben ihm lagen seine Waffen, Schild und Speer. Der grimmige Federschmuck war von seinem Haupte gefallen und lag zerdrückt im Grase; damit war auch alle Wildheit aus den noch sehr jugendlichen Zügen gewichen. Seine Augen verfolgten mich mit ängstlicher Scheu. Sein röchelnder Athem zeigte jedoch deutlich, daß er dem Tode verfallen war, und um seine Todesqual, die vielleicht noch mehrere Stunden gedauert hätte, abzukürzen, schoß ich ihm mit meinem Revolver durch das Herz, nachdem ich ihm mit meinem Hute das Gesicht verdeckt hatte.

Nachdem etwa acht bis zehn der Verwegensten, die sich unvorsichtig in den Bereich unserer Büchsen gewagt hatten, niedergestreckt waren, machten sich die übrigen Marodeure schleunigst aus dem Staube, sodaß mit einem Schlage der Abhang, auf dem wir standen, bis zur Thalsohle gesäubert war. Die

Araber schienen jetzt drüben die Oberhand gewonnen zu haben, denn ein ziemlich lebhaftes Feuer aus etwa 50 Gewehren antwortete auf unsere Schüsse. Die Kugeln schlugen in nächster Nähe von uns ein und deutlich konnten wir zwischendurch den eigenthümlich zischenden Laut der Mauserkugeln unterscheiden, welche aber meist über unsere Köpfe fortflogen, während die Vorderladergeschosse kraftlos vor uns in den Boden einschlugen.

Die erste Sudanesen-Compagnie, welche jetzt geschlossen aus dem Lager kam, ließ Herr von Gravenreuth sofort ausschwärmen und gegen die nächsten Höhen vorgehen. Auf 300 m Entfernung wurden einige Salven abgegeben, welche eine ziemliche Verwirrung in den schwarzen Haufen brachten, der sofort auseinanderstob, sich aber in kleinen Abtheilungen auf den nächsten Höhen wieder sammelte. Wir konnten die Verfolgung aber nur bis auf die nächsten Hügel ausdehnen, da nach dem vierstündigen Gefecht der größte Theil der Patronen verschossen war. Herr von Gravenreuth befahl daher, nur noch auf Commando Salven abzugeben. Trotzdem waren wir gezwungen, das Gefecht abzubrechen und zurückzukehren, um für alle Fälle noch einige Patronen zu behalten.

Wenn auch die meisten Mafiti, durch die erlittenen Verluste und die ungewöhnliche europäische Kampfesweise eingeschüchtert, schon nach dem letzten Angriff geflohen waren, so waren doch noch einige Haufen geschlossen geblieben, und besonders Buschiri und seine Araber hielten diesmal gegen alle Gewohnheit tapfer stand. Wenn sie auch schließlich unsern überlegenen Waffen gewichen waren und wir sie etwa eine halbe Meile weit verfolgt hatten, so war es uns doch nicht gelungen, sie ganz auseinander zu sprengen und wie sonst in wilder Flucht vor uns herzutreiben.

Trotzdem war das Resultat dieses Gefechtes ein überaus günstiges. Mit unserer kleinen Truppe hatten wir die uns funfzigfach überlegene Mafitischar zu Paaren getrieben. Mit einem kühnen Schlage war die Gefahr, welche der Küste und den eben angebahnten friedlichen Beziehungen drohte, beseitigt und das Land von diesen Räubern befreit. Gegen 200 Mafiti lagen todt auf der Wahlstatt. Der Rest zog als Flüchtlinge durch Usaramo, welches noch vor kurzem vor ihnen gezittert hatte. Die Greuel, die sie hier verübt hatten, sollten sich noch bitter an ihnen rächen, da das ganze Gebiet, welches sie auf ihrem Hermarsch durchzogen hatten und auf dem Rückmarsch wieder passiren mußten, verwüstet und entvölkert war. Unzählige Versprengte, die einzeln und in kleinen Scharen das Land durchzogen, sind von der erbitterten Bevölkerung todtgeschlagen worden, sodaß der ganze Stamm fast decimirt war, als er sich wieder seiner Heimat zuwandte.

Leider hatten auch wir für die geringe Zahl unserer Soldaten ziemlich erhebliche Verluste aufzuweisen, welche fast die Höhe von zehn Procent erreichten, ein Beweis, wie ernst die Situation war und wie tapfer sich unsere Leute gehalten haben, die trotz der immer wieder erneuten Angriffe der Mafiti standhielten und im Vertrauen auf ihre Waffen den anstürmenden Scharen kühn die Stirn boten. Am bittersten hatten die Sulus gefochten, welche in eine fanatische Wuth geriethen, als sie die ihnen verwandten, aber bitter verfeindeten Stämme der Wahehe und Wahenge oder, wie sie sich selbst nennen, Mafiti erkannten.

Die Küstenstämme, zu denen unsere Sulu-Soldaten gehören, leben in ununterbrochener Fehde mit den Völkerschaften des Nordens, welche fast alle Jahre ihre unwirthlichen Gefilde verlassen und raubend und mordend, ebenso wie sie es in Usaramo getrieben hatten, die gesegneten Länder an der Küste heimsuchen, aber auch von dort nicht selten mit leeren Händen und blutigen Köpfen wieder heimgeschickt werden. Angesichts ihrer Erbfeinde tauchte auch die Erinnerung an die alte Kampfesweise bei den Sulus wieder auf. Das Vertrauen auf die ihnen unbekannte und noch so ungewohnte Schußwaffe, deren Wirkung sie nicht sehen, ist überhaupt nicht sehr groß, und so griffen sie denn zu ihren Seitengewehren und waren kaum davon abzuhalten, sich mit dieser Waffe und einem erbeuteten Schilde auf die verhaßten Gegner zu stürzen. Bei diesem Gefecht, wo jeder Weiße seinen Posten auszufüllen hatte, konnten wir es leider auch nicht verhindern, daß einzelne Sulus, die nicht beaufsichtigt waren, ihre Wuth auch noch an den Verwundeten und Todten ausließen. Die bestialische Lust am Morde, welche wir früher bei der Charakteristik der einzelnen Truppentheile als besondere Schattenseite in dem Charakter der Sulus schilderten, trat hier deutlich zu Tage. Und wer im Laufe des Gefechtes zu psychologischen Studien Zeit gehabt hätte, wäre wahrscheinlich zu dem Resultat gelangt, daß die Stammesverwandtschaft der Mafiti und Sulu sich nicht allein in Gesichtsbildung und Körperform documentirt, sondern auch in der unbezähmbaren Wildheit und Blutgier zu Tage tritt. Dieselben Leute, welche in der Garnison und auf dem Exercirplatze den harmlosesten Eindruck machen, verwandeln sich förmlich in Bestien, wenn ihre Leidenschaften erregt sind und sie sich unbeaufsichtigt wissen; denn die Autorität des Europäers und die Furcht vor den Vorgesetzten ist doch so groß, daß solche Ausbrüche von Wildheit nur vorkommen, wenn sie sich selbst überlassen sind. Unter der Führung weißer Offiziere gehorchen sie unbedingt, sodaß sie in musterhafter Ordnung wie altgediente Soldaten schießen, stürmen und Hurrah rufen. Aber ein so auf europäische Weise geführtes Gefecht ist für sie eben nur eine Exercirübung, die sie ebenso exact in der Garnison ausüben. Diese militärischen Spaziergänge gehören nach ihrer Ansicht eben zu den höchst merkwürdigen Eigenschaften der Europäer. Daß hiermit irgendein besonderer Zweck erreicht wird, ist ihnen kaum verständlich. Ein wirklicher Kampf ist ohne Ströme von Blut, Halsabschneiden und Bauchaufschlitzen für sie undenkbar. Hiernach wird wol ihre Methode, Krieg zu führen und Länder zu verwüsten, nicht sehr von der der Mafiti abweichen.

So fielen uns auf dem Rückmarsche einige Sulus auf, die in ihren blutbesudelten Uniformen, mit Schild und Speer und dem erbeuteten Kriegsputz ausstaffirt, den Mafiti täuschend ähnlich sahen. Dieselben hatten sich auch sofort der Weiber bemächtigt. Einer von ihnen hatte sogar einem Weibe einen Strick um den Hals gebunden und das andere Ende sich um den Leib geschlungen, um sich so seiner Beute zu vergewissern. Selbstverständlich wurde dem sofort Einhalt gethan, und die Gefangenen kamen unter die Obhut eines Sudanesen-Schauisch.

Da wir, mit dem Erfolge zufrieden, die Errungenschaften eines so mühevollen Tages nicht in einem zweifelhaften Nachtgefecht mit herumstreifenden Banden aufs Spiel setzen wollten, so wurde beschlossen, das Lager aufzugeben. Das Ausharren auf dem sehr gefährdeten Posten, fast ohne Patronen, mit einer vollständig erschöpften Truppe, wäre ein zweck- und nutzloses Beginnen gewesen. So befahl denn Herr von Gravenreuth, daß das Lager verbrannt wurde. Nachdem wir auch ein zweites kleineres Lager, welches auf einem südlichern Hügel lag und bisher von uns nicht bemerkt worden war, niedergebrannt hatten, und Buschiri's Zelt, welches zwischen beiden Lagern stand, von einer Patrouille durchsucht war, bezogen wir auf einem Hügel an der Bagamoyo-Straße, etwa eine halbe Stunde von Jombo entfernt, ein Lager.

Die Erschöpfung nach den Anstrengungen der vergangenen Tage und die nervöse Aufregung nach einem vierstündigen Gefecht war bei Weißen und Schwarzen so groß, daß hierdurch das Gefühl des Hungers vollständig zurückgedrängt wurde. Desto empfindlicher machte sich ein brennender Durst fühlbar, welcher durch den Genuß von Cognak, dem einzigen noch vorhandenen Getränk, nur noch erhöht wurde. Wasser hatten wir in der Nähe des Lagers nicht gefunden, und bei der schnell hereinbrechenden Dunkelheit war es auch aussichtslos, nach einer Quelle suchen zu lassen. So mußten wir denn unter den schrecklichen Qualen, die ein brennender Durst hervorruft, die ganze Nacht zubringen. Dieses leibliche Unbehagen, die erregte Phantasie und die Ueberanstrengung der physischen Kräfte verscheuchten jeden Schlaf von unsern Augen. Die Nähe zahlloser, zersprengter Banden nöthigte uns zu umfassenden Sicherheitsmaßregeln. Die beiden noch vorhandenen Patronenlasten wurden an die Compagnien ausgegeben, verschwanden aber vollständig unter der Zahl der Leute, ohne auch nur im mindesten dem Mangel abzuhelfen. Eine Revision ergab ungefähr pro Kopf 4—5 Patronen, auch für das allerkürzeste Gefecht unzureichend. Zwar hatte Herr von Gravenreuth sofort vom Lagerplatze aus einen Boten nach Bagamoyo geschickt, welcher die Nachricht von dem glücklichen Gefecht dorthin überbringen und zugleich um die schleunige Entsendung einer Munitionscolonne bitten sollte. Dieselbe war aber bei der Entfernung von vier deutschen Meilen frühestens am andern Morgen zu erwarten. So sahen wir denn mit ziemlicher Besorgniß der kommenden Nacht entgegen. Die Offiziere und Unteroffiziere blieben bei ihrer Truppe, sämmtliche Leute wurden in drei Abtheilungen getheilt, von denen stets eine wachen und mit schußfertigem Gewehr im Arm rings um den Hügel eine Gefechtsposition einnehmen mußte. Manchem wird diese Vorsichtsmaßregel nach einem siegreichen Gefechte überflüssig und unsere Besorgniß übertrieben erscheinen. Berücksichtigt man aber, daß jede herumstreifende Mafitibande die geringe Zahl unserer Soldaten an Stärke wahrscheinlich weit übertraf, und daß unsere Ueberlegenheit allein im Gebrauch der Schußwaffen lag, die in der vollständig dunkeln Nacht, ganz abgesehen von dem Patronenmangel, ziemlich wirkungslos waren, so wird man die angewandten Vorsichtsmaßregeln wohl berechtigt finden.

Wie vorausgesehen werden konnte, war von einer Nachtruhe oder gar von Schlaf keine Rede. Die erhitzte Phantasie und die gespannte Aufmerksamkeit ließen die wachhabenden Soldaten fortwährend Gespenster sehen, sodaß vier- oder fünfmal während der Nacht beim geringsten Geräusch auf der ganzen Linie ein

Schwarze Truppen im Bivuak.

S. 283.

Pelotonfeuer ins Blaue abgegeben wurde. Beim ersten und zweiten mal gerieth das ganze Lager in Aufruhr, jeder ergriff sein Gewehr und eilte in die Schützenlinie, die meisten mit klopfendem Herzen, gewärtig, im nächsten Moment eine Schar Mafiti vor uns auftauchen und mit Geheul auf das Lager losstürzen zu sehen. Ich muß auch gestehen, daß mir die Aussicht auf ein nächtliches Handgemenge nicht gerade sehr verlockend erschien, besonders da der Ausgang desselben wenig zweifelhaft war.

Herr von Gravenreuth, der die erste Wache übernommen hatte, war sofort zur Abtheilung geeilt, aus deren Reihen heraus die ersten Schüsse gefallen waren. Jeder horchte gespannt in die Nacht hinaus, aber alles blieb ruhig. Kein Blatt regte sich. Die feierliche Stille wurde nur durch das Geschrei der Nachtvögel und das heisere Gebell der Hyänen unterbrochen, die jetzt wahrscheinlich auf dem Schlachtfelde ein leckeres Mahl hielten. Den Leuten wurde nun aufs eindringlichste eingeschärft, unter keinen Umständen ohne speciellen Befehl zu schießen. Aber trotz der Ermahnung und angedrohten Strafe wiederholte sich dies noch mehrmals, bis um 3 Uhr der Mond aufging und das Vorterrain bis auf einige hundert Meter im Umkreis erleuchtete. Mit dem Schwinden der beängstigenden Dunkelheit war auch das volle Vertrauen der Leute auf ihre Waffen zurückgekehrt, und in einzelnen Gruppen hörte man schon wieder Lachen und Plaudern. So verlief denn der Rest der Nacht ohne weitere Zwischenfälle, und wenn auch der erhoffte Schlaf sich nicht einstellen wollte, so war die eingetretene Ruhe doch schon für Körper und Geist erfrischend.

Mit Sonnenaufgang war das Lager wieder vollständig mobil. Eine Patrouille wurde sofort zum Aufsuchen von Wasser ausgeschickt. Eine andere, stärkere Abtheilung sollte auf das Gefechtsfeld zurückkehren, um zu recognosciren, wo die Mafiti geblieben seien. Im Lager begnügten wir uns mit wenigen Posten für den Sicherheitsdienst. Den übrigen Soldaten wurde

Ruhe und Erholung gegönnt; Offiziere und Unteroffiziere saßen in Gruppen beisammen, aber das Unterhaltungsbedürfniß war noch immer nicht rege. Nur eine Frage las man in den gespannt nach einer Richtung ausschauenden Gesichtern: Werden sie wol Wasser finden? Und sie hatten welches gefunden. Zwischen den Büschen hindurch sahen wir sie mit den Töpfen und den Kesseln auf dem Kopfe eiligst herankommen. Mit Jubelgeschrei wurde dieser Fund begrüßt. Das Wasser war köstlich, und nie hat mir ein Trunk so gemundet, wie das klare, während der Nacht ausgekühlte Wasser. Jetzt wurde sofort eine kräftige Mahlzeit für die Leute und für uns gekocht, und bei Ziegenbraten und einem Schluck Cognak stellte sich schnell der alte Frohsinn eines heitern Lagerlebens wieder ein. Bald kehrte auch unsere abgesandte Patrouille von dem Schauplatze unsers gestrigen Gefechtes zurück und meldete, daß weit und breit nichts von den Mafiti zu sehen sei. Da eine Verfolgung bei der bekannten Schnellfüßigkeit, welche afrikanische Krieger auf dem Rückwege zu entwickeln pflegen, wol keinen besondern Erfolg gehabt hätte, so beschloß Herr von Gravenreuth, den Rückmarsch auf Bagamoyo anzutreten, um den Truppen dort in der wohlverpflegten Station einen Ruhetag und die verdiente Erholung zu gewähren. Gegen 10 Uhr brachen wir auf und erreichten um 2 Uhr den prächtigen Palmenwald, welcher Bagamoyo umgibt. Unter Jubelrufen der Bevölkerung und der Wasaramo-Flüchtlinge, denen nun der Weg nach der Heimat wieder offen stand, zogen wir in Bagamoyo ein. In der Station wurden wir von dem Commandanten der interimistischen Marinebesatzung, Herrn von der Gröben, aufs herzlichste begrüßt und zu unserm Erfolge beglückwünscht. Noch am selben Nachmittag brachte der im Hafen liegende „Max“ die Nachricht des Sieges über die Mafiti nach Sansibar, von wo der Telegraph sie nach Deutschland weiter beförderte.

Am Nachmittag berief Herr von Gravenreuth die Bewohner von Bagamoyo und sämmtliche Wasaramo, die vor den Mafiti nach der Stadt geflohen waren, zu einer Volksversammlung vor das Stationsgebäude. Der nach vielen Tausenden zählenden Menge wurde durch Dolmetscher der glückliche Erfolg der Expedition und die gänzliche Vernichtung der Mafiti mitgetheilt. Dann präsentirten die Truppen, die ebenfalls zugezogen waren, und Herr von Gravenreuth brachte ein Hoch auf Se. Majestät den Kaiser aus, in welches die Menge mit lautem Geschrei ein-

Chef Freiherr von Gravenreuth.

fiel. Die Wasaramo wurden darauf in ihre Heimat entlassen und ihnen die weitere Verfolgung der zersprengten Mafiti übertragen. Es braucht wol nicht erst gesagt zu werden, daß ihnen von unserer Seite keine Schonung der frechen Räuber anempfohlen wurde, und wir waren sicher, daß das von uns begonnene Werk der Vernichtung von dem erbitterten Volke, dessen Dörfer und Felder sie in wenigen Tagen in eine Wüste verwandelt und deren Weiber und Kinder sie ermordet hatten, mit Nachdruck fortgesetzt wurde.

Wir selber brachen am nächsten Morgen sogleich wieder auf und marschirten darauf nach Dunda, wo Hauptmann Richelmann mit der Stationscompagnie von Bagamoyo die Fähre über den Kingani besetzt hielt. Unser Weg führte uns durch einen Theil von Usaramo, ohne jedoch ein Dorf zu berühren. Trotzdem stießen wir hier in der vollständig wüsten Gegend auf eine ganze Anzahl kleiner Kinder, welche in ganz verhungertem Zustande am Wege lagen oder sich mühsam fortschleppten. Viele von ihnen waren auf die roheste Weise mishandelt und durch Speerstiche verwundet. Auffallend war die Ruhe und das Verständniß der Kleinen. Ich habe kein einziges von den Kindern weinen oder besonders traurig gesehen. Auf Befragen erzählten sie, daß ihre Aeltern von den Mafiti erschlagen seien, und daß sie nichts zu essen hätten und zum Bana kuba (dem großen Herrn) wollten. Ueber das Wie und Wo waren sie sich allerdings nicht ganz klar, aber trotzdem ist die Geistesgegenwart und die Selbständigkeit dieser Kinder, von denen manches kaum das vierte Jahr erreicht haben mochte, erstaunlich. Wie würden sich wol unsere Kinder in solche und ähnliche Lagen finden? Wenn nun auch hier eine ganze Anzahl den richtigen Weg zur Hülfe eingeschlagen hatte, so wagt man doch kaum daran zu denken, wie viele dieser kleinen schwarzen Menschenkinder wol in dem wüsten Steppenlande, wo zwischen Dorf und Dorf viele Meilen unbebauten Landes liegen, vor Hunger und Müdigkeit umgekommen oder ihren Wunden erlegen sind. In Dunda fanden wir eine ganze Colonie solch kleiner Findlinge, die von den Patrouillen aufgefunden und hierhergebracht waren und unter der sorgsamen Pflege unsers Arztes, des Herrn Dr. Brehme, sich wieder vollständig erholt hatten.

Hauptmann Richelmann berichtete uns, daß während der letzten zwei Tage, hauptsächlich zur Nachtzeit, größere und kleinere Trupps von Mafiti sich an der Fähre gezeigt hätten, um über den Fluß zu setzen. In mehrern kleinen Gefechten seien etwa 30 Mafiti getödtet worden, ohne daß auf unserer

Seite ein Verlust zu verzeichnen wäre. Die Mafiti hätten nicht den geringsten Widerstand gewagt, sondern schon bei den ersten Schüssen Speer und Schild weggeworfen und seien dann stromaufwärts geflohen. Herrn von Bülow trafen wir ebenfalls mit seiner Abtheilung hier. Aus den Zeitangaben, die er über seinen Marsch machte, ersahen wir, daß er kurz vor uns Wisombo verlassen hatte und erst später, als die Wegspuren der Mafiti sich etwas mehr verwischt hatten, in der Richtung nach Dunda abgebogen.

Herr von Gravenreuth ertheilte ihm nun den Auftrag, mit seiner Abtheilung die Verfolgung aufzunehmen und besonders Pangiri am obern Kingani zu zerstören, dessen gleichnamiger Häuptling Buschiri stets unterstützt und auch jetzt den Wahehe Vorschub geleistet hatte. Herr von Bülow fand hier noch Bestände von Reis und Mtama von mehrern hundert Centnern, welche als Kornmagazin für den Rückmarsch der Mafiti bestimmt und noch vollständig unberührt waren, während Pangiri selber und seine Unterthanen, wahrscheinlich durch Boten von Buschiri gewarnt, sich eiligst aus dem Staube gemacht hatten. Das Dorf und sämmtliches Korn, soweit es nicht mitgenommen werden konnte, wurde den Flammen übergeben.

Von den Häuptlingen der West-Usagara-Landschaften wurde die Abtheilung mit Jubel begrüßt. Das Gerücht von dem Kampfe und der gänzlichen Vernichtung der Mafiti hatte sich mit Windeseile bis in diese entlegenen Gebiete verbreitet und war von der Bevölkerung überall mit der größten Freude aufgenommen worden. Die Erbitterung gegen Buschiri und die räuberischen Mafiti war überall groß und äußerte sich in einer bei den Wasaramo sonst ungewohnten kriegerischen Stimmung. In allen Dörfern wurde die Kriegstrommel geschlagen und auf die Mafiti, von denen nun kein ernster Widerstand mehr zu erwarten war, Jagd gemacht, wobei die des Weges und der Gegend unkundigen Flüchtlinge scharenweise ihren Verfolgern in die Hände fielen und erschlagen wurden.

In Dunda war von dem weiter östlich gelegenen Mtoni in den letzten Tagen keine Nachricht eingelaufen. Es war immerhin unwahrscheinlich, daß ein Theil der Flüchtlinge an dieser Fähre den Uebergang versuchen würde, und daß der schwach besetzte Posten hierdurch gefährdet sein konnte. So marschirte denn Herr von Gravenreuth mit der gesammten Truppe am nächsten Morgen flußabwärts und traf gegen Mittag in Mtoni ein. Unsere Befürchtungen waren grundlos gewesen, nur vereinzelte Banden hatten sich hier gezeigt, die von dem kleinen Fort durch wenige Gewehrschüsse vertrieben waren. Am nächsten Tage wurde der Rückmarsch angetreten.

Der glückliche Verlauf und der über alle Erwartungen günstige Ausgang der Expedition erfüllte uns alle mit großer Freude. Mit rosigen Farben malten wir uns das Interesse aus, mit welchem man den Kampf mit diesen räuberischen Horden in Deutschland verfolgen würde, und wenn sich auch hier und da etwas Selbstbewußtsein an den Verlauf dieses kleinen Feldzuges knüpfte, so verhehlten wir uns doch nicht, daß das Vorgehen mit so geringen Truppen gegen den fast funfzigfach überlegenen Gegner ein großes Wagestück gewesen war und daß das Glück uns hierbei in ungewöhnlicher Weise begünstigt hatte. Wir hatten hier einem wilden, urwüchsigen Volksstamme gegenübergestanden, der vielleicht noch nie oder doch sehr selten mit Europäern und europäischen Waffen in Berührung gekommen war. Denn die Kühnheit, mit der sie den Kampf aufnahmen und gegen die feuernde Abtheilung anrannten und ihre Muthlosigkeit und nachherige wilde Flucht, nachdem sie die Wirkung der Feuerwaffen und die Ueberlegenheit einer geschulten Truppe empfunden hatten, beweisen, daß sie vorher niemals gegen europäische Truppen gefochten hatten. Die großen Verluste, welche sie während des Gefechts und bei ihrem Rückzuge erlitten, werden sie wol belehrt haben, daß in der deutschen Machtsphäre und unsern Truppen gegenüber keine Lorbern zu ernten sind.

Unsere Küstengebiete sind gewiß eine Reihe von Jahren vor ihren räuberischen Einfällen sicher. Daß sie überhaupt auf das Raub- und Plündersystem, durch welches die Sulustämme in ganz Südafrika ihren Namen gefürchtet gemacht haben, verzichten werden, ist wol kaum anzunehmen, und nach der Besetzung des Südens werden wir wol noch mit den Wahehe, Wahenge, Wadohe und ähnlichen Volksstämmen zu thun haben, bis in diesen südlichen Gegenden geordnete Verhältnisse eintreten. Unsere Truppe und besonders die beiden Sudanesen-Compagnien haben in diesem Kampfe wiederum einen Beweis ihres Muthes und ihrer zähen Ausdauer im Ueberwinden von Strapazen geliefert.

Ob eine weiße Truppe den Anstrengungen dieser Tage gewachsen gewesen wäre, ist zum mindesten doch sehr zweifelhaft. Jedenfalls ist ein so rasches und energisches Vorgehen mit einer weißen Truppe, die zur Deckung ihrer Bedürfnisse eine ungleich größere Trägercolonne beansprucht, nicht zu erreichen. Schon der Umstand, daß bei einer europäischen Truppe ein hoher Procentsatz durch die tropische Hitze marschunfähig wird und getragen werden muß, wie wir die Erfahrung bei der Marinetruppe und bei unsern Unteroffizieren gemacht haben, erschwert das Fortkommen einer Expedition ungemein und drückt die Marschleistung auf ein Viertel dessen herunter, was eine schwarze Truppe in derselben Zeit leisten würde. Der Erfolg bei afrikanischen Unternehmungen beruht hauptsächlich in der Schnelligkeit. Eine langsame Truppe wird meist erst an Ort und Stelle sein, wenn der schnellfüßige schwarze Gegner bereits lange das Feld geräumt hat. Das Kriegführen solcher Negerhorden beruht eben nicht in einzelnen Gefechten, sondern im Rauben und Plündern, sodaß wir nur durch plötzliches Auftreten und nächtliche Ueberfälle einen Erfolg erzielen können. Auf Grund dieser Erfahrungen, die ich in dem einjährigen Feldzuge gemacht habe, halte ich eine gut ausgebildete, zuverlässige schwarze Truppe für weit erfolgreicher und den Verhältnissen angemessener, als eine europäische Truppe.

Diese oben angeführte Begründung wird wol im wesentlichen auch für unsere sämmtlichen Colonien maßgebend sein, sodaß die von Herrn F. Fabri in seinem Buch: „Fünf Jahre deutscher Colonialpolitik“ empfohlene Bildung einer weißen Truppe, speciell eines überseeischen Bataillons vorläufig wol kaum den Verhältnissen entsprechen würde.

Dreizehntes Kapitel.

Einnahme von Saadani und Expedition nach Mquadja.

Auf die beunruhigenden Nachrichten von der Küste her war der Reichscommissar in Eilmärschen, ohne den früher beabsichtigten Umweg zu machen, nach Bagamoyo marschirt und traf dort am 1. November ein. In Bagamoyo war während der Zeit die Operation nach dem Norden mit durchschlagendem Erfolge beendet worden.

Die etwa 100 Mann starke Abtheilung des Dr. Schmidt stieß am 16. October auf eine feste Boma, welche ohne jede Betheiligung der Araber allein von Negern besetzt war und mit ziemlicher Energie vertheidigt wurde. Nach einem kurzen heftigen Feuergefecht wurde die Boma von unsern Truppen genommen und die Negerbesatzung zerstreut. Auf unserer Seite war außer zwei großen Doggen, welche während des Angriffs erschossen wurden, kein Verlust zu verzeichnen. Auf der Gegenseite beliefen sich die Verluste etwa auf 25 Todte und Verwundete, welche zum größten Theil auf der Flucht erschossen wurden. Wie schon oben bemerkt wurde, ist die zähe Energie, mit welcher die Negerbevölkerung sich gegen die herrschende Gewalt auflehnte, allein das Resultat der socialen Verhältnisse des Panganidistricts und steht mit dem Araberaufstand durchaus in keinem Zusammenhang.

Sofort nach der Rückkehr des Commandanten von einer

Inspectionsreise aus Tanga wurde in Pangani ein kleines Expeditionscorps unter der Führung des Herrn von Gravenreuth ausgerüstet. Die Station Pangani gab hierzu Askaris und Sudanesen ab, welche zur Hälfte später die Stationsbesatzung von Saadani bilden sollte und zur andern Hälfte unter der Führung des Lieutenant Johannes später zum Uebertritt zum Expeditionscorps bestimmt war.

Am 8. November wurden sämmtliche Leute an Bord der „München" verladen, welche dann den Curs direct auf Saadani nahm, wo das Geschwader auf Bitten des Reichscommissars für den Fall eines ernstlichen Zusammenstoßes zu unserer Unterstützung bereit lag. Da nach einem eingegangenen Bericht von Herrn von Gravenreuth kein Anzeichen auf die Anwesenheit größerer bewaffneter Massen schließen ließ, so wurde nach Uebereinkunft mit dem Kapitän vom „Sperber" die Landung noch an demselben Abend ausgeführt. Nach kurzem Vorstoß, bei welchem die gemeinsam gelandeten Truppen nur auf einzelne mit Flinten bewaffnete Fischer stießen, wurde am Nordausgang von Saadani Sammeln geblasen. Von Patrouillen war die Nachricht eingelaufen, daß auch die Süd- und Westfront vom Feinde frei sei und daß nur ein geringer Theil der Hütten wieder aufgebaut wäre.

An einem möglichst günstigen Platz wurde ein Lager für das Expeditionscorps aufgeschlagen und zum Schutz gegen eventuelle Ueberfälle mit einem Verhau aus Zweigen umgeben. Die abwechselnd lang und quer übereinander gelegten Stangen bilden mit der spitzen Seite nach außen gekehrt eine gute Brustwehr und ein respectables Annäherungshinderniß. Wir Offiziere richteten uns in altgewohnter Weise häuslich ein und ließen uns von den Askaris, welche in der Ausnutzung des Materials eine besondere Gewandtheit besitzen, eine kleine Grasvilla aufbauen. Vier eingerammte Pfähle, mit einigen Querhölzern verbunden und mit Gras eingedeckt, gaben eine herrliche Wohnung ab, die wir sofort mit unsern erbeuteten Kitandas bezogen und nach Möglichkeit bequem einrichteten. So waren wir denn alle aufs beste für die Nacht versorgt und so sicher wie in Abrahams Schos. Da es bereits anfing zu dunkeln, so hatten die Leute sich ihre Wachtfeuer angezündet und lagen nun in behaglicher Ruhe um die brennenden Holzstöße, Cigaretten rauchend oder in ihrer rauhen Mundart scherzend und plaudernd. Der Abend war wundervoll. Im fernen Westen, wo die Sonne soeben hinter die Höhen verschwunden war, glänzte der Himmel im prächtigsten Karmoisinroth, das in immer schwächeren Nüancen sich nach dem Zenith zu abtönte; als dunkle vielfach ausgezackte Linie markirte sich am fernen Horizont die Gebirgslandschaft von Useguha.

Die weite Ebene mit ihrem dürren Gras und niedrigen Buschwerk war schon lange mit tiefen Schatten bedeckt, nur die mächtigen Palmen mit ihren fein geschnittenen Federkronen hoben sich gespensterhaft von dem klaren Horizont ab. Auf dem weiten Gefilde vor uns lag Todtenstille. Immer dunkler wurden die Lichtschattirungen, ein Stern nach dem anderen tauchte auf, bis der ganze gestirnte Himmel in vollem Strahlenglanze sichtbar war und ein mattes Zwielicht über die Erde ergoß. Ich habe oft in Deutschland Abbildungen dieser tropischen Lichteffekte gesehen, aber niemals entsinne ich mich eine einzige gefunden zu haben, welche auch nur annähernd diese Farbenpracht zum Ausdruck bringt. Wenn man sich auch Vieles anders vorgestellt hat und über manches enttäuscht sein mag, was man in den Tropen findet: diese großartigen Naturschönheiten, wie sie nur hier vorkommen, übersteigen doch bei weitem jede Vorstellung.

In langgezogenen Tönen schallten jetzt die Anrufe der Posten um unser Lager. Die kurze Dämmerung war lange verblichen und unser leibliches Wohl verlangte gebieterisch berücksichtigt zu werden; in fröhlichster Stimmung und mit der Aussicht, eine angenehme Nachtruhe vor sich zu haben, setzten wir uns zu unserm frugalen Abendessen.

Allmählich verstummte nun auch das Geräusch um uns; die Feuer gingen bis auf eins dem Erlöschen entgegen und gurgelnde, schnaufende Töne verriethen, daß im Lager sich alles bis auf die Wache der Ruhe hingegeben hatte. Nachdem auch für uns die Wachen mit zweistündiger Ablösung eingetheilt waren, suchten wir unsere Kitandas auf, um bald zu entschlummern, falls die Moskitos nicht gar zu gierig eine Mahlzeit forderten. Für die Nacht sollte uns aber noch eine kleine Ueberraschung vorbehalten sein. Gegen 1 Uhr morgens wurden wir plötzlich durch mehrere Schüsse aufgeschreckt, welche a tempo von unsern Posten erwidert wurden. Ganz deutlich hatten wir das Pfeifen der Kugeln über unseren Köpfen gehört. Eine Kugel hatte sogar das Wellblech unserer Hüttenwand durchschlagen, und wir fanden später ein rundes Kugelloch in der Wand über dem Lagerplatz, auf welchem Herr von Gravenreuth geschlafen hatte. Der wachthabende Offizier hatte bereits die Feldwache an Ort und Stelle geführt und in der Postenkette ausschwärmen lassen. Zur Sicherheit wurde auch das Gros, welches ebenfalls alarmirt war, rangirt und zur Besetzung der Vertheidigungslinie bereitgehalten. Mit gespannter Aufmerksamkeit horchten wir hinaus auf die weite Ebene; die Dunkelheit gestattete aber nur einen geringen Ausblick auf das Vorterrain. Nirgends war eine Spur vom Feinde zu sehen, so zogen wir die Truppen wieder ein und ließen nur für alle Fälle die Wache alarmirt.

Die Buschräuber schienen es bei dieser kleinen Ermunterung bewenden lassen zu wollen, denn es blieb bis zum andern Morgen alles ruhig und kein Geräusch verrieth die Nähe eines Feindes. Wir waren einstimmend der Ansicht, daß die Schüsse von einzelnen Waseguha herrührten, welche wir bei der Landung vertrieben hatten. Dieselben hatten sich in den umliegenden Büschen versteckt und schossen nun im Schutze der Dunkelheit noch einmal aufs gerathewohl ihre Flinten in der Richtung des Lagers ab, um dann eiligst zu entfliehen — ähnlich wie ein kleiner Köter, der die große Dogge noch einmal anbellt, bevor er das Weite sucht. Daß diese Schüsse sich gerade auf unsere Hütten richteten, ist reiner Zufall und bei der herrschenden Dunkelheit wol kaum einer bestimmten Absicht zuzuschreiben. Im übrigen sind solche nächtliche Schießereien bei den Negern außerordentlich beliebt, wie dies schon bei der Belagerung von Dar-es-Salaam erwähnt wurde. Jeder nächtliche Ueberfall, welchen Araber und Neger unternehmen, wird schon mehrere Kilometer vor Ankunft der Truppen durch diese planlosen Schüsse verrathen. Daß sie mit glatten Gewehren, deren Tragfähigkeit über 100 Meter nicht hinausgeht, und noch gar bei vollständiger Dunkelheit auf weiten Entfernungen nicht den geringsten Erfolg erzielen, ist ihnen durchaus nicht verständlich. Ein zweiter Grund liegt noch in der allen Negern eigenthümlichen Furcht vor der Dunkelheit, welche sie durch möglichst großen Lärm zu betäuben suchen.

Am nächsten Morgen kam der Commandant wieder ans Land, und nun wurde die Gegend noch einmal nach allen Seiten hin abpatrouillirt und alle noch stehenden Bauten vollends eingerissen. Wir fanden zwar wenig, was damals noch der Zerstörung entgangen war, aber auch diese letzten Reste des Aufrührernestes mußten jetzt fallen.

Den ganzen Vormittag spähten wir nach dem Expeditionscorps aus, welches am 7. November von Bagamoyo aufgebrochen war und den Auftrag hatte, durch Usaramo und Useguha auf Saadani zu marschiren und alle Dörfer, in welchen sich bewaffnete Einwohner zeigten, niederzubrennen. Außerdem sollte Herr von Zelewski wenn möglich durch Einziehen von Nachrichten feststellen, wohin Bana Heri ausgewichen sei.

Gegen 10 Uhr vormittags sahen wir in weiter Ferne den Rauch eines brennenden Dorfes aufsteigen, das erste Lebenszeichen unserer Truppe. Bald mehrten sich diese Rauchwolken und bezeichneten den Weg, welchen die Wasekuma-Scharen, die unserer Truppe als Irreguläre beigegeben waren, genommen hatten.

Wir sahen dieses Schauspiel der Vernichtung von weitem mit an und bedauerten die verblendete Bevölkerung, welche unter der Führung Bana Heri's jedes Entgegenkommen und alle Friedensbedingungen des Reichscommissars verschmäht hatte und nun die Strafe für ihre Widersetzlichkeit und die vielfachen Räubereien erlitt.

Gegen 2 Uhr ging Dumi, das letzte auf dem Kamm der niedrigen Hügelkette gelegene Dorf in Flammen auf. Hier war der Reichscommissar auf seiner ersten Reise mit Bana Heri zusammengetroffen, als er nur von wenigen seiner Getreuen begleitet und von allen Mitteln entblößt das Ostgestade Afrikas erreichte.

Wie der Commandant uns erzählte, war Bana Heri damals mit einem großen Gefolge und allem Pomp eines afrikanischen Herrschers ihm entgegengezogen, um ihn feierlichst nach Saadani einzuholen. Er stellte dem damaligen Lieutenant Wißmann in freundlichster Weise in Saadani ein Haus zur Verfügung und leistete ihm jeden nur denkbaren Vorschub. Um so bedauerlicher ist es nun, daß derselbe jetzt, beeinflußt durch seinen Sohn Abdallah und einige widerspenstige Häuptlinge, sich vom ersten Tage an gegen die Deutschen feindlich gesinnt gezeigt hat. Die hinterlistige Ermordung eines englischen Missionars, und die fortwährenden offenen Feindseligkeiten gegen die blokirenden Marineboote veranlaßten den Commandanten zu einer nachhaltigen Bestrafung, welche sich auf das gesammte Gebiet bezog, welches Bana Heri einstmals unterthan gewesen war.

Gegen 2 Uhr tauchte die Vorhut des Expeditionscorps am Waldende des Thales auf. Eine Compagnie nach der andern löste sich allmählich aus dem dichten Busch los nnd rückte in Marschcolonnen zu Zweien in strammer militärischer Haltung über die Ebene. Voran auf einem prächtigen arabischen Braunen der Führer des Bataillons, Chef von Zelewski. In diesem Moment vergegenwärtigte ich mir die Anfangsstadien, in welchem ich die Truppe in Aden gesehen hatte. Wer diese Metamorphose nicht miterlebt hat, würde kaum glauben, daß dies dieselben Leute wären, welche damals, geschwächt durch jahrelange Entbehrungen, mit Lumpen bedeckt und halbverhungert einherschlichen und in diesem jämmerlichen Zustand mehr Mitleid als Hoffnung einflößten. Ich entsinne mich noch der besorgten Mienen verschiedener Herren bei der Landung der neuen Schutztruppe für Ostafrika. Die dürren, abschreckend häßlichen Gestalten, welche kaum im Stande waren, ihre Blöße mit elenden Lumpen zu verhüllen, waren damals auch nicht im Stande, besonderes Vertrauen zu erwecken. Doch wie bald änderte sich diese Ansicht, als diese selbe Truppe im heftigen feindlichen Feuer vor Buschiri's Lager in stoischer Ruhe die Palissaden erstürmte. Hätten wir wol dieselben Erfolge erzielt, wenn von Anfang an nur das eingeborene Material zur Verwendung gelangt wäre? Mir scheint es zweifelhaft, nachdem ich ein Jahr lang eine Sudanesen-Compagnie geführt und in vielen Gefechten sämmtliche Truppen zu beobachten Gelegenheit hatte. Wer hätte überhaupt nach diesen zerfahrenen Zuständen, wie sie im Laufe der Zeit eingetreten waren, einen so schnellen durchschlagenden Erfolg erwartet?

Mit Jubel wurde das Expeditionscorps und alle Offiziere nach langer Abwesenheit von uns allen begrüßt. Alte ergraute Kriegskameraden, die schon im Sudan Schulter an Schulter gekämpft hatten, fielen sich in der Freude des Wiedersehens in die Arme. Auch ihre weißen Führer wurden nicht vergessen. Ehrfurchtsvoll brachten sie uns den arabischen Gruß und freuten sich, wenn wir sie anredeten und ihnen die Hand gaben. Rasch war ein Lager aufgeschlagen, in welchem die Neuangekommenen sich häuslich einrichteten. Wir Offiziere vereinigten uns zu einer frohen Abendmahlzeit und feierten durch einen tüchtigen Trunk das Wiedersehen mit den Offizieren des Expeditionscorps, welche mehrere Monate abwesend gewesen waren.

Am nächsten Morgen fuhr der Commandant zur Erledigung der Post nach Sansibar. Dem Expeditionscorps war ein Ruhetag beschieden, an welchem es die Umgebung durch Patrouillen aufklären und die Zerstörungsarbeiten in Saadani vervollständigen sollte. Das zweite combinirte Corps unter Führung des Herrn von Gravenreuth hatte den Auftrag, in der Nacht aufzubrechen und in zwei Tagemärschen nach Mquadja zu marschiren, wo an Stelle des zerstörten Saadani eine Station angelegt werden sollte. Bei Eintritt der Ebbe brachen wir gegen 1 Uhr nachts von Saadani auf. Da unser Weg am Strande entlang führte, konnten wir hoffen, bei niedrigem Wasserstand einige Creeks (Lagunen mit sumpfigem Untergrund, die theilweise oder ganz mit Mangroven bestanden sind), welche weit ins Land hineinreichen und schwer umgangen werden können, passirbar zu finden. Nachdem die Träger, welche bei Nachtmärschen unendlich viel Schwierigkeiten machen, mit ihren Lasten rangirt und marschfertig waren, setzte sich der Zug bei fahler Mondscheinbeleuchtung langsam in Bewegung. Ganz in der Nähe von Saadani mußte der erste Wassertümpel passirt werden. Einer hinter dem andern wateten wir vorsichtig durch das Sumpfwasser, da man an schlüpfrigen Stellen und zwischen den zahlreichen Mangrovenwurzeln leicht ausgleitet und ein unfreiwilliges Bad nimmt. Das Wasser war bereits so weit abgelaufen, daß es uns nur bis zum Knie reichte und die ganze Colonne ohne Unfall diesen Creek passirte. Dann setzten wir unsern Weg am Strande fort und gelangten gegen Morgen in das Dorf Quacombo, wo wir das erste Lager aufschlugen. Wir fanden das Dorf vollständig verlassen. Die Einwohner hatten wahrscheinlich durch Flüchtlinge die Anwesenheit unserer Truppen in Saadani erfahren und waren dann aus Furcht mit ihrer werthvollsten Habe in den Busch geflohen. Die vollständig unversehrten Hütten boten uns willkommenen Schutz gegen das hereinbrechende Regenwetter, welches sich mit tropischer Vehemenz über unsere Häupter ergoß.

Als sehr interessanten Fund kann man hier einige noch vorhandene Baureste aus der portugiesischen Zeit bezeichnen. Bei einem Patrouillengange fanden wir ganz im Gebüsch versteckt und mit Schlingpflanzen überwuchert die Reste einer Umfassungsmauer und die Ruinen zweier Häuser. Das eine derselben war etwa 5 m hoch und noch vollständig erhalten. Das zweite Gebäude hatte der Zerstörung keinen solchen Widerstand entgegenzusetzen vermocht. Eine Vorderfront war ganz eingestürzt, sodaß man einen freien Einblick in das Innere gewann. Oft ist der Unterschied zwischen alten arabischen Ansiedelungen, welche man an der Küste auch vielfach findet, und Ruinen portugiesischer Niederlassungen nicht leicht zu finden. Die besten Anhaltepunkte geben hier die Kalkmischung, welche von den Portugiesen stark mit Kies versetzt wurde und im Laufe der Jahre steinhart geworden ist, während die Araber eine Mischung zu gleichen Theilen aus Muschelkalk und Sand zum Bau ihrer Häuser benutzen. Dieses Material ist nicht im Stande, lange der Witterung Widerstand zu leisten. So sind denn auch die Araberhäuser nicht selten schon nach 50 Jahren vollständige Ruinen. Das Gemäuer näher zu untersuchen, wagten wir nicht, da die Zimmerdecke schon sehr defect schien und von Schlingpflanzen und Gestrüpp dicht überwuchert war. Soweit wir uns durch Augenschein überzeugen konnten, waren Inschriften und besondere architektonische Merkmale auch nicht vorhanden. Abweichend von den Arabern, welche bei der Eintheilung des Raumes im höchsten Grade verschwenderisch umgehen und in einem großen zweistöckigen Hause allerhöchstens drei bis vier Zimmer einrichten, sind die Portugiesen bestrebt, den vorhandenen Raum nach Möglichkeit auszunutzen. Eine große Zahl kleiner Kammern reiht sich in winkeliger Form aneinander und verhindert jede freie Communication in den Häusern; kaum daß durch die schmalen vergitterten Fenster ein Lichtstrahl in diese Vogelkäfige fällt. In alten Patricierhäusern und mittelalterlichen Burgen ist diese Bauart noch heute erhalten. Wie aber Europäer in der glühenden Sonnenhitze in diesen Wohnungen ausgehalten haben, bleibt immerhin ein Räthsel. Ein nebensächliches, aber fast nie trügendes Merkmal ist auch die Anlage von Gewölben und unterirdischen Gängen, welche schon Herr von der Decken in Mombassa beobachtet hat und die man in portugiesischen Häusern vielfach findet. Hier schien ebenfalls ein solcher Gang vorhanden zu sein, welcher eine unterirdische Verbindung mit dem Meere herstellte. Es war uns jedoch unmöglich, weiter in das baufällige Gemäuer einzudringen.

Am nächsten Morgen vor Tagesanbruch setzten wir, das Mondlicht und die Wasserverhältnisse ausnutzend, unsern Marsch fort. Fast lautlos bewegte sich die Karavane in langer Reihe, immer einer hinter dem andern marschirend, am Strande hin und sah in der fahlen Mondscheinbeleuchtung einem Gespensterzuge ziemlich ähnlich. Gespräche und Scherze sind überhaupt auf dem Marsche selten. Jeder hat mit sich und dem Weg genug zu schaffen, besonders bei Nachtmärschen, wo man fortwährend über Wurzeln stolpert oder ausgleitet. Mir fiel an diesem Tage das sehr undankbare Geschäft zu, mit einer kleinen Abtheilung Soldaten an der Queue zu marschiren und die Träger zusammenzuhalten. Wenn ich eine Schar unserer Träger mit einer Hammelheerde vergleiche, so geschieht letzterer noch sehr unrecht, da diese doch schließlich dem Leithammel folgt. Wer aber von den Trägern auch nur das äußerste Maß von Disciplin verlangt, wird sich sehr bald von der Erfolglosigkeit seiner Bemühungen überzeugt haben. Während die Truppen in leidlich geschlossener Ordnung marschiren und nur wenig Aufsicht bedürfen, zerstreuen sich die Träger sehr bald über den ganzen Strand und machen jede Aufsicht unmöglich. Man ist dann gezwungen, die Soldaten auch ausschwärmen zu lassen, es ihnen überlassend die Ordnung aufrecht zu erhalten, während man selber hinterhertrottet. Kaum ist man fünf Minuten marschirt, so begehrt einer von den Trägern seine Last umzupacken und mit Kamba (Strick) zusammenzuschnüren. Man läßt einen Soldaten zurück, welcher hierbei behülflich ist und ein wachsames Auge auf ihn hat, da der Träger oft eine schwere unbequeme Last einfach liegen läßt und sich aus dem Staube macht.

Wenn man solche Nachzügler auch nicht selbst beaufsichtigen kann, so ist man doch gezwungen, stets ein wachsames Auge auf sie zu haben, denn der Verlust jeder Proviantkiste, welche nur den genau für die Zeit abgemessenen Proviant enthalten, rächt sich bitter durch Hunger und Durst. Kaum hat man das beruhigende Gefühl, daß die Last sich nun endgültig dem harten Schädel angepaßt hat, so erscheint ein Zweiter mit höchst kläglicher Miene und bringt ein dringendes Anliegen vor, welches man ihm nicht gut abschlagen kann. Jetzt mehren sich schon die Nachzügler und man ist gezwungen, selber den Aufpasser zu spielen, um die Leute nicht aus dem Auge zu verlieren. Zu der angeborenen Trägheit kommt noch die ständige Furcht vor dem Feinde, welche besonders in der Nacht durch allerlei Wahnvorspiegelungen genährt wird. Einige abgefeuerte Schüsse könnten in solchem Fall die ganze Trägerkaravane auseinander sprengen, welche dann kopflos alles im Stich lassend in die Büsche flüchtet. Durch solche Misgeschicke vermehrt sich der Raum zwischen den Trägern und der eigentlichen Truppe immer mehr und mehr, bis man auf dem ersten Rendezvous die Schar wieder zusammengetrieben hat und hier noch einmal eine gründliche Revision der Lasten vornehmen kann. Bei diesem wirklich schweren Dienst beweisen unsere schwarzen Soldaten, ob Sudanesen oder Sulus doch stets ein kameradschaftliches Mitgefühl mit den Trägern. Wenn man bedenkt, daß bei 8 bis 10stündigen Märschen, welche schon an und für sich für die Leute anstrengend sind, die wenigen Bedeckungsmannschaften durch Antreiben und Zusammenhalten der Karavane fortwährend in Athem gehalten werden, so muß man ihre Gutmüthigkeit bewundern, daß sie sich trotzdem niemals einen Uebergriff gegen die Träger erlauben. Ich habe niemals gesehen, daß sie die Leute angefahren oder gar geschlagen hätten. Wenn sie auch, wie dies häufig der Fall ist, bei einer aufgegangenen Kiste eine Viertelstunde stehen und dann im Laufschritt die verlängerte Distanz zurücklegen müssen, stets leisten sie den Trägern bereitwillig Hülfe und nehmen ihnen nicht selten auf kurze Strecken die Last ab.

Das Wasser floß jetzt bei niedriger Ebbe allmählich ab und ließ eine breite, durch die Feuchtigkeit hart gewordene Straße frei, auf der wir bequem marschirten und schnell vorwärts kamen. Gegen 2 Uhr nachts gelangten wir am ersten Creek an, welcher durch die Hochflut in einen förmlichen See verwandelt war und fast eine Meile weit das umliegende Land überschwemmte. Unter diesen Umständen war es unmöglich, das Wasser direct am Strande zu durchwaten. Wir mußten versuchen, den Sumpf zu umgehen und uns einen Weg durch die Mangrovenbüsche zu bahnen. Aber je tiefer wir in das Dickicht eindrangen, um so weiter dehnte sich das Wasser landeinwärts aus, sodaß wir uns entschlossen, eine Furt zu benutzen, welche die Eingeborenen, die hierfür einen besonders scharfen Blick haben, entdeckt hatten. Das Wasser reichte uns fast bis an die Hüften und nur mit Mühe konnten wir uns durch den zähen Schlick, der noch zum Ueberfluß mit Mangrovenwurzeln durchzogen war, hindurcharbeiten. Endlich hatten wir den etwa $1^1/_2$ km breiten Sumpf passirt und konnten unsern Weg auf der Straße fortsetzen. Der Mond, der uns bisher freundlich auf unserer nächtlichen Wanderung begleitet hatte, verhüllte sich jetzt hinter dichten Wolken, welche nur zu bald ihre heimtückische Absicht offenbaren sollten. Eine kräftige Brise setzte von der See ein und ließ uns in unsern nassen Kleidern vor Frost zittern und mit den Zähnen zusammenschlagen. So setzten wir denn unsern Marsch nicht in zu rosiger Stimmung fast im Finstern fort. Da fielen auch schon die ersten schweren Tropfen. Instinctiv drängten die Leute jetzt dicht zusammen, da jeder die Vorbedeutung dieser unheimlichen Tropfen kannte und keiner bei dem nun beginnenden Unwetter und in vollständiger Finsterniß zu weit abkommen wollte. Und jetzt rauschte auch schon ein Tropenregen hernieder, wie er nur in diesen gesegneten Breiten vorkommt. Wolkenbruchartig stürzte das Wasser herab, als wenn der Himmel die Versäumniß des ganzen Jahres in diesem einen Regen nachholen wollte. Es war stockfinster geworden, sodaß man seinen Vordermann nicht erkennen konnte und sich tastend auf dem schlüpfrigen Boden seinen Weg suchen mußte. Binnen wenigen Minuten war alles bis auf die Haut durchnäßt. Die armen Schwarzen, die noch weit empfindlicher gegen die Kälte sind als wir, zitterten vor Frost. Die lose gepackten Lasten sogen das Wasser auf und drückten die Leute fast wund, sodaß sie sich kaum vorwärts zu schleppen vermochten. Trotzdem drängte alles nach vorn. Wenn wir auch nur äußerst langsam marschiren konnten, so mußten wir doch unter allen Umständen weiter, um endlich aus diesem unerträglichen Zustand herauszukommen. Von diesem Gedanken waren alle beseelt und so blieb die Abtheilung wenigstens geschlossen.

Endlich nach mehrstündigem Marsche im strömenden Regen ließ das Unwetter etwas nach und zugleich zeigte sich auch fern im Osten die erste Morgendämmerung. Niemals habe ich eine solche Genugthuung empfunden als bei diesem Sonnenaufgang. War doch jetzt Aussicht vorhanden, daß die so oft verwünschten brennenden Strahlen uns binnen kurzem trocknen und erwärmen würden. Die ganze Karavane schien diesen geheimen Gedanken zu theilen, und wie ein Strom neuen Lebens durchzuckte es alle bei den ersten Strahlen der aufgehenden Sonne. Die Marschordnung, welche in der Dunkelheit vollständig verloren gegangen war, stellte sich rasch von selber wieder her. Die Träger versuchten wenigstens einen

Theil des in den Kisten angesammelten Wassers los zu werden und das Gewicht dadurch zu vermindern. Im freien muntern Schritt ging es jetzt weiter, bis es vollends Tag geworden war und Herr von Gravenreuth die Karavane halten ließ, um den Leuten etwas Ruhe zu gönnen und um das Gepäck einer Revision zu unterwerfen. Die Kisten und Bündel wurden nun ihres überflüssigen Wassergehalts entledigt und neu zusammengeschnürt.

Nach langem vergeblichen Suchen wurde dann aus einer Kiste eine Flasche mit Cognak hervorgeholt. Wir Europäer drängten möglichst nahe zusammen, um mit Aufmerksamkeit diesem Vorgang folgen zu können. Herr von Rhode, der die Expeditions-Verpflegung besorgte, entfernte mit bedächtiger Ruhe die weiße Hülle und hielt dann die Flasche prüfend gegen das Licht, welcher Vorgang mit Spannung und zufriedenem Lächeln von jedem von uns verfolgt wurde. Dann kam die Frage nach einem Korkzieher, wodurch sonst oft eine peinliche Pause entsteht, da ein jeder mit diesem Instrument in Afrika sehr zurückhaltend ist. Aber in diesem wichtigen Moment setzten wir uns mit Würde über solche kleinliche Bedenken hinweg; vier bis fünf Korkzieher wurden mit größter Bereitwilligkeit zum Oeffnen der Flasche angeboten. Wer von den geehrten Lesern bei stockfinsterer Nacht, auf schlechten unbekannten Wegen, vollständig durchnäßt stundenlang marschirt ist, der wird den Genuß und die im wahren Sinne herzstärkende Wirkung eines solchen Cognak zu würdigen wissen.

So wurden denn auch die Portionen nicht zu knapp bemessen und angesichts der noch kommenden Schwierigkeiten noch ein zweiter Rundgang beschlossen; dann gab Herr von Gravenreuth das Zeichen zum Aufbruch und die Colonne setzte sich wieder in Bewegung. Der Regen hatte jetzt zwar aufgehört und wir schwelgten schon im voraus im Genuß trockener Kleider, welche wir von der gütigen Vermittelung der Sonne erhofften, allein diese Hoffnung wurde bitter getäuscht, denn bald öffnete der Himmel wieder seine Schleusen, um neue Wasserbäche auf uns herniederzugießen.

Gegen 7 Uhr kamen wir an ein drittes Creek, das bedeutend größer war als die beiden vorigen und wie ein See weit ins Binnenland hineinreichte. An ein Umgehen war nicht zu denken, da in weitem Umkreise Sumpfflächen und Mangrovendickichte das Wasserbecken einschlossen, aber bei näherer Untersuchung schien die schmale Verbindung mit dem Meer vermittelst einer Sandbank passirbar zu sein. Zur Recognoscirung dieses Ueberganges wurden Chef Freiherr von Bülow, Lieutenant Böhlau und einige Askaris vorausgeschickt, welche sich durch die erste Rinne einen Weg bahnten, um die Sandbank, die dem Creek vorgelagert den Ausfluß in zwei Theile theilte, erreichen zu können.

Das Wasser war an dieser Stelle nicht so tief, wie wir anfangs befürchtet hatten, und wir gaben uns schon der Hoffnung hin, auch dieses Hinderniß ohne große Schwierigkeiten passiren zu können, denn in unsern durchnäßten Kleidern, ausgehungert und ermüdet, war uns jede Verzögerung unerwünscht. Unser kleiner Pioniertrupp war jetzt außer Rufweite und wir sahen nur noch, daß Herr von Rhode, der sich später auch angeschlossen hatte, mit einem Theil der Leute auf dem äußersten Rande der Sandbank stand und daß die beiden Herren mit etwa fünf Askaris durch den zweiten Wasserarm einen Weg zu finden versuchten.

Vom andern Ufer konnten wir deutlich unterscheiden, wie die einzelnen Leute mit hochgehaltenem Gewehr langsam vorgingen, dann aber schon nach wenigen Schritten bis an die Brust im Wasser verschwanden. An ein Durchwaten war also vorläufig nicht zu denken, da wir mehrere kleine Diener bei uns hatten, welche ebenso wie die Träger durch das tiefe Wasser nicht hindurchzubringen waren. Herr von Gravenreuth gab den Herren mit dem Hute ein Zeichen zur Rückkehr. Aber schon war es zu spät. Vier Köpfe, welche wir vorher im

Wasser gesehen hatten, fehlten; dann sahen wir noch, wie Herr von Rhode ebenfalls mit dem Hute winkte und dann auch ins Wasser ging, wahrscheinlich um den Herren Hülfe zu leisten. Herr von Gravenreuth eilte sofort auf die Sandbank, verbot uns aber auf das bestimmteste etwas zu unternehmen, bevor er zurückkäme. Herr von Rhode tauchte jetzt mit dem fünften Askari wieder am Strande auf. Dieser hatte allerdings sein Gewehr verloren, aber das war in diesem Augenblick Nebensache. Die vier andern blieben verschwunden. Herr von Gravenreuth kam jetzt zu uns zurück und wir merkten schon aus seinen Mienen, daß kaum noch Hoffnung vorhanden war, unsere beiden Kameraden und die Soldaten zu retten. Er bestätigte auch nur, was jeder von uns im Stillen bereits gefürchtet hatte, daß die starke Strömung die vier Männer fortgerissen hatte. Es gab jetzt nur noch einen Weg, um ihnen eventuell Hülfe zu bringen. Wir mußten ihnen von der gegenüberliegenden Strandseite, wo die Strömung nicht so stark war, entgegenschwimmen oder ihnen wenigstens von dort aus zurufen, damit sie in dem dichten Nebel nicht die Richtung nach dem Strande verlören.

Beide Herren waren als ausgezeichnete Schwimmer bekannt und es war anzunehmen, daß sie sich eine ganze Zeit über Wasser halten würden, wenn sie erst die starke Strömung überwunden hätten. Herr von Gravenreuth erklärte den Ausfluß durchschwimmen zu wollen und stellte es uns frei, ob einer oder der andere ihn bei diesem gefährlichen Wagniß begleiten wollte. Gern hätten alle den Kameraden Hülfe gebracht, aber die Ueberwindung dieses Hindernisses erforderte die ganze Kraft eines geübten ausdauernden Schwimmers. So meldeten wir uns nur zu Zweien. In aller Eile wurden die überflüssigen Kleidungsstücke abgelegt und eben waren wir im Begriff ins Wasser zu springen, als einer unserer Soldaten uns auf zwei schwarze Punkte im Meer aufmerksam machte. Mit gespannter Erwartung folgten wir der angegebenen Richtung, und richtig, es schwammen dort weit draußen in der See, für das Auge kaum noch erkennbar, zwei Gegenstände auf dem Wasser, bald im weißen Gischt der Brandung verschwindend, bald zwischen den Wogenkämmen wieder auftauchend. Es war kein Zweifel, dies mußten zwei menschliche Körper sein, die mit größter Anstrengung gegen die zurückflutende Ebbe und die Brandung ankämpften. Die Hoffnung, daß unsere Kameraden noch lebten und gerettet werden konnten, gab uns neuen Muth. Ohne Zeit zu verlieren, stürzten wir uns ins Wasser. Aber schon die ersten Schwimmstöße zeigten uns, daß die Aufgabe, welche wir übernommen hatten, keine kleine war.

Kaum waren wir einige Fuß vom Ufer entfernt, so faßte uns die Strömung. Mit Aufbietung aller Kraft strebten wir vorwärts. Aber je mehr wir uns der Mitte des Stromes näherten, desto stärker wurde die Strömung. Die Kräfte erlahmten in diesem ungleichen Kampf mit dem übermächtigen Element und mit rasender Geschwindigkeit trieben wir dem Meere zu. Vor mir schwamm einer unserer weißen Unteroffiziere, ein starker und gewandter Schwimmer. Auch er schien seinen Kräften zu viel zugemuthet zu haben. Immer mehr abwärts treibend versuchte er in schräger Richtung eine etwas vorspringende Sandbank zu erreichen. Ich folgte ihm und erreichte noch im letzten Augenblick, als die Kräfte schon nachließen und von dem vielen geschluckten Wasser die Sinne zu schwinden anfingen, den äußersten Zipfel der Sandbank, wo ich Grund fand.

Herr von Gravenreuth, welcher rechts neben uns ins Wasser gesprungen war, hatte mit seiner eisernen Muskulatur den Strom am besten überwunden, war aber jetzt in ein Korallenriff gerathen und konnte sich kaum von der Stelle bewegen. Endlich nach verschiedener Anstrengung gelang es ihm, sich loszumachen. Ueber und über mit Blut bedeckt, stieg er an das Ufer. Zu unserer großen Freude fanden wir Herrn von Bülow, welcher Strom und Brandung glücklich überwunden hatte, schon am Strande vor und begrüßten ihn mit herzlichem

Händedruck und Glückwünschen. Ein Askari hatte sich ebenfalls auf die Sandbank gerettet; es fehlte also nur noch Böhlau und einer unserer schwarzen Soldaten, von denen weit und breit nichts zu sehen war. Für ihre Rettung konnten wir leider nichts mehr unternehmen, da uns jetzt jeder Anhaltspunkt fehlte und wir selbst so erschöpft waren, daß wir beim besten Willen keine großen Anstrengungen mehr aushalten konnten. So spähten wir denn nach allen Richtungen hin aus, riefen Böhlau's Namen, aber vergeblich, nirgends war eine Spur von den Verunglückten zu entdecken.

So verging wohl eine Viertelstunde in ängstlicher Spannung. Da tauchte plötzlich in weiter Ferne am Strande mitten zwischen den weißen Kämmen der zurückflutenden Wellen ein Kopf auf und wir erkannten Böhlau, der jetzt schon wieder Grund unter den Füßen hatte und sich langsam dem Strande näherte. In diesem Augenblick haben wir wol alle einen dankbaren Blick gen Himmel geworfen, als der schon verloren geglaubte Kamerad uns wiedergeschenkt war. Mit lautem Jubel zogen wir den gänzlich Erschöpften vollends ans Ufer, wo er sich langsam erholte.

Ein Opfer hatte das tückische Element dennoch gefordert. Einer unserer besten Sansibariten, welchen die beiden Herren zu retten versucht hatten, war durch die Strömung ins Meer getrieben und ertrunken. Wenn wir dies auch beklagten, so hatten wir doch allen Grund für die Rettung unserer beiden Kameraden dankbar zu sein. Daß uns dieser herbe Verlust erspart geblieben, ist nächst der gütigen Vorsehung Gottes nur dem Umstand zuzuschreiben, daß beide Herren ungewöhnlich kräftige Männer und vorzügliche Schwimmer waren. Unter hundert würden vielleicht fünfundneunzig in diesem einstündigen Kampfe mit der Strömung und der wüthenden Brandung unterlegen sein.

Nach den eben gemachten Erfahrungen konnten wir weder daran denken, die Expedition überzusetzen, noch selbst zu unserer

Truppe zurückzukehren. Unsere Kleider waren aber noch am andern Ufer und wir froren bei dem kalten Nordostwind empfindlich. So gingen wir denn wieder ins Wasser zurück, dessen Temperatur weit höher war als die der Luft, und warteten hier geduldig, bis die vollständige Ebbe uns gestatten würde, unsern Weg fortzusetzen. Sobald das Wasser etwas abgelaufen war, kam Herr von Rhode zu uns hinüber und brachte zu unserer großen Freude eine Flasche Cognak mit, aus welcher wir jeder einen tüchtigen Schluck nahmen, der uns nach den Strapazen der Nacht außerordentlich wohlthat. Nach Verlauf von zwei Stunden, welche wir in unserer Badewanne zubrachten, war das Wasser endlich so weit abgelaufen, daß die Karavane mit allen Trägern und Lasten ohne Gefahr die Mündung durchwaten konnte.

Weite Moorflächen traten an den Ufern des Creek zu Tage und bestätigen unsere Annahme, daß dieses Sumpfterrain stundenlang für Karavanen unpassirbar sei. Der etwa 250 m breite Ausfluß war jetzt zu einer kleinen Rinne zusammengeschmolzen, und kaum verriethen die letzten träge dahinfließenden Wassermassen, daß noch vor kurzem derselbe Strom ein Menschenleben gefordert hatte und ihm nur mit Mühe drei andere Opfer entrissen waren. Wie groß die Gewalt und die Schnelligkeit der Wassermassen ist, welche durch diese schmale Straße strömen, erhellt schon der Umstand, daß die während der Flut im Creek angestauten Wassermassen binnen wenigen Stunden durch die 250 m breite Rinne abfließen.

Der Himmel war immer noch dicht mit grauen Regenwolken bedeckt und ergoß mit kleinen Unterbrechungen seine Wassermassen auf die Erde. Durch die Einwirkung der Sonnenwärme stieg die Lufttemperatur jetzt wieder auf 30° R. und erwirkte eine schnelle Verdunstung des herabfallenden Regens, sodaß die Atmosphäre vollständig mit Wasserdampf gesättigt war und man glauben konnte, man sei in einem römischen Bade. Wir zogen es daher vor, statt unsere nassen Kleider wieder anzuziehen, uns in unsere Decken zu hüllen und den Rest des Marsches in Negerkleidern zurückzulegen. Wie abgetriebene Pferde, die bei der letzten Wegstunde instinctiv nach der Krippe drängen, so beschleunigten wir jetzt das Marschtempo, um möglichst bald das schützende Obdach zu erreichen. Auch bei den Trägern, für welche die Füllung des Magens Lebenszweck und zugleich größte Annehmlichkeit ist, machte sich das Gefühl des Hungers geltend und in monotoner Singform wurde fortwährend folgende Strophe wiederholt:

Chakulla, wapi chakulla, chakulla habana, auf deutsch: Essen, wo ist das Essen, (wir haben) kein Essen.

Diese Art von Singsang, in welcher alltägliche Dinge, die ihnen angenehm oder unangenehm sind, stundenlang wiederholt werden, kann man bei den Negern häufig hören. Einer der Träger schien einen beständigen Kampf zwischen seiner angeborenen Trägheit und der Furcht vor Strafe zu kämpfen, denn in Singform quoll in ständiger Wiederholung folgende allerdings sehr richtige Sentenz von seinen Lippen: „Die Last ist schwer, zu schwer für mich, ich werf sie weg und lauf davon. Nein, ich werf sie nicht weg, denn sonst bekomm ich Schläge.“ Das letztere wäre nun auch wol eingetreten, wenn er die erste Strophe seines Liedes verwirklicht hätte, besonders da er so freundlich war, mich vorher von seiner Absicht in Kenntniß zu setzen. Sein besseres Ich oder vielmehr die Furcht vor Strafe siegte aber in ihm, denn er trottete ruhig weiter und brachte seine Kiste an ihren Bestimmungsort. Und Gedanken sind, auch wenn sie in Singform geäußert werden, bei uns ebenso wie in Deutschland zollfrei.

Mit freudigem Gefühl sahen wir jetzt den „Sperber“, unsern kleinen „Vesuv“ und fünf Daus, welche Proviant und das nöthige Material zum Aufbau der neuen Station an Bord führten, aus dem Nebel auftauchen. Unser Ziel Mquadja konnte also nicht mehr weit sein, was uns im Interesse unserer Kleidung und Verpflegung im höchsten Grade erwünscht war.

Ein Baobab (Affenbrotbaum). S. 310.

Längs des Strandes dehnte sich ein Palmenwald aus, der den kleinen Ort wie ein schützender Schild umgab. An ein Gefecht dachten wir zwar alle nicht, doch schlossen wir bei Annäherung an das Dorf etwas mehr zusammen, um bei unvorhergesehenen Fällen kampfbereit zu sein. Ich muß allerdings gestehen, daß die Truppe gegenwärtig weder sehr schlagfertig war, noch überhaupt sehr kriegerisch aussah. Schon der Umstand, daß ihre Führer unbewaffnet, nur mit einem Tuch malerisch bekleidet, einhergingen, erinnerte mehr an eine verregnete Landpartie mit schwarzer Begleitung als an eine kriegerische Expedition.

Die nöthigen Vorsichtsmaßregeln waren aber keineswegs außer Acht gelassen. Eine kleine Abtheilung Sudanesen unter Führung des Herrn von Eltz war schon einige Kilometer vor dem Dorf als Vortrupp voraufgeschickt, um das Terrain zu recognosciren und dem Gros Zeit zum Aufmarsch zu geben. Kaum war aber diese Spitze über die nächsten Uferhöhen gegen das Dorf vorgegangen, so wurde sie auch schon aus allen Büschen mit einem Hagel von Geschossen begrüßt und zwar schien der Angriff nach der Lebhaftigkeit des Feuers zu urtheilen, ziemlich ernst zu sein. Herr von Gravenreuth, ebenfalls blos mit einem Regenmantel und einem Paar Morgenschuhen bekleidet, rief sofort nach seinem Gewehr und ging mit dem ersten Zuge im Laufschritt gegen das Dorf vor. Denn vor allen Dingen mußten wir vorwärts kommen, um dem Feinde auf dem offenen Strande nicht zu lange als Zielscheibe zu dienen. Die andern Herren folgten, sobald die Züge sich nur einigermaßen formirt hatten. Das Gefecht war in vollstem Gange und von beiden Seiten wurde aufs lebhafteste geschossen. Ich war mit meiner Trägercolonne noch ziemlich weit zurück und hatte Mühe, die Leute, die bei den ersten Schüssen wie eine erschreckte Heerde nach allen Seiten auseinandergelaufen waren, zusammenzuhalten. Bevor ich aber an irgendwelche Vertheidigungsmaßregel dachte, ließ ich mir von meinem Diener vor allen Dingen erst meine

Beinkleider reichen, da ich in meinem jetzigen Costüm schlechterdings kampfunfähig war.

Nachdem alle Träger wieder eingefangen waren, folgten wir der Truppe im Laufschritt. Die Soldaten mußten jetzt die Colonne fortwährend im Auge behalten, um den Trägern keine Gelegenheit zum Ausreißen zu geben, wozu sie nicht üble Lust zu haben schienen, denn das Schießen und besonders das Pfeifen der Kugeln ist den Suahelis ein höchst unangenehmes Geräusch, dem sie, wenn irgend möglich, aus dem Wege gehen. Das Feuergefecht hatte sich nach Norden zu gezogen, ein sicheres Zeichen, daß die Eingeborenen sich bereits zurückzogen. So ließ ich in dem Palmenwald dicht vor dem Eingang des Dorfes, wo Lieutenant Böhlau mit seiner Maxime-Kanone Aufstellung genommen hatte, halt machen. Die große Präcision und vorzügliche Wirkung dieses Geschützes wurde schon früher erwähnt. Trotz des Regens functionirte der Mechanismus ohne Stockung, ein Beweis, daß bei richtiger Handhabung der sehr complicirte Apparat doch auch im Stande ist, ungünstigen Witterungseinflüssen einigen Widerstand entgegenzusetzen. Mit einer Geschwindigkeit von 600 Schuß in der Minute bestrich das Geschütz den ganzen rechten Flügel des Dorfes, zu welchem unsere Truppen, durch einen Wasserlauf behindert, nicht gelangen konnten. Durch diesen Kugelregen aufgeschreckt, verließen die letzten Einwohner, die sich hier verborgen gehalten hatten, in schleuniger Flucht das Dorf. Leider wird vorläufig die Treffsicherheit noch durch eine zu starke Rauchentwickelung gehemmt. Erst wenn dieser Uebelstand durch Einführung des rauchfreien Pulvers vollständig gehoben ist, werden die vorzüglichen Leistungen dieser Waffe wol allgemein Anerkennung finden.

Das Gewehrfeuer wurde jetzt immer schwächer und verlor sich allmählich in der Ferne. Das Gefecht war beendet und wir rückten mit den andern Abtheilungen in das Dorf, um hier das Lager aufzuschlagen. Auf Befehl des Chefs, Lieutenant von Gravenreuth, übernahm die zweite Abtheilung unter

Herrn von Bülow die Verfolgung des fliehenden Feindes, welche jedoch wie meist resultatlos blieb. Die erste Abtheilung hatte einen Belutschen als Gefangenen eingebracht. Im Dorf fand sich noch ein Inder, der wie Scipio auf den Trümmern seines ausgeräumten und umhergestreuten Kramladens saß und wilde Verwünschungen in unverständlicher Sprache murmelte. Bevor wir ganz zur Ruhe kamen, stand die Sonne im Zenith. Wir hatten also gerade 12 Stunden für den Marsch von Quamcombo bis Mquadja gebraucht, doppelt so lange, wie wir gerechnet hatten. Ein höchst angenehmes Gefühl beschlich uns alle bei der Aussicht, uns jetzt einige Zeit ausruhen und uns mit Speise und Trank erquicken zu können.

Eine arabische Moschee, das einzige Steinhaus im ganzen Ort, wurde von den Dienern nothdürftig gesäubert und für uns als Schlafstätte eingerichtet. Herr von Gravenreuth hatte zuerst Bedenken getragen, ob nicht einzelne von den Sudanesen, die nominell ja alle Mohammedaner sind, durch die Verwandlung ihres Tempels in ein Wohnhaus in ihrem religiösen Gefühl verletzt würden. Er ließ daher den ältesten Offizier Murgan Effendi kommen und fragte ihn, ob es gegen ihre Religion verstieße, wenn wir die Moschee als Wohnhaus und später als Bastion einrichteten. Murgan begnügte sich nur mit einem Lächeln und sagte malesch, was ungefähr heißen will: „macht, was ihr wollt“. So zogen wir denn mit Sack und Pack in den verlassenen Allahtempel und machten es uns auf den bereits von den Dienern herbeigetragenen Kitandas bequem. Der „Vesuv“, welcher unser Gepäck und den Proviant mitbrachte, hatte mit dankenswerther Pünktlichkeit ein Boot mit unsern Koffern und Eßmaterialien abgeschickt, sodaß wir uns jetzt den Luxus trockener Kleider gestatten konnten und in dem Vorgenuß eines herrlichen Bivuaksmahles schwelgten. Mit Ausnahme zweier Herren, von denen der eine die Aufstellung der Posten und die Anordnung des Lagers beaufsichtigte, der andere ein wachsames Auge auf die Zubereitung lukullischer Genüsse hatte, gaben wir uns ungestört der Ruhe hin. Der Himmel schien auch mit uns Frieden geschlossen zu haben, denn bald zertheilten sich die Wolken und aus dem tiefblauen Aether sandte die Tropensonne wieder ihre glühenden Strahlen auf die Erde. Ihrer warmen Fürsorge vertrauten wir unsere Kleider an, welche allerdings kaum noch diesen Namen verdienten. Regen, Schmutz und Dornen hatten ihr Zerstörungswerk an ihnen ausgeübt, sodaß man sie eher für abgetragene Lumpen als für Offiziersuniformen gehalten hätte. Meine Bekleidungsgegenstände zeichneten sich noch durch ganz besondere Buntscheckigkeit aus. Bei dem ersten Regenschauer hatte ich mich schützend in eine rothgefärbte Reisedecke gehüllt. Aber bald hatte auch diese den Wassermassen nicht mehr Stand gehalten und meinem weißen Anzug nächst dem Regenwasser eine ganze Portion rother Farbe mitgetheilt. Dies verlieh mir, wie meine Kameraden scherzend sagten, das Aussehen eines gekochten Hummers.

Der folgende Morgen rief uns schon bei Sonnenaufgang zu anstrengender Thätigkeit, da sofort mit der Anlage eines Fort begonnen werden sollte. Werfen wir nun einen Blick auf die äußere Umgebung von Mquadja, so finden wir zwar landschaftlich eine etwas eintönige Stimmung. Unmittelbar hinter den letzten Häusern des Dorfes beginnt die Steppe; soweit das Auge reicht, sieht man nur verkrüppelte Palmen, Dornengestrüpp und hohes Gras. Oede und wasserarm ist dieser östliche Theil von Useguha. Der Ort selber bietet aber manche Vortheile für die Anlage einer Station. Für große Schiffe ist Mquadja zwar schwer anzulaufen, da die sehr ungünstigen Strand- und Wasserverhältnisse nicht gestatten, näher als wie auf eine Seemeile an den Ort zu fahren. Günstiger liegen die Verhältnisse aber für die Daus, welche bei Hochflut bis auf 100 m an den Strand laufen und sich dann trocken fallen lassen, was bei Dampfschiffen natürlich nicht angängig ist. Auf der Nordseite tritt ein 200 m breiter Creek weit ins Land hinein und umschließt das Dorf von zwei Seiten. Dieses Wasserbecken erhält zur

Zeit der Hochflut vom Meere Speisung, sodaß es niemals ganz abläuft und auf der Ost- und Südseite ein achtbares Annäherungshinderniß bildet.

Der Platz für die Anlage der neuen Station war leicht gefunden. Im Süden von Mquadja bildet das Creek mit dem Meer ein offenes Viereck mit natürlichen Festungsgräben. Hier stand die Moschee, das einzige Steinhaus des Ortes; dasselbe wurde als Wohnhaus für Offiziere und Beamte beibehalten und durch Anlegung von Schießscharten vertheidigungsmäßig eingerichtet. Ihm gegenüber lag ein zweites, schon im Verfall begriffenes Gemäuer; dies sollte wiederhergestellt und in die Befestigung hineingezogen werden. Die noch unbedeckten Flanken im Westen und Osten beabsichtigte Herr von Gravenreuth durch Wellblechmauern mit Erdeinlage und eingeschobenen Bastionen zu befestigen.

Um von der Station das Vorterrain übersehen zu können und bis über den Wasserarm hinaus ein freies Schußfeld zu haben, mußte der Palmenwald in einem Umkreise von 100 Metern niedergelegt und alle Negerhütten in der nächsten Umgebung der Befestigung abgebrochen werden. Als Unterkunftsräume für die Garnison und als Proviant- und Munitionsmagazine sollten Wellblechhäuser im Innern der Station aufgebaut und eingerichtet werden.

Nachdem Herr von Gravenreuth in dieser Weise den Plan aufgestellt hatte, begaben wir uns mit allen Kräften an die Arbeit. Jedem Offizier wurde ein bestimmter Rayon zugewiesen, in welchem er die Arbeit leiten und beaufsichtigen mußte. Allerorten entwickelte sich nun vom ersten Morgengrauen an eine rege Thätigkeit. Eine Schar von 30 Wasekuma, welche unter ihrem Häuptling Terakesa am nächstfolgenden Tage aus Bagamoyo eintrafen, schleppten Proviant, Munition und Baumaterial vom Strande, wo die Daus ausgeladen waren, nach der Station. Eine zweite Abtheilung war im Vorterrain thätig, wo sämmtliches Buschwerk zunächst bis zum Creek abgeholzt werden mußte. Eine dritte Abtheilung legte die Häuser innerhalb der Umzäunung und um das Fort herum nieder oder ließ sie, wo es ohne besondere Gefahr geschehen konnte, abbrennen. Gleichzeitig wurde dann mit der Anlage der Wellblechmauern und Bastionen begonnen.

Einige Herren vom „Sperber", denen die Verhältnisse in Afrika noch neu waren, besuchten uns am folgenden Tage, um sich die Einrichtung eines solchen Fort anzusehen und um sich nach dem Verlauf des gestrigen Gefechtes, welches sie vom Bord des Schiffes aus beobachtet hatten, zu erkundigen. Herr Corvettenkapitän Voß stellte uns in liebenswürdiger Weise seine Zimmerleute zur Verfügung, welche uns beim Bau der Unterkunftsräume und der Einrichtung des Hauses behülflich waren. Durch diese geschickten deutschen Handwerker wurden auch die schwierigen Bauten, welche sonst viel Zeit in Anspruch nahmen, schnell gefördert, sodaß ein gut Stück Arbeit bereits gethan war, als das Expeditionscorps einige Tage später eintraf.

Wie vorauszusehen war, blieben die Folgen der nächtlichen Märsche nicht aus. Herr von Gravenreuth war an den Füßen und den Knien von den spitzen Korallen, auf welche ihn die Strömung beim Durchschwimmen des Creek getrieben hatte, nicht unerheblich verletzt und mußte sich einige Tage Ruhe gönnen. Lieutenant Böhlau, Herr von Rhode und ich hatten uns einen Fieberanfall zugezogen und mußten ebenfalls still liegen, sodaß sich ein vollständiges Krankenhaus in der Station aufthat. Nicht viel besser ging es unsern Sudanesen, von denen ein starker Procentsatz ebenfalls infolge der Nässe und Kälte am Fieber erkrankte. In wenigen Tagen war der größte Theil jedoch wiederhergestellt und konnte die gewohnte Thätigkeit wieder aufnehmen.

Kurz bevor die Arbeiten beendigt waren, ereignete sich noch ein Unglücksfall. Bei den Abbruchsarbeiten stürzte ein Haus ein und verschüttete sieben Soldaten, welche sich schwere innere Verletzungen und Brüche zuzogen und sofort nach Bagamoyo ins Lazareth übergeführt werden mußten. Am 15. des Monats waren die Arbeiten schon so weit gefördert, daß das Expeditionscorps aufbrechen und den Fußmarsch nach Pangani antreten konnte.

Aus Nord-Useguha und speciell aus der Sklavencolonie Kipungue waren Unruhen gemeldet, welche bei dem kriegerischen Charakter der zu allen Räubereien geneigten Bevölkerung leicht größere Dimensionen annehmen, bei der Unzuverlässigkeit der Negermeldungen aber auch gänzlich auf Erfindung beruhen konnten. So befahl denn der Reichscommissar, diese Ortschaft auf dem Marsche zu berühren und im Falle der Widersetzlichkeit zu bestrafen. Sehr bald stellte sich jedoch heraus, daß die Meldungen unrichtig oder wenigstens stark übertrieben waren. Nichts ließ in der Haltung der Eingeborenen auf eine feindliche Stimmung schließen. Wenn auch ein Theil der Dorfbewohner, wozu besonders das schöne Geschlecht gehörte, beim Herannahen des Expeditionscorps eiligst das Weite suchte, so war dies doch bei dem ungewohnten Anblick so vieler bewaffneter Leute durchaus nicht auffallend. Um den Eingeborenen aber eine nachdrückliche Warnung zu ertheilen und ihnen einen Begriff von unserer Macht zu geben, ließ Herr von Zelewski die vier Compagnien vor dem Dorf aufmarschiren und berief angesichts dieser Macht die erschreckten Dorfältesten zu einem Friedensschauri, in welchem ihnen auseinandergesetzt wurde, daß wir keinen Krieg wollten und auch bereit seien, mit ihnen einen dauernden Frieden einzugehen, wenn sie uns ihre Ergebenheit dadurch bewiesen, daß sie alle ihre Waffen vor uns hinlegten und sich uns unbewaffnet gegenüber aufstellten. Ferner hätten sie sofort Proviant für die Truppen an Ort und Stelle zu schaffen und monatlich einmal eine Deputation nach Pangani zu schicken.

Nach kurzer Berathung wurden diese Bedingungen angenommen. 300 Mann nahmen dem Expeditionscorps gegenüber Aufstellung und thürmten ihre Waffen, Vorderlader und sonstige gefahrlose Mordwerkzeuge vor uns auf, welche ihnen dann bei unserm Abzuge wieder ausgehändigt wurden. Auf die Proviantlieferung verzichtete Herr von Zelewski ebenfalls, weil sie voraussichtlich viel Zeit in Anspruch genommen hätte und er noch an demselben Tage Mbueni, ein kleines Fischerdorf auf dem linken Pangani-Ufer, erreichen wollte. Am 19. morgens langte dann die Expedition in Pangani an und bezog außerhalb der Stadt ein Lager. Hier wurden nun zunächst die Vorbereitungen für die größere Kilima-Ndjaro-Expedition getroffen. Die Compagnien des Expeditionscorps wurden wieder neu rangirt und der Abgang an Kranken und Verwundeten aus der Stationsbesatzung ergänzt. Täglich abgehaltene Exercir- und Schießübungen riefen den Leuten die militärische Form wieder ins Gedächtniß zurück, welche auf dem langen Marsche nach Mquadja oft vernachlässigt werden mußten. Nachmittags wurde dann Appell mit Waffen und Montirungsstücken abgehalten und eine allgemeine Reinigung aller Uniformstücke vorgenommen. So wurde überall fleißig gearbeitet, um für die neue Aufgabe eine schlagfertige und disciplinirte Truppe zu haben.

Vierzehntes Kapitel.

Bana Heri und sein Anhang.

Saadani, die Residenz des Sultans Bana Heri, ist der Ausgangspunkt einer Zweiglinie der großen Handelsstraße nach dem Tanganika und dem Victoria-Njansa und einer der bedeutendsten Orte der Sansibar-Küste. Nähert man sich vom Meere aus der Küste, so hat der Ort ein sehr unscheinbares Aussehen, da nur wenige Steinhäuser, die Wohnungen reicher Inder, und eine Moschee sich aus dem Gewirr niedriger, mit Palmblättern eingedeckter Negerhütten abheben. Ein bereits mit schlammigem Wasser angefüllter Creek umfaßt den Ort von Norden und gestattet eine Annäherung von dieser Seite nur zur Zeit der Ebbe. Das Meer hat in der Nähe der Küste nur eine sehr geringe Tiefe, wodurch die Schiffahrt ungemein erschwert wird; selbst flachgehende Daus müssen schon $1\frac{1}{2}$ km vom Strande Anker werfen; Dampfschiffe können sich nur bis auf eine halbe deutsche Meile nähern.

So wenig günstig diese Wasserverhältnisse für die Entwickelung des Ortes sind, so unfruchtbar und reizlos ist auch die Umgebung Saadanis. Die herrlichen Palmenhaine, welche die andern Städte meilenweit umgeben, fehlen hier gänzlich; der sandige unfruchtbare Boden bringt nur verkrüppelte Dumpalmen, Akazien und Dorngestrüpp hervor. Sofort hinter den letzten Häusern des Städtchens beginnt die endlose, grasbedeckte Steppe; kein Baum, keine Blume, kein frischer grüner Strauch belebt die endlose Graswüste. Die versengenden Strahlen der

Tropensonne tödten jeden Keim aufblühenden Lebens. Grau in grau sind die Farben dieser Landschaft, über welche die Natur ein Leichentuch gebreitet zu haben scheint. Die Ebene erstreckt sich etwa 10 deutsche Meilen weit ins Innere bis zum Fuß des Usambara-Berglandes, dessen Umrisse sich scharf vom Horizonte abheben.

Die allmählich aus der Ebene ansteigenden Hügelketten sind mit niederm Buschwerk bedeckt, aus dem einzelne hochstämmige Waldriesen ihre mächtigen Häupter erheben; der Boden ist fruchtbarer und durch zahlreiche Bäche und Flüßchen, welche nach Süden in den Wami, nach Norden in den Pangani abfließen, reich bewässert. Die ganze Natur athmet größere Frische und Schaffensfreudigkeit; Baum und Gesträuch prangen in frischem grünen Laub, üppige Weidegründe bedecken die Thalsöhle, in welchen stattliche Rindviehheerden reiche Nahrung finden.

Diese Landschaften sind von den Waseguha, einem stolzen, kriegerischen Volksstamm, bewohnt, welcher unabhängig von arabischem Einfluß sich seine afrikanische Eigenart bewahrt hat und sich hierin vortheilhaft von der schlaffen, demoralisirten Suaheli-Bevölkerung der angrenzenden Bagamoyo- und Pangani-Districte unterscheidet. Ihr angestammter Häuptling ist Bana Heri, der sich Sultan von Useguha nennt und dessen Einfluß bis an die Grenzen von Nguru und Ukami reicht. Bana Heri ist ein älterer Mann mit weißem Bart und intelligentem Gesichtsausdruck. Seine Gesichtszüge und dunkelbraune Hautfarbe verrathen den Negertypus, obwol er sich mit Vorliebe arabisch kleidet und auch in seinem Benehmen den Araber copirt.

Die Waseguha haben sich stets des arabischen Einflusses mit Erfolg zu erwehren gewußt, und auch die Stellung Bana Heri's zum Sultan von Sansibar ist nie die eines Unterthanen zu seinem Herrscher, sondern mehr ein loses Vasallenverhältniß gewesen, welches von Bana Heri nur so weit anerkannt wurde, als es seinen Interessen entsprach. Mehrere glückliche Kriege gegen seine Nachbarn und besonders ein Sieg über die Truppen des Sultans von Sansibar im Jahre 1882 hatten seine Macht sehr gestärkt und seinen Einfluß bis weit über die Grenzen seines Landes ausgebreitet, sodaß er nach Simbodja als der mächtigste Häuptling des Küstengebietes galt und der Sultan von Sansibar es sich angelegen sein ließ, durch Uebersendung von Geschenken sich seiner Freundschaft zu versichern.

Bei Uebernahme der Küstenverwaltung durch die Ostafrikanische Gesellschaft war Saadani zunächst unberücksichtigt geblieben, da der geringe Handelsumsatz die Anlage einer Station nicht erforderte; der Zoll wurde nach wie vor durch Inder erhoben und ohne Schwierigkeiten an die Gesellschaft abgeführt. Erst nachdem in Bagamoyo und Pangani Unruhen ausgebrochen waren, betheiligte sich Bana Heri auf Veranlassung Buschiri's an dem allgemeinen Aufstande.

Der englische Missionar Brooks, welcher mit einer Karavane aus dem Innern kam, wurde am 21. Januar 1889 mit seinen funfzehn Begleitern in Saadani ermordet. Die Waseguha sollen ihn lebendig in Stücke geschnitten haben. Dieser ruchlose Mord und die fortwährenden Angriffe auf die blokirenden Marineboote erforderten eine strenge Bestrafung des Ortes. Bald darauf wurde Saadani von der Marine bombardirt, allein ohne sonderlichen Erfolg, da die Eingeborenen sofort weit ins Innere flohen und später die leichten Palmblatthütten mit geringer Mühe wieder aufbauten.

So beschloß denn der Reichscommissar im Verein mit der Marine den Ort anzugreifen und gänzlich zu zerstören. Am 6. Juni erschien das Blokadegeschwader unter dem Befehl des Admirals Deinhard und sämmtliche Wißmann'schen Truppen vor Saadani. Nach einem heftigen Bombardement durch die Marine landeten die Truppen; die Strandbefestigungen und Palissaden wurden nach kurzem Feuergefecht mit Sturm genommen und die Einwohner ins Innere verjagt. Die Befestigungen wurden niedergerissen, die Steinhäuser gesprengt und die Hütten der Eingeborenen durch Feuer zerstört, sodaß von der ganzen Stadt nur die rauchgeschwärzten Trümmer übrigblieben. Dem gleichen Schicksal verfiel der kleine Ort Uwindji im Norden von Saadani, in welchem sich ein Theil der Flüchtlinge festgesetzt hatte.

Eine zweite Expedition nach Useguha, welche nach Rückkehr des Reichscommissars von seinem Zuge nach Mpuapua ausgeführt wurde, der in einem frühern Kapitel genau beschrieben ist, zerstörte zwar einige Dörfer am Wami-Fluß und in dem westlichen Hügellande, blieb aber im allgemeinen erfolglos, da es nicht gelang, Bana Heri und seine Anhänger aufzufinden. Die Nachrichten über seinen Aufenthalt lauteten sehr verschieden; einige behaupteten, er sei nach Nguru geflohen, während von anderer Seite die Nachricht einlief, er hätte sich mit Buschiri vereinigt, um mit Hülfe Simbodja's von Massinde einen erneuten Angriff auf die deutschen Stationen zu unternehmen.

Im Januar 1890 entsandte Major Wißmann eine Expedition von 200 Mann unter Führung des Chef Schmidt II von Bagamoyo über den Wami nach Useguha, um dort Nachrichten von dem Verbleib Bana Heri's einzuziehen. Unweit von Saadani stieß die Abtheilung plötzlich auf eine starkbesetzte Boma, welche ganz im Busch versteckt, von der anrückenden Truppe nicht gesehen worden war. Das aus nächster Nähe abgegebene Feuer streckte den Sergeanten Ludwig und 9 Sulus sofort nieder, mehrere Soldaten wurden schwer verwundet. Dichtes und undurchdringliches Gebüsch umschloß die Boma von allen Seiten und erschwerte die Annäherung ungemein. Der einzige schmale Eingang, welcher in das Innere der Befestigung führte, wurde durch gut gezieltes Feuer so energisch vertheidigt, daß die Sulus, durch die erlittenen Verluste muthlos geworden, sich weigerten, weiter vorzugehen. So mußte Chef Schmidt das Gefecht abbrechen und den Rückmarsch antreten.

Dies war das erste mal, daß ein Gefecht zu unsern Ungunsten ausfiel, und es lag die Befürchtung nahe, daß Bana Heri diesen Miserfolg zu seinem Vortheil ausbeuten und aussprengen würde, er habe unsere Truppen geschlagen und in die Flucht gejagt. Um die Rückwirkung dieses unglücklichen Gefechts nach Möglichkeit abzuschwächen, zog der Reichscommissar sofort sämmtliche disponiblen Truppen zusammen und ließ Saadani mit Proviant und Munition versehen, um in dem befestigten Fort einen Stützpunkt für den beabsichtigten Angriff zu haben.

Am 4. Januar brach der Reichscommissar mit vier Compagnien zu 120 Mann, 40 Europäern und 4 Geschützen zum Angriff gegen Mlembule, dem befestigten Lager Bana Heri's auf. Die Marine hatte es übernommen, die Station während der Abwesenheit der Truppe zu besetzen. Schon nach kurzem Marsch stieß der Vortrupp auf ein kleineres befestigtes Rebellenlager, welches aber bei Annäherung der Truppe sofort von den Insassen geräumt wurde. Nach dreistündigem Marsch kam Mlembule in Sicht, dessen Befestigungen noch weiter ausgebaut und dicht mit schwarzen Gestalten besetzt waren, welche beim Anblick unserer Truppen ein höhnisches Geschrei ausstießen.

In der Vorderfront des Lagers war eine 50 m breite Palissadenwand sichtbar, die drei andern Seiten waren mit dichtem Busch umgeben, welcher sich bis in die Thalsohle ausdehnte und weder durchbrochen noch umgangen werden konnte. Vor der einzig freien Stelle im Walde ließ der Reichscommissar die Artillerie auffahren, um mit Granaten in die Palissadenwand Bresche zu legen. Der Feind erwiderte das Feuer, richtete aber keinen Schaden an, da die Entfernung zu groß war. Einzelne feindliche Trupps, welche aus der Boma hervorbrachen, wurden durch heftiges Gewehrfeuer zurückgetrieben. Um eine möglichst große Wirkung zu erzielen, ließ Major Wißmann sämmtliche Europäer in der ersten Linie feuern. Nachdem der Angriff durch mehrstündiges Feuergefecht aufs wirksamste vorbereitet war, und das Feuer der Feinde schon anfing, schwächer zu werden, gab der Commandant Befehl zum Sturm. Eine Compagnie und die Artillerie blieben in der Front und beschäftigten die Gegner, während drei Compagnien in der rechten Flanke einen Weg durch das Gestrüpp bahnen mußten. Der Feind fühlte, daß die Entscheidung gekommen war, und in den kurzen Feuerpausen hörte man ihn zu Allah beten.

Auf ein gegebenes Zeichen gingen sämmtliche Compagnien mit lautem Hurrah zum Sturme gegen das Lager vor. Binnen wenigen Minuten waren die Palissaden erstiegen und der Gegner aus seiner Stellung geworfen, welcher sich dann in wilder Flucht in den nahen Buschwald rettete. Die Verluste auf Seiten der Gegner waren jedoch nicht erheblich, da ein starker mannshoher Erdwall, welcher noch innerhalb der Palissadenumzäunung aufgeführt war, ihm kugelsichere Deckung gewährt hatte und selbst von den Granaten nicht durchgeschlagen werden konnten. Auf unserer Seite waren die Verluste ebenfalls unbedeutend; durch Unvorsichtigkeit hatte sich der Artillerie-Unteroffizier Tanner beim Laden eine schwere Verletzung zugezogen, an deren Folgen er am nächsten Tage starb.

Die Verfolgung des fliehenden Feindes, welche den beiden Sulu-Compagnien übertragen wurde, blieb ohne Erfolg, da die zersprengten Trupps bald in dem dichten Buschwerk verschwunden waren. Bana Heri war zwar entkommen, doch nach der gänzlichen Auflösung seiner Truppe stand zu erwarten, daß er nunmehr den Widerstand aufgeben und sich freiwillig unterwerfen würde. Zum Schutze der Missionare in Mandera in Süd-Useguha ließ der Commandant dort ein kleines Fort anlegen und mit einem Unteroffizier und einigen schwarzen Soldaten besetzen.

Ende Januar erhielt Herr von Gravenreuth, welchen der Reichscommissar zur weitern Verfolgung Bana Heri's nach West-Useguha entsandt hatte, aus Mandera die Nachricht, daß die Rebellen sich in einem zweiten Lager bei Pallamakaa verschanzt hätten. Nachdem ein Recognoscirungszug die Wahrheit dieser Nachricht bestätigt hatte, marschirte Herr von Gravenreuth nach Bagamoyo zurück. Auch von Saadani lief die Meldung im Hauptquartier ein, daß sich neue Banden Aufständischer bei Pallamakaa zusammengezogen hätten, welche übereinstimmend mit Herrn von Gravenreuth berichtete, daß die Stellung Bana Heri's schlecht gewählt sei, da sie von zwei Seiten durch Höhen beherrscht werde.

Die Vorbereitungen für die Eroberung des Südens waren in vollem Gange und sollten noch vor Beginn der Regenzeit beendet werden; eine Anzahl weißer Offiziere und Unteroffiziere war bereits am 1. März unter Führung des Majors Liebert in Sansibar eingetroffen und eine Verstärkung von 600 Sudanesen wurde täglich aus Aegypten erwartet, welche noch vor Beginn der Operation ausgebildet werden mußten. So ließ der Reichscommissar, um diesen endlos sich in die Länge ziehenden Kampf gegen Bana Heri mit einem Schlage zu beenden, alle schwarzen Truppen, welche unter seinem Befehl standen, zu einem Expeditionscorps zusammenziehen und brach am 8. März mit 90 Europäern, 700 farbigen Soldaten und 5 Geschützen von Saadani auf. Die Besatzung der Station hatte die Marine während der Dauer der Expedition übernommen.

Nach einem anstrengenden Nachtmarsch erreichte die Truppe gegen 5 Uhr morgens Pallamakaa, ein Complex von zehn unbefestigten Dörfern, welche weit im Busch zerstreut lagen und nur an einzelnen Stellen schwach besetzt waren. Die Bewohner hatten sich sofort aus den Dörfern in den nahen Busch geflüchtet und feuerten aus diesem sichern Versteck auf unsere Truppen, wurden aber von vorgeschickten Tirailleur-Abtheilungen bald zersprengt. Major Wißmann ließ darauf ein Lager aufschlagen, um zuerst Nachrichten über den Aufenthalt Bana Heri's einzuziehen und entsandte mehrere Recognoscirabtheilungen, welche nach verschiedenen Richtungen das Terrain aufklären sollten.

Eine dieser Abtheilungen stieß unter Führung des Freiherrn

von Gravenreuth auf eine befestigte feindliche Stellung, welche von den Truppen mit Sturm genommen wurde. Die weiteren Recognoscirungen ergaben, daß der Feind sich schon nach dem ersten Zusammenstoß nach allen Seiten zerstreut hatte. Da die Verhältnisse eine weitere Verfolgung als erfolglos erscheinen ließen, so ließ der Reichscommissar den Rückmarsch nach der Küste antreten. Die neueingetroffenen Europäer litten bei diesem Marsch durch die schattenlose Steppe sehr unter der tropischen Sonnenglut und dem gänzlichen Wassermangel. Die Unteroffiziere Witzig und Gombert erkrankten infolgedessen sehr schwer am Hitzschlage und starben trotz aller ärztlichen Bemühungen schon nach wenigen Stunden. Bei dem Sturm auf die letzte befestigte Boma waren 2 Sudanesen schwer, ein weißer Unteroffizier und ein Sudanese leicht verwundet worden. Der Feind hatte gegen 40 Todte auf dem Platz gelassen. Die mit so wenig Nachdruck geführte Vertheidigung hatte doch gezeigt, daß die Kraft Bana Heri's gebrochen war. Eingekeilt zwischen den deutschfreundlichen Häuptlingen von Nguru und Ukami und der Wißmann'schen Truppe in Mandera, Saadani und Mquadja und von jedem Zuzug an Munition und Lebensmitteln abgeschnitten, mußte Bana Heri sich über kurz oder lang den Deutschen ergeben oder in dem gänzlich verödeten Norddistrict seines Landes verhungern. Schon wenige Tage später trafen in Saadani Boten Bana Heri's ein, welche seine Unterwerfung anzeigten und für ihn und seine Leute um Nahrungsmittel baten, da das ganze Lager dem Verhungern nahe sei. Der Reichscommissar schickte diese Boten mit einigen Lebensmitteln zurück und ließ Bana Heri sagen, er sollte nach Saadani kommen und selbst seine Unterwerfung anzeigen, dann würde er mit ihm Frieden schließen und ihm seine Länder zurückgeben.

Da die umfassenden Vorbereitungen für die Besetzung des Südens die Anwesenheit des Reichscommissars in Bagamoyo nothwendig machten, so beauftragte Major Wißmann seinen Stellvertreter Herrn von Gravenreuth mit den Friedensverhandlungen; dieser begab sich mit Soliman ben Nasr, dem Wali von Pangani und dem Schwiegersohn Bana Heri's, dem Halbaraber Amar nach Saadani, um die Unterwerfung Bana Heri's entgegenzunehmen. Am 3. April erschien der erste Rebellentrupp vor dem Thor der Station, etwa 100 mit Bogen, Speeren und Keulen bewaffnete Waseguha, welche in ihren zerrissenen Kleidern sehr verhungert und heruntergekommen aussahen; zwei Tage später folgte Bana Heri mit seiner ganzen Macht. Schon von weitem sah man den endlos langen Zug durch die Ebene herannahen. Voran sprang nach dem Tacte einer Negertrommel der Zauberer, geschmückt mit einem Löwenfell und mit zwei mächtigen Adlerflügeln zu beiden Seiten des Kopfes; ihm folgte der Trommler, einige Diener und Weiber und dann Bana Heri selbst mit seinen Unterführern und einer großen Zahl weißer Fahnen. In seinem gelbseidenen Araberhemd, den blauen Turban auf dem Haupt und einen prächtigen Maskatdolch im Gürtel, machte der Sultan einen durchaus würdigen, ja vornehmen Eindruck. Den Beschluß dieses eigenartigen Zuges bildete ein buntes Gemisch aller von uns geschlagenen Volksstämme, welche in Saadani unter dem Banner Bana Heri's ihre letzte Zuflucht gesucht hatten, um sich nun nach vergeblichem Kampfe den mächtigen Deutschen zu unterwerfen.

Die Leute waren fast alle mit Gewehren, viele sogar mit Hinterladern bewaffnet; da sie aber in den verschiedenen Kämpfen ihre ganze Munition gegen uns verschossen hatten, so waren sie jetzt nicht mehr im Stande gewesen, sich weiter zu vertheidigen und durch Hunger zur Uebergabe gezwungen worden. Nachdem Bana Heri geschworen hatte, die Friedensbedingungen des Reichscommissars, welche Herr von Gravenreuth ihm vorlas, getreulich zu halten, wurden er und seine Anhänger ohne Ausnahme begnadigt und ihm die Erlaubniß ertheilt, Saadani und Uwindji, die am 6. Juni zerstörten Ortschaften, wieder aufzubauen und sich dort anzusiedeln. Der zähe Widerstand, welchen die Bevölkerung von Useguha und speciell die Einwohnerschaft Saadani uns gegenüber bewiesen hatte, zeigt, wie verschieden dieser Volksstamm von der übrigen Suahelibevölkerung ist, welche in dem Kampf zwischen den Deutschen und Arabern sich weder für die eine noch die andere Partei erklärt hatte und stets geneigt war, sich ohne eigene Initiative dem Stärkern anzuschließen. Wir hatten die Waseguha in drei Gefechten geschlagen, die Flüchtlinge bis an die äußersten Grenzen von Useguha hin verfolgt und schließlich Bana Heri und seinen Anhang zur Unterwerfung gezwungen. Der früher nie besiegte Häuptling, um dessen Gunst der Sultan von Sansibar und die Araber in Pangani und Bagamoyo gebuhlt hatten, hatte demüthig den Frieden nachgesucht und sich jeder Bedingung des Reichscommissars gefügt. Hiermit erachtete Major Wißmann die frühern Vergehen als gesühnt und setzte Bana Heri wieder als Sultan von Useguha ein. Der Einfluß, welchen er in seinem Gebiet besitzt und der weit über die Grenzen Useguhas hinausgeht, wird nun der deutschen Sache zu gute kommen, und wir können hoffen, durch edle Mäßigung nach errungenem Siege in dem stolzen und tapfern Feinde einen treuen und ergebenen Anhänger gewonnen zu haben.

Funfzehntes Kapitel.

Gefangennahme und Tod Buschiri's.

Nach dem unglücklichen Gefecht bei Jombo hatte Buschiri sich anfangs den flüchtigen Scharen der Mafiti angeschlossen und war mit ihnen über den Kingani nach Pangiri geflohen; bald fühlte er sich aber in der Gesellschaft der wilden Wahehe und Wahenge, deren Groll sich jetzt gegen ihn und seine Begleiter als die Urheber des verunglückten Raubzuges richtete, nicht mehr sicher genug. Er wandte sich daher nordwärts nach Usagara und war fast einen Monat hindurch verschollen. Alle Nachforschungen auf den Karavanenstraßen und bei den befreundeten Jumbes blieben erfolglos, und in Bagamoyo fürchtete man bereits, daß es Buschiri gelungen sei, nach Tabora oder Udjidji zu entkommen. Da tauchte Ende November in Pangani das Gerücht auf, Buschiri halte sich in Useguha auf und beabsichtige sich mit Bana Heri und seinem Schwiegervater Simbodja von Massinde zu einem Angriff auf Pangani zu verbinden. Diese Nachricht bestätigte sich durch die Meldung eines deutschfreundlichen Häuptlings Mohammed Soa, welcher berichtete, Buschiri habe sich in Muenda an der Grenze von Nguru mit seinen arabischen Begleitern und ungefähr 50 Eingeborenen in einem Lager verschanzt und erwarte hier Nachricht von Simbodja, zu dem er Boten geschickt habe.

Mit einem schnell zusammengezogenen Expeditionscorps brach Chef Dr. Schmidt am 2. December von Pangani auf, um die Verfolgung Buschiri's aufzunehmen und ihm den Weg nach Massinde zu verlegen. Nach einem forcirten zweitägigen Marsch erreichte er das Dorf des Häuptlings Masiro, welcher Buschiri mit Lebensmitteln unterstützt und ihm einen Esel geschenkt hatte. Das Dorf wurde zerstört und der Vormarsch bis nahe vor Muenda fortgesetzt. Hier theilte Dr. Schmidt das Expeditionscorps. Lieutenant Ramsay erhielt den Auftrag, im Westen gegen das Lager vorzugehen, während das Gros bei eintretender Dunkelheit die Ostseite der Boma besetzte. Um Mitternacht erfolgte der Angriff. Dr. Schmidt drang persönlich mit einigen Begleitern in das gänzlich unbewachte Lager ein. Die Ueberraschung war vollständig gelungen, die ganze Besatzung lag in tiefem Schlaf; aber durch die Unvorsichtigkeit einzelner Askaris, welche ganz planlos ihre Gewehre abschossen, wurde das Lager zu früh alarmirt und es gelang Buschiri, noch rechtzeitig zu entkommen. Fast die ganze übrige Besatzung wurde von den erbitterten Soldaten niedergemacht. Die Nachforschungen am andern Morgen ergaben, daß der Feind 28 Todte, darunter viele Araber, auf dem Platz gelassen hatte, während von unserer Seite nur 2 Sulus und ein Suaheli-Askari leicht verwundet waren.

Am nächstfolgenden Tage erhielt Dr. Schmidt von Eingeborenen die Meldung, daß Buschiri sich nach Manamgato, einem kleinen Ort in der Nähe von Muenda, geflüchtet hätte und dort von den Eingeborenen erschlagen sei; aber bei der Recognoscirung der Leiche stellte sich heraus, daß es nicht Buschiri, sondern ein anderer flüchtiger Araber war. Nun ging Dr. Schmidt mit zwei Compagnien nach Makororo zurück, um weitere Nachforschungen anzustellen. Da trafen am 7. December Boten vom Jumbe Magaya im Lager ein, welche meldeten, daß Buschiri in Quamkoro an der Grenze von Nguru gefangen genommen sei. Dr. Schmidt brach sofort dorthin auf und erreichte in zwei Gewaltmärschen, in welchen täglich fast 10 deutsche Meilen zurückgelegt wurden, den Ort Quamkoro, in welchem Buschiri sich befinden sollte. Der Jumbe kam der

Buschiri's Gefangennahme. S. 331.

Expedition schon mehrere hundert Schritt entgegen und führte die aufs höchste gespannten Offiziere nach der Hütte, in welcher Buschiri gefangen lag. In dem dunkeln Raum lag eine halbnackte Gestalt, nur mit einem Kikoi (Negertuch) bekleidet, die Hände und Füße mit schweren Eisenketten gefesselt; Kopf und Hals waren in eine jener berüchtigten Halsgabeln gepreßt, in welche die Sklaven bei den langen Transporten eingespannt werden und die jede Bewegung des Körpers unmöglich machen. Einige herzugerufene Askaris erkannten Buschiri sofort und brachen in ein Freudengeschrei aus. Chef Schmidt und Lieutenant Johannes gingen jetzt zu ihm in die Hütte und wünschten ihm „Guten Tag", was er ganz freundlich erwiderte; auf alle Fragen, die Chef Schmidt an ihn stellte, gab er bereitwillig Auskunft; er schien aber doch über die Anwesenheit der Deutschen hier in Nguru, 20 Meilen von Muenda, aufs höchste erstaunt zu sein. Unsere schwarzen Sudanesen straften ihn mit Verachtung und warfen ihm seine vielfachen Schandthaten vor.

Am nächsten Morgen trat Dr. Schmidt den Rückmarsch an. Auf dem Marsch wurden die umfassendsten Vorsichtsmaßregeln angewandt, um Buschiri nicht Gelegenheit zu geben, sich abermals aus dem Staube zu machen. An der Spitze der Colonne marschirte Dr. Schmidt, dann folgte zwischen Lieutenant Johannes und Herrn Illich auf dem Esel reitend Buschiri. Um seine Taille war ein starker breiter Lederriemen geschlungen, welcher die Arme festhielt und jede Bewegung unmöglich machte. Das Ende dieses Strickes hielt ein Soldat in der Hand, der zugleich den Esel führte. Nachts wurde Buschiri an die Bettstelle festgebunden, in welcher Chef Schmidt schlief. Dicht neben ihm war die Lagerwache aufgestellt, bei welcher stets ein Europäer wachte.

In der Nähe von Pangani bei der Schamba des Arabers Sef ben Said vereinigte sich das Expeditionscorps wieder und marschirte geschlossen nach der Station. Hier hatte sich bereits die ganze Garnison am Strande versammelt, da das Gerücht von der Gefangennahme Buschiri's der Truppe schon vorausgeeilt war. Als das Boot mit dem Gefangenen landete, brach die ganze Besatzung in lauten Jubel aus. Europäer und Inder beglückwünschten Dr. Schmidt zu dem glücklichen Erfolg der Expedition. Die Weiber stimmten ein schrilles Siegesgeheul an und die Sudanesen sangen Schlachtlieder. Am lautesten äußerte sich aber die Freude bei den Sulus. Sofort nachdem die Compagnien entlassen waren, baten sie um die Erlaubniß, einen Kriegstanz aufführen zu dürfen. Dieses nach europäischem Geschmack wenig ansprechende Vergnügen versinnbildlicht den Angriff eines Sulu auf seinen Feind und endigt stets mit dem Tode des Gegners. Bewundernswürdig ist die Gewandtheit und Gelenkigkeit, welche die Sulukrieger bei diesen Tänzen entwickeln.

Die Nachricht von dem glücklichen Ausgang des Gefechts und der Gefangennahme Buschiri's wurde sofort dem Reichscommissar nach Sansibar übermittelt, welcher am nächstfolgenden Tage mit seinem Stabe in Pangani eintraf. Der Commandant begab sich sofort nach seiner Ankunft ins Stationsgefängniß. Buschiri saß auf einem Negerbett, das für die Nacht in seine Zelle gesetzt war. Beim Eintritt des Majors erhob er sich und antwortete auf alle Fragen höflich und bestimmt. Die Unterhaltung wurde in Kisuaheli geführt, welches der Reichscommissar vollständig beherrscht.

Ueber seine Absichten und Pläne während des Aufstandes entwickelte er ein ziemlich klares Bild, welches erkennen ließ, daß er zielbewußt und mit vollem Verständniß der Lage gehandelt hatte. Auf die Frage, ob er im Auftrage des Sultans von Sansibar gegen die deutsche Herrschaft revoltirt habe, gab er eine ausweichende Antwort, erwähnte aber doch im Laufe der Unterredung, daß der Sultan vor dem ersten unglücklichen Gefecht von Bagamoyo ihm hätte sagen lassen: falls er sich gegen die Deutschen halte, würde er ihn zum Vezier der ganzen

Küste machen. Ob diese Aussage aber auf Wahrheit beruht oder ob Buschiri diese Angabe nur gemacht hat, um die Verantwortung von sich abzuwälzen, ist zum mindesten zweifelhaft. Thatsächliche Beweise sind hierfür niemals erbracht worden.

Ueber sein Schicksal war er sich gänzlich im Unklaren, denn am Schluß der Unterredung bat er den Reichscommissar, er möchte ihn als Offizier in die Schutztruppe einstellen, er würde dann ebenso tapfer für ihn als gegen ihn kämpfen. Beim Untergang der Sonne, wo die Mohammedaner Gebete zu verrichten pflegen, bat Buschiri den Commandanten, ihn allein lassen zu wollen, er müßte jetzt zu seinem Gott beten.

Am Tage darauf wurde ihm sein Todesurtheil mitgetheilt; er schien zwar etwas erschrocken, behielt aber doch seine volle Fassung. Am 15. December nachmittags 4 Uhr sollte die Hinrichtung stattfinden. Auf einem freien Platze hinter dem Stationsgebäude wurde ein Galgen errichtet, um welchen die Stationstruppen in einem offenen Viereck Aufstellung genommen hatten. Um 4 Uhr erschien der Commandant mit seinem Stabe, einige Minuten später wurde Buschiri gefesselt von den türkischen Polizeisoldaten auf den Richtplatz geführt. Seine Ruhe und vornehme Zurückhaltung, die er auch im Gefängniß zur Schau trug und welche alle unwillkürlich sympathisch berührte, hatten ihn jetzt vollständig verlassen; seine Bewegungen waren unsicher und hastig, mit ängstlichem Gesichtsausdruck musterte er den Galgen und die Vorbereitungen für die Hinrichtung; dann schweiften seine Augen suchend über die langen Reihen der aufgestellten Truppen; als er den Commandanten auf der offenen Seite des Vierecks erblickte, rief er: „Bana kuba, bana kuba (großer Herr), ich habe dir noch etwas zu sagen.“ Der Major trat einige Schritte vor, winkte dann dem Polizeioffizier, welcher Buschiri zu ihm führte. Die Furcht vor dem nahen Tode schien ihn jeder Scham beraubt zu haben, denn um sich zu retten, beschuldigte er noch im letzten Augenblick seinen treuen Begleiter Gehasi der Anstiftung zu dem Aufstande.

Der Adjutant des Reichscommissars Dr. Bumiller trat jetzt vor und verlas das Todesurtheil: „Der Araber Buschiri ben Salim ist der Rebellion, mehrfachen Menschenraubes und des Mordes überführt zum Tode durch den Strang verurtheilt.“ Wenige Secunden später war Buschiri gerichtet. Die Araber von Pangani hatten sich während der Hinrichtung begreiflicherweise ferngehalten, baten aber nachher um die Erlaubniß, den Körper nach mohammedanischen Sitten bestatten zu dürfen. Der Reichscommissar ertheilte ihnen hierzu die Erlaubniß und ließ ihnen die Leiche aushändigen, welche von den Anverwandten noch in derselben Nacht beerdigt wurde.

Buschiri war ein Mischaraber von kleiner untersetzter Statur und lebhaftem, intelligentem Gesichtsausdruck. Er mochte etwa 55 Jahre alt sein; sein langer, weißer Bart und vollständig kahles Haupt ließen ihn jedoch viel älter erscheinen. Infolge einer krankhaften Anschwellung der Füße, welche in Afrika häufig vorkommt und Elephantiasis genannt wird, und bei seiner Korpulenz war er sehr unbeholfen, sodaß er stets eines Reitthieres bedurfte, um größere Strecken zurückzulegen; trotzdem war er, wie die meisten Araber, in Ertragung von Strapazen sehr zähe und ausdauernd. Seine persönlichen Bedürfnisse waren überaus gering und überstiegen wol kaum die eines Negers. In früheren Jahren hatte er häufig Elfenbeinkaravanen indischer Großkaufleute von Tabora nach der Küste geleitet; ihm waren daher die Karavanenstraßen und die Verhältnisse in Usagara, Ugogo und Uhehe gut bekannt; aus dieser Zeit her stammten auch seine Beziehungen zu Pangiri und andern großen Häuptlingen Innerafrikas, welche ihm während des Aufstandes sehr zu statten kamen. Später stand er im Dienste des Sultans Seyid Madjid von Sansibar und kämpfte als dessen Feldherr mit Glück gegen den großen Wanjamwesihäuptling Mirambo. Dieser Ruf eines geschickten Heerführers prädestinirte ihn zu der Führerrolle bei dem ausbrechenden Aufstande und willig fügten sich die Parteien unter seine dictatorische Gewalt. Kein anderer Araber hätte eine genügende Autorität besessen, um diesen gärenden Haufen unzufriedener Elemente zu einem Ganzen zu verschmelzen und zu einer Initiative zu bewegen. Wir sehen daher auch Buschiri vom ersten Tage an als die eigentliche treibende Kraft des Aufstandes, welche dem unentschlossenen, führerlosen Haufen den Weg zur offenen Empörung zeigte.

Alle unzufriedenen Elemente sammelten sich unter seiner Fahne und binnen wenigen Wochen verfügte er über ein Heer von mehrern tausend Mann. Nachdem die deutschen Beamten aus seiner Vaterstadt Pangani vertrieben waren, ging er selber zum Angriff über und belagerte die größte Station der Deutsch-Ostafrikanischen Gesellschaft in Bagamoyo. Dies war der Höhepunkt seiner Macht. Und ebenso schnell wie er sich das Vertrauen seiner Glaubensgenossen durch sein erstes Auftreten erworben hatte, so schnell verlor er es auch wieder, nachdem er bei Bagamoyo die erste Schlappe erlitten hatte und sein Lager, das er für uneinnehmbar erklärt hatte, von unsern Soldaten erstürmt war. Alle vornehmen und reichen Araber zogen sich jetzt von ihm zurück und sein Heer, welches vorher aus vielen hundert gut bewaffneten Soldaten bestanden hatte, schmolz zu einem Haufen Abenteurer zusammen, welche seiner Fahne nur treu blieben, weil sie nichts zu verlieren hatten und unter dem Deckmantel des Aufstandes ungestört rauben und plündern konnten.

Aber trotz dieser Miserfolge gab Buschiri die Hoffnung auf eine günstige Wendung des Schicksals noch nicht auf. Er sammelte die letzten Reste seiner Truppen und zog sich nach Usagara zurück. Von hier aus rief er die Mafiti ins Land, um mit deren Hülfe die verlorene Position wieder zu gewinnen. Erst als er bei Jombo wieder eine Niederlage erlitt, gab er seine Sache verloren und versuchte mit Hülfe seines Schwiegervaters Simbodja nach Mombas und von dort nach Arabien zu entkommen. Diese zähe Ausdauer und sein militärisches und organisatorisches Talent ermöglichten es ihm allein, sich fast während eines ganzen Jahres gegen unsere Truppen zu halten.

Wenn auch Buschiri, von fanatischem Dünkel geleitet, seine Kräfte weit überschätzte, so ist er doch in dem ganzen Araberaufstand die interessanteste Persönlichkeit. Nur unter der Leitung eines so intelligenten und befähigten Führers war es dem entnervten, vom Parteihader zerrissenen Araberthum Ostafrikas möglich, sich zu einem allgemeinen Aufstande aufzuraffen, um die Fesseln der Civilisation abzuschütteln. Mit seinem Tode war auch der letzte Widerstand der Araber gebrochen.

Die Städte des Südens, Lindi und Mikindani, baten um Frieden; Kilwa allein wurde nach kurzem Gefecht von unsern Truppen besetzt. Der einjährige Kampf gegen das fanatische Araberthum hatte mit einem vollständigen Sieg der deutschen Waffen geendet, und indem wir die zerbrochene Standarte Buschiri's zu den Füßen unsers erhabenen Kaisers niederlegen, rufen wir:

„Se. Majestät, der Kaiser lebe hoch!“

Register.

Karte von Deutsch-Ostafrika

30
32
34
0
2
4
6
8
10
12
U G A N D A
Ugarama
Mackinnon Sp.
Ruwenzori
(Mond Geb.)
Rubaga
(Mwanga)
Usoga
Ukassa
Albert Edward
Njansa
Sesse I.
VICTORIA
NJANSA
Usuguru
Ugowe B.
Ujinga
Kawirondo B.
Mfumbiro
3050
Bumbire I.
Ukara
Ukerewe
Ruanda
Kisinga
Usui
Urundi
Ukingu
Ukungu
Makolo's
Nera
USSUKUMA
Ugombe
Mwesi
Ndeverva
Nindo
Kisembi
Magala
Uhha
Msalala
Ukuni
Ujombo
Migomera
Rubaga
UNJAMWESI
Kagunga
Ujiji
Usenge
Urambo
Ussure
Kavele
Bakiko
Usenda
Uniamiembe
Tabora
Uvinsa
Itambara
Ugalla
Igonda
Rua
Urguru
Mgongo Thembo
Karoila
Ugunda
Kakoma
Ujansi
Merera
Karungu
Tabora
Mdabura
Kaluma
Kafisya
Karema
UKONONGO
Kiwere
Mpala
Manda
Baura
Mpimbue
Madonga
Rungwa
Ukimoo
Kapampa
Kisiki
Karungu
Makapuli
Rikwa S.
Ukinga
Usafa
ITAWA
Utengule
Mbango
Kwanda
Karambi
URUNGU
Mambwe
Stevenson Road
Nyena kapemba
Marukutu
Karonga
Kitebe
Moamba
LOBEMBA
Mkewe
Muro Atschinto
MAVITI
St. Bangweolo
Kambamba
Mpimi
Busenga
Mombera
(Bemba)
Mutukuda
Mankambira
Bandawe
See
Muana Sambamba
Tschitemba
Kapangura
Mazavamba
Maranda
Kotakota
Loangwa
Mesombe
Mokanda
Tschitanda
Mpimba
Schitte
30
32
34

TAFRIKA.

v. Behr, Kriegsbilder.